全国医学院校高职高专系列教材

生 物 化 学

主　　编　何旭辉　李豫青
副 主 编　曹林枝　赵忠桂
编　　者　（以姓氏笔画为序）
　　　　　王利平　（信阳职业技术学院）
　　　　　王洁玉　（四川省卫生学校）
　　　　　文　程　（大庆医学高等专科学校）
　　　　　李豫青　（青海卫生职业技术学院）
　　　　　吴展奎　（黔东南民族职业技术学院）
　　　　　何旭辉　（大庆医学高等专科学校）
　　　　　张文利　（山东省济宁卫生学校）
　　　　　罗海勇　（湖南环境生物职业技术学院）
　　　　　赵忠桂　（湖南环境生物职业技术学院）
　　　　　曹林枝　（漳州卫生职业学院）
　　　　　窦　烨　（山东万杰医学院）

北京大学医学出版社

SHENGWU HUAXUE

图书在版编目（CIP）数据

生物化学/何旭辉，李豫青主编. —北京：北京大学医学出版社，2011.8（2017.1重印）

（全国医学院校高职高专系列教材）

ISBN 978-7-5659-0024-2

Ⅰ.①生… Ⅱ.①何…②李… Ⅲ.①生物化学—高等职业教育—教材 Ⅳ.①Q5

中国版本图书馆 CIP 数据核字（2011）第 097967 号

生物化学

主　　编：何旭辉　李豫青
出版发行：北京大学医学出版社
地　　址：(100191) 北京市海淀区学院路 38 号　北京大学医学部院内
电　　话：发行部 010-82802230；图书邮购 010-82802495
网　　址：http://www.pumpress.com.cn
E - mail：booksale@bjmu.edu.cn
印　　刷：北京东方圣雅印刷有限公司
经　　销：新华书店
责任编辑：陈碧　　责任校对：金彤文　　责任印制：张京生
开　　本：787mm×1092mm　1/16　印张：14.25　字数：356 千字
版　　次：2011 年 8 月第 1 版　2017 年 1 月第 6 次印刷
书　　号：ISBN 978-7-5659-0024-2
定　　价：25.00 元

版权所有，违者必究

（凡属质量问题请与本社发行部联系退换）

全国医学院校高职高专系列教材编审委员会组成名单

主任委员：王德炳
学术顾问：程伯基
第一副主任委员
    陈涤民　怀化医学高等专科学校　　　　　校长
副主任委员（以姓氏笔画为序）
    匡奕珍　山东万杰医学院　　　　　　　　院长
    杨文明　常德职业技术学院　　　　　　　院长
    何旭辉　大庆医学高等专科学校　　　　　校长
    姚军汉　张掖医学高等专科学校　　　　　校长
    秦海洸　柳州医学高等专科学校　　　　　副校长
    高炳英　青海卫生职业技术学院　　　　　党委书记
    雷巍娥　湖南环境生物职业技术学院　　　副院长
秘书长　李晓阳　怀化医学高等专科学校　　　　　副校长
委员（以姓氏笔画为序）

马红茹	马晓健	王化修	王晓臣	王喜梅	王嗣雷	邓瑞	邓开玉
艾晓清	叶玲	申小青	田小英	付林海	冯丽华	冯燕俊	吕冬
向开祥	向秋玲	邬贤斌	庄景凡	刘一丁	刘兴国	刘金宝	刘振华
许健瑞	阳晓	李兵	李争鸣	李金成	李钟峰	李淑文	李雪兰
李新才	李豫青	杨立明	杨新忠	吴艳	吴水盛	吴和平	吴德诚
宋博	宋国华	张申	张萍	张慧	张薇	张玉兰	张振荣
张跃新	张琳琳	陆春	陆涛	陈小红	陈良富	陈建中	易德保
岳新荣	周毅	周旺红	周德华	郑丽忠	赵亚珍	郝晓鸣	柳洁
段于峰	饶利兵	姜海鸥	姚本丽	贺伟	耿磊	聂景蓉	桂芳
徐凤生	郭毅	陶莉	黄建林	黄雪霜	曹庆旭	曹述铁	阎希青
彭湃	彭鹏	彭艾莉	董占奎	蒋乐龙	曾孟兰	谢日华	蓝琼丽
蒲泉州	鲍缇夕	蔡岳华	谭占国	熊正南	戴肖松		

序

医药卫生类高职高专教育是我国高等医学教育体系的重要组成部分。目前我国正在积极推进医药卫生体制改革，力争用几年时间基本建成覆盖全国城乡的基本医疗卫生制度，初步实现人人享有基本医疗卫生服务的目标。因此，对基层卫生服务人才的需求在大量增加，同时对其素质要求也在提高。卫生部针对基层人才严重缺乏的问题，指出当前和今后一段时间内还需要培养高等专科水平的医学人才，充实基层卫生服务技术人才队伍。

在新一轮医药卫生体制改革逐步推进的大背景下，为配合教育部"十二五"国家级规划教材建设，中国高等教育学会医学教育专业委员会与北京大学医学出版社共同发起成立全国医学院校高职高专系列教材编审委员会，组织二十余所医学院校启动了全国医学院校高职高专系列教材的编写、出版工作。本系列教材包括4个子系列，即基础课程（14种）、临床专业课程（10种）、全科医学专业课程（5种）和护理专业课程（11种），有些教材还编写了配套实验指导与学习指导。

这套教材编写的指导思想是：符合人才培养规律，体现教学改革成果，确保教材质量。各教材在编写中把握了以下原则：①根据专业培养目标、就业需要及本课程在教学计划中的地位、作用和规定学时数确定编写大纲及内容的深度、广度、重点和字数。②着重于基础理论、基本知识和基本技能的叙述。基础课教材要体现专业特色，要为专业课服务。③保证内容的科学性、启发性、逻辑性、先进性和适用性。应做到概念清楚，定义准确，理论有据，名词术语准确统一；启发学生理解、分析问题，有利于提高学生的学习兴趣和培养他们的钻研探索精神。④恰当处理相关课程内容之间的交叉与衔接，以避免知识点的不必要重复。⑤内容涵盖执业助理医师或护士执业资格考试最新版考试大纲的要求，以利于学生应考和就业。

这套教材的编写、出版和使用，离不开二十余所医学院校领导和教务部门的支持，凝聚了各教材编写组老师们的辛勤劳动和汗水。这套教材的出版时值国家"十二五"规划开局之年，我们会积极努力申报，争取有更多教材入选"十二五"国家级规划教材，为医药卫生类高职高专教育的改革和发展贡献力量！

王德炳

2010年12月

前　言

本版《生物化学》是在国家"十二五"规划教材建设的背景下，由全国医学院校高职高专系列教材编审委员会组织编写的、用于护理专业的一本教材。

本教材遵循"符合人才培养需求，体现教育改革成果，确保教材质量，形式新颖创新"这一指导思想，坚持"三基"、"五性"、"三特定"的基本原则，结合现今医学高职高专院校培养护理专业学生的层次特点及社会需求，突出职业技能培养，贴近岗位对专业人才的要求。

本教材的基本理论、基本技能编写以必需、够用为度，并力争整体格式新颖、编写风格独特及内容针对性强。例如：①每章之前列出学习目标，以增强学生学习的针对性；②多章正文后设有与教材内容相关的"实用小知识"，以引申及扩展教材内容，增加教材的生动性，丰富学生的知识面；③多章正文后设有"名词注解"，以指导师生更好地使用本教材。

本教材共分为13章，涵盖了医学大专护理专业学生所必备的生物化学知识，并将一些章节进行了整合，增加了教材的系统性和联系性。例如，将蛋白质和核酸统一归纳到"生物大分子的结构与功能"一章，酶与维生素统一归纳为一章。参与本教材编写的人员均是工作在各医学院校教学一线的资深生物化学教师。编者们以严谨求实的态度、科学认真的作风积极投入编写工作，确保了本教材高质量地编写完成。此外，教材的编写得到了北京大学医学出版社及各参编学校的大力支持，在此深表谢意。

虽然我们在教材编写过程中参考了大量的资料，查阅了最新的文献，但生物化学的发展日新月异，新知识与新理论层出不穷，因此，难免存在不足和遗漏，敬请同行专家和使用本教材的师生、读者予以批评指正，并希望本教材能成为各医学院校师生的一本良书。

主编　何旭辉
2011年5月

目　　录

绪论 ·· 1
　一、生物化学与生命的关系 ········· 1
　二、生物化学的发展简史 ············ 1
　三、生物化学的主要研究内容 ····· 3
　四、生物化学在医药学科中的
　　　作用 ······································ 4
　五、医学生学习生物化学的目的
　　　与意义 ·································· 5
第一章　生物大分子的结构与功能 ······ 6
　第一节　蛋白质的结构与功能 ······ 6
　　一、蛋白质的元素组成 ············· 6
　　二、蛋白质的基本结构单位
　　　——氨基酸 ··························· 7
　　三、蛋白质的分子结构 ··········· 10
　　四、蛋白质结构与功能的关系 ··· 14
　　五、蛋白质的理化性质与应用 ··· 16
　　六、蛋白质的分类 ··················· 19
　第二节　核酸的结构与功能 ········ 19
　　一、核酸的分子结构 ··············· 19
　　二、DNA 的分子结构 ············· 23
　　三、RNA 的分子结构 ············· 25
　　四、核酸的理化性质与应用 ···· 28
第二章　酶与维生素 ····················· 33
　第一节　酶的结构与功能 ············ 33
　　一、酶的化学组成 ··················· 33
　　二、酶的活性中心 ··················· 34
　　三、酶原与酶原激活 ··············· 35
　　四、同工酶及其临床应用 ······· 36
　第二节　酶的特性与作用机制 ···· 37
　　一、酶的特性 ··························· 37
　　二、酶的作用机制 ··················· 38
　第三节　酶促反应动力学 ············ 39
　　一、底物浓度对酶促反应速度
　　　的影响 ································ 39

　　二、酶浓度对酶促反应速度的
　　　影响 ···································· 40
　　三、温度对酶促反应速度的影响 ··· 40
　　四、pH 对酶促反应速度的影响 ··· 41
　　五、激活剂对酶促反应速度的
　　　影响 ···································· 41
　　六、抑制剂对酶促反应速度的
　　　影响 ···································· 42
　第四节　酶与医学的关系 ············ 44
　　一、酶与疾病的关系 ··············· 44
　　二、酶在医药领域中的其他应用 ··· 46
　第五节　维生素与辅酶 ················ 47
　　一、维生素概述 ······················· 47
　　二、脂溶性维生素与疾病 ······· 48
　　三、水溶性维生素与辅酶 ······· 50
第三章　生物氧化 ·························· 57
　第一节　生物氧化的概述 ············ 57
　　一、生物氧化的概念 ··············· 57
　　二、生物氧化的特点 ··············· 57
　　三、生物氧化的方式 ··············· 58
　　四、参与生物氧化的酶 ··········· 58
　第二节　生成 ATP 的线粒体生物
　　　　　氧化体系 ······················ 59
　　一、线粒体内的呼吸链 ··········· 59
　　二、ATP 的生成、转移和利用 ··· 63
　　三、线粒体外 NADH 的氧化 ··· 66
　第三节　非线粒体的氧化体系 ···· 67
　　一、微粒体氧化体系 ··············· 67
　　二、抗氧化酶体系 ··················· 67
第四章　糖代谢 ······························ 70
　第一节　概述 ······························ 70
　　一、糖在人体内的存在形式及
　　　意义 ···································· 70
　　二、糖的生理功能 ··················· 70
　　三、糖的代谢概况 ··················· 70

第二节　糖的分解代谢 …………… 71
　　一、糖的无氧酵解 ………………… 71
　　二、糖的有氧氧化 ………………… 74
　　三、磷酸戊糖途径 ………………… 78
第三节　糖原合成与分解 …………… 79
　　一、糖原合成 ……………………… 79
　　二、糖原分解 ……………………… 80
　　三、糖原合成与分解的生理意义 … 80
　　四、糖原代谢异常与糖原堆积症 … 80
第四节　糖异生 ……………………… 80
　　一、糖异生途径 …………………… 81
　　二、糖异生的生理意义 …………… 82
第五节　血糖 ………………………… 82
　　一、血糖的定义与正常值 ………… 82
　　二、血糖的来源与去路 …………… 82
　　三、血糖浓度的调节 ……………… 83
　　四、血糖浓度的异常 ……………… 83

第五章　脂类代谢 …………………… 86
　第一节　脂类代谢的概述 …………… 86
　　一、脂类的含义与组成 …………… 86
　　二、脂类的分布与含量 …………… 86
　　三、脂类的生理功能 ……………… 87
　　四、脂类的消化与吸收 …………… 87
　第二节　血脂和血浆脂蛋白 ………… 87
　　一、血脂的组成与含量 …………… 87
　　二、血浆脂蛋白 …………………… 88
　　三、血浆脂蛋白代谢异常 ………… 92
　第三节　三酰甘油的代谢 …………… 93
　　一、三酰甘油的分解代谢 ………… 93
　　二、三酰甘油的合成代谢 ………… 96
　第四节　磷脂代谢 …………………… 99
　　一、磷脂的含义与组成 …………… 99
　　二、甘油磷脂的代谢 ……………… 99
　第五节　胆固醇代谢 ………………… 100
　　一、胆固醇的生物合成 …………… 100
　　二、细胞内和血浆中胆固醇的存在
　　　　形式 ……………………………… 101
　　三、胆固醇的转变 ………………… 101

第六章　蛋白质分解代谢 …………… 103
　第一节　蛋白质的营养作用 ………… 103

　　一、蛋白质的需要量 ……………… 103
　　二、蛋白质的营养价值 …………… 104
　　三、蛋白质的消化、吸收与
　　　　腐败 ……………………………… 104
　第二节　氨基酸的一般代谢 ………… 105
　　一、氨基酸代谢概况 ……………… 105
　　二、氨基酸的脱氨基作用 ………… 105
　　三、氨的代谢 ……………………… 107
　　四、α-酮酸的代谢 ………………… 110
　第三节　个别氨基酸代谢 …………… 110
　　一、氨基酸的脱羧基作用 ………… 110
　　二、一碳单位的代谢 ……………… 111
　　三、含硫氨基酸的代谢 …………… 112
　　四、芳香族氨基酸的代谢 ………… 114

第七章　核苷酸代谢 ………………… 117
　第一节　核苷酸合成代谢 …………… 117
　　一、嘌呤核苷酸的合成代谢 ……… 117
　　二、嘧啶核苷酸的合成代谢 ……… 121
　　三、脱氧核糖核苷酸的合成 ……… 123
　　四、核苷酸的抗代谢物 …………… 124
　第二节　核苷酸分解代谢 …………… 124
　　一、嘌呤核苷酸的分解代谢 ……… 124
　　二、嘧啶核苷酸的分解代谢 ……… 125

第八章　DNA 的生物合成 ………… 128
　第一节　DNA 复制 ………………… 128
　　一、DNA 复制的基本方式
　　　　——半保留复制 ………………… 128
　　二、参与 DNA 复制的酶和
　　　　蛋白因子 ………………………… 129
　　三、DNA 复制的过程 ……………… 132
　　四、真核染色体 DNA 与细胞分裂
　　　　周期的关系 ……………………… 134
　第二节　DNA 的损伤和修复 ……… 135
　　一、DNA 突变的类型和意义 ……… 135
　　二、DNA 的损伤修复 ……………… 135
　第三节　反转录 ……………………… 136
　　一、反转录与反转录酶 …………… 136
　　二、端粒酶的含义与功能 ………… 137

第九章　RNA 的生物合成 ………… 139
　第一节　RNA 转录 ………………… 139

一、RNA 转录体系与特点 ········ 139
二、RNA 转录的过程 ············ 142
第二节　RNA 转录后的加工过程 ··· 144
一、信使 RNA（mRNA）的
　　加工 ······················ 144
二、转运 RNA（tRNA）的
　　加工 ······················ 145
三、核糖体 RNA（rRNA）的
　　加工 ······················ 145
四、核酶——具有催化功能
　　的 RNA ··················· 146
第三节　RNA 复制 ················ 146
一、RNA 复制与 RNA 复制酶 ··· 146
二、RNA 复制的形式 ············ 146

第十章　蛋白质的生物合成 ········ 148
第一节　蛋白质生物合成的体系 ····· 148
一、蛋白质生物合成的原料 ····· 148
二、参与蛋白质生物合成的酶及
　　蛋白因子 ·················· 148
三、mRNA、tRNA、rRNA 在
　　蛋白质生物合成中的作用 ····· 149
第二节　蛋白质生物合成的过程 ····· 151
一、氨基酸的活化 ··············· 151
二、蛋白质多肽链的合成 ········· 151
三、翻译后的加工修饰和输送 ····· 154
第三节　蛋白质生物合成与医学 ····· 155
一、基因突变可导致分子病 ······· 155
二、某些抗生素通过干扰蛋白质的
　　合成而发挥作用 ············ 156

第十一章　基因表达的调控与基因
　　　　　　工程 ················ 158
第一节　基因表达的调控 ··········· 158
一、基因表达调控的概述 ········· 158
二、原核生物基因表达的调控 ····· 159
三、真核生物基因表达的调控 ····· 161
第二节　基因工程与基因组学 ······· 162
一、基因工程 ··················· 163
二、基因诊断与基因治疗 ········· 165
三、常用分子生物学技术 ········· 166
四、基因组学与医学 ············· 168

第十二章　水、电解质与酸碱平衡 ······ 172
第一节　正常人体的体液 ··········· 172
一、体液的组成及含量 ··········· 172
二、体液中电解质的含量与分布 ··· 173
三、各部分体液的交换 ··········· 174
第二节　水的平衡 ················· 175
一、水的生理功能 ··············· 175
二、水的平衡 ··················· 175
三、水的平衡紊乱 ··············· 176
第三节　电解质平衡 ··············· 177
一、电解质的生理功能 ··········· 177
二、钠、氯、钾的代谢 ··········· 177
三、水和电解质平衡的调节 ······· 178
第四节　钙、磷代谢 ··············· 178
一、钙、磷的含量与分布 ········· 178
二、钙、磷的生理功能 ··········· 179
三、钙、磷的吸收与排泄 ········· 179
四、血钙与血磷 ················· 180
五、钙、磷代谢的调节 ··········· 180
六、钙、磷与骨的代谢 ··········· 181
第五节　酸碱平衡 ················· 182
一、体内酸碱物质的来源 ········· 182
二、酸碱平衡的调节 ············· 183
三、酸碱平衡的主要生化诊断
　　指标 ······················ 189
四、酸碱平衡紊乱的基本类型 ····· 190

第十三章　肝的生物化学 ············ 195
第一节　肝在物质代谢中的作用 ····· 195
一、肝是维持血糖浓度恒定的
　　重要器官 ·················· 195
二、肝是脂类代谢的中心场所 ····· 196
三、肝在蛋白质的合成和分解中
　　发挥重要作用 ·············· 196
四、肝参与维生素的吸收、贮存、
　　转化 ······················ 197
五、肝是激素灭活的场所 ········· 197
第二节　肝的生物转化作用 ········· 198
一、生物转化的概念、意义
　　及特点 ···················· 198
二、肝的生物转化反应 ··········· 199

三、影响肝生物转化的因素………… 202
第三节　胆汁酸的代谢…………… 203
　　一、胆汁的组成………………… 203
　　二、胆汁酸的分类……………… 203
　　三、胆汁酸的功能……………… 205
　　四、胆汁酸的肠肝循环………… 206
第四节　胆色素代谢与黄疸………… 207
　　一、胆红素的来源和生成……… 207
　　二、胆红素在血中的运输……… 208
　　三、胆红素在肝内的转变……… 209
　　四、胆红素在肠道内的转变…… 210
　　五、胆红素代谢异常与黄疸…… 210

参考文献………………………………… 214

绪　论

生物化学（biochemistry）是一门研究生物体的化学组成及其变化规律，从分子水平上揭示生命现象本质的一门生命科学，又称生命的化学。生物化学早期主要运用化学、物理学、生物学、数学等原理和方法，现阶段又融入生理学、微生物学、遗传学和免疫学、生物工程学等学科的理论和技术，逐渐成为生命科学领域中重要的领头学科之一，对医学的发展起着重要的促进作用。医学生所学习的生物化学主要是以人体为研究对象，同时也充分利用动物生化、微生物生化等领域的研究成果，进而从分子水平上揭示人体生命现象本质及疾病发生机制，是一门重要的医学基础学科，与医学其他课程密切相关，相辅相成。

一、生物化学与生命的关系

（一）生命的特征包括新陈代谢、反应和适应、繁殖

1. 新陈代谢是生命的基本特征　生命过程中，生物体不断地从环境摄取营养物质转变为自身物质，同时将自身原有的组成成分转变为废物排到环境中，从而维持机体内环境的稳定，并维持个体自身组织的不断更新。生物体与外环境的物质交换过程是由一系列有序进行的化学反应来实现的，称为物质代谢。物质代谢的同时伴有能量代谢，即能量的释放、储存、转移和利用。两者相辅相成，共同构成了机体的新陈代谢。生物体通过新陈代谢使自身的成分不断更新、修复，同时从外界获得生命活动所需的化学能及维持体温所需的热能等。

2. 生物体在新陈代谢的基础上还具有反应和适应、繁殖等特征　生物体具有对不断变化的外界环境做出适当反应的能力，使个体尽可能地适应环境的变化，提高生物体的生存能力，促进生物的进化。在这过程中，生物体的各层次结构，从大分子、细胞、组织、器官，乃至由个体组成的种群等都要与其功能相适应，并对外界环境的变化做出适当的调整。任何形式的生物体对环境做出的适应性调整均与细胞的物质代谢及其调控有关。生命的另一主要特征就是繁殖，生物体通过繁殖使物种得以延续。繁殖过程中，新生的子代总是与亲代相同或相似，这就是遗传。任何物种的遗传性状都是由其基因决定的，基因信息的传递与表达的过程也是由一系列化学反应实现的。

总之，新陈代谢是生物体最基本的生命活动过程，生物体的生长、发育、运动和繁殖等生命活动都是在新陈代谢的基础上进行的。新陈代谢一旦停止，即意味着生命的终止。

（二）生物化学研究揭示生命的共同"语言"的规律

生物体是由各种化学物质组成的，不同生物体中化学物质的种类和含量各不相同，但组成它们的基本元素以及它们在体内进行的反应途径是一样的，这体现了生命现象的一致性。由此可见，所有生命都有一个共同的语言，这就是"化学"。生物化学就是研究和揭示生物体的"化学语言"规律的科学，在生命科学领域中具有极其重要的地位。

二、生物化学的发展简史

生物化学的研究始于18世纪，但直到20世纪初才成为一门独立的学科蓬勃发展。现今，生物化学是发展最快的学科之一，已成为生命科学领域的重要前沿学科。

(一) 现代生物化学的研究历程大体可分为三个阶段

18世纪中叶至19世纪末是生物化学发展的初级阶段，主要研究的是生物体的化学组成，又称为静态生物化学阶段。该时期的重要贡献有：对糖类、脂类及氨基酸的性质进行了较为系统的研究；发现了核酸；从血液中分离出了血红蛋白；发现了酵母发酵过程中存在"可溶性催化剂"，奠定了酶学的基础等。

20世纪上叶，生物化学进入蓬勃发展的阶段，故又称为动态生物化学阶段。该时期的重要贡献有：发现了必需氨基酸、必需脂肪酸、维生素和激素等物质，并能够将其分离与合成；认识了酶的化学本质是蛋白质，并成功制备了酶晶体；由于化学分析及同位素示踪技术的发展与应用，生物体内主要物质的代谢途径已基本确定，如糖代谢、脂肪酸的β-氧化，尿素的合成途径以及三羧酸循环等。

20世纪中叶以来，生物化学发展的显著特征是进入了崭新的分子生物学时代。该阶段，细胞内的两类重要生物大分子——蛋白质与核酸已成为生物化学研究的热点内容。如20世纪50年代初期发现了蛋白质的α螺旋二级结构；完成了胰岛素的氨基酸全序列的分析；尤其是1953年，J. D. Watson和F. H. Crick提出的DNA双螺旋结构模型，为揭示遗传信息传递的规律奠定了分子基础，是生物化学进入分子生物学时期的重要标志。此后，对DNA复制机制、RNA转录及蛋白质生物合成进行了深入的研究。1958年F. H. Crick提出了遗传信息传递的中心法则。1966年破译了mRNA分子中的遗传密码（genetic code），由此人们找到了破解生命之谜的钥匙。1973年S. Cohen等首次获得体外重组DNA的分子克隆。1985年K. Mullis发明了聚合酶链反应（PCR）技术，促进了对基因表达调控机制的研究，使主动改造生物体成为可能，极大促进了分子生物学技术的发展和应用。1982年T. R. Cech等人发现了化学本质为核酸的核酶（ribozyme），拓展了人们对生物催化剂的认识。20世纪90年代初开始的人类基因组计划（human genome project，HGP）是人类生命科学领域有史以来最庞大的全球性研究计划，2000年宣布人类基因组"工作框架图"完成，随后科学家绘制完成了人类基因组序列图以及人类全部基因的一级结构。进入21世纪，随着HGP的完成，生物化学进入到了后基因组研究时期，相继HGP实施的功能基因组计划将深入研究各种基因的功能与调节，该领域的研究成果必将进一步加深人们对生命的认识，同时也为人类健康和疾病的研究带来根本性的变革，势必大大推动医学的发展。

近二十年来，几乎每年的诺贝尔生理学或医学奖以及部分化学奖的得主都是从事生物化学和分子生物学研究的科学家，这足以说明生物化学在生命科学及医学中的重要地位。

(二) 我国对生物化学发展的贡献

早在生物化学作为一门学科诞生之前，我国人民就在生产、生活中将许多生物化学的知识应用于实践。早在公元前21世纪，我国劳动人民已能用曲造酒，即以"曲"为"媒"（酶）催化谷物淀粉发酵；公元前12世纪，人们利用豆、谷、麦等为原料，运用发酵方法制造酱、饴（麦芽糖）、醋等食品；《黄帝内经素问》中记载"五谷为养，五果为助，五畜为益，五菜为充"，将食物分为四类，并分别说明了其各自的营养价值，成为当时较理想的营养食谱；汉代淮南王刘安利用蛋白质沉淀方法，提取豆类蛋白质制作豆腐；唐代医学家孙思邈用富含维生素A的猪肝治疗雀目（夜盲症）等。近代生物化学发展时期，我国虽然起步较晚（20世纪20年代），但老一辈的生物化学家也为近代生物化学的发展做出了重大的贡献。生物化学家吴宪在血液化学分析方面，创立了血滤液的制备法和血糖测定法；在蛋白质研究中，他提出了蛋白质变性学说。1965年，我国首次人工合成了具有生物活性的蛋白质——结晶牛胰岛素。1981年我国又首次人工合成酵母丙氨酸转移核糖核酸。近年来，我国在基因工程、蛋白质工程、基因组计划等方面均取得了重要的成果，正逐步迈进国际先进水平的行列。

三、生物化学的主要研究内容

（一）生物分子的结构与功能

生物体是由一定的物质按严格的规律和方式组成的。这些物质主要包括无机物（水和无机盐）、小分子有机物（有机酸、维生素、氨基酸、单糖等）和生物大分子（蛋白质、核酸、多糖和复合脂类）。对生物大分子的研究是在分子水平上对生命现象研究的物质基础。所谓的生物大分子是指由某些基本结构单位按一定的顺序和方式所形成的多聚体（polymer），分子量多数大于 10^4，且具有生物信息功能，故又称为生物信息分子。生物大分子的存在标志着生命的存在。因此，它可以被看做是生物和非生物在化学组成上的分水岭。

生物大分子种类繁多、结构复杂、功能各异，它们按照严格的组成规律和一定的布局相互连接，有机组合成一个生命整体。因此，对于生物大分子的研究，除确定其基本组成单位的种类、排列顺序和方式外，更重要的任务是研究其空间结构以及结构与功能的关系。此外，生物大分子间的相互识别和相互作用也是执行生物信息分子功能的有效途径。这一领域是当今生物化学研究的热点之一。

（二）物质代谢及调控

物质代谢是新陈代谢的核心，由酶（enzyme）所催化的一连串化学反应所组成的各条代谢途径完成。物质代谢可大体分为三个阶段：①食物在消化道内经过酶的作用进行消化，其消化产物、水、维生素和无机盐经肠黏膜细胞吸收入小肠绒毛的毛细血管和淋巴管。②食物经消化吸收后，由血液及淋巴液运送到各组织中，在各种酶类有序的催化下进行代谢，包括合成代谢和分解代谢，以完成细胞内、外的物质交换和能量转变；这一过程也称为中间代谢。③物质经过中间代谢过程产生的多种终产物，最终经肾、肠、肝及肺等器官随尿、粪便、胆汁及呼气等排出体外。整个过程中，中间代谢阶段是物质代谢的核心，也是生物化学研究的主要任务。

正常物质代谢都能按照一定的规律有条不紊地进行，进而才能维持机体的正常生理功能，这是机体高度自我调控，以及神经、激素等整体性精确调节的结果；此外，细胞信息传递以及参与代谢的物质也会影响代谢的过程。若物质代谢发生紊乱，则可导致相应疾病的发生。目前生物体内主要物质代谢途径的研究已基本确定，但仍有众多问题有待研究。因此，探讨生物体的物质代谢及其调控，对于了解生命活动的规律、提高人类健康水平、探索疾病的发生机制、寻求疾病诊断和防治的途径，具有重要的意义。

（三）基因信息的传递及其调控

生物体在繁殖的过程中，其决定遗传的基因信息是代代相传的。基因信息的传递与生长、分化、遗传、变异等众多生命过程密切相关。现已证明，DNA 是遗传的主要物质基础，基因即 DNA 分子的功能片段，DNA 分子是以基因为单位荷载遗传信息的。分子生物学作为生物化学的重要组成部分，除进一步研究 DNA 的结构和功能外，还要研究 DNA 复制、RNA 转录、蛋白质生物合成等基因信息传递与表达的机制和调控的规律。随着基因工程技术的发展，许多基因工程成果已应用于人类疾病的诊断和治疗。尤其近年来，DNA 重组、转基因、基因剔除、新基因克隆等技术的广泛应用，以及人类基因组计划及功能基因组计划等的不断研究发展,大大推动了这一领域的研究进程,也势必为生命科学的发展带来革命性的推动。

四、生物化学在医药学科中的作用

生物化学的理论和技术已渗透到生物学、医学及药学的各个领域,与众多学科都有着广泛的联系和交叉,现已逐渐成为生命科学和医学各学科之间相互联系的共同语言。

(一) 生物化学与医学的关系

医学是一门古老的学科,现代医学发展可追溯到19世纪,细胞的发现和生理学、生物化学、病理学的形成是现代医学发展的里程碑。20世纪中叶,随着分子生物学的发展,医学也进入了分子医学和遗传医学的时代。现代医学包括基础医学、临床医学和预防医学。

基础医学是临床医学和预防医学的基础,其所涵盖的学科除生物化学外,还包括生理学、微生物学、免疫学、遗传学、药理学和病理学等。基础医学的各学科主要是从组织器官、细胞和分子水平上揭示人体正常的结构和功能以及异常的结构和功能。这就需要用生物化学的理论和技术来解决它们各自的问题。近年来,随着分子生物学的发展与应用,产生了许多新兴的交叉学科,如分子生理学、分子免疫学等。这些学科只有通过生物化学的研究,才能在分子水平上阐明器官、组织水平的生理功能。

生物化学对于临床医学各学科的发展同样具有重要的意义。临床医学主要是以研究疾病的发生、发展及诊断、治疗等为目的的学科。为了更深层次地探索疾病的病因,做出更为准确、灵敏的诊断以及更为有效的防治方法,临床医学各学科也都已进入了分子医学时代。近年来,对于一些重大疾病,如肿瘤、心血管疾病、遗传性疾病、神经系统疾病、免疫性疾病等,都在分子水平上展开了研究,并在这些疾病的发生、发展、诊断和治疗等方面取得了长足的进步,这些都离不开生物化学理论和技术的支持。例如DNA重组技术,能将疾病相关基因进行克隆,从而更深层次地揭示疾病的发病机制,同时也为疾病的诊断和治疗提供了新的策略;基因诊断和基因治疗的应用,为临床医学的诊断和治疗带来了全新的理念。随着生物化学与分子生物学的进一步发展,其理论和技术也越来越广泛地应用在临床医学中,势必会大大地促进临床医学的进步。

(二) 生物化学与药学的关系

生物化学的理论和技术在药学科学中也得到了广泛的应用,如生化药物学、药物化学、生化药理学、分子药理学和生物工程制药等,它是药学研究、药品生产、药物质量控制和药品临床应用的基础学科。例如,将生物体内重要的活性物质变成药物,用于治疗疾病的生化药物学,就是应用生物化学的研究成果。这类药物在临床上的应用已有数百种,尤其是利用重组DNA技术生产有药用价值的蛋白质、多肽等产品已成为当今世界的一项重大产业。再如生物制药工业,就是以生物化学、微生物学和分子生物学为基础发展起来的制药工业的新门类,生产出来的越来越多的重组药物如人胰岛素、人生长素、干扰素和乙肝疫苗等在临床上都已得到了广泛的使用。因此,生物化学是现代药学科学的重要理论和技术基础,两者的关系非常密切。

此外,生物化学的理论与技术在农业、食品、化工、轻工,环境和能源等领域也得到了广泛的应用,并产生了巨大的经济效益。

生物化学在推动其他各学科蓬勃发展的同时,其自身也吸取了众多学科的长处,使其发展更具生命力。应用生物化学与分子生物学的理论和技术,从分子水平上探讨生命现象的本质，探索疾病的发生、发展机制，已成为生命科学和现代医学研究的共同目标。

五、医学生学习生物化学的目的与意义

医学生学习生物化学的目的在于两方面，一方面是从分子水平上认识生命现象的本质和人体正常的生理功能，另一方面是为其他医学课程的学习打基础、做铺垫。此外，学会运用生物化学的理论和技术来分析和解决实际问题，对于后续课程的学习以及日后的临床工作具有重要的意义。

（大庆医学高等专科学校　何旭辉）

第一章　生物大分子的结构与功能

> **学习目标**
>
> 1. 记住蛋白质及核酸的元素组成及特点、基本组成单位、各级结构的概念、特点及主要化学键。
> 2. 能够说出并理解肽与蛋白质的关系、DNA 与 RNA 在分子组成上的区别。
> 3. 能够举例说明蛋白质结构与功能的关系；解释分子病与构象病的发病机制、核酸分子杂交的含义。
> 4. 了解蛋白质及核酸的主要理化性质，知道杀菌消毒、血液透析、低温保存蛋白质制剂等的基本原理。
> 5. 了解蛋白质与核酸在生命过程中的重要性。

　　生物大分子是生命体的重要组成物质，通常是由一定的基本结构单位按一定的排列顺序和连接方式而形成的多聚体，其中尤以蛋白质（protein）和核酸（nucleic acid）最为重要，几乎所有生命体均含有这两类生物大分子。蛋白质具有众多的生物学活性，参与机体的一切生命活动，是生命活动的主要承载者；核酸参与生命过程中遗传信息的传递与表达，是遗传的物质基础。因此，二者共同构成了生命的物质基础，是生命的标志。此外，蛋白质和核酸也与遗传病、代谢病、肿瘤等疾病的过程息息相关。认识蛋白质和核酸，对于从分子水平上认识生命现象的本质以及疾病发生的分子机制等具有重要的意义。本章主要从分子结构、结构与功能的关系、理化性质及其在医学上的应用几方面来阐述蛋白质和核酸这两类生物大分子。

第一节　蛋白质的结构与功能

　　蛋白质是以氨基酸为基本结构单位，通过肽键连接而成的含氮化合物。它广泛分布在生物界中，生物体结构越复杂，所含蛋白质的种类也越丰富，如单细胞生物约有几千种，而人体约有 10 万种以上。蛋白质在体内分布于所有的器官、组织、细胞，且含量高，约占人体干重的 45%，在某些组织，如脾、肺及横纹肌等中高达 80%。在不同的生理或病理状态下，不同细胞所表达蛋白质的种类也不尽相同，因此研究蛋白质的结构与功能有助于认识各种生命活动的规律及解释各种生理、病理现象。

一、蛋白质的元素组成

　　元素分析表明，组成蛋白质的元素主要有五种：碳（C）、氢（H）、氧（O）、氮（N）和硫（S）。此外，有些蛋白质还含有少量磷、硒或金属元素铁、铜、锌、锰、钴、钼等，个别蛋白质还含有碘。

　　各种蛋白质的含氮量比较接近，平均为 16%。由于蛋白质是生物体组织中的主要含氮物质，因此可通过测定生物样品的含氮量推算出其蛋白质的大致含量。

> 100 克样品中蛋白质含量＝每克样品的含氮量×6.25×100。

二、蛋白质的基本结构单位——氨基酸

（一）组成人体蛋白质的氨基酸

组成人体蛋白质的氨基酸主要有 20 种（表 1-1）。这 20 种氨基酸在结构上有共同的特点：①在 α-碳原子上（与羧基相邻的碳原子）都结合有氨基（—NH$_2$）或亚氨基（＝NH），故均称为 α-氨基酸。②除甘氨酸外，其余 19 种氨基酸的 α-碳原子都属于手性碳原子，从而使氨基酸具有旋光异构性，有 L 型和 D 型两种异构体。组成天然蛋白质的氨基酸均是 L 型，因此生物体内的氨基酸均属 L-α-氨基酸。③氨基酸的不同主要体现在其侧链基团（R）的不同。这 20 种氨基酸的结构通式如下：

$$R-\overset{\overset{COO^-}{|}}{\underset{\underset{H}{|}}{C}}-{}^+NH_3$$

L-α-氨基酸

表 1-1 组成人体蛋白质的 20 种氨基酸的中英文名称、结构及分类

氨基酸名称	简写符号	结构式	等电点（pI）
1. 非极性疏水性氨基酸			
丙氨酸（alanine）	丙（Ala）	$CH_3-\underset{\underset{NH_3^+}{|}}{CHCOO^-}$	6.02
缬氨酸（valine）	缬（Val）	$CH_3-\underset{\underset{CH_3}{|}}{CH}-\underset{\underset{NH_3^+}{|}}{CHCOO^-}$	5.97
亮氨酸（leucine）	亮（Leu）	$CH_3-\underset{\underset{CH_3}{|}}{CH}-CH_2-\underset{\underset{NH_3^+}{|}}{CHCOO^-}$	5.98
异亮氨酸（isoleucine）	异亮（Ile）	$CH_3-CH_2-\underset{\underset{CH_3}{|}}{CH}-\underset{\underset{NH_3^+}{|}}{CHCOO^-}$	6.02
苯丙氨酸（phenylalanine）	苯丙（Phe）	$C_6H_5-CH_2-\underset{\underset{NH_3^+}{|}}{CHCOO^-}$	5.48
色氨酸（tryptophan）	色（Trp）	吲哚环-$CH_2-\underset{\underset{NH_3^+}{|}}{CHCOO^-}$	5.89
甲硫氨酸（methionine）	甲硫（Met）	$CH_3SCH_2CH_2-\underset{\underset{NH_3^+}{|}}{CHCOO^-}$	5.75
脯氨酸（proline）	脯（Pro）	吡咯烷环-$\underset{\underset{NH_2^+}{|}}{CHCOO^-}$	6.48

续表

氨基酸名称	简写符号	结构式	等电点（pI）
2. 极性中性氨基酸			
甘氨酸（glycine）	甘（Gly）	H—CHCOO⁻ | NH₃⁺	5.97
丝氨酸（serine）	丝（Ser）	HO—CH₂—CHCOO⁻ | NH₃⁺	5.68
苏氨酸（threonine）	苏（Thr）	HO—CH—CHCOO⁻ | | CH₃ NH₃⁺	5.60
酪氨酸（tyrosine）	酪（Tyr）	HO—⟨苯环⟩—CH₂—CHCOO⁻ | NH₃⁺	5.66
半胱氨酸（cysteine）	半胱（Cys）	HS—CH₂—CHCOO⁻ | NH₃⁺	5.07
天冬酰胺（asparagine）	天冬酰（Asn）	H₂N—C(=O)—CH₂—CHCOO⁻ | NH₃⁺	5.41
谷氨酰胺（glutamine）	谷酰（Gln）	H₂N—C(=O)CH₂CH₂—CHCOO⁻ | NH₃⁺	5.65
3. 酸性氨基酸			
谷氨酸（glutamic acid）	谷（Glu）	HOOCCH₂CH₂—CHCOO⁻ | NH₃⁺	3.22
天冬氨酸（aspartic acid）	天（Asp）	HOOC—CH₂—CHCOO⁻ | NH₃⁺	2.97
4. 碱性氨基酸			
赖氨酸（lysine）	赖（Lys）	NH₂CH₂CH₂CH₂CH₂—CHCOO⁻ | NH₃⁺	9.74
精氨酸（arginine）	精（Arg）	NH₂CNHCH₂CH₂CH₂—CHCOO⁻ || | NH NH₃⁺	10.76
组氨酸（histidine）	组（His）	HC=C—CH₂—CHCOO⁻ | | | N NH NH₃⁺ \\ / CH	7.59

（二）氨基酸的分类

根据氨基酸侧链基团 R 的结构和理化性质（主要是解离性质）的不同，可将 20 种氨基酸分为非极性疏水性氨基酸、极性中性氨基酸、酸性氨基酸、碱性氨基酸 4 类。

1. 非极性疏水性氨基酸 这类氨基酸 R 侧链的特征是非极性的，且具有不同程度的疏水性。此类氨基酸包括丙氨酸、缬氨酸、亮氨酸、异亮氨酸、苯丙氨酸、色氨酸、甲硫氨酸（又称蛋氨酸）、脯氨酸。

2. 极性中性氨基酸 这类氨基酸 R 侧链的特征是带有羟基、巯基或酰胺基等极性基团，具有亲水性，但在中性水溶液中不电离。此类氨基酸包括甘氨酸、丝氨酸、酪氨酸、半胱氨酸、天冬氨酸、谷氨酰胺、苏氨酸。

3. 酸性氨基酸 这类氨基酸 R 侧链的特征是含有能在水溶液中进行酸性解离的羧基，易解离出 H^+，而使氨基酸在生理条件下呈酸性。此类氨基酸包括天冬氨酸和谷氨酸两种。

4. 碱性氨基酸 这类氨基酸 R 侧链的特征是含有能在水溶液中进行碱性解离的氨基、胍基或咪唑基，易于接受 H^+，而使氨基酸在生理条件下具有碱性。此类氨基酸包括赖氨酸、精氨酸和组氨酸三种。

有些蛋白质分子中还存在一些具有特殊结构的氨基酸，如羟脯氨酸、羟赖氨酸、焦谷氨酸等，它们都是在蛋白质合成后，由上述 20 种氨基酸加工修饰而成。

（三）氨基酸的理化性质

1. 两性解离与等电点 所有氨基酸既含有碱性的氨基（—NH_2），在酸性溶液中可与质子（H^+）结合，变成带正电荷的阳离子（—NH_3^+）；又含有酸性的羧基（—COOH），在碱性溶液中可失去质子，变成带负电荷的阴离子（—COO^-），因此氨基酸是两性电解质，具有两性解离的性质。

氨基酸的解离方式取决于其所处溶液的 pH。在某一 pH 溶液中，氨基酸解离成阴、阳离子的趋势及程度相等，呈电中性，为兼性离子，此时溶液的 pH 称为该氨基酸的等电点（isoelectric point，pI）。酸性氨基酸的等电点 pI<4.0，碱性氨基酸的等电点 pI>7.5，中性氨基酸的等电点 pI 为 5.0~6.5。

$$R-\underset{NH_3^+}{\underset{|}{CH}}-COOH \underset{H^+}{\overset{OH^-}{\rightleftharpoons}} R-\underset{NH_3^+}{\underset{|}{CH}}-COO^- \underset{H^+}{\overset{OH^-}{\rightleftharpoons}} R-\underset{NH_2}{\underset{|}{CH}}-COO^-$$

阳离子　　　　　　兼性离子　　　　　　阴离子
(pH<pI)　　　　　　(pH=pI)　　　　　　(pH>pI)

2. 茚三酮反应 氨基酸与水合茚三酮共同加热时，氨基酸被氧化分解，生成醛、氨及二氧化碳，水合茚三酮则被还原。在弱酸性溶液中，还原茚三酮可与氨及另一分子茚三酮缩合成蓝紫色化合物，该化合物颜色的深浅与氨基酸释放出的氨量成正比，其最大吸收峰在 570 nm 波长处，且此吸收峰值的大小与氨基酸释放出的氨量成正比，因此可用于氨基酸的定性或定量分析。

（四）氨基酸通过肽键连接而成的化合物称为肽

1. 肽键 是由一个氨基酸的 α-羧基（—COOH）与另一个氨基酸的 α-氨基（—NH$_2$）脱水缩合而成的酰胺键。

$$H_2N-\underset{\underset{R_1}{|}}{CH}-COOH + H_2N-\underset{\underset{R_2}{|}}{CH}-COOH \xrightarrow{-H_2O} H_2N-\underset{\underset{R_1}{|}}{CH}-\boxed{CO-NH}-\underset{\underset{R_2}{|}}{CH}-COOH$$

（肽键）

2. 肽 氨基酸通过肽键相连而成的化合物称为肽（peptide）。由两分子氨基酸脱水缩合成的肽称为二肽，三分子氨基酸脱水缩合成的肽称为三肽，以此类推。一般来说，由几个至十几个氨基酸相连而成的肽称为寡肽，由更多氨基酸相连而成的肽称为多肽。多肽的基本结构为链状结构，又称为多肽链。蛋白质属于多肽，因此多肽链是蛋白质分子的结构基础。一条多肽链通常有两个游离末端，分别称为氨基末端（N 端）和羧基末端（C 端）。按照惯例，肽的命名与书写均是从 N 端开始指向 C 端。多肽链中的氨基酸因为脱水缩合而导致基团不全，称为氨基酸残基。

在体内还存在一些具有重要生物活性的小分子肽，统称为生物活性肽。如谷胱甘肽（glutathion）、多肽类激素（促甲状腺素释放激素、加压素、催产素、促肾上腺皮质激素等）、神经肽（脑啡肽、β-内啡肽、强啡肽）等，这些生物活性肽是生物体内重要的信息分子，在代谢调节、神经传导和生长发育等方面发挥着重要作用。

三、蛋白质的分子结构

蛋白质多肽链中的氨基酸数量及连接顺序不同，并能在空间形成一定的三维结构。蛋白质结构可分为四个层次，分别为一级、二级、三级和四级结构。一级结构是蛋白质的基本结构，二、三、四级结构是蛋白质的空间结构（或称为空间构象），它们是蛋白质特有的性质与功能的基础。

（一）蛋白质的一级结构

> 蛋白质的一级结构指多肽链中氨基酸的排列顺序。

蛋白质一级结构是多肽链中氨基酸从 N 端至 C 端的排列顺序，维持蛋白质一级结构稳定的主要化学键是肽键。此外，有些蛋白质还含有二硫键（disulfide bond），即由两个半胱氨酸的巯基（—SH）脱氢氧化而成。例如，世界上第一个被确定一级结构的蛋白质——牛胰岛素，它的一级结构是由 51 个氨基酸残基组成的 A、B 两条多肽链，A 链由 21 个氨基酸残基构成，B 链由 30 个氨基酸残基构成。A 链和 B 链通过 A$_7$ 和 B$_7$、A$_{20}$ 和 B$_{19}$ 之间的两个二硫键连接起来，A 链中的 A$_6$ 和 A$_{11}$ 还形成了一个链内二硫键（图 1-1）。

蛋白质一级结构是其空间结构和生物学活性的基础，氨基酸的数量、组成及排列顺序的不同决定蛋白质的多样性。

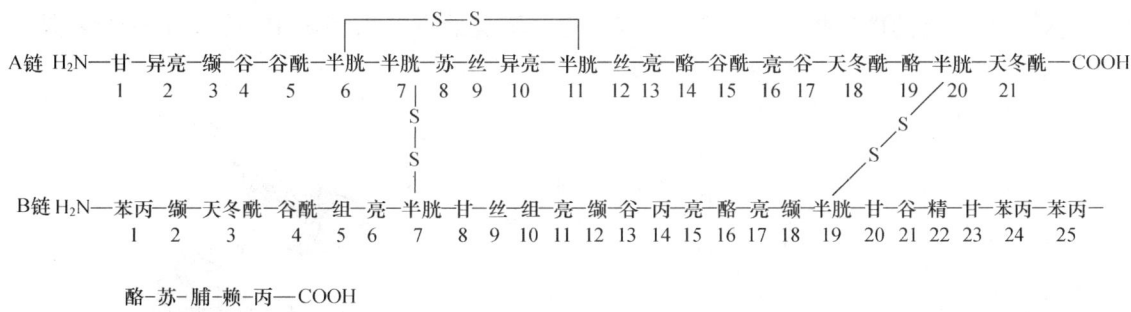

图 1-1　牛胰岛素的一级结构

（二）蛋白质的二级结构

> 蛋白质的二级结构指多肽主链原子间局部的空间构象。

蛋白质在一级结构的基础上，其多肽链的局部在空间进行折叠和盘曲，从而形成特有的空间结构。蛋白质的二级结构就是描述多肽主链原子局部的空间构象，不涉及氨基酸残基侧链的构象。

蛋白质二级结构的形成是以肽单元（peptide unit）（肽键平面）为基础的，维系二级结构最主要的作用力是主链内或主链间所形成的氢键。肽单元（肽键平面）是由参与肽键组成的 C、O、N、H 四个原子和与它们相邻的两个 α-碳原子（$C_{\alpha 1}$、$C_{\alpha 2}$）共同构成的刚性平面（图 1-2）。它可随 α-碳原子两侧单键的旋转而进行折叠、盘曲，进而可形成不同的结构形式，其中 α 螺旋和 β 折叠是蛋白质二级结构的主要形式。

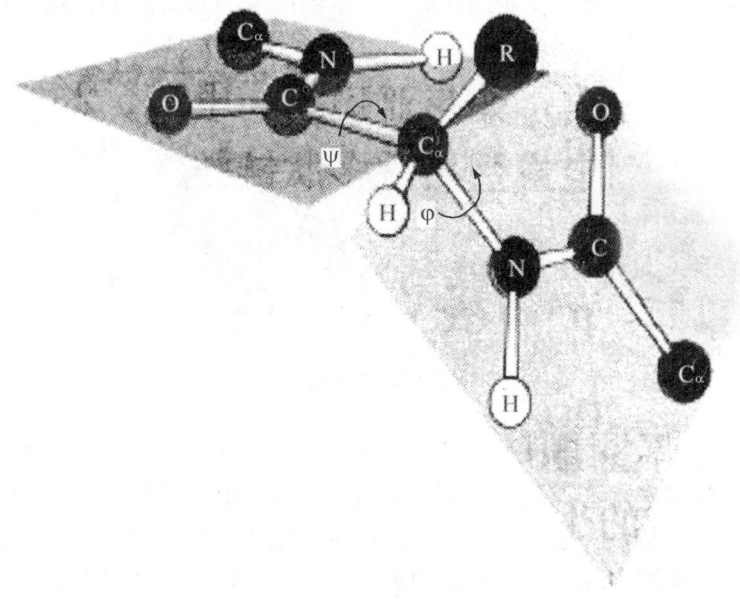

图 1-2　肽单元（肽键平面）

1. α 螺旋（α-helix）　是指多肽链以 α-碳原子为转折点，以肽单元为单位，按顺时针方向围绕中心轴盘曲而成的右手螺旋（图 1-3）。相邻螺旋之间，每个肽键的亚氨基氢（N—

H)与第四个肽键的羰基氧(C═O)形成氢键,氢键的方向与螺旋中心轴大致平行,使α螺旋非常稳固。

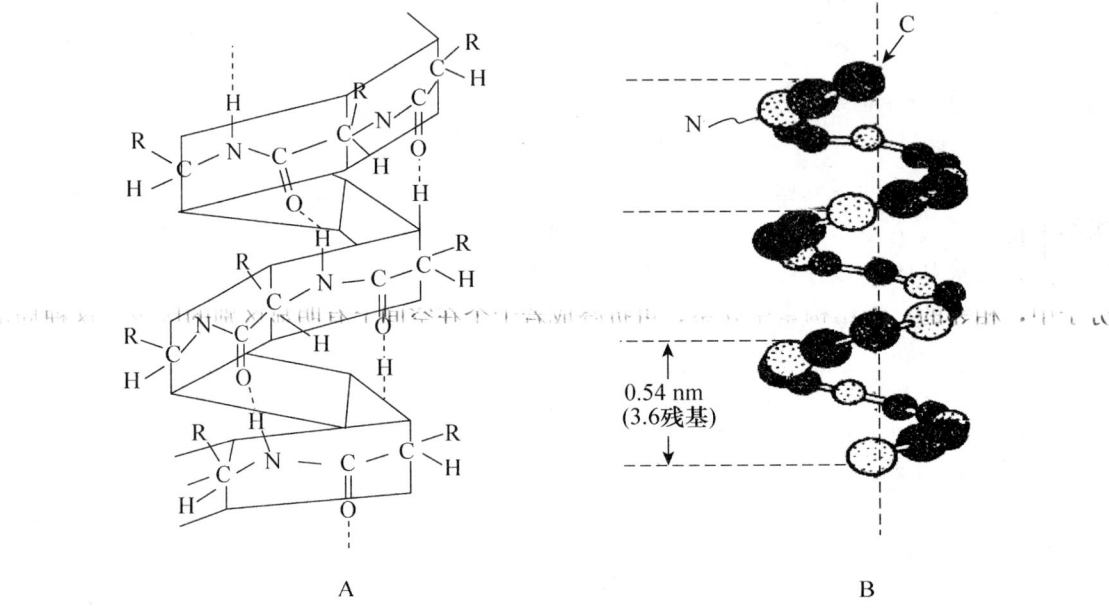

图 1-3 α螺旋

2. β折叠(β-pleated sheet structure) 又称为β片层,为一种比较伸展、呈锯齿状的肽链结构,氨基酸残基的侧链基团分别交替位于锯齿状结构的上下方。相邻肽链的肽键的亚氨基氢与羰基氧形成链间氢键,以使结构稳定,氢键的方向与折叠的长轴垂直(图1-4)。

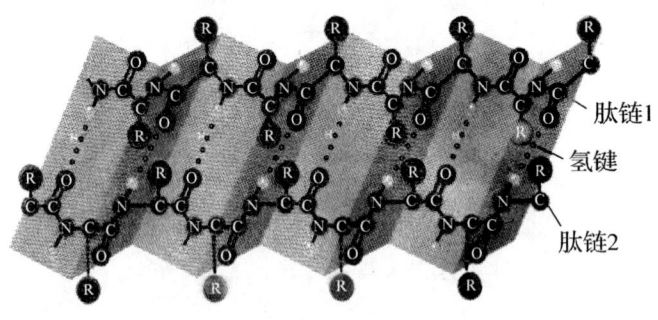

图 1-4 β折叠

此外,在肽链进行180°回折时的转角上还可形成β转角,该构象通常由4个氨基酸残基构成,第二个氨基酸残基常为脯氨酸,第1个氨基酸残基的羰基氧与第4个氨基酸残基的亚胺基氢形成氢键,以维持该构象的稳定。其余没有确定规律的那部分肽链结构统称为卷曲。

一种蛋白质分子中可存在多种二级结构形式,只是不同的蛋白质所含上述几种形式的多少不同。例如,天然丝心蛋白中就同时具有α螺旋和β折叠。

（三）蛋白质的三级结构

> 蛋白质的三级结构指多肽链中所有原子在三维空间排布。

蛋白质分子在二级结构的基础上，由于各氨基酸残基侧链基团的相互作用，可进一步盘曲、折叠，从而形成更高级的三级结构，既包括主链空间构象，又包括侧链空间构象。

蛋白质三级结构形成和稳定的主要化学键是多肽链侧链基团之间相互作用形成的次级键，如疏水作用力、离子键、氢键、范德华力等（图1-5）。其中疏水作用力是维持蛋白质三级结构稳定的最主要作用力，疏水基团因疏水作用力聚积于分子的内部，形成一个疏水的"口袋"，亲水基团则多分布于分子表面，因此蛋白质分子多是亲水的。分子量较大的蛋白质分子中，相邻的二级结构紧密联系，可折叠成若干个在空间上有明显区别的区域，这种局部的区域称为结构域。一个蛋白质分子中可包含几个结构域，它们有的相同，有的不同；不同蛋白质分子中的结构域也可以相似。一般每个结构域约由 100~300 个氨基酸残基组成，它们各具有独特的空间构象，并能执行特定的生物学功能，例如酶的活性中心、受体分子的配体结合部位等功能活性部位。

多肽链特定的氨基酸排列顺序决定了其特定的三级结构，由一条多肽链构成的蛋白质，只要形成了三级结构，便具有生物学活性。

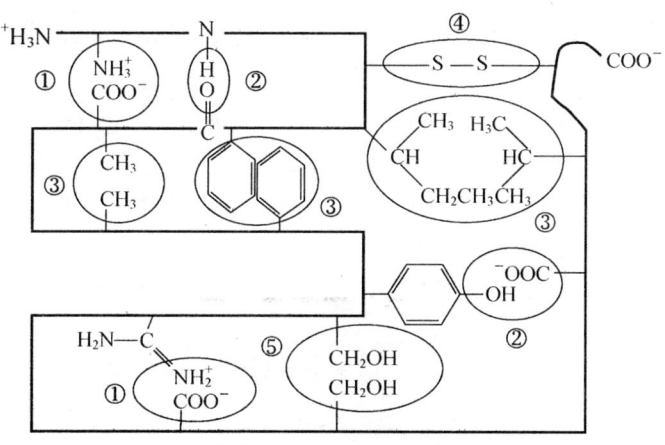

图 1-5　维持蛋白质三级结构的次级键

注：①离子键；②氢键；③疏水作用力；④二硫键；⑤范德华力

（四）蛋白质的四级结构

> 蛋白质的四级结构是指各亚基之间特定的三维空间排布。

生物体内的许多蛋白质分子都是由两条或两条以上具有独立三级结构的多肽链组成的，其中每一条具有完整三级结构的多肽链称为亚基（subunit）。由亚基构成的蛋白质称为寡聚蛋白。亚基之间特定的三维空间排布构成了蛋白质的四级结构，维持其结构稳定的化学键主要是亚基之间的非共价键，例如氢键和离子键等。

具有四级结构的蛋白质分子，其亚基虽然也具有独立的三级结构，但它单独存在时没有生物学活性，只有各亚基聚合成完整的四级结构，蛋白质才具有生物学活性。例如血红蛋白是由四个亚基组成的四聚体，每个亚基均能结合一分子的氧，但任何一个亚基单独游离存在，则无此功能。

四、蛋白质结构与功能的关系

蛋白质的功能是由其特定的空间结构所决定的，而一级结构是空间结构形成的基础。因此，蛋白质的功能与其一级结构和空间结构关系密切。

（一）蛋白质一级结构是其空间结构与功能的基础

1. 蛋白质一级结构决定空间结构　牛胰核糖核酸酶（RNase）是由 124 个氨基酸残基组成的单链蛋白质，分子中 8 个半胱氨酸的巯基构成 4 对二硫键，进一步折叠形成一定的空间构象。用尿素和 β-巯基乙醇处理核糖核酸酶溶液，分别破坏次级键和二硫键，该酶活性丧失。当只除去 β-巯基乙醇后，还原状态的 RNase 的 8 个巯基虽然又全部被氧化成二硫键，但产物的酶活性仅恢复 1%，这是因为核糖核酸酶中的 8 个巯基随机排列成二硫键，可有 105 种不同的配对方式，唯有天然酶中的配对方式才有活性。当用透析法同时除去尿素和 β-巯基乙醇后，4 对二硫键得以正确配对，酶活性才能恢复到与天然酶一样（图 1-6）。这充分证明蛋白质的一级结构决定空间结构，而只要蛋白质一级结构未被破坏，就可能回复到原有的三级结构。

2. 一级结构相似，其功能也相似　如促肾上腺皮质激素和促黑激素有一段相同的氨基酸序列，因此，促肾上腺皮质激素也可促进皮下黑色素的生成，但作用较弱。

3. 一级结构不同，其功能不同　如催产素和加压素的分子结构中，仅有 2 个氨基酸不同，催产素对子宫平滑肌的收缩作用远比加压素强，而对血管壁的加压效应和抗利尿作用只有加压素的 1% 左右。

总之，蛋白质特定的结构决定了其特定的功能，不同功能的蛋白质，其氨基酸序列总是不同的。如果蛋白质分子的一级结构改变，就会严重影响其空间结构和生物学功能，甚至导致疾病的发生。例如镰状细胞贫血（sickle cell anemia）就是由于正常人血红蛋白 β 亚基第 6 位谷氨酸变成了缬氨酸而导致血红蛋白结构和功能异常所引起的一种疾病。但是，并非蛋白质分子一级结构中的每个氨基酸都很重要，如细胞色素 c 分子中某些位点即使置换数十个氨基酸残基，其功能依然不变。

此外，不同种属来源的同种蛋白质，其一级结构存在种属差异，例如不同种属来源的细胞色素 c，其分子中的氨基酸残基数目不同，亲缘关系越远的，其氨基酸残基的种类差别越大，例如马和酵母有 48 个残基不同，而与猪、牛、羊则完全相同；鸡与鸭有 2 个不同，而与火鸡则完全相同。

（二）蛋白质空间结构直接决定其功能

蛋白质一级结构是空间结构和功能的基础，但如果在其一级结构的基础上没有形成适当的空间结构，那么蛋白质也不会具有生物学功能。因此，蛋白质的空间结构直接决定其功能。用 X 线衍射技术研究蛋白质空间结构与功能的关系，结果表明，空间结构相似，则功能也相似，如肌红蛋白（Mb）与血红蛋白（Hb）都是含有血红素辅基的蛋白质（图 1-7），都能可逆地与 O_2 结合，但由于二者在空间结构上又有所不同，因此与 O_2 结合的特性也是有差异的。血红蛋白是由 4 个亚基组成的寡聚蛋白，每个亚基的三级结构中间有一个疏水口袋，亚铁血红素位于口袋中间，与氧进行可逆结合，其功能是在肺和肌肉等组织间运输氧；肌红蛋白是只有三级结构的单链蛋白质，其结构与血红蛋白中的每个亚基相似，但对氧的亲和力比血红蛋白大，因此它的功能主要是储存氧。肌红蛋白和血红蛋白的氧解离曲线见图 1-8。

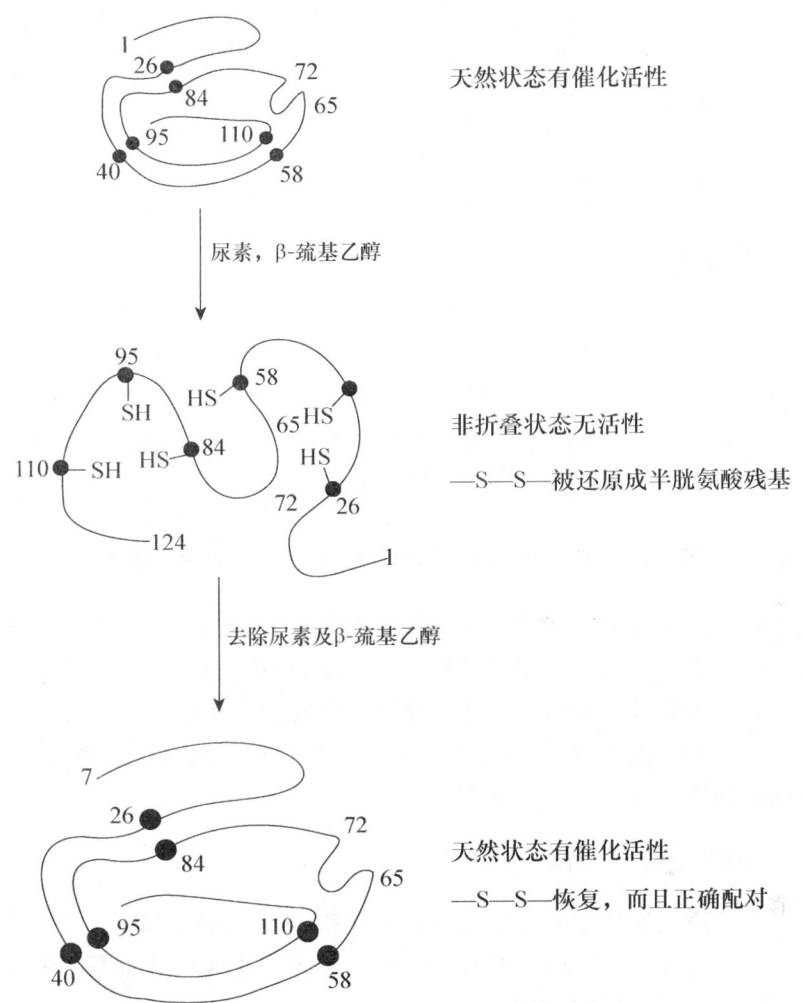

图 1-6 RNase 的变性和复性过程

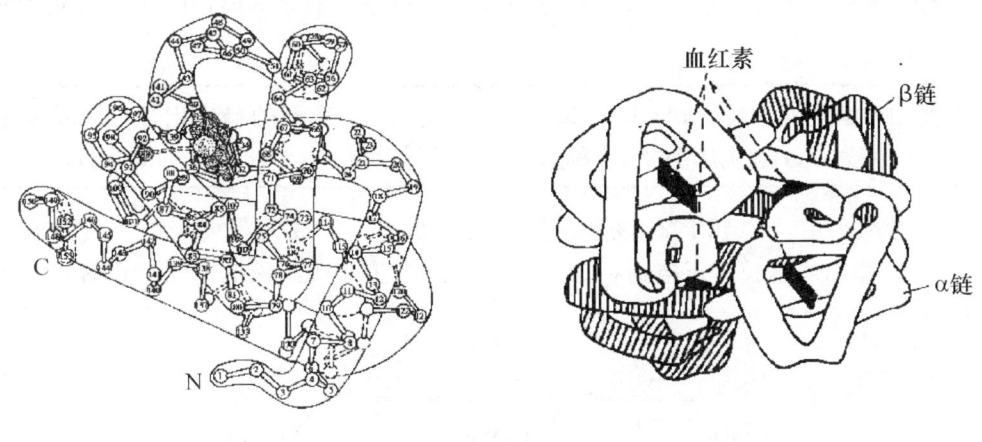

图 1-7 肌红蛋白（Mb）与血红蛋白（Hb）结构示意图

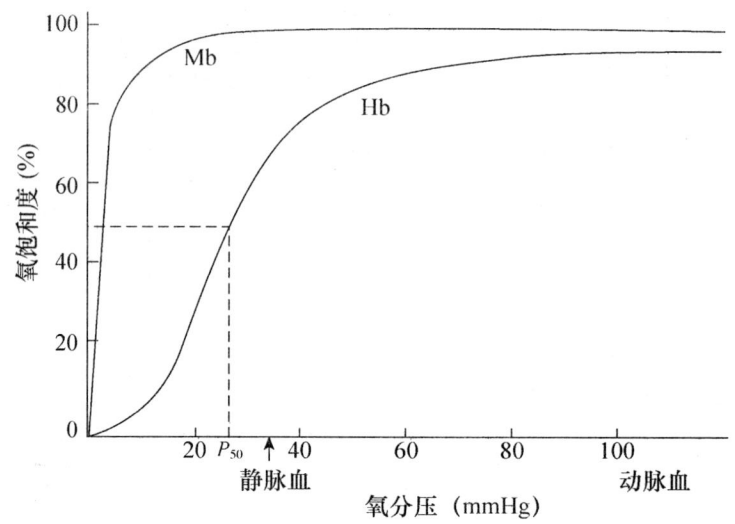

图 1-8 肌红蛋白（Mb）和血红蛋白（Hb）的氧解离曲线

如果蛋白质空间构象发生改变，会导致其生物学活性的改变，严重时可导致疾病发生，称为蛋白质构象病。例如朊病毒病就是较常见的一种蛋白质构象病。朊病毒蛋白在合成后的加工修饰过程中，其多肽链发生错误折叠，导致蛋白质的空间结构发生改变，尽管一级结构不变，也会影响其功能，进而导致疾病的发生，典型的有人纹状体脊髓变性病、老年痴呆症、舞蹈病和疯牛病等。

五、蛋白质的理化性质与应用

蛋白质的理化性质与氨基酸部分相似或相关，例如两性解离与等电点、茚三酮反应等。但同时蛋白质又是生物大分子，还具有胶体性质、沉淀、变性和凝固等理化性质。

（一）蛋白质的两性解离与等电点

1. 两性解离与等电点　蛋白质分子除多肽链两端游离的 α-氨基和 α-羧基可解离外，氨基酸残基侧链中某些基团在一定溶液 pH 条件下，也可进行酸碱解离，因此蛋白质为两性电解质。

> 当蛋白质溶液处于某一 pH 时，蛋白质解离成正、负离子的趋势相等，即成为兼性离子，净电荷为零，此时溶液的 pH 称为蛋白质的等电点（isoelectric point, pI）。

当蛋白质溶液的 pH＞pI 时，该蛋白质颗粒带负电荷，成为阴离子；当蛋白质溶液的 pH＜pI 时，该蛋白质颗粒带正电荷，成为阳离子；当蛋白质溶液的 pH＝pI 时，该蛋白质颗粒不带电。

$$P\!\!\begin{array}{c}NH_3^+\\COOH\end{array} \xrightleftharpoons[+H^+]{+OH^-} P\!\!\begin{array}{c}NH_3^+\\COO^-\end{array} \xrightleftharpoons[+H^+]{+OH^-} P\!\!\begin{array}{c}NH_2\\COO^-\end{array}$$

蛋白质阳离子　　蛋白质兼性离子　　蛋白质阴离子

pH＜pI　　　　　pH＝pI　　　　　pH＞pI

体内各种蛋白质因所含氨基酸的种类和数量不同，其等电点也不同，但大多数接近于 pH 5.0。由于人体体液环境的 pH 为 7.4，因此体内大多数蛋白质在体液中以阴离子的形式存在。少数蛋白质含有较多的碱性氨基酸，其等电点较高，如鱼精蛋白（pI=12.0～12.4）、细胞色素 c（pI=12.0～12.4）等；还有少数蛋白质含有较多的酸性氨基酸，其等电点较低，如胃蛋白酶（pI=12.0～12.4）、丝蛋白（pI=12.0～12.4）等。

2. 利用蛋白质的两性解离性质，通过电泳方法可分离提取蛋白质　电泳是指带电粒子在电场中向相反电极移动的现象。带电粒子所带电荷的性质、数目及分子的大小和形状不同，在电场中移动的速度和方向也不同。带电少、分子大的带电粒子泳动速度慢，反之，则泳动速度快。不同蛋白质的 pI 不同，在同一 pH 溶液中，所带净电荷的性质及数量不同，且各种蛋白质分子量大小不同，因此，通过电泳方法可将混合蛋白质进行分离、纯化。

此外，通过调节溶液 pH 的等电点沉淀法以及离子交换层析等，均可实现从混合蛋白质溶液中分离不同蛋白质的目的。

（二）蛋白质的胶体性质

1. 蛋白质的亲水胶体性质　蛋白质是生物大分子，分子量为 10^4～10^6 kD，其分子的直径可达 1～100 nm，属胶粒范围，故蛋白质在溶液中具有亲水胶体的特性，维持该特性的稳定因素有二：水化膜和表面电荷。蛋白质颗粒表面有许多亲水的极性基团，可吸引水分子并与水分子发生水合作用，在蛋白质分子表面形成一层水化膜，从而阻断蛋白质颗粒间的相互聚集而沉淀析出；此外，蛋白质分子在 pH 为非等电点状态下的溶液中，其颗粒表面带有电荷，同性电荷相互排斥，使得蛋白质颗粒不能聚集而沉淀析出。若去掉水化膜或中和表面电荷，蛋白质就极易从溶液中析出，形成沉淀（图1-9）。例如，向蛋白质溶液中加入高浓度的中性盐（如硫酸铵、硫酸钠或氯化钠等），可使蛋白质分子表面的水化膜破坏，部分表面电荷被中和，蛋白质从水溶液中沉淀析出，这种方法称为盐析。盐析法沉淀得到的蛋白质不变性，因此可利用此法对蛋白质进行初步分离。此外，还可通过向蛋白质溶液中加入有机溶剂（乙醇、丙酮）、某些酸类（三氯乙酸、鞣酸）、重金属盐（铅、汞、银）等，破坏水化膜或表面电荷来达到沉淀蛋白质的目的，但这些方法均会使沉淀出来的蛋白质变性。

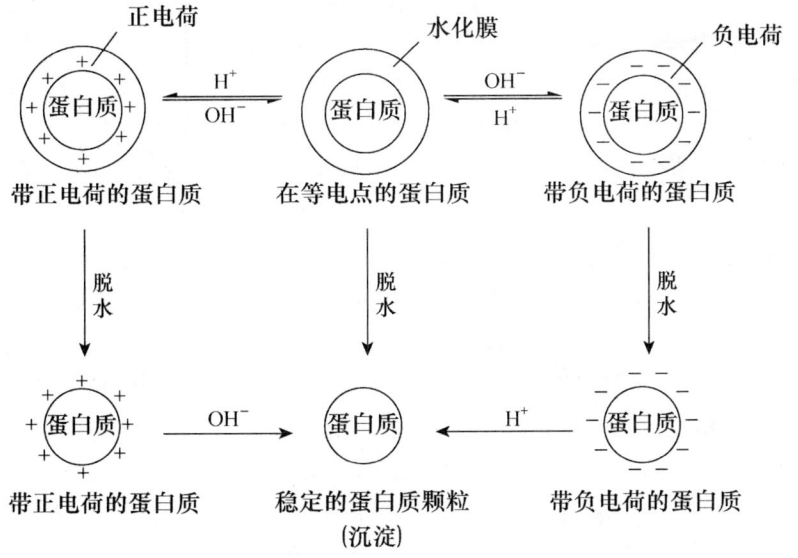

图 1-9　蛋白质胶体沉淀

> 水化膜和表面电荷是维持蛋白质为亲水胶体溶液的稳定因素。

2. 蛋白质分子颗粒大,不易透过半透膜 利用此性质,能通过透析法对蛋白质进行分离提纯。临床上的血液透析就是利用这一原理。此外,人体的细胞膜、线粒体膜和微血管壁等都具有半透膜的性质,从而使体内各种蛋白质有规律地分布于膜内、外,对维持细胞内、外的水和电解质平衡以及血管内、外的水平衡均具有重要的生理意义。

此外,利用蛋白质的分子量不同,还可通过超滤、超速离心分离蛋白质及测定其分子量。

(三) 蛋白质变性与凝固

1. 蛋白质的变性 蛋白质变性的实质是其空间结构改变,导致生物学活性丧失。引起蛋白质变性的物理因素有高温、高压、振荡或搅拌、紫外线照射、超声波及 X 线等;化学因素有强酸、强碱、重金属离子、有机溶剂(尿素、乙醇、丙酮等)等。蛋白质变性后,其溶解度降低,黏度增加,结晶能力消失,生物学活性丧失,易被蛋白酶水解。变性程度较轻的蛋白质在去除变性因素后可恢复原有的空间结构及生物学活性,称为复性。但大多数蛋白质变性时,空间结构破坏严重,不能复性,称为不可逆变性。

> 在某些物理和化学因素的作用下,维持蛋白质空间结构的非共价键和二硫键被破坏,导致蛋白质特定的空间结构改变,进而使其理化性质改变和生物学活性丧失,这种现象称为蛋白质的变性(denaturation)。

2. 凝固是蛋白质变性进一步发展的不可逆结果 蛋白质经强酸、强碱作用发生变性后,由于表面电荷的作用,仍能溶解于强酸或强碱中,此时若将 pH 调至其等电点,则变性的蛋白质立即结成絮状的不溶解物,此絮状物仍可溶解于强酸或强碱中,若再加热则絮状物可变成比较坚固的凝块,此凝块不再溶于强酸或强碱中,这种现象称为蛋白质的凝固。如鸡蛋煮熟、向豆浆中加入少量氯化镁使其变成豆腐,都是蛋白质凝固的典型例子。蛋白质变性和凝固常是相继发生的,凝固可以说是蛋白质变性进一步发展的不可逆结果。

3. 蛋白质变性的因素在临床上常被应用于消毒及灭菌 例如通过高温高压、紫外线照射、医用酒精等可使病毒或细菌体的蛋白质变性失活,从而达到消毒及灭菌的目的。此外,防止蛋白质变性也是有效保存蛋白质制剂的必要条件,如临床上制备或保存激素、酶、疫苗和免疫血清等蛋白质生物制剂时,应选择适当的条件,以防止蛋白质变性而失去活性。

(四) 蛋白质的紫外吸收性质

酪氨酸和色氨酸对 280 nm 波长处的紫外光有特征吸收峰,大多数蛋白质分子含有这两种氨基酸残基,在 280 nm 波长处测得的蛋白质光吸收值(OD_{280})与蛋白质溶液的浓度呈正比关系,所以测定 OD_{280} 是蛋白质溶液定量、定性分析常用的一种快速简便的方法。

(五) 蛋白质的呈色反应

蛋白质可与某些化学试剂作用产生颜色反应,称为蛋白质的呈色反应。

1. 茚三酮反应 蛋白质水解产生的氨基酸与茚三酮水合物加热,可生成蓝紫色的化合物;因此该反应不但可以对氨基酸定量测定,还可检测蛋白质的水解程度。

2. 双缩脲反应 蛋白质和多肽分子中的肽键在稀碱中与硫酸铜共热,可生成紫红或红色的复合物，称为双缩脲反应，氨基酸不出现此反应。此呈色反应颜色的深浅与蛋白质的含量成正比，故此反应可用于检测蛋白质的水解程度。水解越完全则颜色越浅。此外，在临床检验中常用双缩脲法来测定血清总蛋白、血浆纤维蛋白原的含量。

六、蛋白质的分类

（一）蛋白质按组成可分为单纯蛋白质和结合蛋白质

1. 单纯蛋白质　其分子组成中仅含有氨基酸，称为单纯蛋白质。
2. 结合蛋白质　包括蛋白质部分和非蛋白质部分。如糖蛋白、核蛋白、脂蛋白、磷蛋白等。

（二）蛋白质按分子形状可分为球状蛋白质和纤维状蛋白质

1. 球状蛋白质　其形状近似于球形或椭圆形，多数可溶于水，许多具有重要的生理活性，如转运蛋白、酶和免疫球蛋白等。
2. 纤维状蛋白质　多数为结构蛋白质，较难溶于水，作为细胞坚实的支架或连接各细胞、组织和器官，如胶原蛋白和弹性蛋白等。

此外，还可根据其主要功能对蛋白质进行分类，如具有运输功能的清蛋白、血红蛋白、脂蛋白等，具有催化功能的胃蛋白酶、淀粉酶等。

第二节　核酸的结构与功能

核酸是以核苷酸为基本结构单位，通过磷酸二酯键连接在一起的多聚体。核酸广泛分布于所有生物体中，甚至比单细胞还小的病毒颗粒都含有核酸。核酸分为脱氧核糖核酸（deoxyribonucleic acid，DNA）和核糖核酸（ribonucleic acid，RNA）两类。DNA 存在于细胞核和线粒体内，是遗传信息的载体；RNA 存在于细胞质和细胞核内，参与遗传信息的传递与表达，也可作为某些病毒的遗传信息的载体。核酸结构微小的变化都可能影响遗传信息的传递与表达。

一、核酸的分子结构

（一）核酸的元素组成

组成核酸的元素为碳（C）、氢（H）、氧（O）、氮（N）和磷（P），与蛋白质不同，天然核酸不含 S，且核酸分子的含 P 量比较恒定，约为 9%～10%。因此，可以通过测定生物样品的含 P 量来推算样品中核酸的大致含量。

（二）核酸的基本结构单位——核苷酸

1. 核苷酸由碱基、戊糖和磷酸三种基本成分组成

（1）碱基：核酸分子中的碱基均为含氮杂环化合物，分为嘌呤（purine）与嘧啶（pyrimidine）两类。常见的嘌呤包括腺嘌呤（adenine，A）和鸟嘌呤（guanine，G），常见的嘧啶包括胞嘧啶（cytosine，C）、尿嘧啶（uracil，U）和胸腺嘧啶（thymine，T）。DNA 分子主要含有 A、G、C、T 四种碱基，RNA 分子主要含有 A、G、C、U 四种碱基。除上述碱基外，个别核酸分子还含有少量的特殊碱基，统称为稀有碱基，如次黄嘌呤、双氢尿嘧啶、5-甲基胞嘧啶等。碱基结构式见图 1-10。

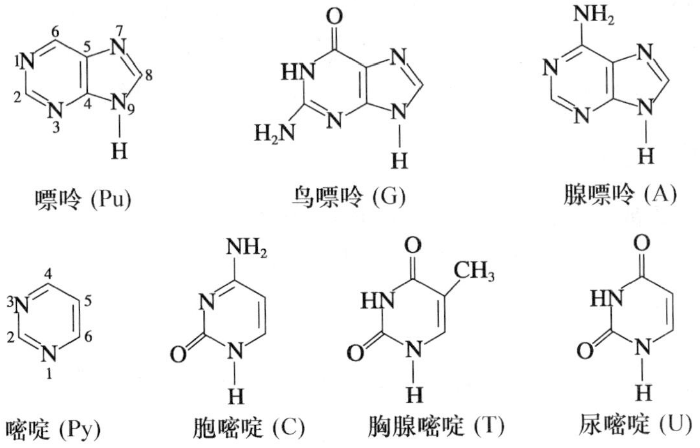

图1-10 嘌呤与嘧啶碱基的结构式

（2）戊糖：核酸分子中的戊糖有 β-D-核糖（ribose）和 β-D-2-脱氧核糖（deoxyribose）两种，二者的差别仅在于戊糖分子结构中的 C-2' 原子所连接的基团不同（图1-11）。RNA 分子中的戊糖为 β-D-核糖，DNA 分子中的戊糖为 β-D-2-脱氧核糖。为了与碱基中碳原子的编号区别，戊糖的碳原子常以 C-1'、C-2' 等编号。

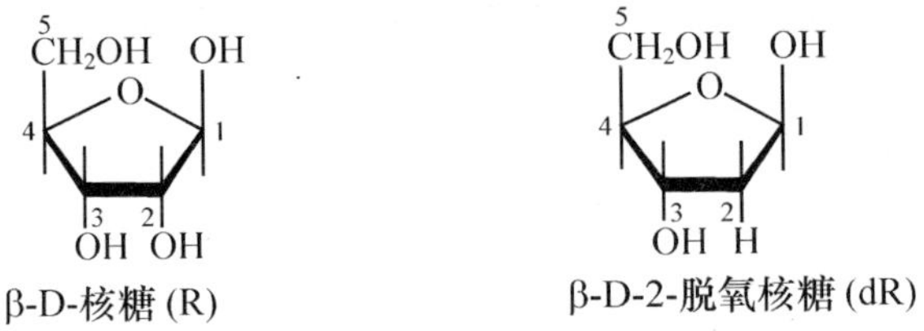

图1-11 β-D-核糖和 β-D-2 脱氧核糖结构式

（3）磷酸：核酸分子中的磷酸是无机磷酸（H_3PO_4）。

2. **核苷酸是由核苷或脱氧核苷与磷酸缩合而成**　戊糖分子中的 C-1' 上的羟基（—OH）与嘌呤碱 N-9 和嘧啶碱 N-1 上的氢（H）通过糖苷键脱水缩合成核苷（nucleoside）或脱氧核苷（deoxynucleoside）。各种核苷或脱氧核苷的命名是在其前面加上相应碱基的名字即可，如腺嘌呤核苷（简称腺苷）、胞嘧啶脱氧核苷（简称脱氧胞苷）等。

核苷酸是由核苷或脱氧核苷中戊糖分子的羟基与磷酸通过脱水缩合而成。戊糖分子中的 C-2'、C-3'、C-5' 的羟基均可与磷酸形成酯键而生成相应的 2'-核苷酸、3'-核苷酸、5'-核苷酸，但生物体内的核苷酸基本为 5'-核苷酸。

含有一个磷酸分子的核苷酸为核苷一磷酸（NMP）/脱氧核苷一磷酸（dNMP），在此基础上，磷酸基还可与另一磷酸分子以酸酐的方式缩合成核苷二磷酸（NDP）/脱氧核苷二磷酸（dNDP），再结合一分子磷酸则生成核苷三磷酸（NTP）/脱氧核苷三磷酸（dNTP），如 AMP 是腺苷一磷酸、ADP 是腺苷二磷酸、ATP 是腺苷三磷酸（图1-12）等，以此类推。通常将核苷一磷酸和脱氧核苷一磷酸简称为核苷酸和脱氧核苷酸。如腺苷一磷酸可简称为腺苷酸，脱氧腺苷一磷酸可简称为脱氧腺苷酸等。而生物体内 DNA 和 RNA 分子生物合成的基本原料分别是"dNTP"和"NTP"。RNA 和 DNA 分子中的碱基、核苷与核苷酸的名称及代号见表1-2和表1-3。

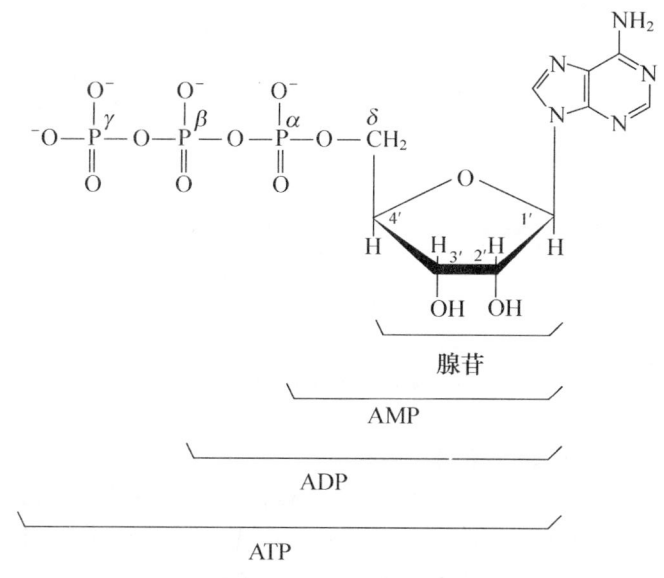

图 1-12 腺苷酸的结构

表 1-2 构成 RNA 的主要碱基、核苷与核苷酸的名称及代号

碱基	核苷	核苷酸（NMP）	核苷二磷酸（NDP）	核苷三磷酸（NTP）
腺嘌呤（A）	腺苷	腺苷一磷酸（AMP）	腺苷二磷酸（ADP）	腺苷三磷酸（ATP）
鸟嘌呤（G）	鸟苷	鸟苷一磷酸（GMP）	鸟苷二磷酸（GDP）	鸟苷三磷酸（GTP）
胞嘧啶（C）	胞苷	胞苷一磷酸（CMP）	胞苷二磷酸（CDP）	胞苷三磷酸（CTP）
尿嘧啶（U）	尿苷	尿苷一磷酸（UMP）	尿苷二磷酸（UDP）	尿苷三磷酸（UTP）

表 1-3 构成 DNA 的主要碱基、核苷与核苷酸的名称及代号

碱基	脱氧核苷	脱氧核苷酸（dNMP）	脱氧核苷二磷酸（dNDP）	脱氧核苷三磷酸（dNTP）
腺嘌呤（A）	脱氧腺苷	脱氧腺苷一磷酸（dAMP）	脱氧腺苷二磷酸（dADP）	脱氧腺苷三磷酸（dATP）
鸟嘌呤（G）	脱氧鸟苷	脱氧鸟苷一磷酸（dGMP）	脱氧鸟苷二磷酸（dGDP）	脱氧鸟苷三磷酸（dGTP）
胞嘧啶（C）	脱氧胞苷	脱氧胞苷一磷酸（dCMP）	脱氧胞苷二磷酸（dCDP）	脱氧胞苷三磷酸（dCTP）
胸腺嘧啶（T）	脱氧胸苷	脱氧胸苷一磷酸（dTMP）	脱氧胸苷二磷酸（dTDP）	脱氧胸苷三磷酸（dTTP）

生物体内的核苷酸除了参与核酸的构成外，在物质代谢和细胞信息传递中都能发挥重要作用。如 NTP，含两个高能磷酸键，水解时能释放出较大的能量，在多种物质的合成代谢中起供能作用，其中以 ATP 最为重要，ATP 是体内能量的直接来源和利用形式；某些核苷酸还可参与构成体内某些重要酶的辅酶成分，如腺苷酸可参与构成 NAD^+、$NADP^+$、辅酶 A、黄素单核苷酸、黄素腺嘌呤二核苷酸等辅酶；此外，体内还存在某些环化核苷酸，如环腺苷酸（cyclic adenosine monophosphate，cAMP）与环鸟苷酸（cyclic guanosine monophosphate，cGMP）（图 1-13），它们是生物体内的重要调节因子，在物质代谢调节和细胞信号转导过程中发挥重要作用。

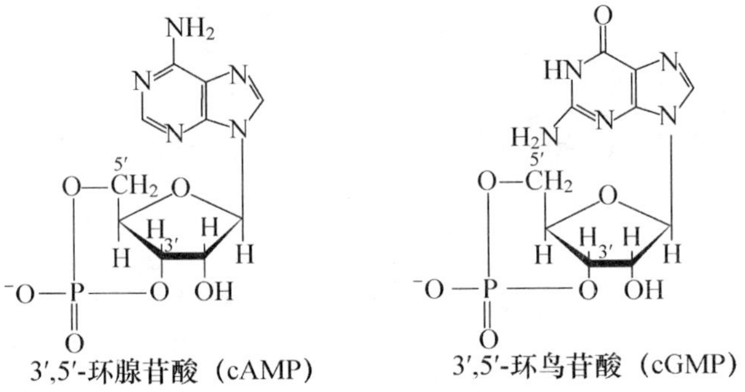

3′,5′-环腺苷酸（cAMP）　　　　3′,5′-环鸟苷酸（cGMP）

图 1-13　cAMP 与 cGMP 的结构式

（三）核酸分子中单核苷酸的连接

DNA 和 RNA 分子均是由其各自的基本结构单位——单核苷酸通过 3′,5′-磷酸二酯键相连而成的线性大分子（图 1-14）。3′,5′-磷酸二酯键是由核酸分子中一个核苷酸的 3′-羟基与其下一个核苷酸的 5′-磷酸基脱水缩合而成。核酸分子结构的基本形式是多聚核苷酸链，该结构具有两个游离的末端，一端是游离的磷酸基末端，称为 5′-末端，另一端是游离的羟基末端，称为 3′-末端。所以核酸分子具有方向性，以 5′-末端→3′-末端为正方向。书写时，通常 5′-末端为头，写在左侧，3′-末端为尾，写在右侧。核酸分子巨大，在文献书写时多采用简写式，如图 1-15 所示。

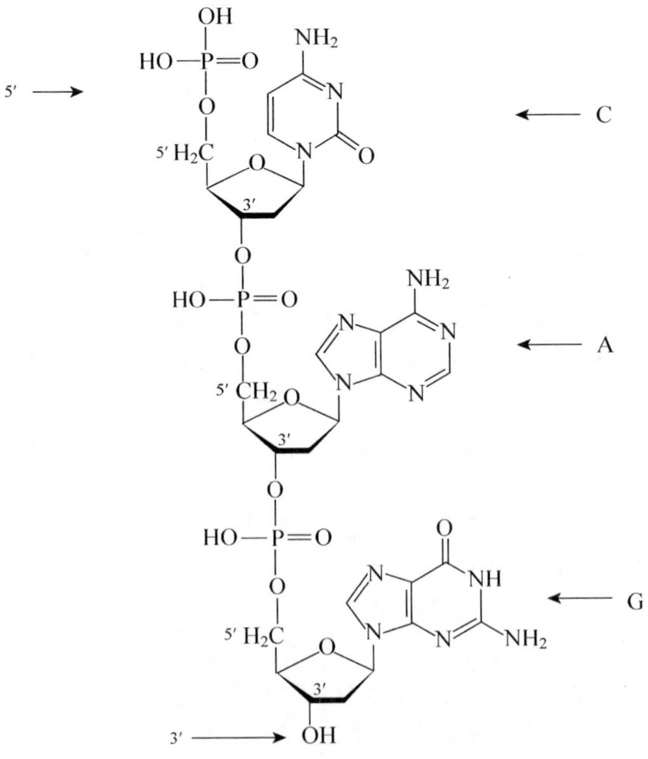

图 1-14　多聚核苷酸链结构示意图

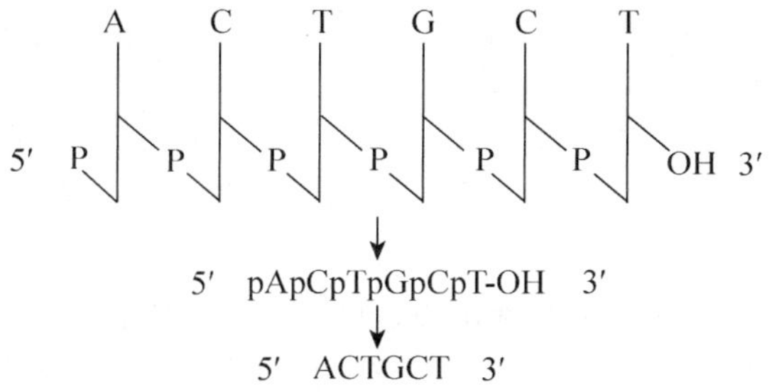

```
                A   C   T   G   C   T
                |   |   |   |   |   |
            5' P   P   P   P   P   P  OH 3'
                            ↓
                5' pApCpTpGpCpT-OH   3'
                    5' ACTGCT 3'
```

图 1-15 核酸的简写式

二、DNA 的分子结构

（一）DNA 的一级结构

> DNA 的一级结构指 DNA 分子中脱氧核苷酸的排列顺序。

DNA 一级结构又称核苷酸序列。由于核苷酸之间的差别仅是碱基的不同，所以核苷酸序列通常用 DNA 分子中碱基的排列顺序来代表，即碱基序列。维持 DNA 分子一级结构稳定的主要化学键是 3',5'-磷酸二酯键。尽管 DNA 分子中的碱基只有四种（A、C、U、T），但自然界中 DNA 分子的长度多在几十至几万个碱基之间，且每个 DNA 分子的碱基序列不同，由此决定了 DNA 分子所携带的遗传信息。碱基序列改变将直接影响其所携带的遗传信息的改变，测定 DNA 的碱基序列就可知道该 DNA 所携带遗传信息的性状，从而揭示生命的奥秘。

（二）DNA 的二级结构

> DNA 的二级结构是"双螺旋结构"，是 DNA 高级结构形成的基础。

1. **DNA 碱基组成的重要特征** 20 世纪 50 年代，美国生物化学家 E.Chargaff 分析研究了各种生物 DNA 的碱基组成，发现所有 DNA 分子的碱基组成都有共同规律：①腺嘌呤与胸腺嘧啶的含量相等，而鸟嘌呤与胞嘧啶的含量相等；②不同生物种属的 DNA 碱基组成不同；③同一个体的不同器官、不同组织的 DNA 具有相同的碱基组成；这种规律被称为 Chargaff 规则。该法则暗示了 DNA 分子中的碱基 A 与 T、G 与 C 是以某种方式相互配对存在的。1953 年，美国人 J. Watson 和英国人 F. Crick 基于前人的研究结果，提出了 DNA 二级结构——双螺旋模型。双螺旋模型的提出，既能解释 DNA 分子的理化性质，又为揭示生物界遗传性状得以世代相传的分子机制奠定了基础，有力地推动了生命科学的发展，在生物学界具有里程碑式的意义。

2. **DNA 双螺旋结构的要点**

（1）DNA 双螺旋是反向平行的双链结构：DNA 分子是由两条相互平行但走向相反的多聚脱氧核苷酸链围绕同一中心轴盘绕形成的右手螺旋结构（图 1-16）。一条链为 5'→3' 走向，另一条链为 3'→5' 走向。

（2）DNA 分子中严格的碱基配对使 DNA 双链互为互补链：在 DNA 双螺旋结构中，亲水的磷酸与脱氧核糖位于双螺旋结构的外侧，而疏水的碱基位于双螺旋的内侧，两条链间的碱基通过氢键相连，其中 A 与 T 之间形成两个氢键，G 与 C 之间形成三个氢键，这种碱基配对关系称为碱基互补配对规律（图 1-17）。两个碱基对共同构成了碱基平面，碱基平面与中心轴垂直。由于 DNA 分子中的碱基存在互补配对的关系，因此 DNA 双螺旋中的两条链互为互补链。碱基平面间由于疏水作用所产生的作用力称为碱基堆积力。

（3）DNA 双螺旋的稳定性靠氢键和疏水性的碱基堆积力来维持：两条链碱基对间的氢键维系双螺旋结构的横向稳定性，碱基平面间的碱基堆积力维系双螺旋结构的纵向稳定性。

此外，DNA 双螺旋结构的直径为 2.37 nm，螺距为 3.54 nm，每一个螺旋有 10.5 个碱基对，每两个相邻的碱基平面间的垂直距离为 0.34 nm。从外观上看，DNA 双螺旋结构表面存在大沟与小沟。这些沟状结构是蛋白质和 DNA 之间的相互识别的结构基础。

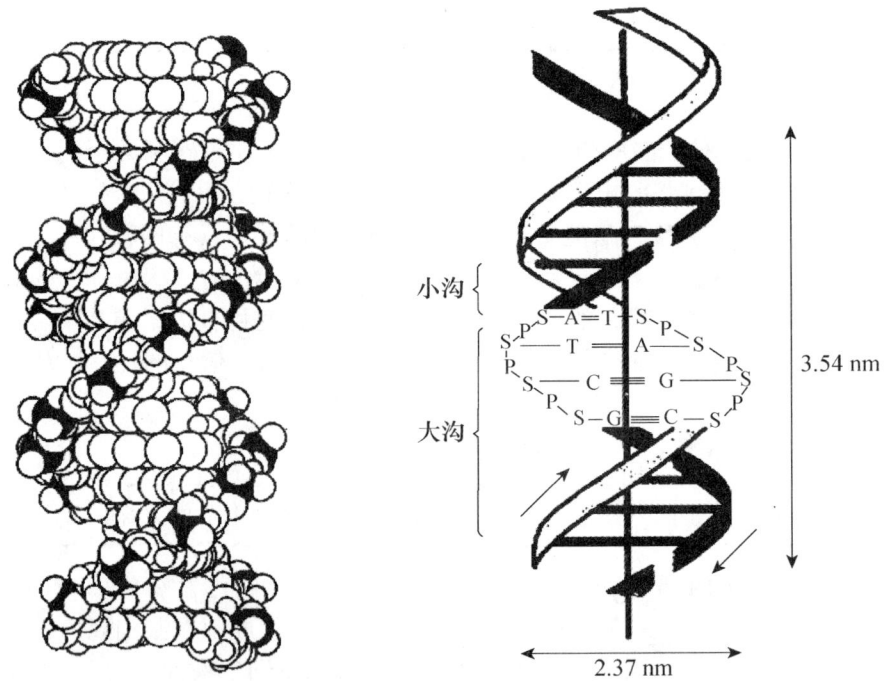

图 1-16　DNA 双螺旋结构结构示意图

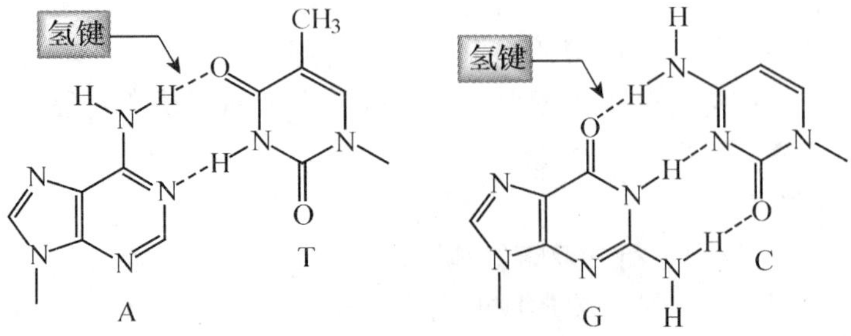

图 1-17　碱基对结构

在生理条件下，绝大多数 DNA 分子均是以 J. Watson 与 F. Crick 提出的右手双螺旋结构存在的，人们将该 DNA 的构象称为 B-DNA；但由于自身序列、温度、溶液的离子强度或相对湿度不同，DNA 双螺旋结构也会呈现不同的形式，如 Z-DNA、A-DNA。因此，J. Watson 与 F. Crick 提出的 DNA 右手双螺旋结构并不是自然界中 DNA 分子的唯一形式。生物体内不同构象的 DNA 在功能上可能有所差异，这是与基因表达的调节和控制相适应的。

（三）DNA 的超螺旋结构

绝大部分原核生物 DNA 是共价封闭的环状双螺旋结构，这种环状结构进一步盘绕折叠而形成超螺旋结构（图 1-18）。当盘绕的方向与 DNA 双螺旋的方向相同时，形成正超螺旋；反之，则形成负超螺旋。自然界的闭合双链 DNA 主要以负超螺旋的形式存在。

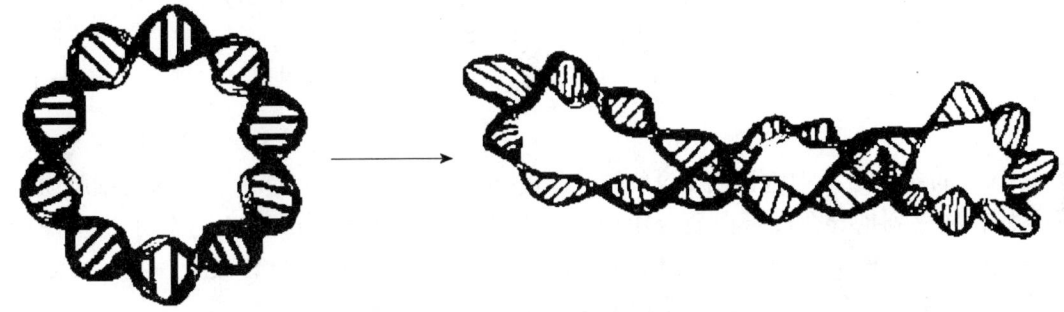

图 1-18　DNA 的环状和超螺旋结构

真核生物的 DNA 分子十分巨大，在其双螺旋结构的基础上必须盘曲成致密的结构，才能存在于微小的细胞核中。在细胞周期的大部分时间里，DNA 以染色质的形式存在，进入细胞分裂期，染色质则形成高度致密且组织有序的染色体。

> 原核生物的 DNA 在双螺旋结构的基础上形成超螺旋结构，真核生物的 DNA 要组装成致密的染色体。

三、RNA 的分子结构

RNA 的一级结构是指多聚核苷酸链中核苷酸的排列顺序。维持其稳定的主要化学键是单核苷酸之间的 3',5'-磷酸二酯键。与 DNA 分子不同，RNA 分子通常是由一条多聚核苷酸链构成的线形单链，通过盘绕和折叠，局部可通过碱基配对而形成双螺旋结构，没有配对的单链则膨胀形成凸出或突环，这种结构称为发夹结构（hairpin structure）。发夹结构是 RNA 分子中最为普遍的二级结构形式，在此基础上，RNA 分子可进一步折叠成更高级的结构。RNA 分子比 DNA 分子小得多，仅含数十个到数千个核苷酸，且分子组成中还存在少量的稀有碱基（minor base），但 RNA 分子的种类很多，结构和功能也各异。重要的 RNA 分子主要有三种：信使 RNA（mRNA）、转运 RNA（tRNA）、核糖体 RNA（rRNA）。

（一）mRNA 分子具有 5' 帽子结构和 3' 多聚 A 尾结构

mRNA 作为蛋白质合成的直接模板，含量仅占细胞总 RNA 的 2%～5%，但代谢非常活跃。真核细胞内的 mRNA 初合成时，先合成不均一核 RNA（hnRNA），经过剪接、加工转变为成熟的 mRNA。成熟的 mRNA 两端存在共同的结构特点：5' 末端可形成 7-甲基鸟苷三磷酸（^{m7}GpppN）的结构，这种结构称为帽子结构；3' 末端则由数十到数百个腺苷酸连接成多聚腺苷酸结构,称为多聚腺苷酸尾或多聚 A 尾[poly(A)-tail]。目前认为 mRNA 的 5' 帽子结构和 3' 多聚 A 尾结构共同负责 mRNA 从核内向细胞质的转移、维系 mRNA 的稳定性以及翻译起始的调控。

mRNA 的功能是把细胞核内 DNA 的碱基序列(即遗传信息)抄录并转移到细胞质,再依照其核苷酸序列指导合成蛋白质分子中的氨基酸序列。因此,mRNA 起到了为蛋白质的生物合成提供直接模板的作用。成熟 mRNA 分子上每 3 个相邻的核苷酸为一组,决定蛋白质多肽链上的某一个氨基酸,称为遗传密码(密码子),请见第十一章。

(二) tRNA 的二级结构和三级结构

tRNA 作为各种氨基酸的转运载体,种类很多,约占细胞总 RNA 的 15%。已知的 tRNA 都是由 74~95 个核苷酸组成的,且含有多种稀有碱基,一般每个分子含有 7~15 个,包括双氢尿嘧啶(DHU)、假尿嘧啶(pseudouridine,ψ)、次黄嘌呤(I)和甲基化嘌呤(如 ^mG、^mA)等,它们均是 RNA 合成后修饰而成的。所有 tRNA 的二级结构都是"三叶草形"结构(图 1-19),该结构含 4 个局部互补配对的双链区,形成发夹结构或茎-环结构而得名。其主要特点是含有"四环一臂",四环为双氢尿嘧啶环(DHU 环)、假尿嘧啶环(TψC 环)、反密码环及额外环,一臂为氨基酸臂。DHU 环和 TψC 环以含有的稀有碱基而得名,分别位于结构的左、右两侧;反密码环位于结构的下方,由 7~9 个核苷酸组成,居中的 3 个核苷酸构成了一个反密码子(anticodon),可依照碱基互补的方式识别并结合 mRNA 的密码子,引导氨基酸正确定位;额外环又称附加叉,不同的 tRNA 此环大小不同,是区别 tRNA 的重要标志;氨基酸臂(amino acid arm)位于结构的上方,是 tRNA 3'-末端"CCA-OH"结构,因该结构可与氨基酸结合而得名。

tRNA 的三级结构是倒 L 形结构(图 1-20),其结构的一端为氨基酸臂,另一端为反密码环。L 型的拐角处是 DHU 环和 TψC 环,二者在 tRNA 的三级结构中相距很近,大大提高了 tRNA 的稳定性。

第二节 核酸的结构与功能

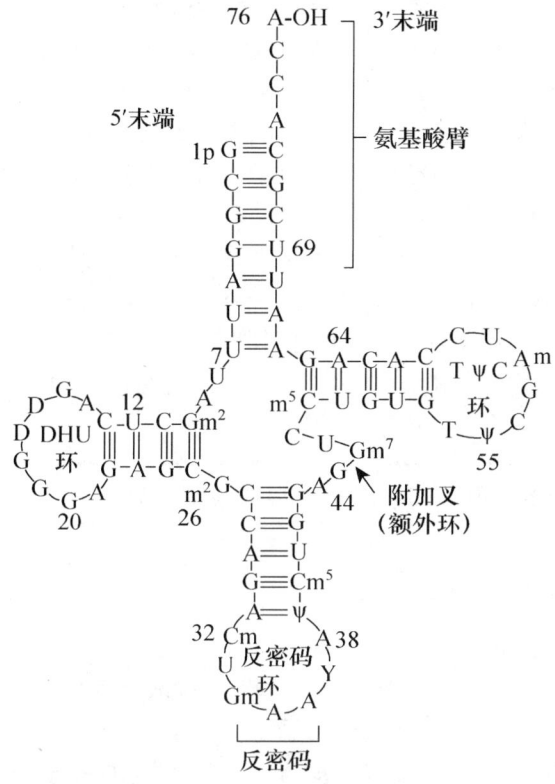

图 1-19 tRNA 的三叶草形结构

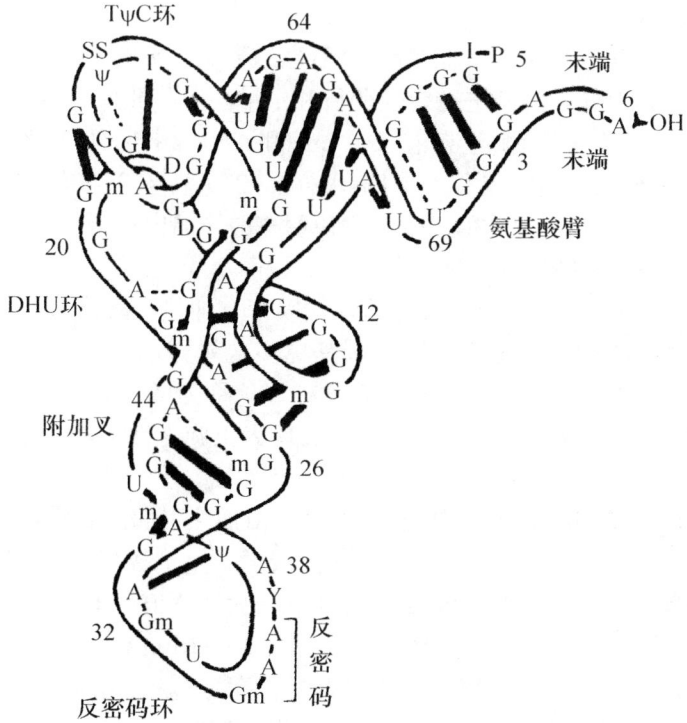

图 1-20 tRNA 的倒 L 形结构

(三) rRNA 与核糖体蛋白共同构成核糖体，是蛋白质生物合成的场所

rRNA 是细胞内含量最多的 RNA，占细胞总 RNA 的 80％以上。rRNA 的功能是与核糖体蛋白共同构成核糖体。核糖体是蛋白质生物合成的场所，原核生物和真核生物的核糖体都是由大、小两个亚基组成，在蛋白质生物合成中发挥特定的作用。通过对 rRNA 的核苷酸序列的测定推测出了它们的二级结构和空间结构，如真核生物的 rRNA 二级结构呈花状，含有众多的茎环结构，为核糖体蛋白的结合提供了结构基础。

除以上三种 RNA 外，真核细胞核内还存在多种功能各异的小分子 RNA，统称为非 mRNA 小 RNA（small non-messenger RNA，snmRNA），这些 RNA 分子的碱基数小于 300，主要包括核小 RNA（snRNA）、核仁小 RNA（snoRNA）、质内小 RNA（scRNA）、催化性小 RNA（核酶）、小干扰 RNA（siRNA）等。它们在 RNA 的转录后加工修饰、转运以及基因表达的调控等方面具有十分重要的作用。

> RNA 的分子结构是单链结构，局部可形成双螺旋。

四、核酸的理化性质与应用

(一) 核酸的高分子性质

核酸具有大分子的一般特性，易溶于水，在溶液中表现为胶体溶液性质。核酸分子很不对称，在溶液中有很大的黏度，DNA 的黏度高于 RNA。此外，核酸是两性电解质，但因其磷酸基的酸性较强，故通常表现为较强的酸性；不同种类的核酸分子，大小不同，形状各异，且在溶液中所带的电荷也不同，因此可用电泳、离子交换、超速离心等方法来分离纯化核酸。

(二) 核酸的紫外吸收性质

由于核酸分子中的碱基都含有共轭双键，因此核酸溶液在 260 nm 波长处具有紫外吸收峰，利用这一性质可以对核酸溶液进行定性分析和定量测定。此外，蛋白质的紫外吸收峰在 280 nm 波长处，所以可利用测定溶液 260 nm 和 280 nm 处的吸光度（OD）的比值（OD_{260}/OD_{280}）来判断核酸样品的纯度。纯 DNA 样品的 OD_{260}/OD_{280} 应为 1.8，而纯 RNA 样品的 OD_{260}/OD_{280} 应为 2.0。若此比值下降，则说明核酸样品中有蛋白质和酚等杂质。

(三) DNA 的变性、复性与分子杂交

1. **DNA 的变性** 引起 DNA 变性常见的理化因素有加热、酸、碱、有机溶剂等。DNA 变性的过程中，可使原堆积于双螺旋内部的碱基更多地暴露，从而使得 DNA 对 260 nm 处的紫外吸光度增加，并与解链程度呈正相关，这种现象称为增色效应，它是监测 DNA 是否发生变性最常用的指标。此外，变性的 DNA 还表现为正旋光性下降、黏度降低等理化性质的改变。

加热是实验室内最常用的 DNA 变性方法之一，由加热引起的 DNA 变性称为 DNA 热变性。DNA 热变性是在一个相当窄的温度范围内完成的，呈"爆发式"（图 1-21）。在 DNA 热变性过程中，当紫外吸光度的变化值 ΔOD_{260} 达到最大变化值一半时，表示 DNA 双链已被打开 50％，此时所对应的温度称为 DNA 的解链温度（melting temperature，T_m）。T_m 值主要与 DNA 长度以及 GC 碱基的含量有关。GC 含量越高，T_m 值越高。这是因为 G 与 C 由三个氢键相连，相比 A 与 T 之间的两个氢键，解开 GC 碱基对要消耗更多的能量。

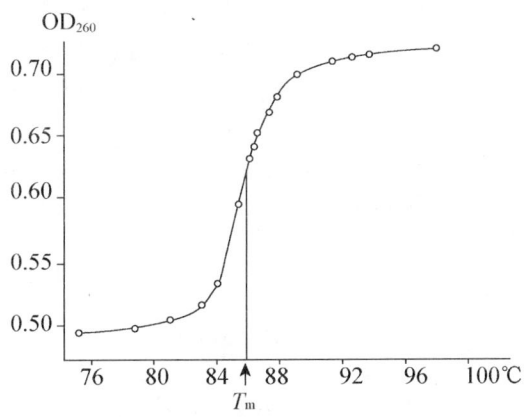

图1-21　DNA的解链曲线

在某些理化因素的作用下，DNA双链之间的氢键发生断裂，使双链DNA解开为单链的过程，称为DNA变性。

2. DNA的复性（renaturation）　热变性的DNA经缓慢冷却后可以复性，这一过程又称为退火。复性后，DNA的理化性质和生物学活性也会得到相应的恢复。影响复性的因素有很多，如DNA浓度、分子大小、温度等。DNA浓度高，分子小，复性快；反之，复性慢。温度过低可影响复性，如热变性的DNA迅速冷却至4℃以下，则复性不能发生，人们利用这一特性可保持DNA的变性状态。实验证实，最适宜的复性温度是比T_m约低25℃。

变性的DNA在适当的条件下，如缓慢除去变性因素后，两条解离的互补链又可重新配对而恢复原来的双螺旋结构，此过程称为DNA复性。

3. 核酸的分子杂交　在DNA复性过程中，如果将不同来源、不同种类的DNA单链或RNA单链放在同一溶液中，两条单链之间只要具有一定的互补序列，它们之间就有可能形成异源的杂化双链，这一过程称为核酸的分子杂交（hybridization）（图1-22）。

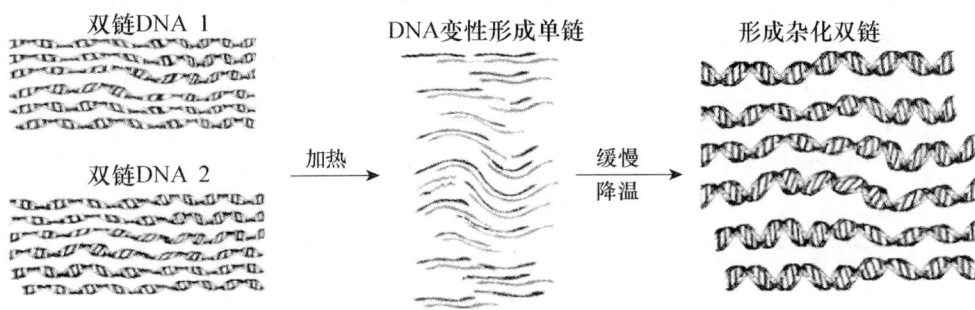

图1-22　DNA变性、复性与分子杂交

分子杂交可发生在DNA-DNA、RNA-RNA、DNA-RNA之间。目前，在生物化学和分子生物学的研究中，分子杂交是应用最广泛的技术之一，它是定性或定量检测特异DNA或RNA序列片段的有效工具。例如，核酸分子杂交结合探针技术可以用来研究DNA中某一种基因的位置、鉴定两种核酸分子间的序列相似性以及检测某些专一序列在待检样品中存在与否等，还可以对细菌、病毒所致的疾病、肿瘤及分子病等进行诊断。在临床医学上，它已应用于多种遗传性疾病的基因诊断、恶性肿瘤的基因分析及传染病病原体的检测等诸多领域，其研究成果已大大促进了现代医学的进步和发展。

> 以 DNA 变性和复性为基础开展的分子杂交技术广泛应用于医学各领域。

实用小知识

1. "凯氏定氮法"与三聚氰胺　我国《食品安全国家标准》规定的蛋白质测定方法——凯氏定氮法，就是通过测定食品的含氮量来估算蛋白质的含量，该方法适用于各类食品中蛋白质的测定。三聚氰胺（melamine）是一种三嗪类含氮杂环有机化合物，其含氮量远远高于蛋白质。因此，向食品（如牛奶）中添加三聚氰胺后，通过凯氏定氮法测定，会提高食品蛋白质的含量，从而使劣质食品通过食品检验机构的检测。

2. Hb 的携 O_2 功能　未结合 O_2 时，Hb 的 4 个亚基之间靠离子键连接，结构较为紧密。在肺部毛细血管，O_2 分压高，当 Hb 的一个 α 亚基与 1 个 O_2 结合后，亚基之间的离子键断裂，使 Hb 的空间构象变得松弛，易于其他亚基与 O_2 结合，这种效应属于正协同效应。在全身组织的毛细血管，O_2 分压低，而 CO_2 和 H^+ 的浓度高，CO_2 和 H^+ 与 HbO_2 结合后，HbO_2 的空间构象发生变化，4 个亚基的结合变得紧密，将所携带的 O_2 "挤"掉，释放出来，供组织利用。

3. 离子交换层析　利用蛋白质 pI 不同，在某一 pH 溶液中所带净电荷的数量不同，与离子交换剂结合的紧密程度也不同这一特性，当待分离的蛋白质溶液流经用阴离子或阳离子交换剂填充的层析柱时，带相反电荷的蛋白质可因静电引力而吸附于柱内，随后又可被带同种电荷的离子置换而被洗脱。通过用一系列 pH 递增或递减的缓冲液或高离子强度的洗脱液洗脱，降低蛋白质与离子交换剂的亲和力，将不同的蛋白质逐步由柱子上洗脱下来，以实现分离蛋白质的目的。

4. 核酸分子杂交与探针　在进行核酸分子杂交时，常常要用放射性同位素、荧光染料或酶来标记一种预先分离纯化的已知 RNA 或 DNA 序列片段去检测未知的核酸样品，这种标记的 RNA 或 DNA 序列片段称为探针。核酸分子杂交结合探针技术可以用来研究 DNA 中某一种基因的位置、鉴定两种核酸分子间的序列相似性以及检测某些专一序列在待检样品中存在与否等，还可以对细菌、病毒所致的疾病、肿瘤及分子病等进行诊断。

名词注解

1. 手性碳原子：将连有四个不同基团的碳原子形象地称为手性碳原子。
2. 旋光异构性：两个或多个具有相同理化性质的分子，由于构型上的差异（异构现象）而表现出不同旋光性能（偏振光的旋转方向不同）的现象。这些分子互为旋光异构体，也称对映异构体。
3. 协同效应：是指蛋白质的一个亚基与其配体（Hb 中的配体为 O_2）结合后，会影响此蛋白质中其他亚基与配体的结合。如果是促进作用，称为正协同效应，若是抑制作用则称为负协同效应。
4. 透析：是指利用具有半透膜性质的透析袋把大分子蛋白质与小分子物质分离的方法。

小结

生物大分子是生命体的重要组成成分，蛋白质和核酸是体内最重要的两类生物大分子，共同构成生命的基础。蛋白质是以氨基酸为基本结构单位，通过肽键相连而成的含氮化合物，是生命活动的主要承担者；核酸是以核苷酸为基本结构单位，通过磷酸二酯键连接在一起的多聚体，是遗传的物质基础。

蛋白质的主要组成元素有碳、氢、氧、氮、硫等。蛋白质元素组成的重要特点是含氮量比较恒定，平均为 16% 左右。依据此特点，通过测定出生物样品中的含氮量，就可计算出蛋白质的大致含量。核酸分为 DNA 和 RNA 两大类，主要由碳、氢、氧、氮和磷等元素组成，含磷量为 9%～10%，可通过测定磷含量来估计样品中的核酸含量。

蛋白质的基本组成单位是氨基酸，组成人体蛋白质的氨基酸有 20 种，均为 L-α-氨基酸（除甘氨酸外）。根据氨基酸侧链基团 R 的结构和性质不同，可将其分为四类：非极性疏水性氨基酸、极性中性氨基酸、酸性氨基酸、碱性氨基酸。氨基酸具有两性解离、茚三酮呈色反应等理化性质。氨基酸之间借肽键连接形成多肽链，肽键是蛋白质结构中的基本键，多肽链是蛋白质分子的基本结构形式。

蛋白质的分子结构分为一级、二级、三级和四级结构。蛋白质一级结构指多肽链中氨基酸的排列顺序，是蛋白质分子的基本结构，维持其结构稳定的化学键是肽键，有些尚含有二硫键。蛋白质二级、三级和四级结构是在其一级结构的基础上形成的空间结构，维持其结构稳定的化学键主要是次级键，有氢键、离子键、疏水作用力、二硫键以及范德华引力。

核酸的基本组成单位核苷酸是由碱基、戊糖和磷酸三者所组成。碱基分为嘌呤碱和嘧啶碱两类，戊糖可分为核糖和脱氧核糖。DNA 分子中主要有 A、T、G、C 四种碱基，戊糖为脱氧核糖，基本结构单位为 4 种脱氧核糖核苷酸：dAMP、dGMP、dCMP、dTMP；DNA 的一级结构是指分子中的 A、G、C、T 序列，DNA 对遗传信息的贮存正是利用碱基排列方式的变化而实现的。DNA 的二级结构多为右手双螺旋结构，两条链呈反向平行走向；双链之间存在 A-T 和 G-C 配对规则；碱基平面间的疏水性堆积力和互补碱基间的氢键，是维系双螺旋结构稳定的主要因素。DNA 在双螺旋结构的基础上还将进一步折叠成超螺旋结构，真核生物中，DNA 双螺旋结构与组蛋白等构成核小体，是染色体的基本单位。RNA 分子中碱基成分为 A、U、G、C，戊糖为核糖，基本结构单位为 4 种核糖核苷酸：AMP、GMP、UMP、CMP。RNA 为单链结构，链内可因碱基互补配对（A-U，G-C）回折而形成"发夹结构"。RNA 按功能不同主要分为三类：信使 RNA（mRNA）、转运 RNA（tRNA）及核糖体 RNA（rRNA）。成熟的 mRNA 的结构特点是含有特殊 5'-末端帽和 3'-末端的多聚 A 尾结构；mRNA 分子上每 3 个核苷酸组成一个密码子，决定肽链上一个氨基酸，在蛋白质生物合成中起直接模板作用。tRNA 的二级结构呈"三叶草形"，其主要功能部位为 3'-末端的氨基酸臂（-CCA-OH）及反密码环（有反密码子），这两个结构保证 tRNA 能准确携带、转运氨基酸；tRNA 的三级结构为倒"L"型，是天然状态下的构象。rRNA 不单独存在，它与核糖体蛋白共同构成核糖体，核糖体分为大、小两个亚基，为蛋白质生物合成的场所。

蛋白质具有两性解离、高分子胶体性质、紫外吸收及呈色反应等性质。利用蛋白质的各种理化性质可对蛋白质进行分离、纯化及鉴定，或是检测其水解程度。天然蛋白质常以稳定的亲水胶体溶液形式存在，这是由于蛋白质颗粒表面存在水化膜和表面电荷；如除去这两个稳定因素，蛋白质就可发生沉淀。某些理化因素能够使蛋白质发生变性，蛋白质变性具有重要的实用意义，如消毒、灭菌、临床检验、制备或保存有蛋白质活性的生物制剂等。

核酸具有多种重要理化性质，其中核酸的紫外吸收特性被广泛用来对核酸、核苷酸等进行定性、定量分析；DNA 的变性和复性是核酸最重要的理化性质之一，为核酸分子杂交提供了基础。

（大庆医学高等专科学校　何旭辉）

第二章 酶与维生素

> **学习目标**
> 1. 记住酶、酶原的概念和酶活性中心的结构特点，催化特性，酶原激活的意义，酶动力学的概念及影响酶促反应速度的因素。
> 2. 说出并理解酶与维生素的关系；说出维生素的概念和B族维生素的辅酶形式。
> 3. 举例说明酶与医学的关系；解释磺胺类药物的作用机制；抑制剂对酶活性的影响。
> 4. 了解酶与维生素在生命过程中的重要性；酶的作用机制；脂溶性维生素。

第一节 酶的结构与功能

新陈代谢是生物体的基本特征，它是通过体内进行的一系列高效、有条不紊的生化反应实现的。生物体内的生化反应是在体内的生物催化剂——酶的催化下进行的。酶（enzyme）是一类由活细胞产生的具有高效催化性的特殊蛋白质。酶催化的化学反应称为酶促反应，酶具有的生物催化能力称为酶的活性，被酶催化的物质称为底物，生成的物质称为产物。

一、酶的化学组成

> 酶按其化学组成可分为单纯酶和结合酶。

（一）单纯酶

此类酶仅由氨基酸构成，如蛋白酶、核糖核酸酶、淀粉酶、脲酶、酯酶等。

（二）结合酶

结合酶由蛋白质成分和非蛋白质成分组成。此类酶中的蛋白质成分称为酶蛋白，决定酶促反应的专一性；非蛋白质成分称为辅因子，直接对电子、原子或某些化学基团起传递作用。酶蛋白和辅因子结合形成的复合物称为全酶。通常将与酶蛋白结合相对牢固，用透析或超滤方法不能将其与酶蛋白分离的辅因子称为辅基，如细胞色素氧化酶的铁卟啉；将与酶蛋白结合相对疏松，用透析或超滤方法能将其与酶蛋白分离的辅因子称为辅酶，如NAD^+。但辅因子都是在某种程度上与酶蛋白结合的，故辅基和辅酶有时也没有严格界限，可统称为辅酶。常见的酶的辅因子有：金属离子和维生素B族衍生物。金属离子如Zn^{2+}、Mg^{2+}、Fe^{2+}/Fe^{3+}、Cu^+/Cu^{2+}等，在酶促反应中起传递电子、稳定分子构象、作为酶与底物之间的桥梁、中和阴离子以降低反应中的静电斥力的作用，例如醇脱氢酶含锌、精氨酸酶含锰、多酚氧化酶含铜等；维生素B族衍生物如FMN、FAD、NAD^+、$NADP^+$、CoA-SH等，主要在酶促反应中起传递电子、质子或一些基团的作用。

二、酶的活性中心

酶的化学本质是蛋白质，属于生物大分子，分子量至少在1万以上，大的可达百万，而底物却大多为小分子物质，它们的分子量比酶要小几个数量级，所以酶的催化作用只与酶分子结构的一定区域有关。酶蛋白的大部分氨基酸残基并不与底物接触，只是少数基团及较小部位与底物接触。酶分子中直接和底物结合，并催化底物生成产物的特定区域称为酶的活性中心。

（一）酶的活性中心的构成

酶的活性中心是由酶分子上的几个氨基酸残基，通过肽链的盘绕、折叠、在空间构象上相互靠近，处于相邻的空间位置，形成一定具有活性的空间结构（图2-1）。这些与酶的活性密切相关的化学基团称为酶的必需基团，分为酶活性中心外必需基团和酶活性中心内必需基团。前者虽不参加酶活性中心的组成，但是维持酶活性中心空间构象所必需的基团。后者又分为两类，使一定底物结合到酶活性中心上的，称结合基团，决定酶的专一性；能影响底物中某些化学键的稳定性，催化底物转变成产物的，称催化基团，决定酶的催化能力。

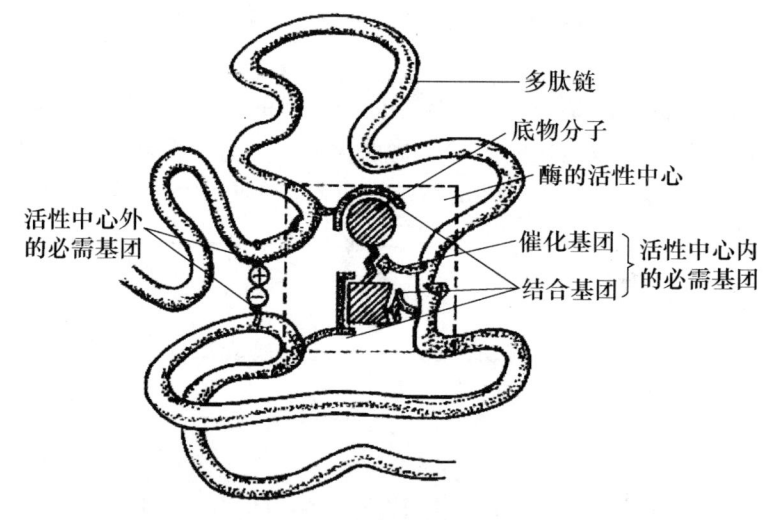

图 2-1 酶的活性中心

（二）酶活性中心的特点

①酶活性中心只占酶分子总体积的很小一部分；②酶活性中心是三维结构，这样才能使构成活性中心的氨基酸残基在空间结构上相互靠近；③酶和底物结合的专一性取决于酶活性中心中原子精致的排列，酶活性中心的构象不是刚性的，当它与底物结合时可发生变化，两者的形状可互补；④底物靠许多相当弱的化学键与酶结合；⑤酶活性中心位于酶分子的表面，多为裂缝或凹陷，形成疏水区，这样便于与底物结合。

> 酶的活性中心是酶行使催化作用特有的空间区域。

三、酶原与酶原激活

机体中有些酶在细胞内合成或初分泌时，没有催化活性，这种不具有催化活性的酶的前体称为酶原（proenzyme）。酶原必须经过修饰才具有活性，所以这也是酶活性的一种调节方式。

酶原在一定条件下，受某种因素的作用，酶原分子的部分肽键被水解，使分子结构发生改变，形成或暴露酶的活性中心，无活性的酶原转化成有活性的酶，这一过程称为酶原的激活。

例如，胰蛋白酶在胰腺细胞内合成和初分泌时，以无活性的胰蛋白酶原形式存在，当它随胰液进入肠道后，在 Ca^{2+} 和肠激酶的作用下，从 N 端水解掉一个六肽片段，使肽链的分子空间构象发生改变，进而形成了酶的活性中心，成为具有催化活性的胰蛋白酶（图 2-2）。

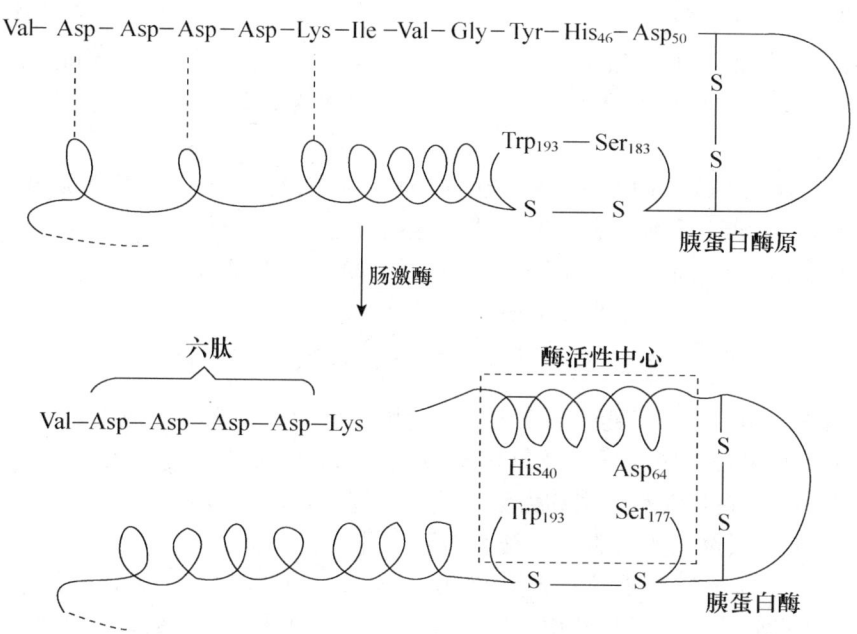

图 2-2　胰蛋白酶原的激活作用

因酶原只在特定的部位、环境和条件下才被激活而表现出催化活性，其意义在于：一方面保证合成酶的细胞本身不受酶的消化破坏，另一方面使酶在特定的生理条件和特定的部位发挥其生理作用。如组织或血管内膜受损后，可激活凝血因子，启动凝血机制；胃主细胞分泌的胃蛋白酶原和胰腺细胞分泌的胰凝乳蛋白酶原、胰蛋白酶原、弹性蛋白酶原等分别在胃和小肠被激活，促进食物蛋白质的消化等。

特定肽键的断裂所导致的酶原激活在生物体内广泛存在，是生物体一种重要的调控酶活性的方式。如果酶原的激活过程发生异常，将导致一系列疾病的发生。出血性胰腺炎就是由于蛋白酶原在未到达小肠时就被激活，水解自身的胰腺细胞，导致的胰腺出血、肿胀。酶原还可以视为酶的储存形式，在需要时，酶原适时地转变成有活性的酶，发挥其催化作用。消化蛋白酶原的激活见表 2-1。

表 2-1　消化蛋白酶原的激活

酶原	激活因子	激活途径
胃蛋白酶原	H^+或胃蛋白酶	胃蛋白酶＋六肽
胰蛋白酶原	肠激酶、胰蛋白酶	胰蛋白酶＋六肽
胰凝乳蛋白酶原	胰蛋白酶	胰凝乳蛋白酶＋2个二肽
弹性蛋白酶原	胰蛋白酶	弹性蛋白酶＋几个肽段
羧基肽酶原	胰蛋白酶	羧基肽酶＋几个肽段

四、同工酶及其临床应用

同工酶（isozyme）指能催化同一种化学反应，而酶蛋白本身的分子结构、理化性质和免疫学性质不同的一组酶。同工酶的产生主要是基因分化的产物。由于分子结构的差异，虽然催化同一种反应，但其对底物的专一性、酶的动力学都可能存在差异，在代谢过程中的功能也有所不同。同工酶可以存在于同一种属、同一机体的不同组织，或是同一组织细胞的不同亚细胞结构中，与生物细胞分化、胚胎发育、形态建成等密切相关，是生物体内代谢调节的一种形式。

几乎一半以上的酶有同工酶存在。目前对乳酸脱氢酶（LDH）了解最多，LDH 由 H（心肌型）和 M（骨骼肌型）两种亚基组成，这两种亚基以不同的比例组合，形成一组含五种不同结构的四聚体同工酶：LDH_1（H_4）、LDH_2（H_3M）、LDH_3（H_2M_2）、LDH_4（HM_3）、LDH_5（M_4）。它们都催化同一个可逆反应：

$$乳酸＋NAD^+ \longleftrightarrow 丙酮酸＋NADH＋H^+$$

心肌中富含 LDH_1，它与乳酸亲和力大，受丙酮酸抑制，能有效地将心肌内的乳酸迅速氧化为丙酮酸，后者经三羧酸循环及氧化磷酸化作用产生大量 ATP，供心脏正常工作；而骨骼肌富含 LDH_5，它与丙酮酸亲和力大，受乳酸抑制，催化丙酮酸还原为乳酸（剧烈运动肌肉酸疼的原因），乳酸运入心脏，又被 LDH_1 氧化。

由于同工酶中氨基酸组成的差异以及 pI 不同，导致各种同工酶在一定的 pH 条件下，所带电荷数、电荷性质及分子形状都不同，因而可利用电泳将其分离，对其进行定性和定量研究。同工酶在各组织中的含量与分布比例不同，当某种组织或器官发生病变时，往往有特殊的同工酶释放，血清中该酶的同工酶谱也会发生相应的改变。因此，临床上可利用某种酶的血清同工酶图作为疾病诊断指标。如冠心病、冠状动脉血栓引起心肌受损、心肌梗死时，LDH 血清同工酶谱可见 LDH_1 含量升高。人体几种组织的 LDH 同工酶分布见表 2-2。

表 2-2　人体几种组织的 LDH 同工酶分布（活性%）

LDH 亚基组	红细胞	白细胞	血清	骨骼肌	心肌	肺	肾	肝	脾
LDH_1（H_4）	43	12	27.1	0	73	14	43	2	10
LDH_2（H_3M）	44	49	34.7	0	24	34	44	4	25
LDH_3（H_2M_2）	12	33	20.9	5	3	35	12	11	10
LDH_4（HM_3）	1	6	11.7	16	0	5	1	27	20
LDH_5（M_4）	0	0	5.7	79	0	12	0	56	5

第二节　酶的特性与作用机制

一、酶的特性

（一）酶的高效催化性

酶的催化效率通常比非催化剂高 $10^8 \sim 10^{20}$ 倍，比一般催化剂高 $10^7 \sim 10^{13}$ 倍。例如，存在于血液中催化 H_2CO_3 分解为 CO_2 和 H_2O 的碳酸酐酶，每一个酶分子每分钟可催化 1900 万（1.9×10^7）个 H_2CO_3 分子分解，因此才能维持血液中正常酸碱度和及时排出 CO_2。脲酶水解尿素的速度比酸水解尿素快 10^{12} 倍。

在化学反应体系中，因为各个分子所含的能量高低不同，只有那些具有较高能量的活化分子才能在相互碰撞中发生化学反应，活化分子越多，反应就越迅速。低能分子达到活化状态所需的能量称为活化能。反应所需的活化能越大，相对的活化分子就越少，反应就越慢。反之，反应所需的活化能越小，相对的活化分子就越多，反应就越快。酶促反应中，酶可以极大地减少反应所需的活化能，因此加快了酶促反应的速度。从图 2-3 中可看出，没有催化剂存在时，反应所需的活化能要比有催化剂存在时大得多。

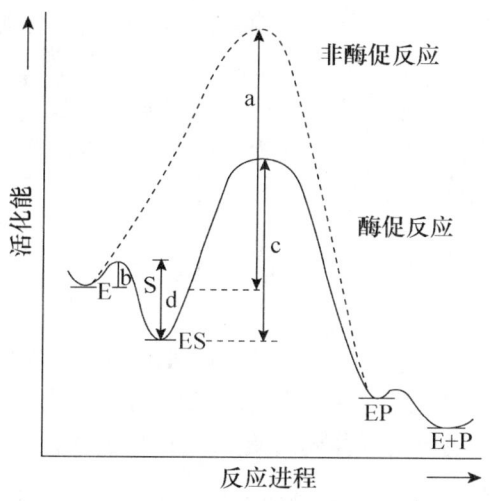

图 2-3　酶促反应和非酶促反应与活化能的关系
E：酶；S：底物；ES：中间产物；P：反应产物

> 酶具有高度催化效率，原因是更能降低反应的活化能。

（二）酶的高度专一性（特异性）

一种酶要从繁多的底物中选定它所催化的底物就是酶的专一性（或特异性）。酶的高度专一性就是指酶对所催化的底物有严格的选择性。根据酶对底物的选择程度不同分为三种类型：

1. 相对专一性　酶对底物的要求不太严格，一种酶能作用于一类化合物或一种化学键，称为酶的相对专一性。如羧基肽酶作用于 C 末端的肽键，而对组成 C 末端的肽键的氨基酸残基无要求；磷酸酶能水解化合物中的磷酸酯键，而对组成磷酸酯键的化合物无特殊要求。

2. **绝对专一性** 酶对底物的要求特别严格，一种酶只能催化一种底物进行一种反应，产生特定的产物，酶的这种严格特异性称为绝对专一性。例如脲酶只能催化尿素的水解，而不能催化甲基尿素的水解；麦芽糖酶只作用于麦芽糖，而不作用于葡萄糖。

3. **立体异构专一性** 某些酶只作用于一定构型的底物，即底物具有旋光异构体或顺反异构体时，酶只作用于其中一种。酶的这种催化特性称为立体异构专一性。如蛋白水解酶仅作用于 L-氨基酸残基组成的肽键或其衍生物，而不作用于 D-氨基酸残基组成的肽键或其衍生物；L-氨基酸氧化酶只作用于 L 型氨基酸，而对 D 型氨基酸不起催化作用；延胡索酸酶只作用于延胡索酸（反丁烯二酸），不作用于顺丁烯二酸。

> 酶的高度专一性（特异性）指酶对底物具有严格的选择性。

（三）酶的不稳定性

酶是蛋白质，易受外界条件的影响。所以，凡是能使蛋白质变性的理化因素如强酸、强碱、高温、重金属盐、紫外线、剧烈震荡等都能影响酶的活性，甚至使酶失活。故酶促反应的环境要求常温、常压、接近中性酸碱度的环境。

（四）酶的可调节性

酶的催化活性在细胞内可受到严格的调控。机体可通过改变酶的合成和降解速度调节酶含量，从而影响酶的活性，使生物体所需物质或中间产物既不过剩而造成浪费，又不缺乏而导致代谢失调。酶的活性还受代谢物浓度和产物浓度变化、激素和神经系统信息分子等多种因素的调节。调节酶活性的方式很多，诸如变构调节、共价修饰调节、酶生物合成的诱导和阻遏等。

二、酶的作用机制

（一）中间产物学说

目前比较普遍认为解释底物浓度和反应速度的关系可以用中间产物学说来说明。该学说认为，酶催化某一反应时，首先酶的活性中心与底物结合生成酶-底物复合物（中间产物），然后复合物再进行分解，生成产物并释放出酶，此过程可用下式表示：

$$S+E \longrightarrow ES \longrightarrow E+P$$

上式中 E 表示酶，S 表示底物，ES 代表示中间产物，P 表示反应产物。

由于 ES 的形成速度很快，且很不稳定，一般不易得到 ES 复合物存在的直接证据。但从溶菌酶结构的研究中，已制成它与底物形成复合物的结晶，并得到了其 X 线衍射图，证明了 ES 复合物的存在。

一般以反应产物的生成速度表明整个酶催化的反应速度，而产物的生成速度决定于中间产物的浓度，因此在酶促反应中，酶促反应速度决定于中间产物的浓度。ES 的形成，可使底物的活化能大大降低，从而使反应速度加快。

（二）"诱导契合"学说

该学说认为酶分子本身不是固定不变的，当酶分子与底物分子接近时，酶蛋白受底物分子诱导，构象发生有利于与底物结合的变化，在此基础上酶与底物互补契合，进行反应。

酶的X线衍射研究证明，酶与底物结合时，酶分子的构象的确发生了变化。由此可见，酶并不是事先就以一种与底物互补的形状存在，而是在受到诱导之后才形成互补的形状。底物一旦与酶结合，就能诱导酶蛋白的构象发生相应变化，从而使酶和底物契合形成酶-底物络合物，这就是"诱导契合学说"（图2-4）。

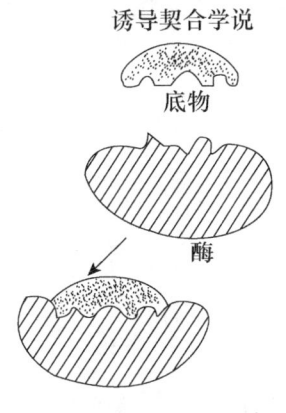

图 2-4　酶诱导契合学说

（三）趋近效应与定向排列

趋近效应是指两个或两个以上的底物分子都结合到酶的活性中心，使得各分子之间的距离缩短，分子间更加接近，反应系统的某一局部区域内底物浓度增高，由于化学反应速度与底物浓度成正比，从而降低了反应所需的活化能，使反应速度大大加快。此外，酶与底物间的靠近具有一定的取向，底物分子在活性中心的定向排布，使分子间反应变成类似于分子内反应，这样有利于底物分子被催化，大大增加了ES复合物形成的概率。这种趋近效应和定向排列作用，加速了酶促反应的进行。

（四）酸-碱催化作用

酶活性中心上的某些化学基团可作为质子供体或质子受体对底物进行酸碱催化。有些基团是质子供体（酸催化基团），可以向底物分子提供质子，称为酸催化。有些基团是质子受体（碱催化基团），可以从底物分子上接受质子，称为碱催化。例如核糖核酸酶催化核糖核酸水解的过程，其分子中2个组氨酸协同起酸碱催化作用。一般催化剂仅有一种解离状态，只有酸催化或碱催化，而酶通常兼有酸、碱双重催化作用，极大地提高了酶的催化效率。

（五）表面效应

酶分子的活性中心多为疏水环境，底物与酶的反应常在酶分子的内部疏水环境中进行。疏水环境可排除水分子对酶和底物功能基团的干扰，防止底物与酶之间形成水化膜，有利于底物与酶分子间的直接接触。

总之，酶的各种催化机制并不是孤立的，而是多种催化机制综合作用。

第三节　酶促反应动力学

酶促反应动力学简称酶动力学，主要研究底物浓度、酶浓度、温度、pH、激活剂和抑制剂对酶促反应速度的影响，在研究某一因素对酶促反应速度的影响时，其他因素应保持不变。

一、底物浓度对酶促反应速度的影响

当酶浓度和其他影响因素恒定时，速率V与底物浓度[S]的关系为一矩形双曲线，如图2-5所示。

（1）当底物浓度[S]很小时，反应速率取决于底物浓度，在底物浓度范围内表现与速率V成正比关系。

（2）底物浓度逐渐增大后，反应速率V随底物浓度[S]的增大而继续增加，但增加幅度变小。

(3) 当底物浓度 [S] 增加到一定值时，酶全部被底物饱和，反应速度 V 达到最大值 V_{max}，此后几乎不再改变。

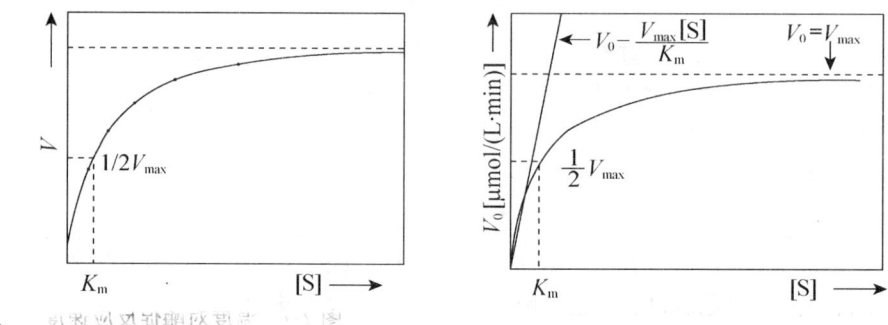

图 2-5 底物浓度对反应速度的影响

1913 年 Michaelis 和 Menten 提出了反应速度与底物浓度关系的数学方程式，即 Michaelis-Menten 方程，简称米氏方程。

$$V = \frac{V_m \cdot [S]}{K_m + [S]}$$

式中 [S] 为底物浓度，V 为不同 [S] 时的反应速度，V_m 为最大反应速度，K_m 为米氏常数。K_m 值是酶学研究中的一个重要常数，其意义如下：

(1) K_m 值等于酶促反应速度为最大反应速度一半时的底物浓度。这可通过用 [S] 取代米氏方程中的 K_m 证明，通过计算可得 $V=V_m/2$。

(2) K_m 是酶的特征性常数之一，只与酶和底物的种类以及反应环境（pH、温度、离子强度）有关，而与酶浓度无关。

(3) K_m 值可用来表示酶与底物的亲和力的大小。K_m 值愈大，酶与底物的亲和力愈小；K_m 值愈小，酶与底物的亲和力愈大。表示在酶促反应中不需要很高的底物浓度，便可达到最大反应速度。

二、酶浓度对酶促反应速度的影响

底物浓度足够大时，酶促反应速度与酶浓度成正比。酶浓度对反应速度的影响：当 [S] ≫ [E]，酶可被底物饱和的情况下，反应速度与酶浓度成正比（图 2-6）。可通过测定酶促反应速度的大小来算出酶浓度，在一定条件下即表示酶活性。

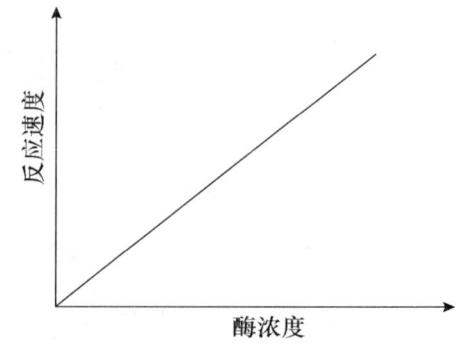

图 2-6 酶浓度对反应速度的影响

三、温度对酶促反应速度的影响

温度对酶促反应速度有双重影响。当其他因素恒定时，温度的变化与酶促反应速度的关系通常为一钟形曲线。

如图 2-7 所示，一定温度范围内，酶促反应速度随温度升高而增大，达到一定温度时，随温度升高而下降。一方面，温度使底物的活化分子数增加，从而使反应速度加快。酶促反应速度最大时的温度，称为酶的最适温度，此时酶活性最大。人体内多数酶的最适温度为

37~40℃。当酶促反应的温度低于最适温度时，温度每升高 10℃，反应速度可增快 1~2 倍。另一方面，高温使酶蛋白变性失活，从而导致酶促反应速度下降。大多数酶 60℃ 开始变性，80℃ 以上几乎全部失活。

降低温度，酶活性可随温度下降而降低，但低温不会使酶破坏，温度回升时，酶活性又可恢复。临床上低温麻醉即利用酶的这一性质以减慢细胞代谢速度，从而提高机体对氧和营养物缺乏的耐受性。低温保存酶和菌种等生物制品的道理也在于此。

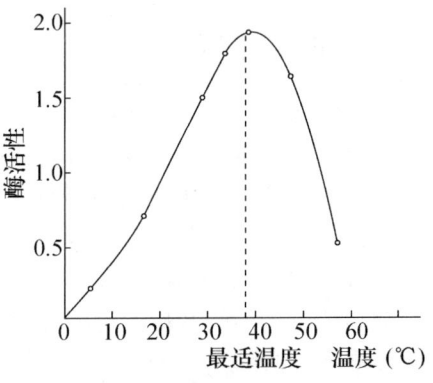

图 2-7　温度对酶促反应速度的影响

四、pH 对酶促反应速度的影响

pH 通过改变酶、辅因子、底物的解离状态影响酶促反应速度。酶的化学本质决定了它对 pH 要求的严格性。只有在其适宜的 pH 范围内，才有最大催化活性。pH 对酶促反应速度有影响，表明可解离的氨基酸残基处于酶的活性部位。在不使酶变性的 pH 条件下，当其他因素恒定时，以反应的起始速度对 pH 作图，大多数情况下 pH 对速度的关系可得到一个钟形曲线，见图 2-8。从曲线可以看出，在某一 pH 下，酶促反应速度可达到最大，这一 pH 称为酶的最适 pH。最适 pH 不是酶的特征常数，会受到酶的浓度、底物以及缓冲液的种类等因素的影响。

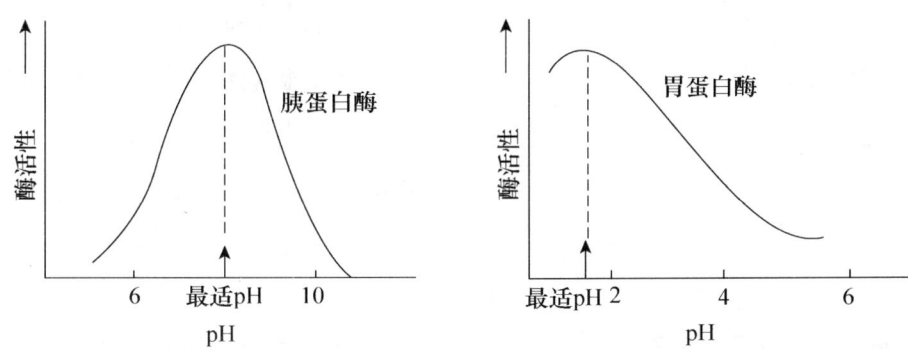

图 2-8　pH 对几种酶促反应速度的影响

每一种酶都有一个最适 pH，高于或低于此值，酶的催化活性降低，偏离最适 pH 越远，酶活性就越低。大多数酶的最适 pH 为中性、弱碱性或弱酸性。少数酶的最适 pH 远离中性，如胃蛋白酶最适 pH 为 1.8，精氨酸酶为 9.8。几种常见酶的最适 pH 见表 2-3。

表 2-3　体内几种酶的最适 pH

酶	胃蛋白酶	胰蛋白酶	过氧化氢酶	精氨酸酶	延胡索酸酶	核糖核酸酶
最适 pH	1.8	7.7	7.6	9.8	7.8	7.8

五、激活剂对酶促反应速度的影响

凡是能提高酶活性、加速酶促反应的物质都称为该酶的激活剂（activator），其中大部分是无机离子和小分子有机物。如 NaCl 中的 Cl^- 是唾液淀粉酶的激活剂，可提高唾液淀粉酶的活性。

六、抑制剂对酶促反应速度的影响

凡是导致酶活性下降、酶促反应速度减慢，但不引起酶变性的物质称为酶的抑制剂（inhibitor，I）。酶的抑制剂的抑制作用主要通过与酶分子尤其是酶活性中心结合，从而降低酶与底物的结合，阻碍 ES 的生成或分解，因此影响酶的活性，致使酶活性及酶促反应速度下降。根据抑制剂与酶作用的特点，可将抑制作用分为不可逆性抑制和可逆性抑制两种类型。

（一）不可逆性抑制

抑制剂以牢固的共价键与酶分子中的某些基团结合，从而使酶失活，并且不能以透析、超滤等物理方法除去以恢复酶的活性，该类抑制剂的抑制作用为不可逆性抑制。常见的不可逆抑制剂有羟基酶抑制剂和巯基酶抑制剂。

1. **羟基酶抑制剂** 有机磷化合物（有机磷农药中毒）能特异地作用于胆碱酯酶活性中心丝氨酸残基上的羟基，而不可逆抑制该酶的活性。胆碱酯酶能催化乙酰胆碱水解成胆碱和乙酸，当胆碱酯酶被抑制失活后，乙酰胆碱不能及时分解而大量积累，引起胆碱能神经兴奋，使生物体过度亢奋，出现一系列中毒症状，如肌肉震颤、瞳孔缩小、多汗、心跳减慢等。临床上用解磷定来治疗有机磷中毒，因其能夺取已和胆碱酯酶结合的磷酰基，以解除有机磷对酶的抑制作用，使酶的活性恢复。

$$R_1O-P(=O)(OR_2)-X + E-OH \longrightarrow R_1O-P(=O)(OR_2)-O-E + HX$$

有机磷化合物　　羟基酶　　　　　磷酰化酶　　　酸
　　　　　　　　　　　　　　　　（失活）

失活的酶 + 解磷定 ⟶ 解磷定与有机磷复合物 + 羟基酶（有活性）

2. **巯基酶抑制剂** 重金属离子如 Hg^{2+}、Ag^+ 及含砷化合物等可与体内巯基酶分子中的活性巯基（—SH）进行共价结合，抑制其活性。某些金属离子引起人体中毒，就是因金属离子与某些酶活性中心的必需基团的—SH 结合而使酶失去活性。

路易士气 + 巯基酶 ⟶ 失活的酶 + 2HCl

失活的酶 + 二巯丙醇 ⟶ 复活的酶 + 二巯丙醇-砷剂复合物

(二）可逆性抑制

这类抑制剂与酶活性中心内、外的必需基团通过非共价键结合，结合后可用透析法除去抑制剂，减轻或解除抑制而恢复酶的活性，这种抑制作用称可逆性抑制，包括竞争性抑制、非竞争性抑制、反竞争性抑制。

1. 竞争性抑制 抑制剂（I）在结构上与底物（S）相似，能与底物竞争结合酶（E）的活性中心，影响了酶与底物的正常结合，降低了酶的有效浓度，从而抑制了酶的活性，这种抑制作用称为竞争性抑制作用。例如琥珀酸脱氢酶催化琥珀酸脱氢生成延胡索酸的反应，当加入丙二酸时，可使琥珀酸脱氢作用受到抑制。其机制是由于丙二酸与琥珀酸的结构非常相似，能与琥珀酸竞争结合琥珀酸脱氢酶的活性中心，从而抑制琥珀酸的脱氢作用。但若增加琥珀酸的浓度，则丙二酸的抑制作用可以减弱，因此竞争性抑制作用是可逆的。

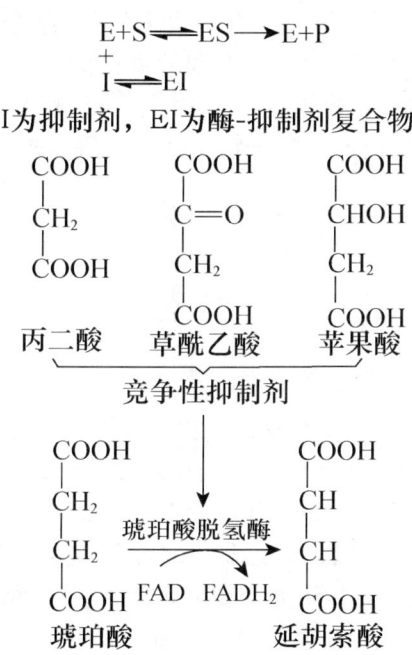

竞争性抑制作用在临床上具有实际意义。不少应用于临床的药物就是作为酶竞争性抑制剂来实现疗效的。现以磺胺类药物抗菌消炎为例进行说明。细菌在生长繁殖时，不能利用环境中的叶酸，只能在细菌体内二氢叶酸合成酶的催化下利用对氨基苯甲酸来合成叶酸。磺胺类药物的结构与对氨基苯甲酸相似，能与对氨基苯甲酸竞争结合二氢叶酸合成酶，从而妨碍二氢叶酸的合成，进而减少四氢叶酸的合成（四氢叶酸是细菌合成核苷酸不可缺少的辅酶），由于缺乏四氢叶酸，导致核酸的合成障碍，进而影响细菌的生长繁殖。而人体叶酸可通过食物供给，故人体的核酸合成不受磺胺类药物的影响。磺胺类药物的竞争性抑制作用示意图见图 2-9。

$$\text{叶酸（F）}+\text{NADPH}(H^+) \xrightarrow{FH_2 \text{还原酶}} 5,6\text{-二氢叶酸}(FH_2)+NADP^+$$

$$FH_2+\text{NADPH}(H^+) \xrightarrow{FH_2 \text{还原酶}} 5,6,7,8\text{-四氢叶酸}(FH_4)+NADP^+$$

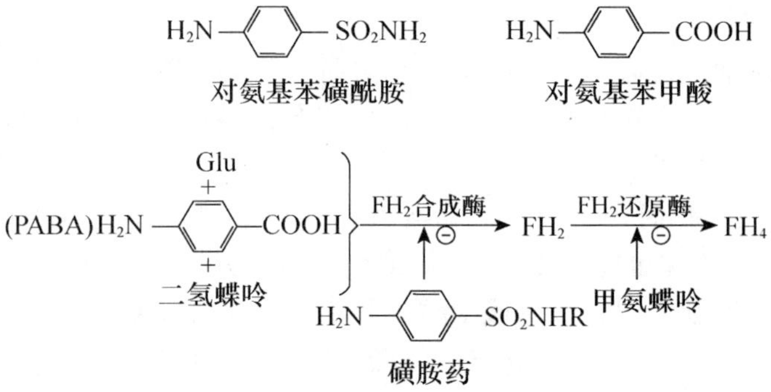

$$\text{H}_2\text{N}-\!\!\bigcirc\!\!-\text{SO}_2\text{NH}_2 \qquad \text{H}_2\text{N}-\!\!\bigcirc\!\!-\text{COOH}$$

对氨基苯磺酰胺　　　　　　对氨基苯甲酸

$$(\text{PABA})\text{H}_2\text{N}-\!\!\bigcirc\!\!-\text{COOH} \xrightarrow[\ominus]{\text{FH}_2\text{合成酶}} \text{FH}_2 \xrightarrow[\ominus]{\text{FH}_2\text{还原酶}} \text{FH}_4$$

（含Glu、二氢蝶呤）
磺胺药 $\text{H}_2\text{N}-\!\!\bigcirc\!\!-\text{SO}_2\text{NHR}$
甲氨蝶呤

图 2-9　磺胺类药物竞争性抑制作用

2. **非竞争性抑制**　抑制剂既可与 E 结合，也可与 ES 结合，生成的 EI 和 ESI 都是失活形式的复合物。此类抑制剂并没有与底物竞争结合酶的同一个部位，这种抑制作用称为非竞争性抑制作用。抑制剂和底物不在酶的同一部位结合，E 和 S 结合后，还可和 I 结合，E 和 I 结合后，还可和 S 结合，但生成的中间产物 ESI 不能进一步分解，故 E 的活性降低。

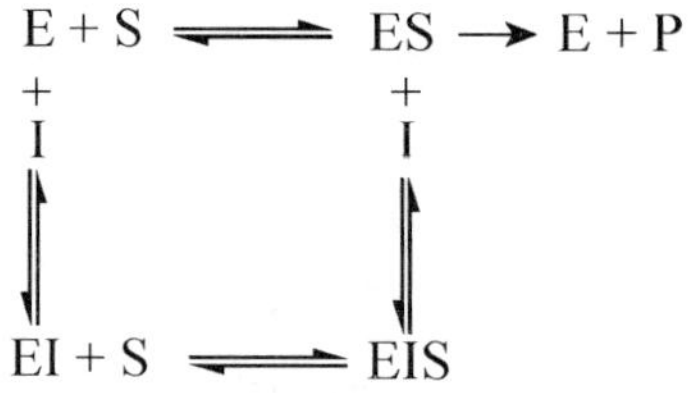

$$\begin{array}{ccc} \text{E}+\text{S} & \rightleftharpoons & \text{ES} \rightarrow \text{E}+\text{P} \\ + & & + \\ \text{I} & & \text{I} \\ \updownarrow & & \updownarrow \\ \text{EI}+\text{S} & \rightleftharpoons & \text{EIS} \end{array}$$

该类抑制剂的抑制程度取决于抑制剂的浓度，不能通过提高底物浓度来消除。这类抑制作用可使 V_m 降低，但由于 S 与 EI 复合物的亲和力和 S 与 E 的亲和力相同，故 K_m 不变。

3. **反竞争性抑制**　这类抑制剂（I）并不直接与酶结合，只与 ES 结合，形成 ESI，而 ESI 不能生成产物，从而抑制酶的活性，这种抑制作用称为反竞争性抑制作用。抑制剂不能与游离的 E 结合，只与 ES 结合为 ESI 复合物，且 ES 与 I 的结合反而能促进 E 与 S 的结合。故这类抑制作用使 V_m 降低，而 E 与 S 亲和力增加，K_m 降低。

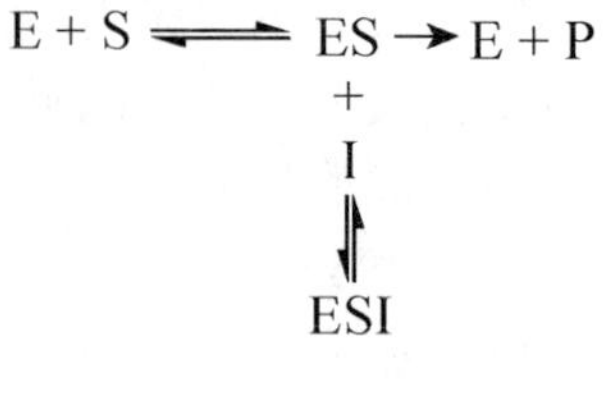

$$\begin{array}{c} \text{E}+\text{S} \rightleftharpoons \text{ES} \rightarrow \text{E}+\text{P} \\ + \\ \text{I} \\ \updownarrow \\ \text{ESI} \end{array}$$

第四节　酶与医学的关系

一、酶与疾病的关系

（一）酶与某些疾病的发生密切相关

因酶缺乏所致的疾病多为先天性或遗传性，如白化症是因酪氨酸酶缺乏，机体不能将酪氨酸转变成黑色素，使皮肤、毛发中缺乏黑色素而致。蚕豆病或对伯氨喹敏感的患者是因葡萄糖-6-磷酸脱氢酶缺乏；苯丙氨酸羟化酶缺乏时，造成苯丙酮酸和苯丙氨酸在体内堆积而引发苯丙酮酸尿症,临床表现为精神幼稚化。少数为继发性酶活性异常,这是由于激素代谢障碍或维生素、微量元素缺乏所致。如维生素 K 缺乏时,由肝合成的凝血因子Ⅶ、Ⅸ、Ⅹ的前体不能被活性降低的 γ-谷氨酰羧化酶羧化,造成凝血功能障碍,临床表现为出、凝血时间延长,皮下、肌肉及胃肠道出血。酶缺乏与相应疾病见表 2-4。

表 2-4　酶缺乏与相应疾病

名称	酶缺乏或酶活性降低	病因	疾病
先天性酶异常	酪氨酸酶	黑色素生成减少	白化病
先天性代谢障碍	苯丙氨酸羟化酶 葡萄糖-6-磷酸脱氢酶	苯丙酮酸和苯丙氨酸在体内堆积	苯丙酮酸尿症 溶血性贫血
继发性酶异常	γ-谷氨酰羧化酶	维生素 K 缺乏	凝血功能障碍
		胰蛋白酶原在胰腺组织被激活,水解破坏胰腺组织	胰腺炎

(二) 血清酶活性的测定有助于疾病的诊断

正常人体内酶活性较稳定,当人体某些器官和组织受损或发生疾病后,某些酶被释放入血、尿或体液内。如急性胰腺炎时,血清和尿中淀粉酶活性显著升高;肝炎和其他原因肝受损,肝细胞坏死或通透性增强,大量转氨酶释放入血,使血清转氨酶升高;肝硬化的患者因血清碱性磷酸酶不能被及时清除而使得此酶在血清中的活性升高;心肌梗死时,血清乳酸脱氢酶和磷酸肌酸激酶明显升高;当有机磷农药中毒时,胆碱酯酶活性受抑制,血清胆碱酯酶活性下降;某些肝胆疾病,特别是胆道梗阻时,血清 γ-谷氨酰转移酶增高;前列腺癌患者血中酸性磷酸酶含量增加等。因此,借助血、尿或体液内酶活性的测定,可以了解或判定某些疾病的发生和发展。酶活性变化与几种疾病的诊断见表 2-5。

表 2-5　通过酶活性变化进行疾病诊断

酶	疾病与酶活性变化
淀粉酶	胰疾病、肾疾病时升高;肝病时下降
胆碱酯酶	肝病、肝硬化、有机磷中毒、风湿等疾病时活性下降
酸性磷酸酶	前列腺癌、肝炎、红细胞病变时活性升高
碱性磷酸酶	佝偻病、软骨化病、骨瘤、甲状旁腺功能亢进时,活性升高;软骨发育不全等时活性下降
谷草转氨酶/谷丙转氨酶	肝病、心肌梗死等时活性升高
醛缩酶	急性传染性肝炎、心肌梗死时血清中酶活性显著升高
胃蛋白酶	胃癌时活性升高;十二指肠溃疡时活性下降
葡糖磷酸变位酶	肝炎、癌时活性升高
乳酸脱氢酶	肝癌、急性肝炎、心肌梗死等时活性显著升高;肝硬化时活性正常
葡糖氧化酶	测定血糖含量,诊断糖尿病
亮氨酸氨肽酶(LAP)	肝癌、阴道癌、阻塞性黄疸等时活性明显升高

(三) 酶在疾病的治疗中发挥着重要作用

近年来,酶疗法已逐渐被人们所认识,广泛受到重视,各种酶制剂在临床上的应用越来越普遍。如胰蛋白酶、胰凝乳蛋白酶等，能催化蛋白质分解，已用于外科扩创、化脓伤口净化及胸、腹腔浆膜粘连的治疗等；在血栓性静脉炎、心肌梗死、肺梗死以及弥散性血管内凝血等疾病的治疗中，可应用纤溶酶、链激酶、尿激酶等溶解血块，防止血栓的形成；一些辅酶如辅酶 A、辅酶 Q 等，可用于脑、心、肝、肾等重要脏器的辅助治疗。另外，利用酶的竞争性抑制的原理合成一些化学药物，用于抑菌、杀菌和抗肿瘤治疗等。如磺胺类药和许多抗菌药能抑制某些细菌生长所必需的酶类，故有抑菌和杀菌作用；许多抗肿瘤药物如 6-巯嘌呤、5-氟尿嘧啶等可抑制细胞内与核酸或蛋白质合成有关的酶的活性，从而抑制肿瘤细胞的分化和增殖；硫氧嘧啶可抑制碘化酶，从而影响甲状腺素的合成，故可用于治疗甲状腺功能亢进等；用天冬酰胺酶来治疗白血病；用多酶片（蛋白酶、脂肪酶、淀粉酶等）帮助消化；用链激酶、尿激酶、葡激酶、纳豆激酶等清除血凝块。酶在疾病治疗方面的应用见表 2-6。

但必须注意的是，酶是蛋白质，具有抗原性，可诱导抗体生成，重复使用时除可引起过敏反应外，对酶的有效性也会因抗体生成而降低，所以酶作为药物在应用上受到一定的限制。

表 2-6　酶在疾病治疗方面的应用

酶名称	来源	用途
淀粉酶	胰、麦芽、微生物	治疗消化不良，食欲缺乏
蛋白酶	胰、胃、植物、微生物	治疗消化不良，食欲缺乏，消炎，消肿，除去坏死组织，促进创伤愈合，降低血压
脂肪酶	胰、微生物	治疗消化不良，食欲缺乏
纤维素酶	真菌	治疗消化不良，食欲缺乏
溶菌酶	蛋清、细菌	治疗各种细菌性和病毒性疾病
尿激酶	人尿	治疗心肌梗死，结膜下出血，黄斑部出血
链激酶	链球菌	治疗血栓性静脉炎，咳痰，血肿，骨折
青霉素酶	蜡状芽胞杆菌	治疗青霉素引起的变态反应
L-天冬酰胺酶	大肠埃希菌	治疗白血病
超氧化物歧化酶	微生物、植物、动物	预防辐射损伤，治疗红斑狼疮、皮肌炎、结肠炎
凝血酶	动物、细菌、酵母等	治疗各种出血性疾病
胶原酶	细菌	分解胶原，消炎，化脓，脱痂，治疗溃疡
右旋糖酐酶	微生物	预防龋齿
胆碱酯酶	细菌	治疗皮肤病、支气管炎、气喘
纤溶酶	蚯蚓	溶血栓
弹性蛋白酶	胰	治疗动脉硬化，降血脂
核糖核酸酶	胰	抗感染，祛痰，治疗肝癌
尿酸氧化酶	牛肾	治疗痛风

二、酶在医药领域中的其他应用

（一）酶工程是对酶进行改造的新型应用技术

酶工程是利用化学和基因工程方法对酶的结构、理化性质进行改造，或研发新的酶分子，使之具有更高的催化效率、高度稳定性，更容易提取与纯化，便于工业、农业和医药卫生等领域应用的一门技术。

1. 人们利用酶的高度特异性特点,将酶作为工具,在分子水平上对某些生物大分子进行定向的分割与连接。Taq DNA 聚合酶是重要的生物技术工具酶,广泛应用于疾病诊断与治疗、传染病检测、药物作用机制研究等医药领域;核酶和脱氧核酶应用于抗病毒基因治疗以及肿瘤基因治疗;溶菌酶可用于防腐;而脂肪酶、纤维素酶、蛋白酶等可作为洗涤剂用酶;在基因工程操作中也涉及到许多工具酶,如内切核酸酶、连接酶、多聚酶、修饰酶等。

2. 固定化酶是借助物理、化学的方法把酶束缚在一定空间内,使其仍有催化活性的酶制剂,是近代酶工程技术的主要领域,用途很广。固定化酶将分离纯化后的酶固定到一定的载体上。固定化酶已成功应用于医药工业,如用 5′-磷酸二酯酶制成固定化酶用于水解 RNA 制备 5′-核苷酸,比用液相酶效果提高 15 倍。医疗上制造新型的人工肾是由微胶囊的脲酶和微胶囊离子交换树脂的吸附剂组成,前者水解尿素产生氨,后者吸附产生的氨,以降低患者血液中过高的非蛋白氮。

3. 抗体酶(abzyme) 是一类新的模拟酶。抗体酶的设计主要以过渡态理论和免疫学原理为依据。酶促反应是酶对底物诱导后,与产生的过渡态底物结合,如果利用底物过渡态的模拟物作为免疫原,对动物进行免疫,产生的抗体应会在结构上与过渡态化合物(免疫原)类似而相互适应并互相结合,此时的抗体便具有了催化过渡态化合物反应的酶活性。过渡态模拟物在结构上是稳定的,可利用化学手段加以合成。当抗体与相应底物结合时,就可使底物转变为过渡态化合物而发生催化反应,这种具有催化功能的抗体分子称为抗体酶。

(二)药用酶的筛选

药用酶制剂是作为分子水平的治疗药。因为其具有专一性强、效率高、毒副作用少的特点,在防治疾病和抗衰老中发挥着重要的作用。其主要分类有:纤溶酶类、抗癌酶类、促凝酶类、血管活性酶、促消化酶、抗炎及抗过敏酶、酶缺陷病替代用酶。现在研究的热点是器官用酶和诊断用酶,如为了测试不同菌株来源的天冬酰胺酶对治疗白血病的疗效,可以测定不同菌株的天冬酰胺酶对天冬酰胺的 K_m 值,从中选用 K_m 值较小的酶,因此这不仅是评价药用酶的理论基础之一,也是选用药用酶来源的依据。

第五节 维生素与辅酶

一、维生素概述

(一)维生素的定义与分类

维生素(vitamin)是机体生长发育和代谢所必需的,机体不能自身合成或合成量不能满足需求,必须由食物供给的一类重要的小分子有机化合物。维生素不仅是一类重要的营养素,而且是构成辅酶和辅基的组成成分,参与体内各种酶促反应,保证机体正常代谢进行。维生素种类较多,按其溶解性质可分为脂溶性维生素和水溶性维生素。脂溶性维生素包括维生素 A、D、E、K;水溶性维生素包括维生素 B 族、维生素 C。

(二)维生素缺乏的常见原因

如果体内缺乏某种维生素,使相应的代谢受阻,表现为某种维生素缺乏症。导致维生素缺乏的常见原因有:①维生素摄取量不足。②吸收不良:多见于消化系统疾病的患者,如长期腹泻、消化道或胆道梗阻者。③肠道细菌生长抑制:使用杀菌药物而使消化道细菌受到抑制，合成维生素的量减少，也可引起某些维生素（维生素 K、维生素 B_6、烟酸）缺乏。④需要量增加：生长期儿童、妊娠期和哺乳期的妇女；重体力劳动及特殊工种的工人；长期高热和患慢性消耗性疾患的患者等，需要量比一般人要高。⑤食物储存及烹调方法不当：如弃掉烹调用水，则可导致水溶性维生素流失；煮粥或炖肉时加碱，维生素 B_1 被破坏；维生素 C 在储存及烹调时最易被破坏。

二、脂溶性维生素与疾病

脂溶性维生素有维生素 A、D、E、K 四种，大都是异戊二烯的衍生物。其共同点是不溶于水而溶于脂质和脂溶剂，在食物中与脂质并存，消化吸收过程与肠道中的脂类密切相关，不能随尿液排出，可随胆汁由粪便排出，排泄较慢，故在体内有蓄积作用，长期过量食入（超出人体需要量 3 倍）可导致中毒。但若摄入过少可缓慢地出现相应的缺乏症状。脂溶性维生素在血液中需结合载脂蛋白或特殊载体而运输。

（一）维生素 A 与夜盲症、眼干燥症

1. 维生素 A 的化学组成及活性形式　维生素 A 是一系列视黄醇的衍生物，有维生素 A_1 和 A_2 两种。维生素 A_1 又称为视黄醇，存在于动物肝、血液和眼球的视网膜中；维生素 A_2 又称 3-脱氢视黄醇。维生素 A_1 的活性大于维生素 A_2，机体内主要以维生素 A_1 的形式存在。维生素 A 多存在于动物性食品中，如动物肝、蛋黄、乳、鱼肝油，植物中没有维生素 A，但许多植物如胡萝卜、番茄、绿叶蔬菜、玉米等含类胡萝卜素物质，如 α、β、γ-胡萝卜素，隐黄质，叶黄素等，在体内可转变为维生素 A，故称为维生素 A 原。

2. 维生素 A 的生化作用及缺乏症

（1）构成视觉细胞内感光物质的成分　维生素 A 以视黄醇、视黄醛、视黄酸三种形式存在，各自发挥不同的作用。醛和醇可以互变，天然视黄醇为全反式，在体内氧化成 11-顺视黄醛或 9-顺视黄醛才可结合视蛋白成为视紫红质，以前者为主。视紫红质遇光后，其中的 11-顺视黄醛变为全反视黄醛，因为构象的变化，引起对视神经的刺激作用，引发视觉。而遇光后的视紫红质不稳定，迅速分解为视蛋白和全反视黄醛，重新开始整个循环过程。

视网膜上有在强光下产生颜色感觉的视圆锥细胞和在弱光下产生暗视觉的视杆状细胞。而决定暗视觉好坏和暗适应快慢的主要因素之一是视紫红质（视杆细胞色素）在血中的浓度。视紫红质的合成与分解受光调节，强光下分解多于合成，弱光下合成多于分解，使其浓度逐渐达到一定的光敏感度所需水平，达到这一水平所用的时间即暗适应时间。维生素 A 是眼中视紫红质合成的"原料"，所以缺乏时，视紫红质合成不足，血中视紫红质浓度下降，使眼睛对弱光敏感度下降，暗适应时间延长等，临床上称为夜盲症。

（2）参与维持上皮组织结构的完整和健全　糖蛋白是细胞膜结构的组成成分，与细胞的结构和分泌功能有关。维生素 A 能促进上皮细胞中糖蛋白的合成。维生素 A 缺乏时，影响糖蛋白的合成，上皮细胞分泌黏液的能力丧失，出现上皮干燥、增生及角化、脱屑，在眼部临床表现为泪腺萎缩，泪液分泌减少，甚至无泪液，角膜和结膜表皮细胞退变，造成眼干燥症，严重缺乏时，可导致角膜软化病。因此维生素 A 又称抗干眼病维生素。

（二）维生素 D 与佝偻病、软骨病

1. 维生素 D 的化学组成及活性形式　维生素 D 是一种类固醇激素的前体，其活性形式是一种类固醇衍生物。维生素 D 与动物骨骼的钙化有关，故又称钙化醇。它具有抗佝偻病的作用，故又称抗佝偻病维生素。

天然的维生素D有两种，麦角钙化醇（D_2）和胆钙化醇（D_3）。在动物皮下的7-脱氢胆固醇经紫外线照射也可以转化为维生素D_3，因此7-脱氢胆固醇常被称为维生素D原。不论维生素D_2还是D_3，本身都没有生物活性，它们必须在动物体内进行一系列的代谢转变，才能成为具有活性的物质。这一转变主要是在肝及肾中进行的羟化反应，首先在肝羟化为25-羟维生素D_3，然后在肾进一步羟化成为1,25-$(OH)_2$-D_3，后者是维生素D_3在体内的活性形式（图2-10）。

2. 维生素D的生化作用及缺乏症　1,25-$(OH)_2$-D_3具有显著的调节钙、磷代谢的活性。它促进小肠黏膜对钙、磷的吸收和转运，同时也促进肾小管对钙、磷的重吸收；在骨骼中，它既有助于新骨的钙化，又能促进溶骨和脱钙，从而使骨质不断更新；同时，又能维持血钙的平衡。由于1,25-$(OH)_2$-D_3在肾合成后转入血液循环，作用于小肠、肾小管、骨组织等远距离的靶组织，基本上符合激素的特点，故有人将维生素D归入激素类物质。

维生素D是骨及牙齿正常发育所必需的，特别是孕妇、婴儿及青少年需要量大。如果此时维生素D摄入量不足，则使血中钙、磷低于正常值，会出现骨骼变软及畸形，在儿童可致佝偻病，在成人可致软骨病。

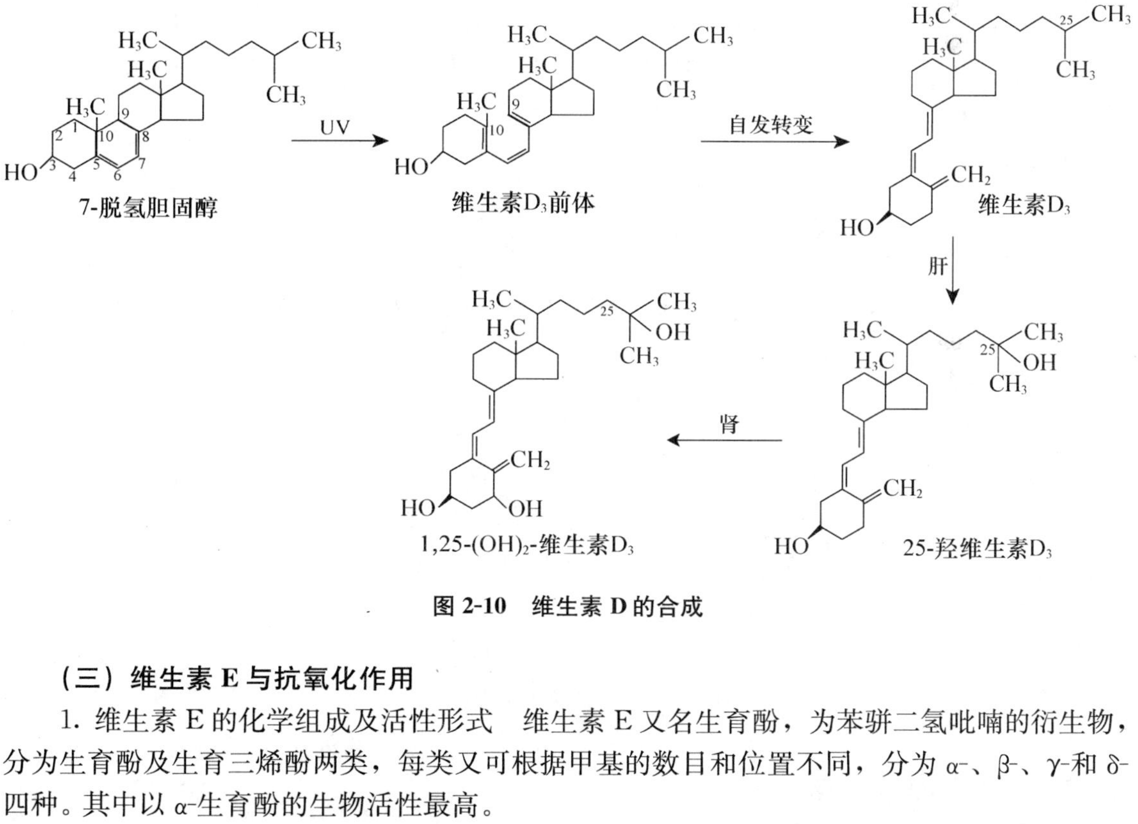

图2-10　维生素D的合成

（三）维生素E与抗氧化作用

1. 维生素E的化学组成及活性形式　维生素E又名生育酚，为苯骈二氢吡喃的衍生物，分为生育酚及生育三烯酚两类，每类又可根据甲基的数目和位置不同，分为α-、β-、γ-和δ-四种。其中以α-生育酚的生物活性最高。

2. 维生素E的生化作用及缺乏症　α-生育酚在组织中能氧化成α-生育醌，后者再还原为α-生育氢醌后，可在肝中与葡糖醛酸结合，随胆汁入肠，经粪排出。故维生素E作为体内重要的抗氧化剂，具有抗氧化作用，广泛分布于动物体各组织器官的生物膜上，与多种酶一起构成体内抗氧化系统，保护细胞骨架、蛋白质中巯基、细胞内核酸等免受自由基的攻击。当机体生物膜受到自由基攻击时，维生素E首先被消耗，使组织器官免受自由基的损伤，从而维护生物膜上一系列反应的正常进行。

（四）维生素 K 与凝血

1. 维生素 K 的化学组成及活性形式　维生素 K 又称凝血维生素，为 2-甲基-1,4-萘醌的衍生物。常见的有维生素 K_1 和 K_2。维生素 K_1 是由植物合成的；维生素 K_2 由微生物合成，人体肠道细菌也可合成维生素 K_2。维生素 K 现已能人工合成，如维生素 K_3 和 K_4，二者是水溶性的，临床上可用于口服或注射。维生素 K 的结构式见图 2-11。

2. 维生素 K 的生化作用及缺乏症　维生素 K 和肝合成的四种凝血因子（凝血酶原，凝血因子Ⅶ、Ⅸ及Ⅹ）密切相关。人们已知维生素 K 是谷氨酸 γ-羧化酶的辅因子。如果缺乏维生素 K_1，则上述凝血因子的 γ-羧化不能进行，致使血中这几种凝血因子减少，导致凝血迟缓和出血病症。

此外，维生素 K 溶于线粒体膜的类脂中，起着电子转移作用，维生素 K 可增加肠道的蠕动和分泌功能，缺乏维生素 K 时，平滑肌张力减弱。临床上维生素 K 缺乏常见于胆道梗阻、脂肪痢、长期服用广谱抗生素以及新生儿中，可通过补充维生素 K 以纠正。

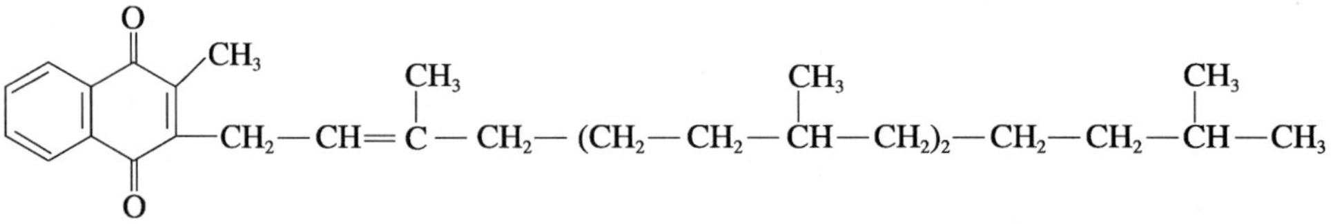

维生素K_1

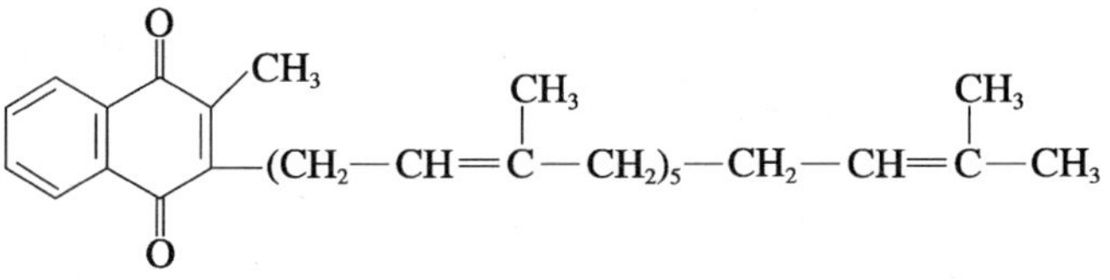

维生素K_2

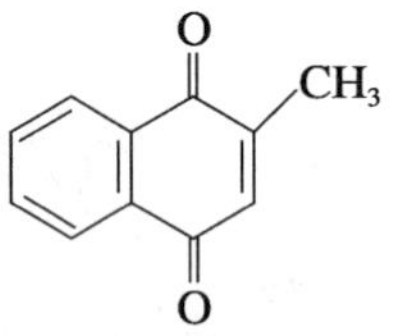

维生素K_3

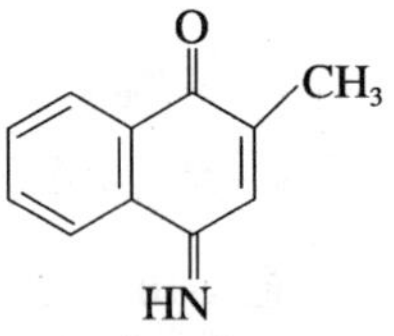

维生素K_4

图 2-11　维生素 K 的结构式

三、水溶性维生素与辅酶

水溶性维生素包括维生素 B 族和维生素 C，维生素 B 族包括维生素 B_1、B_2、PP、B_6、B_{12}和叶酸等。大多数水溶性维生素常以辅酶或辅基的形式参与机体的物质代谢（表 2-7）。水溶性维生素在体内没有非功能性的单纯储存形式，当机体饱和后，可随尿中排出。所以，水溶性维生素在体内很少储存，必须从食物中及时补充。水溶性维生素一般无毒性，但极大量摄入时也可出现毒性，如摄入维生素 C、维生素 B_6 或烟酸达正常人体需要量的 15～100 倍时，可出现毒性作用；若摄入过少，可较快地出现缺乏症状。

表 2-7 主要可溶性维生素和相应辅酶

维生素	辅酶形式	主要作用
维生素 B_1（硫胺素）	TPP	α-酮酸氧化脱羧、醛基转移
维生素 B_2（核黄素）	FMN、FAD	递氢
维生素 PP［烟酸（酰胺）］	NAD^+、$NADP^+$	递氢
维生素 B_6［吡哆醇（醛、酸）］	磷酸吡哆醛（胺）	转移氨基
泛酸（遍多酸）	辅酶 A	转移酰基
生物素	生物素	羧化辅酶
叶酸	FH_4（THFA）	一碳单位的载体
维生素 B_{12}［（氰）钴胺素］	甲基-B_{12}	转移甲基
维生素 C（抗坏血酸）		氧化还原
硫辛酸	硫辛酸	转移酰基

（一）维生素 B 族与辅酶

1. 维生素 B_1 的活性形式 TPP 是 α-酮酸氧化脱羧酶的辅酶　维生素 B_1 由一个含硫的噻唑环和含氨基的嘧啶环组成，故又称硫胺素。维生素 B_1 经硫胺素焦磷酸激酶催化生成焦磷酸硫胺素（TPP），TPP 是维生素 B_1 的辅酶形式。结构式见图 2-12。

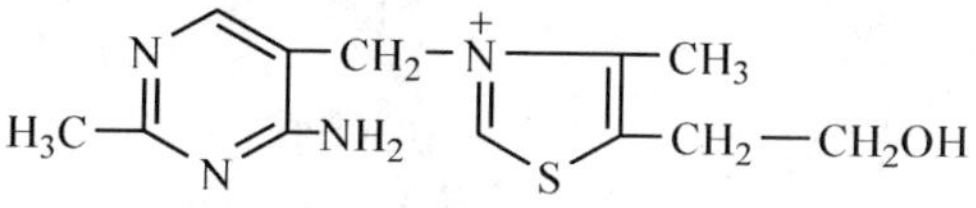

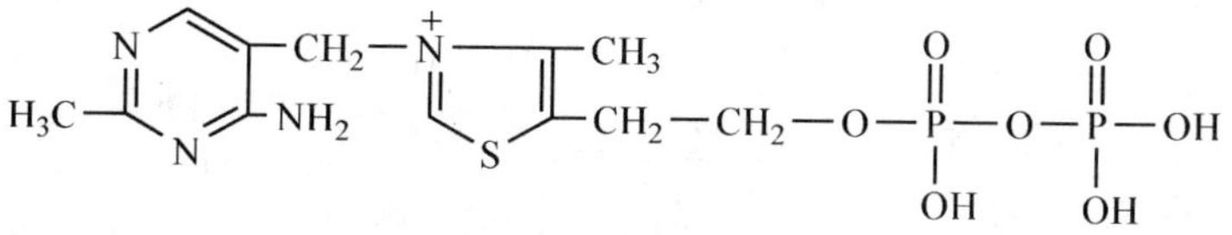

图 2-12　硫胺素和 TPP 的结构式

在机体物质代谢中 TPP 是 α-酮酸氧化脱羧酶的辅酶，参与糖代谢的 α-酮酸氧化脱羧反应。维生素 B_1 缺乏时，α-酮酸氧化脱羧障碍，三羧酸循环受阻，丙酮酸氧化脱羧减慢，使糖不能氧化供能，特别是神经组织的能量供应不足，引发以糖代谢障碍为主的"脚气病"。

2. 维生素 B_2 的活性形式 FMN 及 FAD 是氧化还原酶的辅酶　维生素 B_2（核黄素）是一种含有核糖醇基的黄色物质。由核糖醇与 6,7-二甲基异咯嗪缩合而成，结构式如图 2-13 所示。

生物体内，维生素 B_2 以黄素单核苷酸（FMN）和黄素腺嘌呤二核苷酸（FAD）形式存在。而 FMN 和 FAD 是多种氧化还原酶的辅基，与酶蛋白结合较紧密。这些氧化还原酶也称为黄素蛋白（FP），相应地将 FMN、FAD 称为黄素辅酶。维生素 B_2 缺乏会引发唇炎、舌炎、口角炎、眼角膜炎等。

3. 维生素 PP 的活性形式 NAD^+ 和 $NADP^+$ 是多种不需氧脱氢酶的辅酶　维生素 PP 包括烟酰胺（尼克酰胺）和烟酸（尼克酸），是吡啶衍生物，在体内由烟酰胺参与构成的两种辅酶均有氧化型（NAD^+，$NADP^+$）和还原型（$NADH+H^+$，$NADPH+H^+$）两种形式。

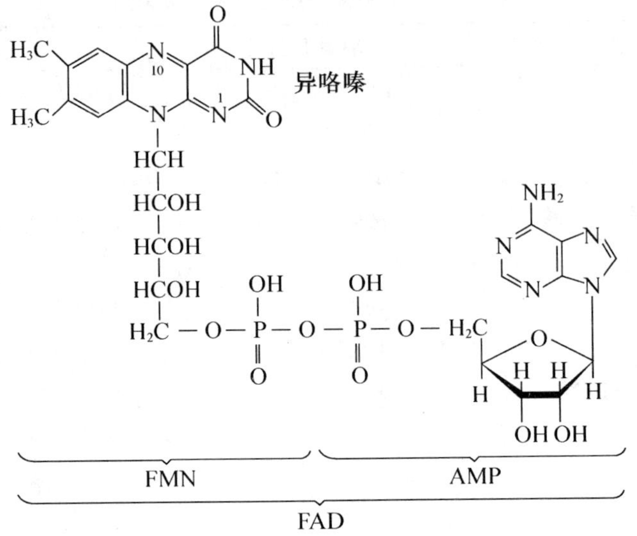

图 2-13 FMN 和 FAD 的结构式

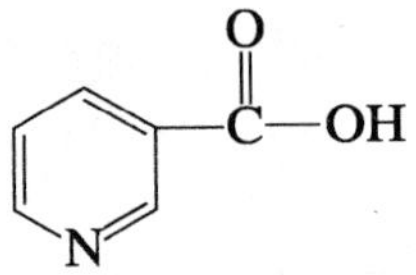

维生素 PP 在体内的活性形式是烟酰胺腺嘌呤二核苷酸（NAD^+，又称 CoⅠ），烟酰胺腺嘌呤二核苷酸磷酸（$NADP^+$，又称 CoⅡ）。（图 2-14）

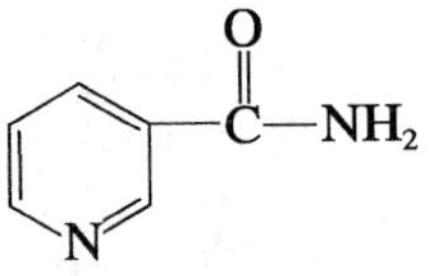

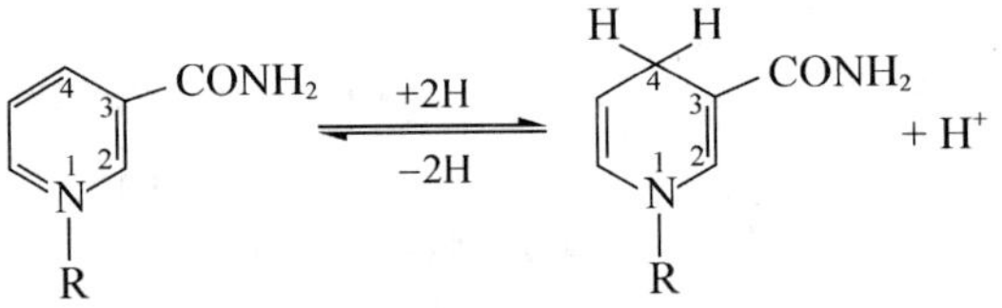

烟酰胺上氢的传递

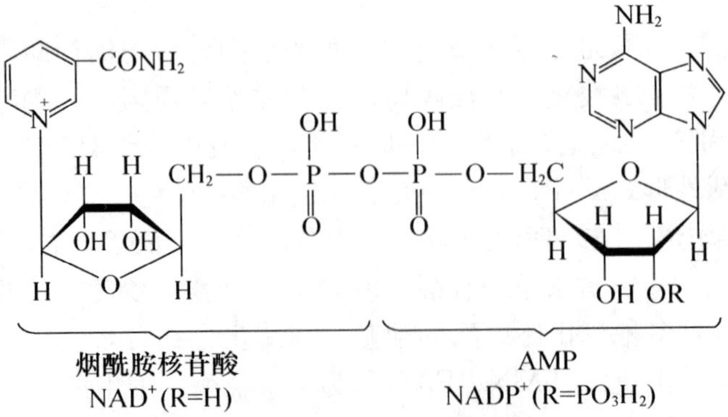

烟酰胺核苷酸
$NAD^+(R=H)$

AMP
$NADP^+(R=PO_3H_2)$

图 2-14 NAD（NADP）的结构式

维生素 PP 分布较广，一般不发生缺乏症。但玉米中缺乏维生素 PP，长期以玉米为主食，可发生维生素 PP 缺乏，而导致糙皮病。故维生素 PP 又称抗糙皮病维生素。

4. 维生素 B_6 的活性形式是体内脱羧酶和转氨酶的辅酶　维生素 B_6 包括三种形式：吡哆醇、吡哆醛和吡哆胺，是吡啶衍生物。这三种形式在生物体内可以相互转化。结构式如图 2-15 所示。

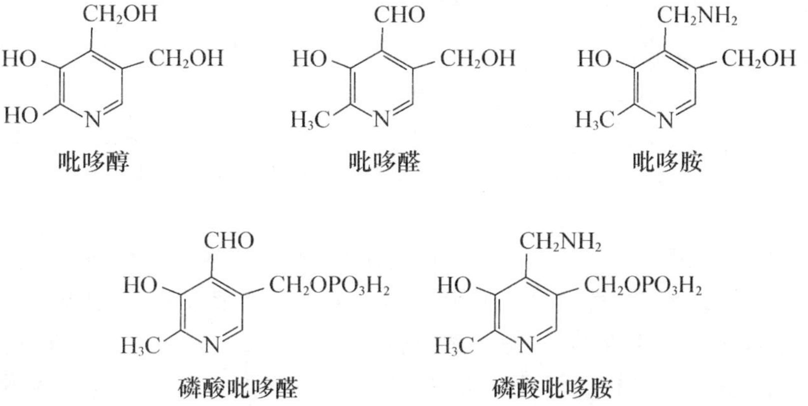

图 2-15　维生素 B_6 的三种形式及其磷酸酯

维生素 B_6 在体内经磷酸化生成相应的磷酸酯，并以磷酸酯的形式存在。维生素 B_6 的活性形式是磷酸吡哆醛和磷酸吡哆胺，两者能相互转化，是氨基酸代谢中转氨酶、脱羧酶的辅酶，可催化相应的脱氨基和脱羧基反应。维生素 B_6 一般不发生缺乏症，一旦缺乏可产生各种皮炎。

5. 叶酸的活性形式四氢叶酸是一碳单位转移酶的辅酶　叶酸又称蝶酰谷氨酸（PGA），由蝶啶、对氨基苯甲酸、谷氨酸连接而成。结构分三个部分（图 2-16）。

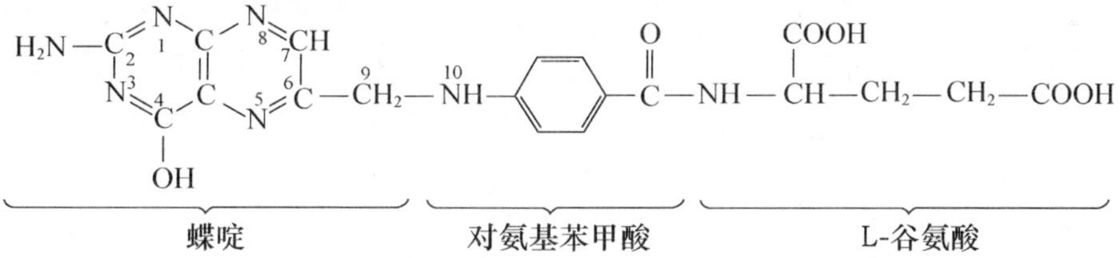

图 2-16　叶酸的结构

体内的叶酸经二氢叶酸还原酶两次还原，在 5、6、7、8 位加 H 还原成四氢叶酸（FH_4，THFA），FH_4 是叶酸的活性形式。结构见图 2-17。

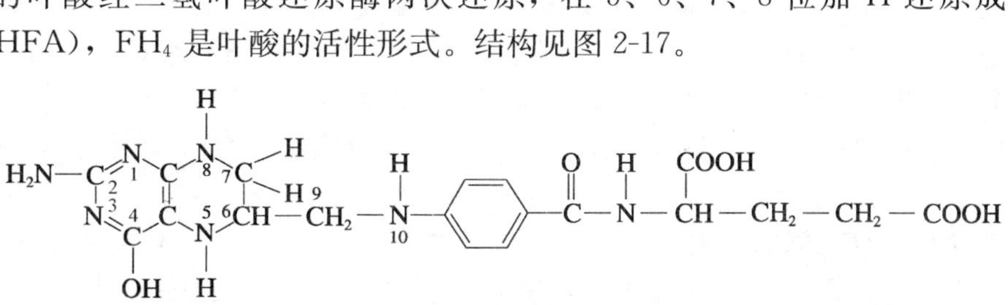

图 2-17　四氢叶酸的结构

$$叶酸（F）+NADPH（H^+）\xrightarrow{FH_2 还原酶} 5,6\text{-}二氢叶酸（FH_2）+NADP^+$$

$$FH_2+NADPH（H^+）\xrightarrow{FH_2 还原酶} 5,6,7,8\text{-}四氢叶酸（FH_4）+NADP^+$$

FH_4 作为一碳单位转移酶的辅酶,是一碳单位的载体。FH_4 分子中的 N^5、N^{10} 位可与一碳单位结合形成 FH_4 的衍生物,参与体内多种物质代谢。如氨基酸代谢、核苷酸代谢中的部分反应。

叶酸缺乏时,DNA 的合成受到抑制,使红细胞成熟速度减慢,血红细胞发育受影响,细胞体积增大,造成巨幼细胞贫血(megaloblastic anemia)。

6. 维生素 B_{12} 是唯一含金属的维生素　维生素 B_{12} 又名(氰)钴胺素,分子中含有金属原子钴(Co),还有复杂的咕啉环、核苷、苯丙咪唑和其他成分。其中,咕啉环部分有较多的酰胺基团而得名。

维生素 B_{12} 在体内因结合基团的不同,可有多种形式存在,如羟钴胺素是利用细菌发酵制备维生素 B_{12} 的主要形式,性质最为稳定,是药用维生素 B_{12} 的常见形式;甲钴胺素和 5'-脱氧腺苷钴胺素即辅酶维生素 B_{12},是血液中存在的主要形式。其中,5'-脱氧腺苷钴胺素是体内的主要形式,它可参与构成多种变位酶的辅酶,甲钴胺素则是甲基转移酶的辅酶,与胆碱等的合成有关。

维生素 B_{12} 一般不缺乏。但是维生素 B_{12} 的吸收与胃分泌的一种糖蛋白有关,缺乏这种糖蛋白则无法吸收,造成恶性贫血等疾病,通过注射维生素 B_{12} 可得到治疗。

(二)维生素 C 具有多种重要生理功能

维生素 C 是一个具 6 个碳原子的酸性多羟基化合物。其中 C_2 和 C_3 的两个烯醇式羟基(—OH)极易解离为 H^+ 而被氧化为脱氢维生素 C(氧化型)。维生素 C 的氧化型和还原型在生物体内相互转化,自成一氧化还原体系。

1. 通过自身的氧化还原体系在生物氧化中作为氢的载体　维生素 C 可维持含巯基(—SH)的酶处于还原态而具催化活性,如维生素 C 和谷胱甘肽还原酶对于保持谷胱甘肽的还原性,进而保护生物膜结构和功能正常具有重要的意义;维生素 C 可促进 Fe^{3+} 还原成 Fe^{2+},有利于铁的吸收;促进高铁血红蛋白(MHb)还原成血红蛋白(Hb),有利于氧的运输;促进叶酸还原为四氢叶酸,预防巨幼细胞贫血;参与保护维生素 A、E、B 族不被氧化;

2. 维生素 C 是羟化酶的辅酶　参与体内多种物质代谢的羟化反应,如胶原蛋白的羟化,羟化酶含有巯基,以 Fe^{2+} 作为辅因子,促进胶原蛋白的合成,胶原蛋白是结缔组织、骨、毛细血管壁的重要成分,长期缺乏维生素 C 可导致胶原蛋白合成不足,引起毛细血管脆性增加,骨骼、牙齿易折、脱,皮下、黏膜、肌肉出血,创口溃疡不愈等症状,临床上称维生素 C 缺乏病(坏血酸病),故维生素 C 又称抗坏血酸。

实用小知识

1. 酶在诸多行业中的应用

（1）洗涤剂工业：加酶洗衣粉——碱性蛋白酶类，易于洗去衣物上的血渍、奶渍等污渍。

（2）乳制品工业：①凝乳酶——奶酪生产的凝结剂，并可用于分解蛋白质；②乳糖酶——降解乳糖为葡萄糖和半乳糖，获得没有乳糖的牛乳制品，有利于乳品的消化吸收。

（3）纺织工业：①淀粉酶——广泛地应用于纺织品的褪浆，其中细菌淀粉酶能耐受100~110℃的高温操作条件；②纤维素酶——代替沙石洗工艺处理制作牛仔服的棉布，提高牛仔服质量。

（4）医疗和药品工业：胰蛋白酶——用于促进伤口愈合和溶解血凝块，还可用于去除坏死组织，抑制污染微生物的繁殖。

（5）酿酒工业：麦芽中的淀粉酶、蛋白酶、葡聚糖酶——将酿酒原料淀粉和蛋白质降解成能被酵母利用的单糖、氨基酸和肽，从而提高乙醇的产量。

（6）制糖工业：①淀粉酶等——将淀粉转化为葡萄糖及各类糖浆；②葡萄糖异构酶——用于将葡萄糖转化为甜度高的果糖，生产高果糖浆。

2. 维生素C缺乏病的克星　1519年，葡萄牙航海家麦哲伦率领的远洋船队从南美洲东岸向太平洋进发。三个月后，有的船员牙床破了，有的船员流鼻血，有的船员浑身无力，待船到达目的地时，原来的200多人中，活下来的只有35人，人们对此找不出原因。1734年，在开往格陵兰的海船上，有一个船员得了这种严重的疾病，当时这种病无法医治，其他船员只好把他抛弃在一个荒岛上。待他苏醒过来，用野草充饥，几天后他的病竟不治而愈了。诸如此类的病症，曾夺去了几十万英国水手的生命。1747年英国海军军医林德总结了前人的经验，建议海军和远征船队的船员在远航时多吃些柠檬，他的建议被采纳，结果令人非常吃惊，水手们从此再未发过此病。经后来的研究证明此病是维生素C缺乏病。那么柠檬里有什么物质呢？1928年匈牙利化学家乔尔吉成功地从柠檬中分离出这一关键物质，命名为维生素C，即抗坏血酸。乔吉尔因此荣获诺贝尔奖。

3. 非蛋白质酶——核酶　美国科学家T. Cech和S. Altman发现了核酶（ribozyme）。最早发现大肠埃希菌RNaseP的蛋白质部分除去后，在体外高浓度Mg^{2+}存在下，剩余的RNA部分具有与全酶相同的催化活性。大多数核酶通过催化转磷酸酯和磷酸二酯键水解反应参与RNA自身剪切、加工过程。核酶（ribozyme）是具有催化功能的RNA分子。核酶又称核酸类酶、酶RNA、类酶RNA。其化学本质是核糖核酸（RNA），却具有酶的催化功能。

T. Cech和S. Altman的发现打破了生物催化剂中只有蛋白质的传统观念，给今后的人工合成提供了一个重要的信息，为生命的起源和演变研究提供了一个新的线索。

小结

酶（enzyme）是一类由活细胞产生的具有高效催化性的特殊蛋白质。其化学本质是蛋白质。酶催化的化学反应称为酶促反应，酶具有的生物催化能力称为酶的活性，被酶催化的物质称为底物，生成的物质称为产物。酶按其化学组成可分为单纯酶和结合酶（全酶），前者只有氨基酸组分，后者由酶蛋白和辅因子组成。酶蛋白部分决定酶促反应的专一性；辅因子直接对电子、原子或某些化学基团起传递作用。酶分子中直接与底物结合，并和酶催化作用直接相关的部位或酶分子中与底物直接结合并催化出产物的特定区域称为酶的活性中心。与酶的活性密切相关的化学基团称为酶的必需基团，分为活性中心外必需基团和活性中心内必需基团。

有些酶在细胞内合成或初分泌时，没有催化活性的酶原形式存在，只在特定的部位、环境和特定条件下才被激活而表现出催化活性，其意义在于保证合成酶的细胞本身不受酶消化破坏，使酶在特定的生理条件和特定的部位发挥其生理作用。

同工酶指能催化同一种化学反应，而酶蛋白本身的分子结构、理化性质和免疫学性质不同的一组酶。例如乳酸脱氢酶（LDH），由 H（心肌型）和 M（骨骼肌型）两种亚基组成，这两种亚基以不同的比例组合，形成一组含五种不同结构的四聚体。心肌中富含 LDH_1，它与乳酸亲和力大，受丙酮酸抑制，能有效地将心肌内的乳酸迅速氧化为丙酮酸，产生大量 ATP 供心脏正常工作；骨骼肌富含 LDH_5，它与丙酮酸亲和力大，催化丙酮酸还原为乳酸。

酶促反应的特点：酶具有高度的催化效率；高度的专一性（特异性）又分为相对专一性、绝对专一性、立体异构专一性；高度不稳定性；酶的活性和含量具有可调节性。

酶作用的机制有中间产物学说、诱导契合学说、趋近效应和定向排列作用、酸-碱催化作用、表面效应等。

酶促反应动力学简称酶动力学，主要研究酶浓度、底物浓度、温度、pH、激活剂和抑制剂对酶促反应速度的影响。

许多疾病的发生与酶的缺陷或抑制有关。酶活性的测定有助于疾病的诊断。某些酶可作为治疗的药物，在医学及其他领域有着广阔的开发应用前景。

维生素是机体生长发育和代谢所必需的，机体内不能合成或合成量不能满足需求，必须由食物供给的一类十分重要的小分子有机化合物。维生素种类较多，按其溶解性质可分为脂溶性维生素和水溶性维生素两大类。

脂溶性维生素包括维生素 A、D、E、K。维生素 A 构成视觉细胞内感光物质的成分，参与维持上皮组织结构的完整和健全。$1,25-(OH)_2-D_3$ 是维生素 D_3 在体内的活性形式，参与钙、磷代谢的调节。维生素 E 具有抗氧化、治疗不育等作用。维生素 K 与血液凝固有关，参与多种凝血因子的活化。

水溶性维生素包括维生素 B 族（B_1、B_2、PP、B_6、B_{12} 和叶酸等）和维生素 C。维生素 B 族多构成酶的辅酶成分，参与机体的物质代谢。维生素 B_1（硫胺素）的活性形式 TPP 是 α-酮酸氧化脱羧酶的辅酶；维生素 B_2（核黄素）的活性形式 FMN 及 FAD 是氧化还原酶的辅酶；维生素 PP 的活性形式 NAD^+ 和 $NADP^+$ 是多种不需氧脱氢酶的辅酶；维生素 B_6 的活性形式是体内脱羧酶和转氨酶的辅酶；叶酸的活性形式四氢叶酸是一碳单位转移酶的辅酶；维生素 B_{12} 是唯一含金属的维生素；维生素 C 是一种抗氧化剂，参与多种物质的羟化反应，具有多种重要的生理功能。

（青海卫生职业技术学院 李豫青）

第三章 生物氧化

> **学习目标**
> 1. 熟记生物氧化、呼吸链及氧化磷酸化的概念。
> 2. 记住呼吸链的组成成分,写出线粒体重要呼吸链的电子传递顺序。
> 3. 说明体内 ATP 的生成方式,说出影响氧化磷酸化的因素。
> 4. 简述生物氧化的特点;能量的储存和利用;知道非线粒体的氧化体系。
> 5. 了解非线粒体的氧化体系。

生物体的一切活动都需要能量。绿色植物和光合细菌等自养生物通过光合作用,利用太阳能将 CO_2 和 H_2O 同化为糖类等有机化合物,使太阳能转变成化学能加以利用;人、动物和某些微生物等异养生物不能直接利用太阳能,只能利用光合植物形成的有机化合物在生物体内氧化,生成 CO_2 和 H_2O,同时产生 ATP,以供机体进行各种生命活动的需要。

第一节 生物氧化的概述

一、生物氧化的概念

> 生物氧化(biological oxidation)主要是指糖、脂肪和蛋白质等营养物质在体内氧化分解,最终生成二氧化碳、水,并释放出大量能量的过程。

由于生物氧化这一过程在组织细胞内进行,并与组织细胞摄入 O_2 和排出 CO_2 的呼吸作用密切相关,因此又称为组织呼吸或细胞呼吸。

体内生物氧化主要为线粒体生物氧化体系,整个氧化过程大致可分为三个阶段。第一阶段是糖、脂肪和蛋白质通过各自不同的代谢途径生成乙酰辅酶 A;第二阶段是乙酰辅酶 A 进入三羧酸循环,脱羧、脱氢生成 CO_2,并使 NAD^+ 或 FAD 还原成 $NADH+H^+$ 或 $FADH_2$;第三阶段是 $NADH+H^+$ 和 $FADH_2$ 中的氢经呼吸链将电子传递给氧生成水,氧化过程中释放出来的能量约 40% 用于 ATP 的合成,这也是体内 ATP 生成的主要阶段。本章重点讨论代谢物脱下的氢是如何传递给氧生成水的,以及细胞通过何种方式将氧化过程中释放的能量转变成 ATP。

此外,体内还存在非线粒体氧化体系,主要与体内代谢物或药物、毒物等的清除、排泄有关,这类反应不伴有 ATP 的生成。

二、生物氧化的特点

生物氧化和有机物质的体外氧化在化学本质上是相同的,都遵循氧化-还原反应的一般规律，耗氧量、最终产物和释放的能量均相同。但生物氧化是在生物细胞内进行的酶促反应过程，需要一系列辅酶和中间传递体的参与，其途径迂回曲折，有条不紊，与燃烧等体外氧化过程有显著不同的特点：①反应条件温和：是在细胞内 pH 接近中性和温度约 37℃ 的水溶液中逐步进行的酶促反应；②能量逐步释放，一部分以热能形式散发，以维持体温，一部分以化学能形式（主要是 ATP）储存，以供生命活动能量之需（约 40%）；③氧化方式以脱氢、失电子为主，脱下的氢经一系列传递过程最终与氧结合生成水；④生物氧化的终产物 CO_2 是通过有机酸脱羧反应生成，并非碳与氧的直接化合。

三、生物氧化的方式

生物氧化与普通的化学反应的氧化方式一样，主要包括加氧、脱氢、失电子；不同的是，生物体内氧化都是酶促反应，以脱氢氧化方式为主。

1. **失电子**　从代谢物分子上脱下一个电子，如：

$$细胞色素\ b\text{-}Fe^{2+} \xrightarrow{-e} 细胞色素\ b\text{-}Fe^{3+}$$

2. **脱氢**　从代谢物分子上脱下一对氢（2H），如：

$$\underset{乳酸}{CH_3\underset{|}{C}HCOOH} \xrightarrow[乳酸脱氢酶]{-2H} \underset{丙酮酸}{CH_3\underset{\|}{C}COOH}$$
$$OHO$$

3. **加氧**　底物分子中直接加入氧分子或氧原子，如：

$$RH \xrightarrow{+O} R\text{-}OH$$

生物体内并不存在游离的电子或氢原子，在上述氧化反应中脱下的电子或氢原子必须为另一物质所接受。这种既能接受又能供出电子或氢原子的物质称为递电子体或递氢体，如 NAD^+ 和 FAD 等。

四、参与生物氧化的酶

生物氧化是在一系列氧化-还原酶的催化下分步进行的。每一步反应，都由特定的酶催化，主要有氧化酶和脱氢酶两类，其中以脱氢酶尤为重要。

1. **氧化酶类**　氧化酶为含铜或铁的蛋白质，能激活氧分子，直接利用氧作为受氢体，促进氧对代谢物的直接氧化，反应产物是水。如细胞色素氧化酶，可使还原型细胞色素氧化成氧化型，并将电子传递给氧使其活化。心肌中含量甚多。此外还有过氧化物酶、过氧化氢酶等。

2. **脱氢酶**　分为需氧脱氢酶和不需氧脱氢酶。

（1）需氧脱氢酶类：通常以黄素腺嘌呤二核苷酸（FAD）或黄素腺嘌呤单核苷酸（FMN）为辅基，可激活代谢物分子中的氢，与分子氧结合，反应产物为过氧化氢，如黄嘌呤氧化酶。

（2）不需氧脱氢酶：可使代谢物分子中的氢活化，而又不以氧为受氢体，只能以体内某些辅酶为直接受氢体。如乳酸脱氢酶、甘油醛-3-磷酸脱氢酶等。其辅酶包括烟酰胺腺嘌呤二核苷酸（NAD⁺）、烟酰胺腺嘌呤二核苷酸磷酸（NADP⁺）、黄素单核苷酸（FMN）或黄素腺嘌呤二核苷酸（FAD）等。

不需氧脱氢酶在生物氧化尤其是在能量代谢方面是最重要的酶。

3. 其他酶类　生物氧化的酶类还有加氧酶类、过氧化氢酶类、过氧化物酶类、超氧化物歧化酶等，它们主要参与线粒体外的生物氧化过程。

第二节　生成 ATP 的线粒体生物氧化体系

线粒体（图 3-1）是体内生成 ATP 的主要场所。线粒体是由内、外两层膜构成的密闭囊状细胞器，内膜包绕较均一的液体，称为基质，内含与三羧酸循环和脂肪酸 β-氧化有关的酶系及其中间产物。由于代谢物脱下的氢在线粒体内被传递给氧生成 H_2O，同时释放能量，并将相当一部分能量转移给 ADP 生成 ATP，故线粒体又被称为细胞的"能源站"。

一、线粒体内的呼吸链

按一定顺序排列在线粒体内膜上的一组传递氢和电子的物质（酶与辅酶），能使代谢物脱下的 2H 通过连锁的递氢和递电子反应，最终与氧结合成 H_2O，该电子传递系统称为呼吸链（respiratory chain）。由于递氢也要传递电子，所以呼吸链也称电子传递链。呼吸链一端与代谢物相连，另一端与 O_2 相连。

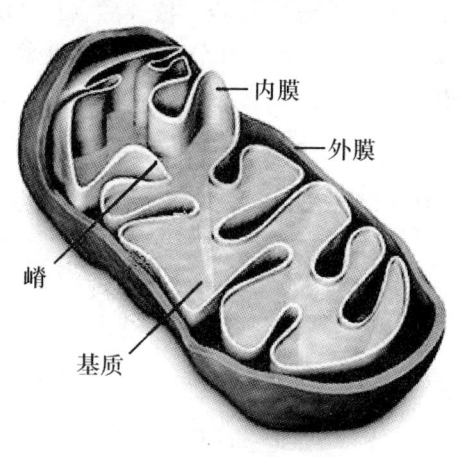

图 3-1　线粒体的结构示意图

（一）呼吸链的组成与作用

呼吸链的组成成分复杂，可分为五大类。其中传递氢的酶或辅酶称为递氢体，只传递电子的酶或辅酶称为单电子传递体。

1. 烟酰胺核苷酸　包括烟酰胺腺嘌呤二核苷酸（NAD⁺）和烟酰胺腺嘌呤二核苷酸磷酸（NADP⁺）。NAD⁺ 又称辅酶Ⅰ（CoⅠ），是体内许多不需氧脱氢酶的辅酶，作为递氢体，其主要功能是接受代谢物脱下的 2H，然后将 2H 传递给邻近的黄素酶，故该辅酶是连接代谢物与呼吸链的环节；NADP⁺ 又称辅酶Ⅱ（CoⅡ），亦作为递氢体，参与体内的合成代谢和羟化反应。NAD⁺ 和 NADP⁺ 的结构简式见图 3-2。

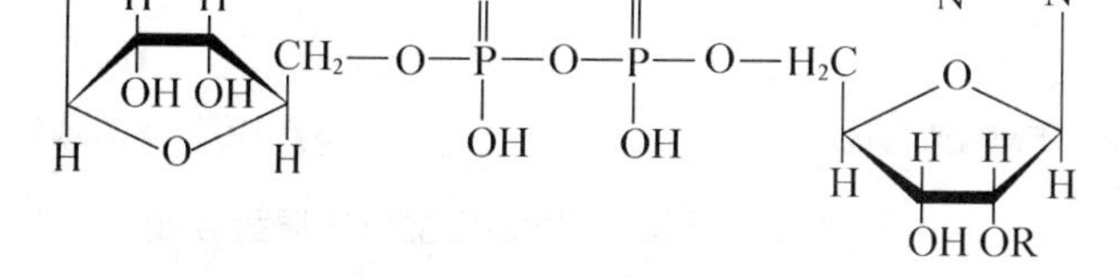

(R=H:NAD⁺; R=H₂PO₃:NADP⁺)

图 3-2　**NAD⁺ 和 NADP⁺ 的结构**

结构中的烟酰胺部分能可逆地接受 1 个氢原子和 1 个电子，将另 1 个 H^+ 游离在基质中，当其接受代谢物脱下的 2H 时，就由氧化型的 NAD^+ 或 $NADP^+$ 转变为还原型的 $NADH+H^+$ 或 $NADPH+H^+$（图 3-3）。

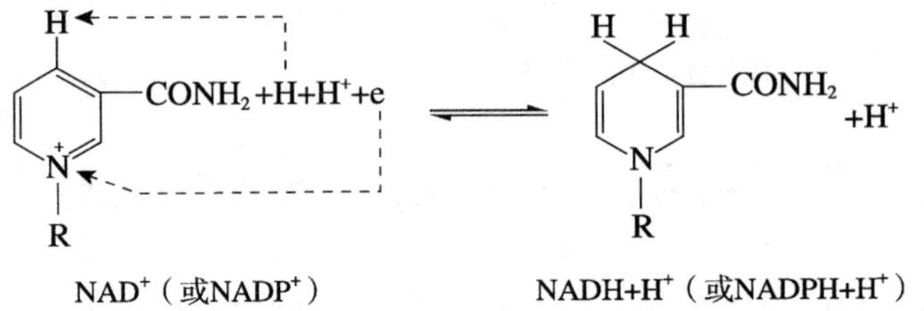

图 3-3 NAD^+（$NADP^+$）的氧化型与还原型的转换

2. 黄素酶（FP） 黄素酶又称黄素蛋白，种类很多，但辅基只有两种，即黄素单核苷酸（FMN）和黄素腺嘌呤二核苷酸（FAD）（图 3-4）。两者均含有维生素 B_2（核黄素）。FMN 和 FAD 的异咯嗪环部分第 1 位氮和第 10 位氮能进行可逆的加氢和脱氢反应（图 3-5），是递氢体。

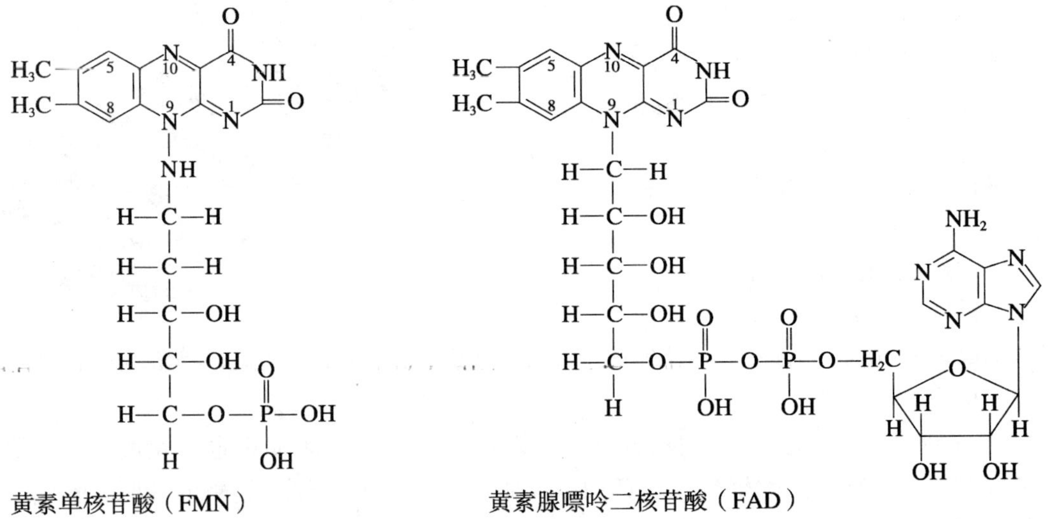

图 3-4 FMN 和 FAD 的结构

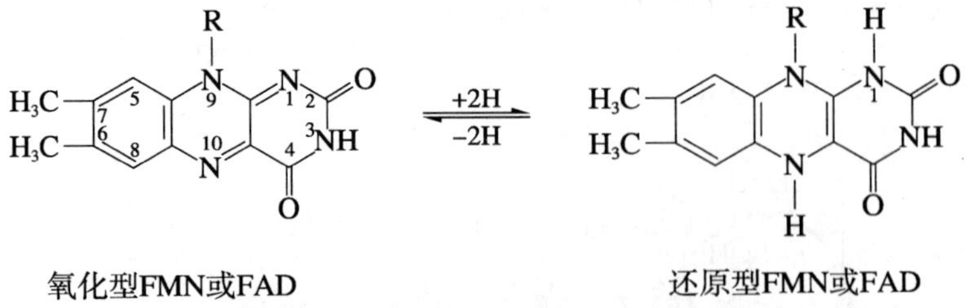

图 3-5 FMN（FAD）的氧化型与还原型互变

3. 铁硫蛋白（Fe-S） 铁硫蛋白分子中含等量非血红素铁原子和对酸不稳定的硫，通常与黄素酶或细胞色素 b 构成复合体，其分子中的 Fe-S 构成活性中心，称为铁硫中心。铁硫中心的铁能可逆地接受电子和给出电子，在呼吸链中，Fe-S 是单电子传递体，分子中的铁原子可通过可逆性 $Fe^{2+} \rightleftharpoons Fe^{3+} + e$ 的反应，每次传递一个电子（图 3-6）。

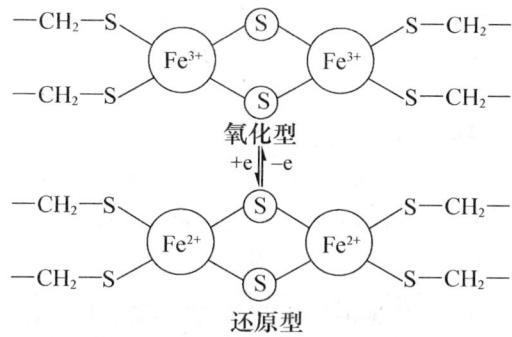

图 3-6　铁硫蛋白的结构及其传递电子的反应

4. **泛醌（UQ）**　泛醌又称辅酶 Q（CoQ），是一类脂溶性醌类化合物，因广泛分布于生物界而得名。泛醌中的苯醌结构能进行可逆的加氢和脱氢反应，是呼吸链中的递氢体（图 3-7）。

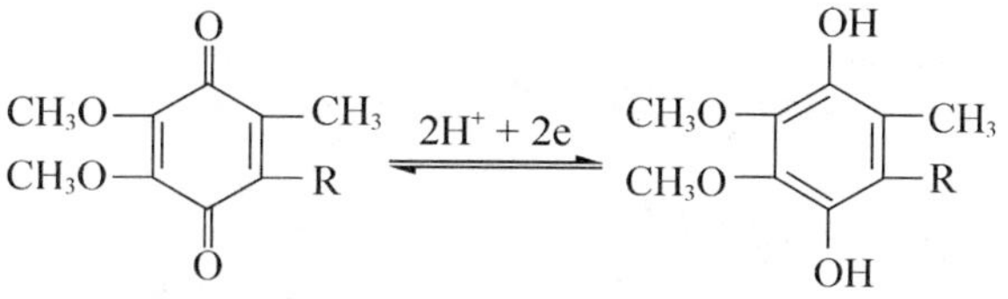

图 3-7　泛醌的结构及递氢过程

5. **细胞色素体系（Cyt）**　细胞色素是一类以铁卟啉为辅基的催化电子传递的结合蛋白，现已发现多种，参与呼吸链组成的细胞色素有 Cyt b、Cyt c_1、Cyt c、Cyt a、Cyt a_3，其中 Cyt a 与 Cyt a_3 结合紧密很难分开，常被称为细胞色素 aa_3（Cyt aa_3）。

细胞色素铁卟啉中的铁可以可逆地得失电子（$Fe^{2+} \rightleftharpoons Fe^{3+} + e$），为单电子传递体。Cyt aa_3 是呼吸链中唯一能直接将电子传递给氧分子的细胞色素，可使氧原子激活成为氧离子，故又称为细胞色素氧化酶。

（二）呼吸链大部分组成成分形成 4 个蛋白复合体

呼吸链大部分组成成分形成 4 个蛋白复合体，只有少数游离存在。用胆酸、脱氧胆酸等去污剂反复处理线粒体内膜，并用离子交换层析可纯化出 4 种有电子传递活性的蛋白复合体。

1. **复合体 I**　又称 NADH-泛醌还原酶，含有以 FMN 为辅基的黄素酶（FP）和铁硫蛋白（Fe-S），作用是将 NADH 脱下的氢经 FMN、Fe-S 等传递给泛醌。

2. **复合体 II**　又称琥珀酸-泛醌还原酶，含有以 FAD 为辅基的黄素酶、铁硫蛋白（Fe-S），作用是将氢从琥珀酸脱下经 FAD、Fe-S 传递给泛醌。另外，还有一些含 FAD 的脱氢酶，如脂酰 CoA 脱氢酶、α-甘油磷酸脱氢酶、胆碱脱氢酶等，也可以将相应底物脱下的氢经 FAD、Fe-S 传递给泛醌。

3. **复合体 III**　又称泛醌-细胞色素 c 还原酶，含有 Cyt b（Cyt b_{562}，Cyt b_{566}）、Cyt c_1 及 Fe-S，作用是将电子从泛醌经 Fe-S 传递给 Cyt c。

4. 复合体Ⅳ 亦称细胞色素氧化酶，其主要组成部分是 Cyt aa_3，另外尚含有铜离子，作用是将电子从 Cyt c 传递给 O_2。

另外，泛醌在呼吸链中是一种和蛋白质结合不紧密的辅酶，在复合体间传递氢。细胞色素 c 与线粒体内膜外表面结合疏松，亦不包含在上述复合体中，可从细胞色素 c_1 获得电子，并将电子传递给复合体Ⅳ。

（三）线粒体呼吸链中各种传递体的排列顺序

电子是按氧化还原电位递增的方向流动，所以呼吸链中各传递体是根据各自氧化还原电位（$E^{\ominus}$）由低到高进行排列的（表 3-1），再经应用呼吸链阻断剂、测定呼吸链各组分的特有吸收光谱及体外拆开和重组呼吸链等方法确定。

表 3-1 呼吸链中各种传递体的标准氧化还原电位

氧化型/还原型物质	$E^{\ominus}$（V）
$NAD^+ + 2H^+ + 2e \longrightarrow NADH + H^+$	−0.32
$FMN + 2H^+ + 2e \longrightarrow FMNH_2$	−0.30
$FAD + 2H^+ + 2e \longrightarrow FADH_2$	−0.06
$Q + 2H^+ + 2e \longrightarrow QH_2$	0.06
Cyt b（Fe^{3+}）+ e $\longrightarrow$ Cyt b（Fe^{2+}）	0.05（或 0.10）
Cyt c_1（Fe^{3+}）+ e $\longrightarrow$ Cyt c_1（Fe^{2+}）	0.22
Cyt c（Fe^{3+}）+ e $\longrightarrow$ Cyt c（Fe^{2+}）	0.254
Cyt a（Fe^{3+}）+ e $\longrightarrow$ Cyt a（Fe^{2+}）	0.29
Cyt a_3（Fe^{3+}）+ e $\longrightarrow$ Cyt a_3（Fe^{2+}）	0.35
$1/2 O_2 + 2H^+ + 2e \longrightarrow H_2O$	0.816

呼吸链中各种电子传递体的排列顺序如下：

NADH ⟶ 复合体Ⅰ ⟶ CoQ ⟶ 复合体Ⅲ ⟶ Cyt c ⟶ 复合体Ⅳ ⟶ O_2

（四）线粒体内两条重要的氧化呼吸链

目前认为，线粒体呼吸链有 2 条途径：一条称为 NADH 氧化呼吸链；另一条称为 $FADH_2$ 氧化呼吸链，亦称琥珀酸氧化呼吸链。

1. NADH 氧化呼吸链 代谢物脱下的 2H 由 NAD^+ 接受生成 $NADH + H^+$，$NADH + H^+$ 按氧化还原电位由低到高依次传递给 FMN、Fe-S、CoQ，后者再将 2H 解离成 2e 和 $2H^+$，2e 则按顺序传递给细胞色素 b、c_1、c、aa_3，由细胞色素 a_3 将 2e 传递给 $1/2\ O_2$ 生成 O^{2-}，$2H^+$ 游离于基质中，最后 O^{2-} 与基质中的 $2H^+$ 结合生成 H_2O。因为生物氧化过程中绝大多数脱氢酶的辅酶是 NAD^+，故该呼吸链是体内最重要的氧化呼吸链，其电子传递顺序如下：

$$W \longrightarrow NAD^+ \longrightarrow FMN \longrightarrow CoQ \longrightarrow Cyt\ b \longrightarrow Cyt\ c_1 \longrightarrow Cyt\ c \longrightarrow Cyt\ aa_3 \longrightarrow O_2$$

2. $FADH_2$ 氧化呼吸链　少数代谢物脱下的 2H 被 FAD 接受生成 $FADH_2$，$FADH_2$ 按氧化还原电位由低到高依次传递给 CoQ，其后的电子传递过程与 NADH 氧化呼吸链完全相同。

$$W \longrightarrow FAD \longrightarrow CoQ \longrightarrow Cyt\ b \longrightarrow Cyt\ c_1 \longrightarrow Cyt\ c \longrightarrow Cyt\ aa_3 \longrightarrow O_2$$

通过 NADH 氧化呼吸链将氢传递给氧的底物有乳酸、丙酮酸、异柠檬酸、α-酮戊二酸、谷氨酸及 β-羟基脂酰辅酶 A 等；经琥珀酸呼吸链将氢传递给氧的底物有琥珀酸及脂酰辅酶 A 等。

二、ATP 的生成、转移和利用

糖、脂肪、蛋白质等营养物质的能量均蕴藏于其分子结构中，通过生物氧化逐步释放出来，其中一部分以热能的形式维持体温或散失于环境中，一部分以化学能的形式形成高能化合物，以供机体利用。

（一）高能磷酸化合物

一般将水解时释能大于或等于 20.9 kJ/mol 的化学键称为高能键，并以"～"表示；将水解释能大于或等于 20.9 kJ/mol 的磷酸酯键或磷酸酐键称为高能磷酸键，以"～P"表示。含高能键的化合物称为高能化合物，含高能磷酸键的化合物称为高能磷酸化合物。ATP 水解生成 ADP 和 Pi，ADP 水解生成 AMP 和 Pi，均释放 30.5 kJ/mol 的能量；而 AMP 水解成腺苷与 Pi 时释放的能量只有 13.2 kJ/mol。因此 ATP 与 ADP 都是高能磷酸化合物，AMP 是一般磷酸化合物。另外，GTP、CTP、UTP、GDP、CDP、UDP 等也是高能磷酸化合物。其中生命活动中能量的释放、储存和利用主要是以 ATP 为中心，ATP 是体内最重要的高能磷酸化合物，它是体内一切生命活动的直接能源。

（二）ATP 的生成方式

ATP 是由 ADP 磷酸化生成的，其磷酸化方式包括底物水平磷酸化和氧化磷酸化两种。

1. 底物水平磷酸化　代谢物因脱氢或脱水引起分子内部能量重排形成高能键，再把高能键直接转移给 ADP 生成 ATP 的过程称为底物水平磷酸化。如：

$$\text{甘油酸-1,3-二磷酸} + ADP \xrightarrow{\text{甘油酸-3-磷酸激酶}} \text{甘油酸-3-磷酸} + ATP$$

$$\text{磷酸烯醇丙酮酸} + ADP \xrightarrow{\text{甘油酸-3-磷酸激酶}} \text{烯醇式丙酮酸} + ATP$$

$$\text{琥珀酸单酰}\ CoA + GDP + Pi \xrightarrow{\text{硫激酶}} \text{琥珀酸} + GTP + CoA$$

2. 氧化磷酸化　代谢物脱下的氢通过呼吸链传递给氧生成水，在氢和电子的传递过程中能量逐步释放，可使 ADP 磷酸化生成 ATP，这种氢和电子的传递与 ADP 的磷酸化紧密偶联的过程称为氧化磷酸化。氧化磷酸化可以提高产能效率，是体内生成 ATP 的主要方式。

（三）氧化磷酸化的偶联部位

氧化磷酸化的偶联部位可通过实验方法及数据大致确定。

1. P/O 比值　P/O 比值是指底物氧化时，每消耗 1mol 氧原子所消耗的无机磷摩尔（mol）数，即生成 ATP 的摩尔数。近年的实验证实，NADH 氧化呼吸链存在 3 个 ATP 生成部位，但测得 P/O 比值约为 2.5，可生成 2.5 分子 ATP；$FADH_2$ 氧化呼吸链存在 2 个 ATP 生成部位，测得 P/O 比值约为 1.5，可生成 1.5 分子的 ATP。氧化磷酸化偶联生成 ATP 的部位如图 3-8。

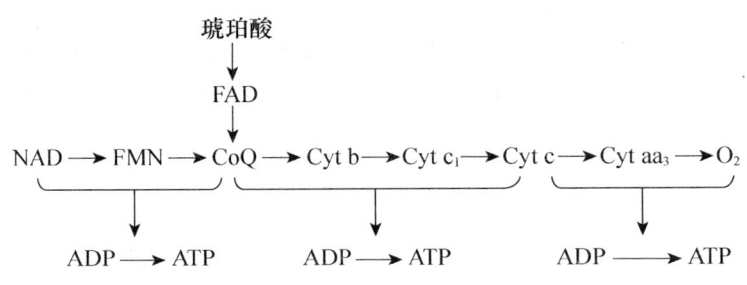

图 3-8　氧化磷酸化的偶联部位

2. 自由能变化　在电子传递反应中伴有电位的降落。自由能变化（$\Delta G^\ominus$）与电位变化（$\Delta E^\ominus$）的关系如下：

$$\Delta G^\ominus = -nF\Delta E^\ominus$$

式中 n 为传递电子数，F 为法拉第常数，相当于 96.5 kJ/mol。从 NAD^+ 到 CoQ 测得的电位差为 0.36 V，自由能变化（$\Delta G^\ominus$）为 -69.5 kJ/mol；从泛醌到细胞色素 c 的电位差为 0.19 V，自由能变化为 -36.7 kJ/mol；从细胞色素 a_3 到分子氧的电位差为 0.58 V，自由能变化为 -112 kJ/mol，而生成每摩尔 ATP 约需能 30.5 kJ/mol，可见以上三个部位释出的能量足以合成 2.5 个 ATP。

（四）影响氧化磷酸化的因素

1. ADP/ATP 比值　ADP/ATP 比值是决定氧化磷酸化速度的关键因素。当机体利用 ATP 增多时，ADP 浓度增高，ADP/ATP 比值增高，可使氧化磷酸化速度加快；当 ATP 利用减少，ADP 浓度不足时，ADP/ATP 比值降低，氧化磷酸化速度减慢，这种调节可适应机体生理需要，并防止能源浪费。

2. 甲状腺激素　甲状腺激素可诱导细胞膜上 Na^+-K^+-ATP 酶的生成，使 ATP 加速分解为 ADP 和 Pi，氧化磷酸化速度加快，引起机体耗氧量及产热量增加，物质氧化分解加速。所以甲状腺功能亢进的患者基础代谢率增高，产热量增加，可出现怕热、多汗等症状。

3. 抑制剂　根据抑制剂作用部位的不同，可分为呼吸链抑制剂、解偶联剂及氧化磷酸化抑制剂三类。

（1）呼吸链抑制剂：指能阻断呼吸链中氢或电子传递的某一部位，使呼吸链中断的物质，亦称电子传递抑制剂。如鱼藤酮、异戊巴比妥、粉蝶霉素 A、抗霉素 A、CN^-、N_3^-、CO 等，可阻断呼吸链中氢和电子的传递（图 3-9）。这类抑制剂的危害在于抑制了细胞呼吸。如 CO 与细胞色素氧化酶结合，阻断电子被传递给氧，中断呼吸链，造成组织严重缺氧，严重时危及生命。在工业生产中，人们吸入含氰化物的粉末或蒸气，或误食大量含氰化物的苦杏仁、桃仁、白果等引起的中毒，也是抑制剂（CN^-）阻断了呼吸链中氢或电子传递的缘故。

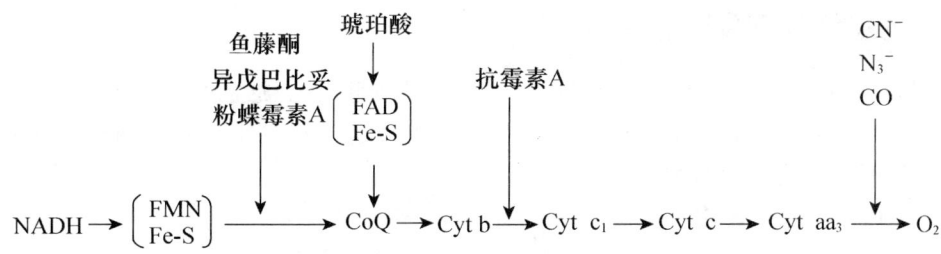

图3-9 呼吸链抑制剂的阻断部位

(2) 解偶联剂：使电子传递与生成ATP的偶联作用分离的物质称为解偶联剂。最早发现的解偶联剂是2,4-二硝基苯酚（2,4-DNP），它可导致电子传递过程与ADP磷酸化的偶联过程发生脱离，使线粒体内ADP不能磷酸化生成ATP，以致ADP堆积，刺激细胞呼吸，氧化过程加速，细胞耗氧量增加，但氧化过程中释放的能量大部分以热能的形式损失，机体得不到利用。某些药物如双香豆素、水杨酸、水杨酰苯胺及甘草中的甘草次酸等也是氧化磷酸化的解偶联剂。此外，机体内源性解偶联剂能使组织产热。如新生儿的棕色脂肪组织的线粒体内膜中存在解偶联蛋白，能使组织产热，使新生儿在寒冷环境中维持体温。但若新生儿周围环境温度过低，散热过多，棕色脂肪容易耗尽，体温下降，新生儿皮下脂肪容易凝固而变硬，同时低温时周围毛细血管扩张，渗透性增加，易发生水肿，结果产生硬肿，临床上称为新生儿硬肿病。

(五) ATP的转移与利用

体内能量的生成、转移和利用都以ATP为中心（图3-10）。如为糖原、磷脂、蛋白质合成时提供能量的UTP、CTP、GTP一般不能从物质氧化过程中直接生成，这些核苷三磷酸都是在相应核苷二磷酸的基础上由ATP提供"～P"生成的。反应如下：

$$ATP+UDP \longrightarrow ADP+UTP$$
$$ATP+GDP \longrightarrow ADP+GTP$$
$$ATP+CDP \longrightarrow ADP+CTP$$

当ATP充足时，可在肌酸激酶（CK）催化下，将"～P"转移给肌酸生成磷酸肌酸，作为肌和脑中能量储存的一种形式。

$$肌酸 + ATP \xrightarrow{CK} 磷酸肌酸 + ADP$$

当体内ATP消耗过多（如肌肉剧烈收缩）时，ADP堆积，磷酸肌酸可迅速将"～P"转移给ADP生成ATP。

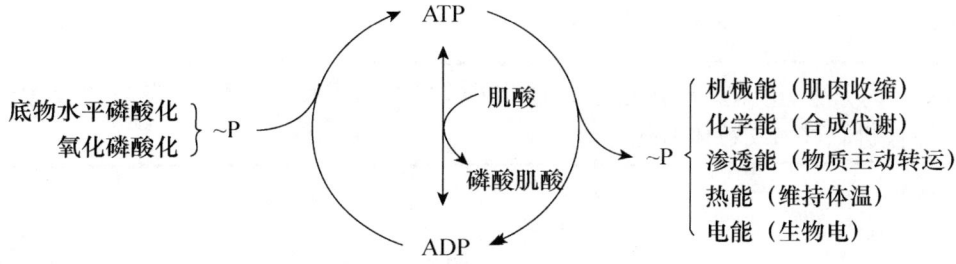

图3-10 ATP的生成、转移和利用

三、线粒体外 NADH 的氧化

胞质中生成的 NADH＋H$^+$ 不能自由透过线粒体内膜，必须通过某种转运机制将脱下的 2H 转运入线粒体，才能进行氧化磷酸化反应。这种转运机制主要有 α-甘油磷酸穿梭作用和苹果酸-天冬氨酸穿梭作用两种。

（一）α-甘油磷酸穿梭作用

α-甘油磷酸穿梭作用主要存在于脑和骨骼肌中。胞液中 NADH＋H$^+$ 在 α-甘油磷酸脱氢酶（辅酶为 NAD$^+$）的催化下，使磷酸二羟丙酮还原成 α-甘油磷酸，后者能穿过线粒体内膜进入线粒体。在线粒体内，α-甘油磷酸在 α-甘油磷酸脱氢酶（辅酶为 FAD）的催化下，重新生成磷酸二羟丙酮及 FADH$_2$。磷酸二羟丙酮可穿出线粒体进入胞液，又以 α-甘油磷酸的形式穿过线粒体，继续进行穿梭；而 FADH$_2$ 则进入 FADH 氧化呼吸链被氧化，并生成 1.5 分子 ATP（图 3-11）。

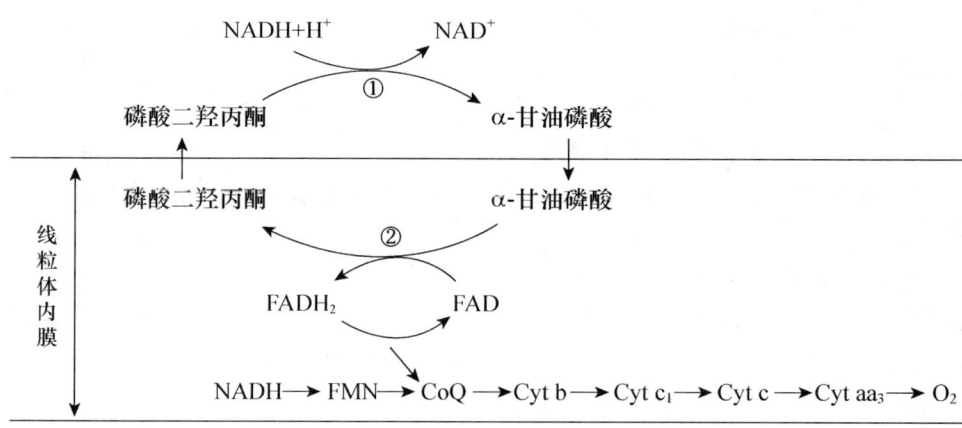

图 3-11 α-甘油磷酸穿梭作用

注：①、②皆为甘油磷酸脱氢酶

（二）苹果酸-天冬氨酸穿梭作用

苹果酸-天冬氨酸穿梭作用主要存在于肝和心肌细胞中。胞液中的 NADH＋H$^+$ 在苹果酸脱氢酶（辅酶为 NAD$^+$）的催化下，使草酰乙酸还原成苹果酸，后者通过线粒体内膜上的 α-酮戊二酸转运蛋白进入线粒体，在线粒体内，苹果酸在苹果酸脱氢酶的催化下，重新生成草酰乙酸和 NADH＋H$^+$。NADH＋H$^+$ 进入 NADH 氧化呼吸链，生成 2.5 分子 ATP。草酰乙酸不能透过线粒体内膜，可在谷草转氨酶的催化下生成天冬氨酸，后者穿出线粒体进入胞液。在胞液中，天冬氨酸再经谷草转氨酶催化，重新生成草酰乙酸继续穿梭作用。此过程见图 3-12。

> 线粒体外产生的 NADH 可通过 α-甘油磷酸穿梭作用和苹果酸-天冬氨酸穿梭作用这两种穿梭机制进入线粒体氧化。

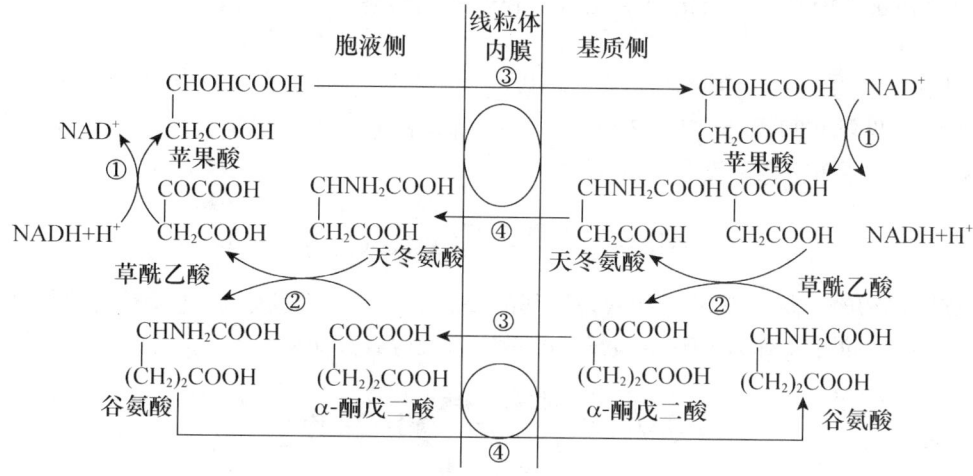

图 3-12　苹果酸-天冬氨酸穿梭作用
①苹果酸脱氢酶；②谷草转氨酶；③α-酮戊二酸转运蛋白；④酸性氨基酸转运蛋白

第三节　非线粒体的氧化体系

线粒体外的生物氧化体系主要有微粒体氧化体系和过氧化物酶体氧化体系，它们也是生物氧化的重要场所。

一、微粒体氧化体系

存在于肝、肾、肠黏膜和肺等组织细胞的微粒体中，该氧化体系主要为加单氧酶系，可催化氧分子中的一个氧原子直接加入到作用物（RH）分子上使之羟化，而另一个氧原子则被 $NADPH+H^+$ 还原成 H_2O，故又称混合功能氧化酶或羟化酶。反应通式如下：

$$RH + NADPH + H^+ + O_2 \xrightarrow{\text{加单氧酶系}} ROH + NADP^+ + H_2O$$

加单氧酶系的生理意义是：①参与体内许多代谢过程，如维生素 D_3 的活化以及胆汁酸、肾上腺皮质激素、性激素等的合成；②参与体内药物、毒物等非营养物质的转化，经过加单氧酶的羟化作用，使非营养物质水溶性增强而有利于排泄。

二、抗氧化酶体系

抗氧化酶体系包括过氧化物酶体和超氧化物歧化酶。

（一）过氧化物酶体氧化体系含有过氧化氢酶和过氧化物酶

过氧化物酶体氧化体系存在于肝、肾、中性粒细胞及小肠黏膜细胞中，含有 L-氨基酸氧化酶、黄嘌呤氧化酶等，在它们所催化的脱氢反应中都能产生 H_2O_2。H_2O_2 具有一定的生理作用，如参与甲状腺素及凝血酶原的生物合成，促进吞噬细胞的杀菌作用等。但 H_2O_2 过多也会对机体造成极大的危害，如它可以氧化含巯基（—SH）的酶和蛋白质，使其丧失生物活性；还能破坏生物膜，影响其功能；破坏 DNA；形成脂褐素，使细胞老化等。

过氧化物酶体中含有丰富的过氧化氢酶和过氧化物酶,可及时清除体内生成的过氧化氢而解毒。

1. **过氧化氢酶** 是一种以血红素为辅基,主要存在于血、骨髓、肾及肝等组织中的结合酶。可催化两分子 H_2O_2 转变为 2 分子 H_2O 并释出 O_2,此酶催化效率极高,故体内不会发生 H_2O_2 的积蓄而中毒,反应式如下:

$$2H_2O_2 \xrightarrow{\text{过氧化氢酶}} 2H_2O+O_2$$

2. **过氧化物酶** 是一种以血红素为辅基的结合酶,可催化 H_2O_2 直接氧化酚类和胺类,在清除 H_2O_2 的同时又解除了酚类和胺类的毒性。反应式如下:

$$H_2O_2 + R \xrightarrow{\text{过氧化物酶}} H_2O + RO$$

$$H_2O_2 + RH_2 \xrightarrow{\text{过氧化物酶}} 2H_2O + R$$

(二)超氧化物歧化酶能清除氧自由基

代谢过程中,O_2 必须接受 4 个电子才能完全还原成 $2O^{2-}$,再与 H^+ 结合生成 H_2O。若电子不足,就会形成超氧阴离子(O_2^-)。超氧阴离子可与 H_2O_2 反应生成性质更活泼的羟基自由基(·OH)。

自由基可氧化蛋白质的巯基、生物膜的脂肪酸等,使 DNA 分子氧化,破坏核酸结构,进而损伤细胞膜,引起炎症、肿瘤和自身免疫性疾病等,并可能促使机体衰老。

超氧化物歧化酶(SOD)广泛存在于生物体的各种组织中,能清除氧自由基(超氧阴离子自由基)。

$$2O_2^- + 2H^+ \xrightarrow{\text{SOD}} H_2O_2 + O_2$$

实用小知识

1. **化学渗透理论阐明了氧化磷酸化偶联机制** 1961 年英国科学家 P. Mitchell 提出了化学渗透假说,其基本要点是电子经呼吸链传递时,驱动质子从线粒体内膜的基质转移到内膜外,形成跨线粒体内膜的质子电化学梯度(H^+ 浓度梯度和跨膜电位差),以此储存能量,当质子顺浓度梯度回流基质时驱动 ADP 与 Pi 生成 ATP。该理论解决了生物学上一重大难题,并更新了人们对涉及生命现象的生物能储存、生物合成、膜结构功能等多种问题的认识。

2. **确定呼吸链各组分排列顺序的实验** 呼吸链中各组分的排列顺序是由实验来确定的,主要实验有:①测定呼吸链各组分的标准氧化还原电位,由低到高排列,电位越低越易失去电子者排在呼吸链的前面。②利用某些特异的抑制剂阻断某处的电子传递,测定各组分的氧化还原状态,确定排列顺序。③在体外将呼吸链拆开和重组,鉴定 4 种复合体的组成与排列。④利用呼吸链各组分氧化、还原状态的吸收光谱不同,以离体线粒体无氧时处于还原状态作为对照,缓慢给氧,观察各组分氧化的顺序。

名词注解

1. 谷胱甘肽过氧化物酶（GPx）：是体内防止活性氧类损伤的主要酶，共价结合其活性所必需的硒原子（Se），可以去除有氧条件下正常细胞生长和代谢产生的 H_2O_2 和过氧化物（R—O—OH），其催化的反应如下：

$$H_2O_2 + 2GSH \longrightarrow 2H_2O + GS—SG$$
$$R—O—OH + 2GSH \longrightarrow R—OH + H_2O + GS—SG$$

氧化型 GS-SG 经谷胱甘肽还原酶催化，由 $NADPH + H^+$ 提供 2H，再转变成还原型 GSH。

2. 高能磷酸化合物：将水解释能大于或等于 20.9 kJ/mol 的磷酸酯键或磷酸酐键称为高能磷酸键，以"～P"表示，含高能磷酸键的化合物称为高能磷酸化合物。

小结

生物氧化主要是指糖、脂肪、蛋白质等物质在体内氧化分解，最终生成 CO_2 和 H_2O 并释放大量能量的过程。生物氧化主要在线粒体内进行。位于线粒体内膜上的一组排列有序的递氢体和递电子体（酶与辅酶）能将代谢物脱下的 2H 通过连锁的递氢和递电子反应，最终与 O_2 结合成 H_2O，该过程称为呼吸链，亦称电子传递链。呼吸链一端与代谢物相连，另一端与 O_2 相连。

呼吸链的组成成分主要有烟酰胺腺嘌呤二核苷酸（NAD^+）、黄素酶类（FMN、FAD）、泛醌（CoQ）、铁硫蛋白（Fe-S）及细胞色素体系（Cyt b、c_1、c、aa_3）。线粒体内存在 NADH 氧化呼吸链和琥珀酸氧化呼吸链。

体内生成 ATP 的主要方式是氧化磷酸化，另外还有底物水平磷酸化。影响氧化磷酸化的因素主要有 ADP/ATP 比值、甲状腺激素及抑制剂（呼吸链抑制剂、解偶联剂等）。

体内能量的生成、转移和利用都以 ATP 为中心。在肌和脑中，当 ATP 充足时，可在肌酸激酶（CK）催化下，将"～P"转移给肌酸（C）生成磷酸肌酸（C～P），作为能量储存的一种形式。当体内 ATP 消耗过多时，ADP 堆积，磷酸肌酸迅速将"～P"转移给 ADP 生成 ATP。

胞液中生成的 NADH 必须通过 α-甘油磷酸穿梭作用（脑和骨骼肌）和苹果酸-天冬氨酸穿梭作用，将脱下的 2H 转运进入线粒体，才能进行氧化磷酸化反应。

非线粒体氧化体系的作用特点是不伴有偶联磷酸化，不生成 ATP；其生理意义是参与药物、毒物等非营养物质的代谢转化及体内一些代谢过程。

（山东省济宁卫生学校　张文利）

第四章 糖代谢

> **学习目标**
> 1. 说出糖有氧氧化、无氧酵解、糖原合成和分解、糖异生的代谢场所、基本过程及生理意义。
> 2. 阐述血糖的概念、影响血糖浓度的因素、糖的生理功能。
> 3. 说出糖在人体内存在的主要形式。
> 4. 简述磷酸戊糖途径的生理意义、血糖浓度稳定的生理意义与异常的临床意义。

第一节 概 述

一、糖在人体内的存在形式及意义

糖是自然界中一类重要的化合物，广泛分布于各种生物体内。人体内糖的主要存在形式是葡萄糖和糖原。

葡萄糖是体内糖的运输形式和利用形式，存在于各细胞和血浆中，也是血糖浓度测定的指标。

糖原是由多个葡萄糖通过葡萄糖苷键连接而成的多糖。它主要存在于肌肉和肝中，是葡萄糖的储存形式，糖原分解可补充血糖或直接供能。

此外，糖在体内还与脂类、蛋白质等构成一些重要的组织结构和生物活性物质。

二、糖的生理功能

（一）提供能量

糖的主要功能是提供能量，人体所需能量的60%左右来源于糖的分解。

（二）构成机体组织结构

杂多糖和结合糖类是构成细胞膜、神经组织、结缔组织的主要成分。

（三）为其他物质的合成提供原料

核糖和脱氧核糖参与合成核苷酸，而核苷酸是合成核酸的原料；葡萄糖可以在体内转变为脂肪酸、甘油、氨基酸，进而合成脂肪和蛋白质；葡萄糖还可合成葡糖醛酸，参与体内的生物转化。

（四）其他功能

糖还能参与构成免疫物质、血型物质、某些激素、凝血因子等；由糖和蛋白质及脂类构成的糖蛋白和糖脂可参与细胞间的信息传递。

三、糖的代谢概况

体内糖的来源主要是食物中的淀粉，其在消化道被淀粉酶水解成葡萄糖后，经小肠黏膜吸收，通过门静脉进入肝。进入肝的葡萄糖，一部分在肝进行代谢，其余通过血液分配到全身各个组织细胞进行代谢。

糖的中间代谢包括糖的分解代谢、糖原的合成和分解、糖异生等途径。糖的分解代谢包括有氧氧化、无氧酵解、磷酸戊糖途径。

糖原在肝和肌肉中合成。肝糖原可以分解为葡萄糖释放入血，成为血糖的重要来源。肌糖原不能分解成葡萄糖，但可直接分解利用。

糖的无氧酵解产生的乳酸可以在肝转变为葡萄糖或者糖原，这叫糖异生。肌肉不能进行糖异生，其代谢产生的乳酸经血液到肝转变为葡萄糖，再通过血液到肌肉，又可酵解生成乳酸再运到肝处理，这样就形成了"乳酸循环"。糖代谢的概况见图 4-1。

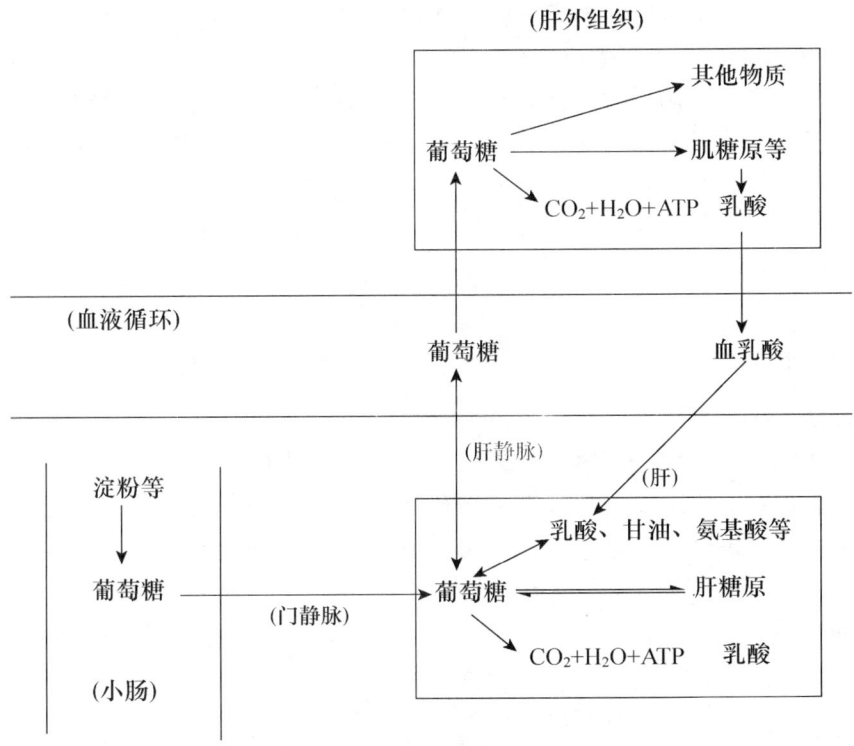

图 4-1 糖代谢概况

第二节　糖的分解代谢

糖酵解在全身各个组织细胞的胞浆中进行，以肌肉、红细胞、皮肤最为活跃。

一、糖的无氧酵解

> 葡萄糖或糖原在无氧条件下生成乳酸并产生少量 ATP 的过程，称为糖的无氧酵解，也称无氧氧化（以下简称"糖酵解"。）

糖的分解代谢包括糖的无氧酵解、有氧氧化、磷酸戊糖途径。

（一）糖酵解的代谢过程

葡萄糖和糖原都可以进行无氧酵解，但以葡萄糖酵解为主。糖酵解的代谢过程可分为磷酸化、断链、产能、还原四个阶段。

1. **磷酸化** 葡萄糖磷酸化生成果糖-1,6-二磷酸。

此阶段是葡萄糖获得能量而活化的阶段。在此阶段中，从葡萄糖开始，两次经 ATP 提供高能磷酸键，生成果糖-1,6-二磷酸（FDP）。

$$\text{葡萄糖} \xrightarrow[\text{ATP} \quad \text{ADP}]{\text{己糖激酶}} \text{葡糖-6-磷酸 (G-6-P)} \longleftrightarrow \text{果糖-6-磷酸 (F-6-P)} \xrightarrow[\text{ATP} \quad \text{ADP}]{\text{果糖-6-磷酸激酶-1}} \text{果糖-1,6-二磷酸 (F-1,6-BP)}$$

本阶段是一个耗能的过程，消耗 2 分子 ATP。消耗 ATP 的两个步骤为不可逆反应。

2. **断链** 果糖-1,6-二磷酸生成 2 分子磷酸丙糖。

此阶段在醛缩酶的作用下将 1 分子果糖-1,6-二磷酸分解为 2 分子磷酸丙糖，即 1 分子甘油醛-3-磷酸和 1 分子磷酸二羟丙酮。两者是同分异构体，磷酸二羟丙酮很容易经异构反应转变成甘油醛-3-磷酸。所以，此阶段可看成是 1 分子果糖-1,6-二磷酸转变为 2 分子甘油醛-3-磷酸。

$$\text{果糖-1,6-二磷酸} \xrightleftharpoons{\text{醛缩酶}} \text{甘油醛-3-磷酸} + \text{磷酸二羟丙酮} \quad (\text{磷酸丙糖异构酶})$$

这一阶段的反应是可逆的，并且没有能量的得失。

3. **产能** 甘油醛-3-磷酸生成丙酮酸，并产生 4 分子 ATP。

这是糖酵解最重要的阶段。从甘油醛-3-磷酸开始到丙酮酸结束，其中有两个步骤分别经底物水平磷酸化产生 1 分子 ATP。由于参与代谢的是 2 分子甘油醛-3-磷酸，所以，在此阶段实际产生 4 分子 ATP。

其反应如下：

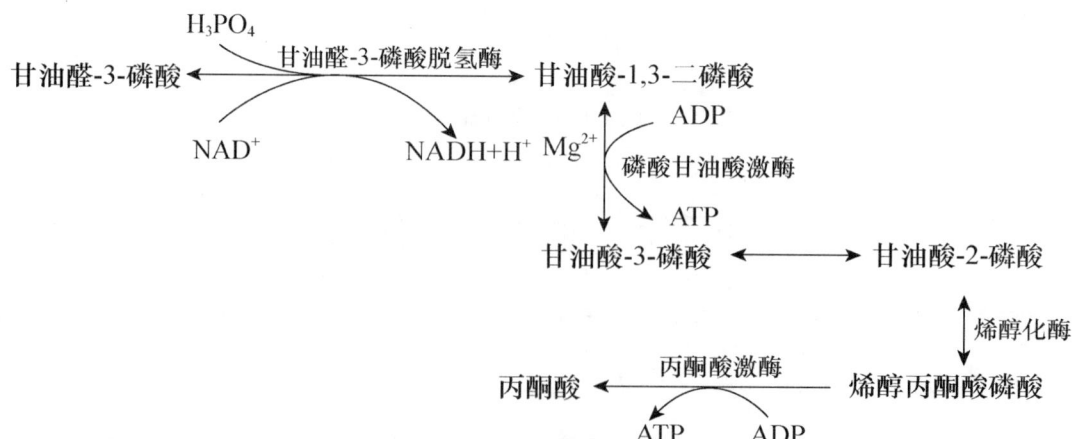

4. **还原** 丙酮酸加氢还原成乳酸 丙酮酸在乳酸脱氢酶的作用下还原成乳酸，其还原的供氢体是 $NADH+H^+$。

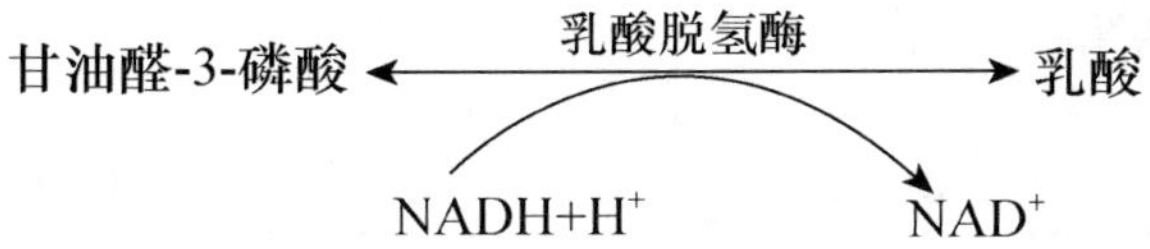

此步骤所用的$NADH+H^+$是产能阶段中甘油醛-3-磷酸脱氢产生的。由于丙酮酸还原生成乳酸使$NADH+H^+$氧化为NAD^+，这样就保证了在缺氧条件下糖酵解不断进行。

糖酵解的全过程如图4-2。

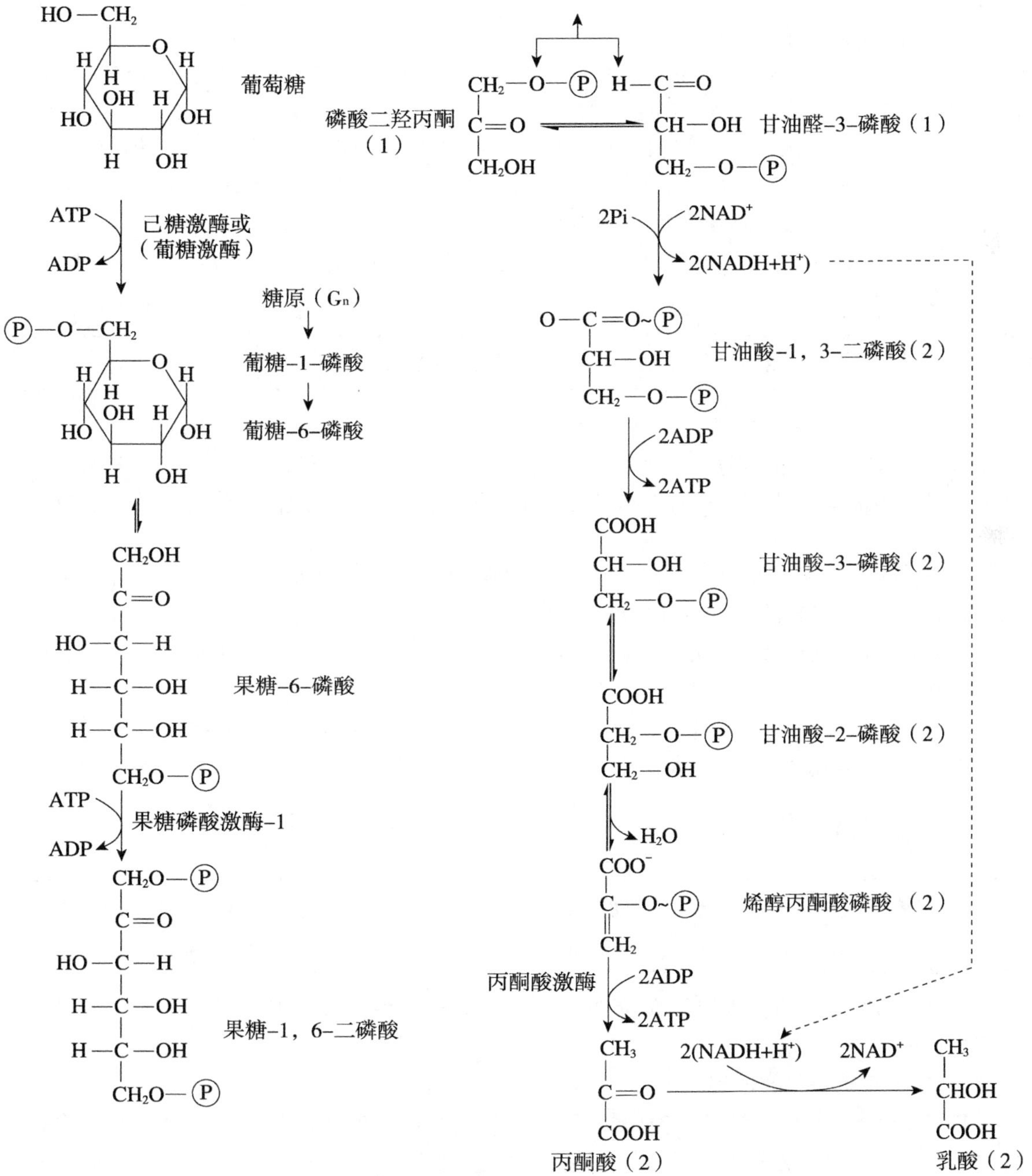

图4-2 糖酵解总途径

括号内数字代表参与和生成的摩尔数

(二)糖酵解的关键酶

> 糖酵解有三个关键酶:己糖激酶、果糖-6-磷酸激酶-1、丙酮酸激酶。

这三个酶所催化的步骤都是不可逆的,所以糖酵解途径不可整体逆转,这样就控制了此代谢的方向;三个步骤都与能量的得失有关,是产能、耗能的重要步骤;这三个酶的活性容易受到体内一些因素影响而发生改变,所以调节这三个酶的活性,就可以控制糖酵解的速度以适应机体需要。

(三)糖酵解能量的生成

计算一个代谢途径中能量的产生量是以生成的 ATP 数为依据的。代谢生成的 ATP 减去消耗的 ATP 就是代谢过程中净生成的 ATP。

整个糖酵解过程中,第一阶段是耗能阶段,如果从葡萄糖开始酵解,这一阶段消耗 2 分子 ATP。第三阶段中 2 分子甘油醛-3-磷酸生成 2 分子丙酮酸共产生 4 分子 ATP,减去消耗的 2 分子 ATP,1 分子葡萄糖酵解净生成 2 分子 ATP。

如果从糖原开始酵解,由于未经过第一个耗能步骤(图 4-2),少消耗 1 分子 ATP,故生成 3 分子 ATP。

> 一分子葡萄糖或糖原经糖酵解可分别生成 2 或 3 分子 ATP。

(四)糖酵解的生理意义

1. **机体缺氧时提供能量** 例如剧烈运动、环境缺氧、呼吸循环疾病等,由于氧化供能不能满足机体需要,糖酵解增加能迅速为机体提供急需的能量。肌肉是体内糖酵解最为活跃的组织。

2. **成熟红细胞获能的唯一途径** 成熟红细胞由于没有线粒体,不能进行有氧氧化,所以即使在不缺氧的情况下,也只能以糖酵解作为唯一的自身供能途径。

此外,神经细胞、白细胞、骨髓、肿瘤细胞等糖酵解也十分活跃,即使不缺氧,也有部分能量来自糖酵解。

3. **糖酵解的终产物乳酸可在肝转变为葡萄糖继续利用** 但如果机体严重缺氧,产生乳酸过多,可能导致酸中毒;长期缺氧时乳酸堆积也可加重肝负担。

二、糖的有氧氧化

> 葡萄糖或糖原在有氧条件下彻底氧化生成水和二氧化碳,并产生大量 ATP 的过程称为有氧氧化,是人体最重要的供能途径。

糖有氧氧化是在机体组织细胞的胞质和线粒体内共同完成的。机体绝大多数的组织细胞都能进行糖的有氧氧化。

(一)糖有氧氧化的过程

1. **葡萄糖经糖酵解途径生成丙酮酸** 这一阶段的代谢步骤和糖酵解中生成丙酮酸的过程完全相同。只是因为有氧参与,甘油醛-3-磷酸脱氢生成的 $NADH+H^+$ 可进入线粒体氧化生成 H_2O,并释放能量产生 ATP。这一阶段在胞质中进行。

2. **丙酮酸脱氢脱羧生成乙酰 CoA** 丙酮酸在细胞质生成后,进入线粒体进行氧化脱羧,并与 HSCoA（辅酶 A）结合生成乙酰 CoA。催化该过程的是丙酮酸脱氢酶系。这一过程不可逆，是糖有氧氧化途径中的关键步骤之一。

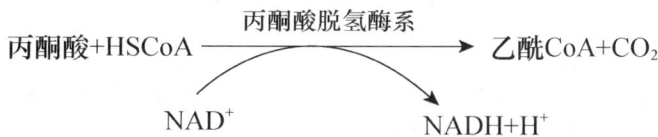

丙酮酸脱氢酶系是一复杂的多酶复合体。它由丙酮酸脱羧酶、二氢硫辛酸乙酰基转移酶、二氢硫辛酸脱氢酶组成。焦磷酸硫胺素（TPP）、硫辛酸、辅酶 A、NAD^+（Co I）、FAD 是该酶系的辅因子。构成这些辅因子的维生素 B_1、B_2、PP 以及泛酸都属 B 族维生素。所以，如果人体缺乏维生素 B 族，可导致因糖氧化供能障碍所致的相应缺乏症（详见"酶与维生素"章节）。

3. 三羧酸循环是乙酰 CoA 彻底氧化的途径　三羧酸循环是从乙酰 CoA 和草酰乙酸合成柠檬酸开始，经一系列脱氢、脱羧反应，最后生成草酰乙酸的过程。由于该循环的起始物柠檬酸的分子上含有三个羧基，故称三羧酸循环。

$$\begin{array}{c} CH_2-COOH \\ | \\ COH-COOH \\ | \\ CH_2-COOH \end{array}$$

柠檬酸

三羧酸循环包括 8 个步骤（图 4-3）。

（1）乙酰 CoA 和草酰乙酸在柠檬酸合酶的催化下缩合成柠檬酸：该步反应不可逆，柠檬酸合酶是该循环的关键酶之一。

$$乙酰 CoA + 草酰乙酸 + H_2O \xrightarrow{柠檬酸合酶} 柠檬酸 + HSCoA$$

（2）柠檬酸脱水生成顺乌头酸，顺乌头酸再水化成异柠檬酸：结果是柠檬酸上第三位碳上的羟基转移到第二位碳上。该步反应由顺乌头酸酶催化。

$$柠檬酸 \underset{-H_2O}{\xrightarrow{顺乌头酸酶}} 顺乌头酸 \underset{+H_2O}{\xrightarrow{顺乌头酸酶}} 异柠檬酸$$

（3）异柠檬酸氧化脱羧生成 α-酮戊二酸：异柠檬酸在异柠檬酸脱氢酶的催化下，脱氢、脱羧生成 α-酮戊二酸和一分子二氧化碳。该步反应不可逆，异柠檬酸脱氢酶也是该循环的关键酶之一。

$$异柠檬酸 + Mg^{2+} \xrightarrow[NAD^+ \quad NADH+H^+]{异柠檬酸脱氢酶} α\text{-酮戊二酸} + CO_2$$

（4）α-酮戊二酸氧化脱羧生成琥珀酰 CoA：在 α-酮戊二酸脱氢酶系的催化下，α-酮戊二酸脱氢脱羧转变成琥珀酰 CoA。该步反应不可逆，α-酮戊二酸脱氢酶系可以看做是该循环的又一个关键酶。

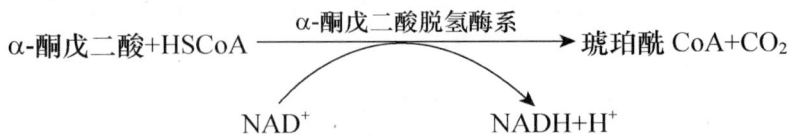

(5) 琥珀酰 CoA 生成琥珀酸：在琥珀酰 CoA 合成酶（又称琥珀酸硫激酶）的催化下，琥珀酰 CoA 上的高能硫酯键中的能量转移给 GDP 生成 GTP。

(6) 琥珀酸脱氢生成延胡索酸：在琥珀酸脱氢酶的催化下，琥珀酸脱氢生成延胡索酸。其受氢体是 FAD。

(7) 延胡索酸酶催化延胡索酸加水生成苹果酸。

$$延胡索酸 + H_2O \xrightleftharpoons{延胡索酸酶} 苹果酸$$

(8) 苹果酸脱氢生成草酰乙酸：该反应由苹果酸脱氢酶催化，其受氢体是 NAD^+。

$$苹果酸 \xrightleftharpoons[NAD^+]{苹果酸脱氢酶} 草酰乙酸 \quad (NADH+H^+)$$

草酰乙酸和三大营养物代谢产生的乙酰 CoA 再合成柠檬酸，使代谢循环进行。

由上可见，三羧酸循环是糖有氧氧化中重要的脱羧脱氢阶段。一次三羧酸循环有 4 次脱氢、2 次脱羧，生成 3 分子 $NADH+H^+$、1 分子 $FADH_2$、2 分子 CO_2。

三羧酸循环有三个关键酶：柠檬酸合酶、异柠檬酸脱氢酶、α-酮戊二酸脱氢酶系。这三个酶催化的步骤都不可逆，使整个循环只能单向进行。因此，这三个步骤是控制整个循环的关键步骤，也是接受调节的重要环节。

三羧酸循环的意义在于它是糖、脂类、蛋白质三大营养物质彻底氧化的共同途径及相互转变的枢纽。三大营养物质的氧化过程都可产生乙酰 CoA 或三羧酸循环的某些中间产物，经三羧酸循环彻底氧化生成 H_2O、CO_2 和能量。三大营养物质必须通过三羧酸循环才能彻底氧化，为机体提供充足的能量。此外，三大营养物质也可以通过三羧酸循环的中间产物实现互相转变。

> 糖的有氧氧化可分为三个阶段：丙酮酸的生成、乙酰 CoA（乙酰辅酶 A）的生成、三羧酸循环。

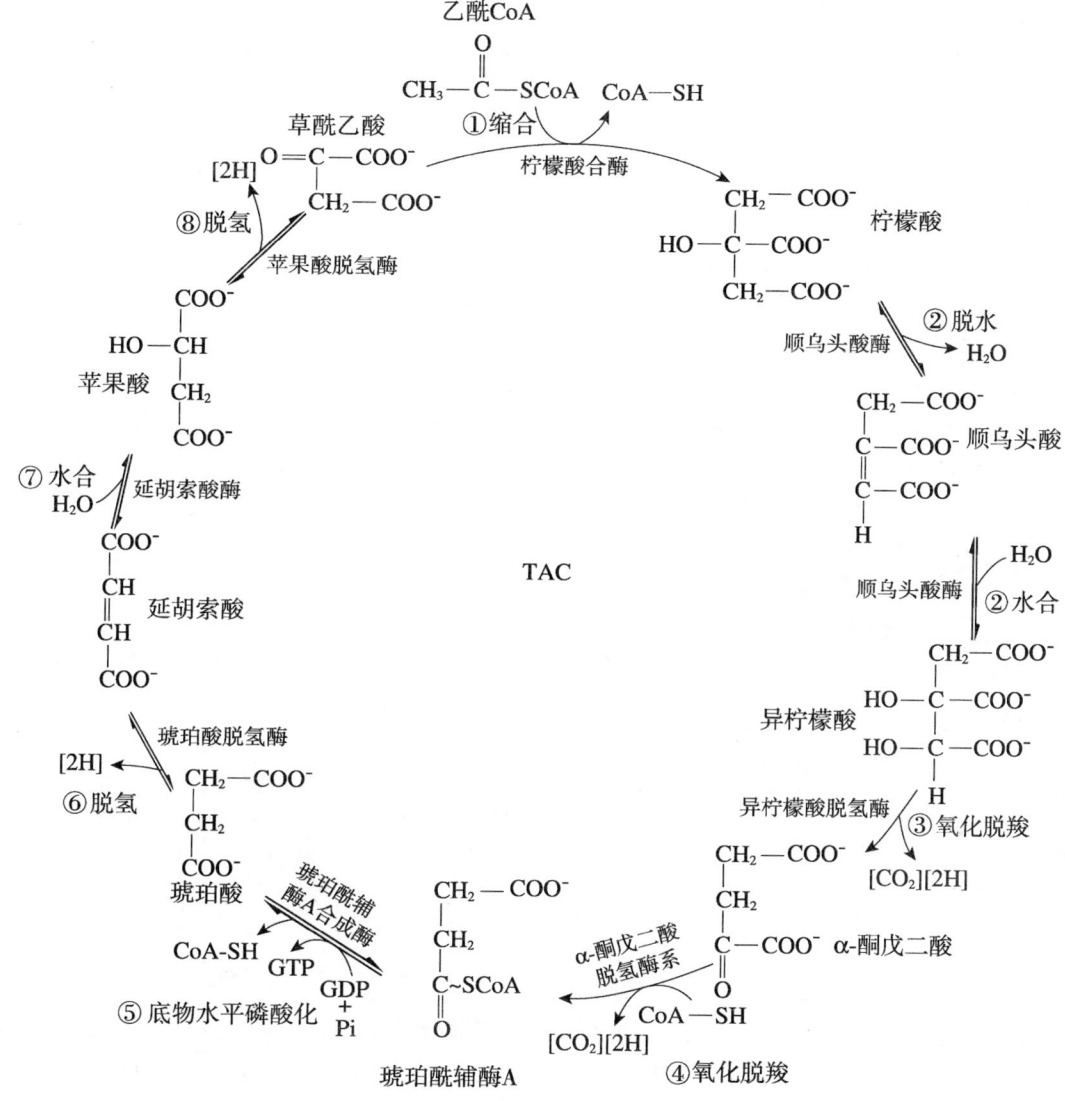

图 4-3 三羧酸循环途径中各物质的结构式

(二) 糖有氧氧化的生理意义

糖酵解和有氧氧化是糖代谢的产能途径,而有氧氧化产生的 ATP 是糖酵解的 19 倍(表 4-1)。人类能量的来源以糖为主,占总能量需要的 60% 左右。故糖的有氧氧化是人体最重要的供能途径。此外,糖的有氧氧化中的许多中间产物是体内其他物质合成的原料,由此证明糖与其他物质的代谢联系密切。

> 糖有氧氧化的生理意义在于它是机体最重要的供能途径。

表 4-1　糖有氧氧化 ATP 的生成情况（从葡萄糖开始氧化）

		底物磷酸化	氧化磷酸化	共计
第一阶段	丙酮酸生成	2 分子	5 或 3 分子	7/5 分子
第二阶段	乙酰 CoA 生成	0 分子	5 分子	5 分子
第三阶段	三羧酸循环	2 分子	18 分子	20 分子
共　　计				32 或 30 分子

三、磷酸戊糖途径

> 葡萄糖或糖原经过一系列化学变化，生成核糖-5-磷酸和 NADPH＋H^+ 的过程，称为磷酸戊糖途径。

磷酸戊糖途径在许多组织中都可以进行，以肝、脂肪组织、泌乳期乳腺、肾上腺、红细胞等中最为活跃。反应过程在胞质中进行。

（一）磷酸戊糖途径可分为两个阶段

1. 核糖-5-磷酸和 NADPH＋H^+ 的生成　葡萄糖经磷酸化生成葡糖-6-磷酸，再经过两次脱氢反应，生成 1 分子核糖-5-磷酸和 2 分子 NADPH＋H^+。

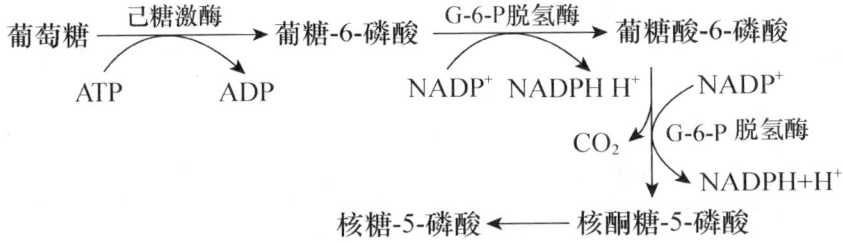

2. 磷酸戊糖、磷酸丙糖、磷酸己糖之间的相互转变　3 分子磷酸戊糖经过一系列复杂的反应，最后转变成 2 分子果糖-6-磷酸和 1 分子甘油醛-3-磷酸。果糖-6-磷酸和甘油醛-3-磷酸进入糖酵解途径继续进行代谢。

磷酸戊糖途径的关键酶是葡糖-6-磷酸脱氢酶，其决定葡糖-6-磷酸进入该途径的流量。摄取高糖类食物时，肝内此酶含量明显增高，以适应脂肪酸合成的需要。有些人先天性缺乏此酶，导致蚕豆病。

（二）磷酸戊糖途径的生理意义

> 磷酸戊糖途径的生理意义在于为机体提供核糖-5-磷酸和 NADPH＋H^+。

1. 磷酸戊糖途径是体内利用葡萄糖生成核糖-5-磷酸的唯一途径。而核糖-5-磷酸是合成核苷酸的重要原料。

2. 在代谢中产生的 NADPH＋H^+ 在体内有着重要的生理功能，主要体现在以下几个方面：

（1）作为供氢体为脂肪酸、胆固醇、类固醇激素等物质的合成提供氢。

（2）NADPH＋H^+ 可促进谷胱甘肽还原，增加细胞内还原型谷胱甘肽（GSH）的含量。

GSH 能保护巯基蛋白和巯基酶免受氧化剂损害,对维护红细胞的稳定性和完整性具有重要意义。

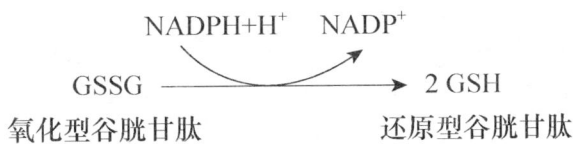

第三节 糖原合成与分解

糖原 (glycogen) 是由若干个葡萄糖残基通过 α-1,4-葡萄糖苷键和 α-1,6-葡萄糖苷键连接而成的高分子化合物。体内许多组织都含有糖原,其中以肝和肌肉最多。肝糖原占肝重的 5%~7%,总量约为 70~100 g;肌糖原占肌肉的 1%~2%,总量约为 250~400 g。脑组织中糖原含量较少,约占脑重量的 0.1%。

糖原是体内葡萄糖的贮存形式,也是机体在进食间歇期或饥饿时可以迅速动员的能源储备。肌糖原主要提供肌肉收缩时所需要的能量,肝糖原则是空腹时血糖的重要来源。糖原的合成和分解保证了生理状况下血糖水平的相对恒定。

一、糖原合成

糖原合成指葡萄糖合成糖原的过程。

糖原合成是指在原有的糖原分子上,逐个加上葡萄糖残基,使糖原分子增大的过程。糖原合成的场所主要是肝和肌肉组织细胞的胞质。

糖原合成是一个较复杂的过程,需要许多辅因子和酶的参与。反应过程如下:

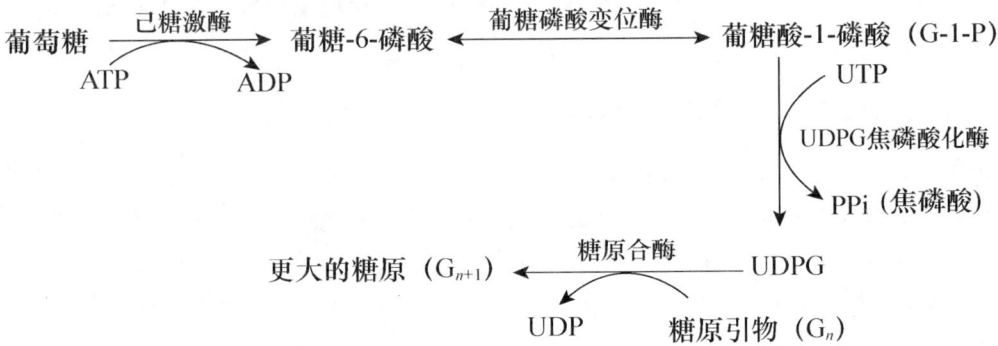

反复进行上述过程,糖原的糖链不断延长,到达一定长度时,分支酶催化其形成分支,以增加糖原的水溶性,并利于分解。

糖原合酶是该过程的关键酶,被胰岛素激活。

糖原合成是耗能的过程。每增加一个葡萄糖残基,需要消耗 2 分子 ATP。一分子 ATP 是在葡萄糖磷酸化时消耗,另一分子 ATP 是在和 UDP 进行磷酸基转移生成 UTP 时消耗的。UTP 为生成 UDPG 所需。UDPG 是糖原合成过程中葡萄糖基的活性供体,也可看做是葡萄糖的活性形式。

二、糖原分解

> 糖原分解主要指肝糖原分解成葡萄糖的过程。

糖原分解是指原有的糖原分子逐个分解下葡萄糖残基,形成游离的葡萄糖分子,使原糖原分子缩小的过程。

糖原分解主要是在肝细胞质中进行。

糖原分解的方向与糖原合成相反,但催化的酶不全相同,其反应过程如下:

$$\text{糖原}(G_n) \xrightarrow[\text{Pi}]{\text{糖原磷酸化酶}} \text{更小的糖原}(G_{n-1}) + \text{G-1-P} \xrightleftharpoons{\text{葡糖磷酸变位酶}} \text{G-6-P} \xrightarrow[\text{Pi}]{\text{葡糖-6-磷酸酶}, H_2O} \text{葡萄糖}$$

糖原分解的关键酶是糖原磷酸化酶。在糖原磷酸化酶的催化下,当糖链距分支点处仅剩 4 个葡萄糖基时,脱支酶将 3 个葡萄糖基转移至邻近糖链,剩余的 1 个葡萄糖基再由脱支酶水解为游离的葡萄糖。另外,葡糖-6-磷酸酶也是此代谢过程中的重要酶。该酶不存在于肌肉,故肌糖原不能分解成葡萄糖,补充血糖。

糖原的分解过程没有 ATP 的产生与消耗。

三、糖原合成与分解的生理意义

> 糖原合成和分解的生理意义在于共同维持了血糖浓度的相对恒定。

进食后,糖原合成将血浆中充足的葡萄糖储存在肝和肌肉细胞中,不仅避免了血糖过高,也为饥饿时储备能源;饥饿时,肝糖原的分解一方面及时为组织细胞补充所需能源,同时也避免血糖过低。所以,糖原合成和分解共同维持生理状况下血糖浓度的相对恒定,又保证了机体能源的合理使用。

四、糖原代谢异常与糖原堆积症

由于先天性缺乏糖原分解所需的一些酶而导致肝糖原不能分解,造成某些组织器官糖原大量堆积,引起功能损害,临床上称为糖原堆积症,是一种遗传代谢疾病。不同器官的不同酶缺乏引起的后果不一样。如肝内的糖原磷酸化酶缺乏,引起肝大,但婴儿仍可生长发育,对身体无大碍。但若葡糖-6-磷酸酶缺乏则可造成严重后果。溶酶体中的 α-葡萄糖苷酶缺乏,可导致心肌受损而突然死亡。

第四节 糖 异 生

非糖物质转变为葡萄糖或糖原的过程称为糖异生(gluconeogenesis)。作为糖异生原料的非糖物质主要有乳酸、丙酮酸、甘油、生糖氨基酸和生糖兼生酮氨基酸。

在生理状况下,糖异生的主要器官是肝,严重饥饿时,肾也可以进行糖异生。糖异生主要是在胞质中进行的。

一、糖异生途径

> 糖异生途径指丙酮酸生成葡萄糖的过程。

糖异生途径基本上是糖酵解途径的逆过程。但由于糖酵解中三个关键酶所催化的步骤不可逆，构成了糖异生过程的障碍。这些障碍的形成与能量代谢有关，故称为"能障"。如何绕过这三个能障是糖异生顺利进行的关键。

（一）丙酮酸羧化支路绕过丙酮酸激酶的"能障"

从丙酮酸开始生成葡萄糖或糖原，遇到的第一个"能障"是糖酵解途径中丙酮酸激酶催化的步骤，即烯醇丙酮酸磷酸转变为丙酮酸。跨过这一"能障"，需要在丙酮酸羧化酶和烯醇丙酮酸磷酸羧激酶的催化下进行，其反应如下：

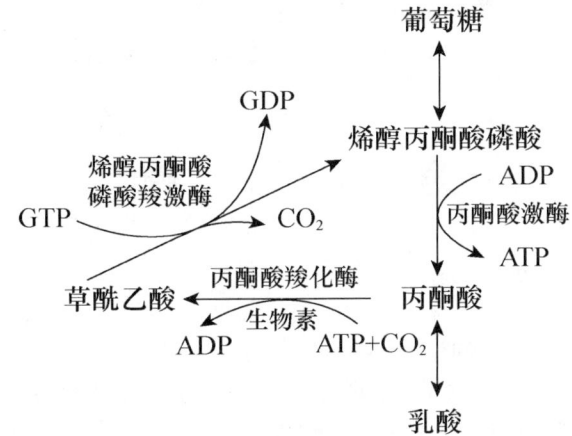

（二）果糖二磷酸酶催化果糖-1,6-二磷酸转变为果糖-6-磷酸

糖异生的第二个"能障"是由果糖-6-磷酸激酶-1催化的果糖-6-磷酸磷酸化生成果糖-1,6-二磷酸的步骤。跨越这一"能障"的反应如下：

果糖-1,6-二磷酸 $\xrightarrow[\text{H}_2\text{O} \quad \text{Pi}]{\text{果糖二磷酸酶}}$ 果糖-6-磷酸

（三）葡糖-6-磷酸酶催化葡糖-6-磷酸转变为葡萄糖

由己糖激酶催化的葡萄糖磷酸化步骤是糖异生的第三个"能障"。跨越这一"能障"的反应如下：

葡糖-6-磷酸 $\xrightarrow[\text{H}_2\text{O} \quad \text{Pi}]{\text{葡糖-6-磷酸酶}}$ 葡萄糖

催化跨"能障"的四个酶：丙酮酸羧化酶、烯醇丙酮酸磷酸羧激酶、果糖二磷酸酶、葡糖-6-磷酸酶，是糖异生的关键酶。它们不仅直接决定着糖异生是否得以实现，也是机体调节糖异生速度的关键环节。这些酶主要分布在肝和肾的皮质，所以其他组织器官中不能进行糖异生作用。

其他非糖物质进行糖异生均是先转变为糖异生途径的某种中间产物进入糖异生途径而得以实现的。

二、糖异生的生理意义

(一) 维持机体饥饿 12 h 以上血糖浓度的相对恒定

短暂饥饿时,维持血糖浓度主要靠肝糖原分解。但禁食 10 h,肝糖原就已消耗殆尽,此时血糖的浓度主要靠糖异生来维持,以保证大脑等重要组织器官的能源供应。

(二) 促进乳酸的利用

当剧烈运动等原因造成机体缺氧,肌肉糖酵解代谢增加,产生大量乳酸。糖异生可及时将这些乳酸转变为葡萄糖或糖原,既维持了血糖浓度,又避免了血中乳酸过多引起的代谢性酸中毒。

(三) 协助氨基酸代谢

当摄入蛋白质过多或体内由于某些原因造成蛋白质分解增加时,血中氨基酸会增加。糖异生可以使某些氨基酸转变为葡萄糖或糖原,避免过多氨基酸分解产物堆积而加重肾负担。

实验证明,进食蛋白质后,肝糖原的含量增加。禁食晚期,由于组织蛋白质的分解增强,糖异生作用十分活跃。

第五节　血　糖

一、血糖的定义与正常值

血糖是葡萄糖在体内的运输形式。体内各组织细胞都需要从血液中获取葡萄糖作为能源。大脑等组织几乎完全靠摄取血液中的葡萄糖来获取能量。因此,正常血糖浓度的维持对保证各组织生理功能的正常进行具有重要的意义。

血糖浓度的检测一般是在清晨空腹的状态下进行的。正常成人清晨空腹血糖十分恒定,用葡萄糖氧化酶法检测血糖的正常值为 3.9~6.1 mmol/L。

二、血糖的来源与去路

> 血糖的来源与去路的动态平衡是维持血糖浓度恒定的重要环节。

正常的血糖来源与去路如图 4-4 所示。

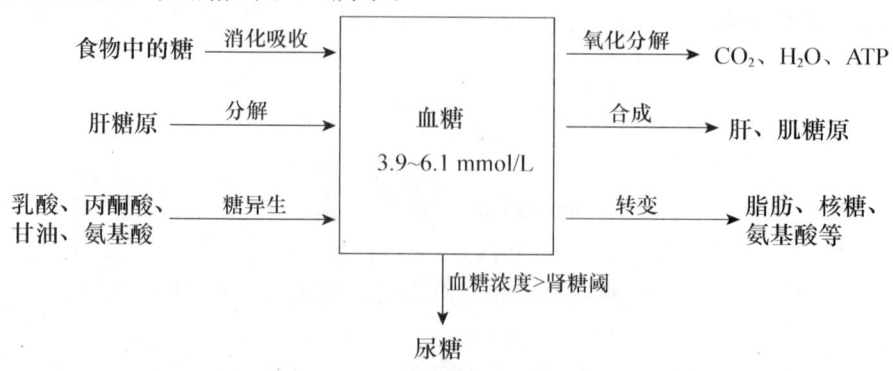

图 4-4　血糖的来源去路

三、血糖浓度的调节

调节血糖浓度的方式主要有组织器官的调节、激素水平的调节、神经系统的调节。

(一) 器官的调节

肝是调节血糖浓度最重要的器官。肝通过糖原的合成与分解、糖异生来维持正常血糖浓度的恒定。此外,肾、脂肪组织、肌肉等也可参与血糖浓度的调节。

(二) 激素的调节

升高血糖激素通过增加血糖的来源、减少血糖的去路而使血糖升高;减少血糖激素则降低血糖来源,增加其去路。

1. 升高血糖浓度的激素有肾上腺素、胰高血糖素、糖皮质激素、生长素。
 (1) 肾上腺素:其作用原理是促进糖原分解和糖异生作用。
 (2) 胰高血糖素:促进糖异生、抑制糖原合成。
 (3) 糖皮质激素:促进糖异生作用。
 (4) 生长素:抗胰岛素作用。

2. 胰岛素是唯一能降低血糖浓度的激素,其作用原理如下:
 (1) 促进血糖进入组织细胞利用。
 (2) 加速肝糖原、肌糖原的合成。
 (3) 促进糖的有氧氧化。
 (4) 促进糖转变为脂肪。
 (5) 抑制糖异生作用。

(三) 神经系统的调节

1. 当血糖浓度降低时,刺激大脑皮层产生饥饿感,促进摄食,使血糖升高。
2. 当运动或情绪亢奋时,交感神经兴奋,促进肾上腺素分泌,从而升高血糖浓度,以满足机体需能量增高的要求。
3. 当静止状态或情绪低落时,迷走神经兴奋,胰岛素分泌增加,使血糖浓度降低。

四、血糖浓度的异常

临床上许多疾病都可引起血糖浓度异常。例如肝/肾疾病、神经精神疾病、内分泌疾病、酶的缺陷等。

(一) 低血糖

空腹血糖浓度低于 3.3~3.9 mmol/L,即为低血糖。低血糖常见的原因有:①饥饿,糖的来源减少;②胰岛 B 细胞增生,胰岛素分泌过多;③严重肝疾患,糖原的分解减少;④肾上腺皮质功能低下,分泌糖皮质激素减少;⑤严重的肾疾患,造成肾小管对葡萄糖的重吸收能力减弱;⑥空腹饮酒时,机体对酒精的处理阻碍了糖的异生过程。

轻度的低血糖主要表现为空腹感、无力感,及时纠正对机体没有害处。严重的低血糖可表现为头晕、心慌、冷汗、面色苍白,甚至昏厥、死亡。长期低血糖可因组织功能不足造成多器官损害。

(二) 高血糖

空腹血糖高于 7.2~7.6 mmol/L,即为高血糖。高血糖常见的原因有:①一次性摄入葡萄糖过多,如食入大量高糖饮食、静脉输入过量葡萄糖;②情绪激动,引起肾上腺素分泌增加；③内分泌异常，如糖尿病、肾上腺皮质功能亢进等，都可引起高血糖；④严重肝疾患，糖原合成障碍，进而引起血糖升高。

血糖浓度过高可引起高渗性昏迷。血糖浓度如果超过肾糖阈（8.9 mmol/L），可出现糖尿，一方面造成能源丢失，另一方面因多尿而引起体液平衡失调。

临床上，一种代谢紊乱性疾病"糖尿病"就是以高血糖为主要体征的，且血糖的测定是诊断糖尿病的唯一标准。

实用小知识

1. **糖的消化吸收** 进入消化道的糖都要消化成单糖才能被吸收。消化的过程就是水解的过程。麦芽糖、乳糖、蔗糖、麦芽低聚糖都能消化。人能消化的多糖仅淀粉一种。消化从口腔开始，口腔里有唾液淀粉酶，能水解淀粉为糊精、麦芽低聚糖和麦芽糖。小肠内有胰淀粉酶，其作用是将淀粉分解为短链多糖、麦芽糖等。小肠中一系列双糖酶将双糖分解为单糖（葡萄糖、果糖、半乳糖），然后经门静脉送到肝。在吸收的葡萄糖中，60%以上在肝内代谢，其余进入大循环。果糖和半乳糖在肝中转变为葡萄糖。

2. **砷化物对糖有氧氧化的抑制作用** 砷化物对人体的毒害作用自古以来都为人们所熟知。其生物化学机制是通过抑制糖有氧氧化的两个关键酶——丙酮酸脱氢酶系、α-酮戊二酸脱氢酶系，使糖的氧化供能受阻碍。砷化物中毒严重时可导致死亡。微生物中许多酶对砷化物的毒害作用比人类更敏感，因此，砷化物也用于抗微生物药物中。但含砷药物有严重的副作用，如引发湿疹、头晕、头痛、关节炎、痛风、心悸、恶心等。

名词注解

1. **关键酶**：指在一个代谢途径的一系列酶中，对代谢起重要调节作用的酶。其催化的反应不可逆，控制代谢方向。

2. **蚕豆病**：蚕豆病是由于葡糖-6-磷酸脱氢酶缺陷所致的代谢性疾病。葡糖-6-磷酸脱氢酶是磷酸戊糖途径的关键酶。该酶缺乏会引起磷酸戊糖途径障碍，产生的 $NADPH+H^+$ 不足，细胞内 GSH 含量减少，红细胞不稳定，很容易受到氧化因素破坏发生溶血，并出现溶血性黄疸。患者通常在食用蚕豆或服用伯氨喹类药物时发病，故俗称蚕豆病或胡豆黄。

3. **肾糖阈**：当血糖浓度在一定的阈值内，进入肾小管的葡萄糖能够完全被重吸收，而超出了这个阈值，就吸收不完全，随尿排出。这个阈值就称为肾糖阈，为8.8~9.9 mmol/L。

小结

糖是人体三大营养物质之一，其在体内的主要形式有葡萄糖和糖原。葡萄糖是糖的重要代谢形式和运输形式；糖原是葡萄糖的贮存形式。

糖的主要生理功能是提供能量。机体所需能量的60%左右来自糖的分解。

糖的中间代谢有糖的分解代谢、糖原的合成与分解、糖异生作用。

糖的分解代谢包括糖的无氧酵解、糖的有氧氧化、磷酸戊糖途径。糖的无氧酵解和有氧氧化都是提供能量的途径。糖酵解主要在缺氧时补充能量，其代谢终产物乳酸进入肝经糖异生转变成糖再度被利用。如果机体严重缺氧，造成血乳酸过多，可导致代谢性酸中毒。糖有氧氧化是为机体提供能量的最重要的途径。磷酸戊糖途径主要的意义是产生核糖-5-磷酸和 $NADPH+H^+$。前者为核苷酸合成提供原料，后者参与机体供氢和抗氧化作用。

糖原的合成、分解和糖异生是维持正常血糖水平相对恒定的三个途径。糖原的合成在进食后将血中多余的葡萄糖以糖原的形式储存在肝和肌肉中，既避免了血糖浓度过高，又为饥饿时储备了能源。肝糖原的分解是在饥饿时补充血糖的重要途径。糖异生是将非糖物质转变成葡萄糖或糖原的过程，是在饥饿12h以上补充维持血糖浓度的重要方式。同时也促进了乳酸的利用。

血糖是指血液中的葡萄糖。其正常浓度为清晨空腹3.9~6.1mmol/L。血糖浓度的恒定对于维持各器官尤其是大脑的正常能量代谢有重要的意义。体内对血糖浓度的调节主要是肝和激素水平的调节。肝通过糖原合成与分解、糖异生维持血糖浓度恒定。胰岛素是体内唯一能够降低血糖浓度的激素。升高血糖浓度的激素主要有肾上腺素、糖皮质激素、胰高血糖素等。

血糖浓度异常分为高血糖和低血糖，可为生理性或病理性的。病理性高血糖主要见于糖尿病。

（四川省卫生学校　王洁玉）

第五章 脂类代谢

> **学习目标**
> 1. 知道人体内脂类的组成、分布、生理功能及消化吸收。
> 2. 记住血浆脂蛋白的分类、组成及功能；说明血浆脂蛋白代谢异常引起的疾病。
> 3. 熟记脂肪动员的概念及限速酶；脂肪酸 β-氧化的基本过程及酮体的生成与意义。
> 4. 说出三酰甘油合成代谢的过程、反应部位、原料及限速酶。
> 5. 了解磷脂的合成与分解过程。
> 6. 知道胆固醇的分布及功能；记住胆固醇合成的部位、原料、限速酶；叙述胆固醇的转化去路。

第一节 脂类代谢的概述

一、脂类的含义与组成

脂类（lipids）包括脂肪和类脂，一般不溶于水而溶于脂溶性溶剂。

脂肪即三酰甘油（triglyceride，TG），是由 1 分子甘油与 3 分子脂肪酸组成。脂肪酸包括饱和脂肪酸和不饱和脂肪酸。饱和脂肪酸是由一条长的烃链（尾）和一个末端羧基（头）组成的羧酸，无双键，熔点高，如 18C 的硬脂酸 [$CH_3(CH_2)_{16}COOH$] 和 16C 的棕榈酸（软脂酸）[$CH_3(CH_2)_{14}COOH$]。不饱和脂肪酸的烃链含有一个或多个双键，熔点低，分单不饱和脂肪酸和多不饱和脂肪酸，如 18C 的油酸 [$CH_3(CH_2)_7CH=CH(CH_2)_7COOH$]、亚油酸 [$CH_3(CH_2)_4CH=CHCH_2CH=CH(CH_2)_7COOH$] 和 16C 的棕榈油酸 [$CH_3(CH_2)_5CH=CH(CH_2)_7COOH$] 等。

类脂包括磷脂（phospholipid，PL）、糖脂（glycolipid，GL）、胆固醇（cholesterol，CH）及胆固醇酯（cholesterol ester，CE）等。磷脂包括甘油磷脂和鞘磷脂两大类；糖脂包括鞘糖脂、甘油糖脂和硫脂。

二、脂类的分布与含量

脂肪和类脂在体内的分布差异很大。脂肪主要分布于脂肪组织中，以皮下、肠系膜、大网膜及肾周围最多，这部分脂肪为储存脂，脂肪组织又称脂库。成年男性的脂肪含量约占体重的 10%～20%，女性稍高。体内脂肪含量可受营养状况和机体活动的影响而发生变动，故又称可变脂。类脂是生物膜的基本组成成分，约占体重的 5%。类脂的含量不受营养状况和机体活动的影响，因此又称固定脂或基本脂。

三、脂类的生理功能

（一）脂肪的主要生理功能是储能与供能

人体正常生理活动所需能量约 20%～30% 由脂肪提供，空腹时 50% 以上的能源由脂肪提供。因此脂肪是空腹或禁食时体内能量的主要来源。此外，食物中的脂肪能促进脂溶性维生素的吸收。

（二）脂肪能保护内脏和防止体温散失

内脏周围的脂肪组织能缓冲机械撞击，对内脏起保护作用。而皮下的脂肪可防止过多的热量散失而保持体温。

（三）类脂是生物膜的重要组成成分

类脂特别是磷脂和胆固醇是构成生物膜（如细胞膜、线粒体膜、核膜、神经髓鞘等）的主要成分。它们主要与蛋白质结合形成脂蛋白，参与生物膜合成。

（四）必需脂肪酸的来源

多数不饱和脂肪酸在体内能合成，但亚油酸、亚麻酸和花生四烯酸不能在体内合成，必须从植物油中获取，这类脂肪酸称必需脂肪酸（essential fatty acid）。

（五）转变成多种生理活性物质

脂类是维生素和激素等生理活性物质的前体，如花生四烯酸可转变为前列腺素、白三烯及血栓素等。胆固醇可转变为胆汁酸、维生素 D_3、性激素及肾上腺素等活性物质。

四、脂类的消化与吸收

脂类由于是非极性的，不能与水混溶，所以必须先使其形成一种能溶于水的乳糜微粒，才能通过小肠微绒毛将其吸收。脂类消化的主要场所是小肠。吸收后的脂类由脂蛋白参与转运代谢。食物中的脂肪在消化道内通过胆汁的乳化和脂肪酶的催化分解成甘油和脂肪酸，以扩散的形式被小肠绒毛上皮细胞吸收后，在上皮细胞内再合成脂肪，与载脂蛋白结合后，与类脂、胆固醇混合一起进入毛细淋巴管，通过淋巴循环进入血液循环，最后输送到各部分组织。脂类物质进入生物体后的代谢去向：一是参与构成动物体的组织，如磷脂是生物膜的组成成分；二是作为备用物质贮存在皮下、肠系膜、大网膜等处；三是在需要的情况下，可再分解为甘油、脂肪酸等，或者转化成肝糖原等；四是被各种腺体利用来生成各自的特殊分泌物，如皮脂腺分泌的皮脂、乳腺分泌的乳汁、内分泌腺分泌的各种类固醇激素等。

第二节　血脂和血浆脂蛋白

一、血脂的组成与含量

血浆中所含的脂类称为血脂，主要包括三酰甘油（TG）、磷脂（PL）、胆固醇（CH）及游离脂肪酸（FFA）等。

血脂的来源有两条途径：①外源性，主要由脂类食物消化吸收入血。②内源性，主要由体内合成及脂库中三酰甘油分解。血脂的去路有四条途径：①氧化分解；②构成生物膜；③进入脂库储存；④转变为其他物质。

血脂水平波动较大，受膳食、年龄、性别、运动及代谢等因素影响。例如，进食高脂肪含量的食物后，可使血脂含量大幅提高，但通常在12h之内趋于正常。因此临床上做血脂测定时要在空腹12~14h以后采血。临床上血脂含量测定可作为高脂血症、动脉粥样硬化及冠心病等的辅助诊断。正常人空腹血脂含量见表5-1。

表5-1 正常人空腹血脂含量

脂类物质	正常参考值［mmol/L（mg/dl）］
三酰甘油	<1.8
总胆固醇	2.8~5.8
游离胆固醇	0.8~1.6
磷脂	1.6
游离脂肪酸	0.5~0.7
脂类总量	6.7~12.2

血浆中脂类含量与全身脂类含量相比，只占其中一小部分，但可反应体内脂类代谢的情况。

二、血浆脂蛋白

血浆脂蛋白由血脂和载脂蛋白组成。

脂类物质的分子极性小，难溶于水，在血液中不能游离存在。脂类在血液中的运输是通过与血浆中特殊的蛋白质（载脂蛋白）结合成可溶性复合体的形式实现的，该复合体称为血浆脂蛋白（lipoprotein，LP），是血脂的存在和运输形式。

（一）血浆脂蛋白的分类

血浆脂蛋白由脂类和载脂蛋白两部分组成，但不同血浆脂蛋白所含的脂类和蛋白质的质和量差别很大，根据这个差异可采用适当的方法将它们进行分离，常用方法有电泳法和超速离心法。

1. 电泳法可将血浆脂蛋白分为乳糜微粒（CM）、β-脂蛋白（β-LP）、前β-脂蛋白（preβ-LP）、α-脂蛋白（α-LP）四种 由于组成各类脂蛋白的蛋白质部分不同，致使其表面电荷以及颗粒大小不同，故使各种血浆脂蛋白在电场中的迁移率不同，根据其迁移率的大小（移动的快慢）可将其分为四类（图5-1）：乳糜微粒（chylomicron，CM）→β脂蛋白（β-lipoprotein，β-LP）→前β脂蛋白（preβ-lipoprotein，preβ-LP）→α脂蛋白（α-lipoprotein，α-LP）。

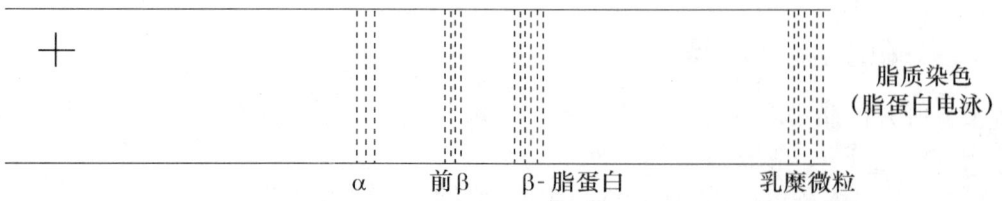

图5-1 血浆脂蛋白的分类（电泳法）

2. 超速离心法可将血浆脂蛋白分为CM、VLDL、LDL、HDL四种 超速离心法又称密度分类法，由于各种脂蛋白所含脂类及蛋白质的种类、数量不同，因而密度也就各不相同，所以将其放在一定密度的盐溶液中进行超速离心时，可根据血浆脂蛋白浮沉情况（密度比溶液密度大的脂蛋白下沉，比溶液密度小的则上浮）来分类。其中密度最小的为乳糜微粒（CM），在最上层，由上往下依次为极低密度脂蛋白（VLDL）、低密度脂蛋白（LDL）和高密度脂蛋白（HDL）。

（二）血浆脂蛋白的组成及功能

正常人空腹血中四种脂蛋白的含量：HDL 约占脂蛋白总量的 30%～47%；LDL 是含量最高的一种，约占总脂蛋白的 2/3（即 48%～68%）；VLDL 含量很少，仅占总脂蛋白的 4%～16%；正常人空腹血浆中检测不出乳糜微粒，仅在进食后出现。

血浆脂蛋白主要由蛋白质、三酰甘油、磷脂、胆固醇及胆固醇酯组成。不同血浆脂蛋白中脂类和蛋白质所占的比例不同。各种血浆脂蛋白的分类、特点与主要功能见表 5-2。

表 5-2 血浆脂蛋白的分类、特点与主要功能

超速离心法分类 电泳法分类	乳糜微粒 乳糜微粒	极低密度脂蛋白 前 β-脂蛋白	低密度脂蛋白 β-脂蛋白	高密度脂蛋白 α-脂蛋白
蛋白质含量（%）	0.5～2	5～10	20～25	50
主要脂类成分	三酰甘油	三酰甘油	胆固醇	磷脂和胆固醇
密度（g/m³）	<0.95	0.95～1.006	1.006～1.063	1.063～1.210
合成部位	小肠	肝	血浆	肝、小肠、血浆
主要生理功能	转运外源性 TG	转运内源性 TG	转运肝内胆固醇至肝外	转运胆固醇至肝内代谢

（三）载脂蛋白

血浆脂蛋白中的蛋白质部分称载脂蛋白（apolipoprotein，Apo）。Apo 现已发现有 A、B、C、D、E、F、G、H、J 等。其中 Apo A 主要存在于 HDL 及 CM 中，约占 HDL 中蛋白质总量的 60%～90%，Apo A 可分为 A-Ⅰ、A-Ⅱ、A-Ⅲ和 A-Ⅳ；Apo B 存在于 CM、VLDL 及 LDL 中，占 LDL 中蛋白质总量的 95% 以上，Apo B 可分为 Apo B-100、B-48、B-74、B-26 等；Apo C 存在于各种脂蛋白中，但主要存在于 VLDL 及 CM 中，Apo C 可分为 C-Ⅰ、C-Ⅱ及 C-Ⅲ。

载脂蛋白的主要功能是参与脂类物质的转运及稳定脂蛋白的功能。如：Apo A-Ⅰ水平过低，与冠心病及黄色瘤的发生密切相关，Apo A-Ⅱ可能有增强肝脂蛋白脂酶活性作用；Apo A-Ⅳ的主要功能是激活磷脂酰胆碱-胆固醇酰基转移酶（LCAT）及参与胆固醇酯的逆向运转。

Apo B 在 LDL 的代谢及动脉粥样硬化的形成中起着极为重要的作用。Apo C-Ⅱ是一种强烈的脂蛋白脂肪酶（lipoprotein lipase，LPL）激活剂，促进 CM 和 VLDL 中三酰甘油降解，Apo C-Ⅲ可抑制脂蛋白脂肪酶的激活。

（四）血浆脂蛋白的代谢

1. **乳糜微粒（CM）** CM 由小肠合成，含大量三酰甘油，是运输外源性 TG 的主要形式。CM 中的 TG 含量是不稳定的，在脂蛋白脂肪酶（LPL）的作用下，三酰甘油被水解，非酯化脂肪酸被周围组织所利用。富含胆固醇的 CM 残基，与肝细胞表面的载脂蛋白 E（Apo E）受体结合后，被肝细胞摄取（图 5-2）。CM 在血液中的半衰期为 5～15min。CM 的颗粒大，具散光性，因此，血浆中 CM 较多时则混浊。由于 CM 在血液中很快被清除，故在餐后 12～14 h，正常人血浆中仅含少量的 CM，血浆是清亮的，这种现象称为脂肪廓清。LPL 在脂肪廓清中起主要作用，而肝素又是 LPL 的辅基，故临床将肝素称为廓清因子。

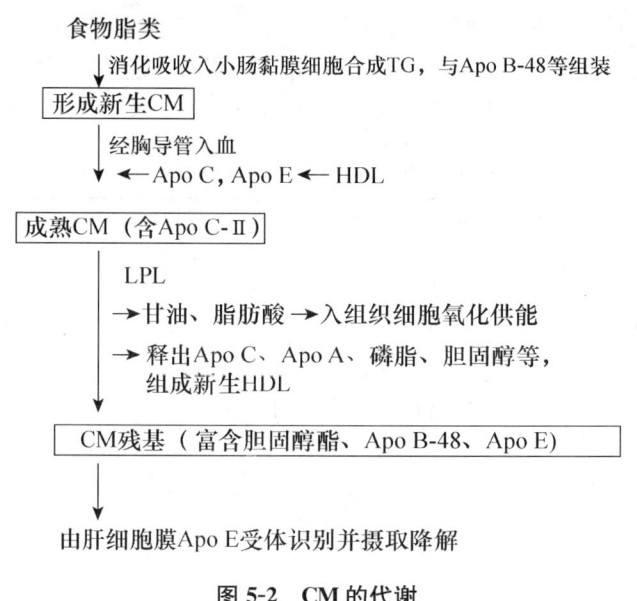

图 5-2 CM 的代谢

2. **极低密度脂蛋白（VLDL）** VLDL 主要由肝合成，所含脂质大部分是内源性 TG，含量也不恒定。进食大量碳水化合物后，肝合成大量的 VLDL，因 VLDL 颗粒也较大，亦具有散光性，故当 VLDL 含量较多时，血浆也混浊。新生 VLDL 所含的载脂蛋白主要是 Apo B-100，进入血液循环后接受 HDL 中的 Apo C 和 Apo E，特别是 Apo C-Ⅱ，转变为成熟的 VLDL。在 LPL 的作用下，VLDL 中的三酰甘油逐渐被水解后移出，从而变成 VLDL 残基，又称中间密度脂蛋白（IDL）。IDL 中的载脂蛋白主要是 Apo B-100 和 Apo E，一部分 IDL 被肝细胞 Apo E 受体识别并摄取，另一部分 IDL 转变为 LDL（图 5-3）。

3. **低密度脂蛋白（LDL）** LDL 由 VLDL 在血浆中转化而来。正常人空腹血浆脂蛋白主要是 LDL，约占血浆脂蛋白总量的 2/3。LDL 主要有两条代谢途径：一条是 LDL 受体途径（约占 2/3）；另一条是由巨噬细胞清除（约占 1/3）。由于 LDL 受体能够特异性识别含 Apo B-100 和 Apo E 的脂蛋白，因此 LDL 受体又称 Apo B、E 受体。血浆中 LDL 与 LDL 受体结合后，吞入细胞，在溶酶体的作用下 Apo B-100 水解为氨基酸，其中胆固醇酯被水解为胆固醇和脂肪酸（图 5-4）。故 LDL 的主要生理功能是转运肝合成的胆固醇到肝外组织细胞，过剩的胆固醇可沉积于动脉内皮细胞，被称为动脉粥样硬化的危险因子。

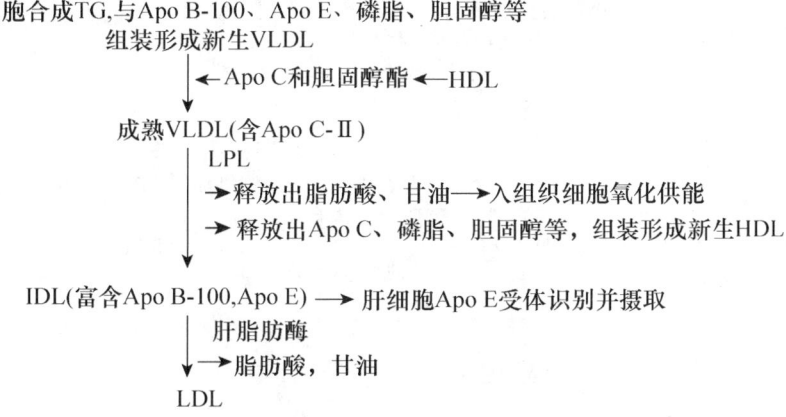

图 5-3　VLDL 的代谢

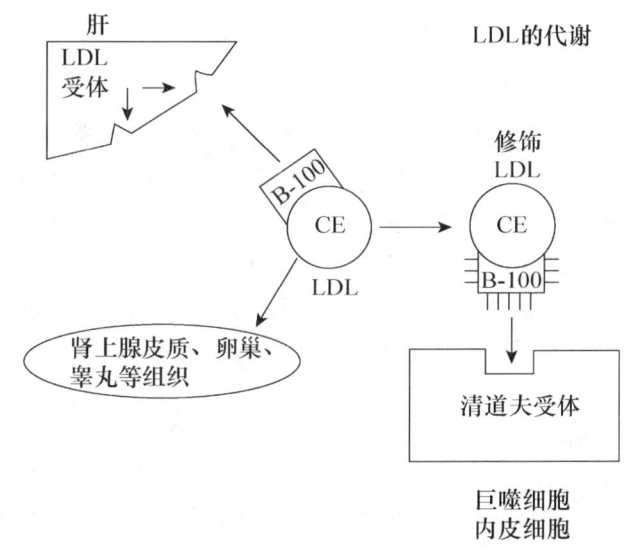

图 5-4　LDL 的代谢

4. 高密度脂蛋白（HDL）　HDL 主要由肝合成，也可来自 CM 及 VLDL 的残基。新生的 HDL 载脂蛋白主要是 Apo A、Apo C，还有少量 Apo D、Apo E。HDL 进入血液循环后，在磷脂酰胆碱-胆固醇酰基转移酶（LCAT）的催化下，生成溶血磷脂酰胆碱和胆固醇酯。HDL 中的 Apo A-Ⅰ是 LCAT 的激活因子，在 LCAT 作用下生成的胆固醇酯被转移到 HDL 的内核，随着内核胆固醇酯的不断增加及 Apo C 和 Apo E 向 CM 和 VLDL 的转移，新生的 HDL 转变为成熟的 HDL。HDL 主要在肝中降解。成熟 HDL 与肝细胞膜上的 HDL 受体结合，被肝细胞摄取后胆固醇可进行转化（图 5-5）。由于 HDL 具有清除周围组织中的胆固醇及保护血管内皮不受 LDL 损害的作用，因此 HDL 有抗动脉粥样硬化的作用。

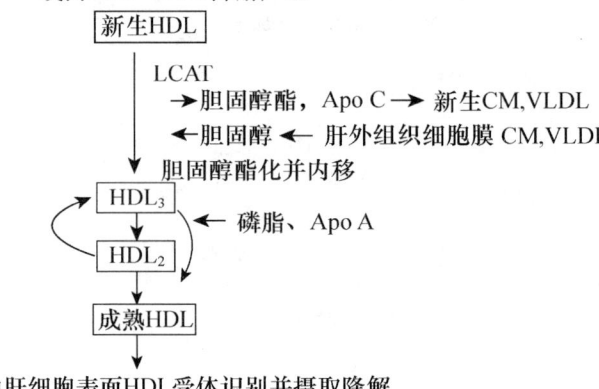

图 5-5　HDL 的代谢

三、血浆脂蛋白代谢异常

正常人空腹血浆脂蛋白通常保持在一个相对恒定的水平。血浆中脂类高于正常人上限即为高脂血症，又称高脂蛋白血症，一般是指成人空腹 12～14 h 血中胆固醇总浓度超过 6.0 mmol/L 或三酰甘油浓度超过 2.2 mmol/L。根据不同的血浆脂蛋白水平改变，高脂血症分为 Ⅰ、Ⅱ、Ⅲ、Ⅳ、Ⅴ 型，Ⅱ型又分为ⅡA型和ⅡB型。

（1）Ⅰ型，家族性高乳糜微粒血症或脂蛋白脂肪酶缺乏症。常染色隐性遗传，发病早，多于 10 岁前出现急性发作性腹痛，肝、脾中度肿大，视网膜血管苍白，这些症状随三酰甘油的血浓度变化而改变。

（2）ⅡA型，家族性高脂蛋白血症或家族性高胆固醇血症，是儿童时期高脂蛋白血症最常见的类型。常染色体显性遗传。患者细胞膜上的脂蛋白受体减少或缺如，β脂蛋白不能以正常速度进入细胞内，因而不能发挥反馈作用抑制胆固醇合成。多有明显的家族史，父或母中至少 1 人有高胆固醇血症，父母系中有的成员于 50 岁前死于心肌梗死。

（3）ⅡB型，家族性高β和高前β脂蛋白血症，多有家族发病史。可能为常染色体显性遗传。血中胆固醇与内源性三酰甘油均增高。小儿时期发病的，三酰甘油增高常出现在胆固醇增高以前，故与Ⅳ型很难区别。重型类似ⅡA型常伴以糖耐量减低和肥胖，黄色瘤不多见。血脂分析，胆固醇增高的程度比三酰甘油增高程度严重。电泳分析显示低密度与极低密度脂蛋白均增加，以前者为甚。

（4）Ⅲ型，高β脂蛋白血症。为常染色体隐性遗传，可有肌腱黄色瘤、扁平黄色瘤和结节性疹状黄色瘤。血胆固醇与三酰甘油皆明显增高。电泳分析可见阔β带为β脂蛋白与前β脂蛋白融合带。早期出现冠状动脉与周围动脉硬化。

（5）Ⅳ型，家族性高前β脂蛋白血症。在成人和小儿中皆属常见的类型。多有家族发病史。内源性三酰甘油增高，胆固醇正常或轻度增高。电泳显示前β脂蛋白增多。血中尿酸显著增高，眼底有视网膜脂血症表现。偶见黄色瘤。此型可继发于糖尿病、糖原代谢病Ⅰ型、肥胖症、肾病、特发性高钙血症和甲状旁腺功能减低症。取血检查必须在空腹 12 h 后，否则很难与上述疾病鉴别。

（6）Ⅴ型，高前β脂蛋白血症合并高乳糜微粒血症，极少见。患者肥胖，多糖尿病家族史，可有Ⅰ、Ⅳ型特征，如有发作性腹痛、疹状黄色瘤、眼睑和肌腱黄色瘤、脂血症性视网膜变化。血清外观可见顶层奶油样混浊。三酰甘油明显增高，胆固醇轻度增高，电泳分析乳糜微粒、前β脂蛋白和β脂蛋白皆增高。脂蛋白脂肪酶活性正常。

高脂血症是动脉粥样硬化（atherosclerosis，AS）的重要危险因素。临床上以冠状动脉和脑动脉的 AS 现象最多见、最严重。血浆中胆固醇主要存在于 LDL 中，因此 LDL 增高与动脉粥样硬化的关系最为密切。血浆中胆固醇水平升高，不仅造成血管内皮细胞损伤，而且还刺激血管平滑肌细胞内胆固醇堆积而变成泡沫细胞，泡沫细胞是动脉粥样硬化的典型损害之一。除胆固醇外，高三酰甘油也可促进动脉粥样硬化。HDL 有抗动脉粥样硬化的作用，既能清除周围组织中的胆固醇，又能保护心脏不受 LDL 的损害。研究证明 HDL 高的人不仅长寿，且很少发生心肌梗死。相反血浆 HDL 较低的人，即使血浆总胆固醇含量不高，也易发生动脉粥样硬化。糖尿病及肥胖者血浆中 HDL 均较低，因此易患冠心病。

> 血浆脂蛋白代谢异常与高脂血症、动脉粥样硬化的发生密切相关。

第三节　三酰甘油的代谢

一、三酰甘油的分解代谢

> 三酰甘油的分解代谢始于脂肪动员，其核心是脂肪酸氧化。

（一）脂肪动员

储存在脂肪细胞中的三酰甘油，被脂肪酶逐步水解为游离脂酸（FFA）及甘油，并释放入血以供其他组织氧化利用，该过程称为脂肪动员。在脂肪动员中，所需的脂肪酶包括三酰甘油（TG）脂肪酶、二酰甘油（DG）脂肪酶及单酰甘油（MG）脂肪酶。其中三酰甘油脂肪酶是脂肪动员的限速酶。该酶的活性受多种激素的调控，故又称激素敏感性脂肪酶。肾上腺素、去甲肾上腺素、胰高血糖素、肾上腺皮质激素等能使三酰甘油脂肪酶活性增强，促进脂水解，这些激素称为脂解激素；胰岛素可使三酰甘油脂肪酶活性降低，抑制脂肪水解，故称为抗脂解激素。这两类激素的协同作用使体内脂肪的分解速度得到有效的调节。禁食、饥饿或交感神经兴奋时，肾上腺素等脂解激素分泌增加，脂肪分解加速；进食后胰岛素分泌增加，脂肪分解作用降低。此反应发生在脂肪细胞的胞质中。

三酰甘油 —三酰甘油脂肪酶→ 二酰甘油 —二酰甘油脂肪酶→ 单酰甘油 —单酰甘油脂肪酶→ 甘油
（H₂O → 脂肪酸）　（H₂O → 脂肪酸）　（H₂O → 脂肪酸）

（二）脂肪酸的氧化

> 脂肪酸的氧化大体分为脂肪酸活化、脂酰 CoA 进入线粒体、脂酰 CoA β-氧化和乙酰 CoA 经三羧酸循环彻底氧化四个阶段。

脂肪酸是人体重要的能源物质，在氧供给充足的条件下，脂肪酸在体内可彻底氧化产生 CO_2 和 H_2O，并释放大量能量。除成熟红细胞和脑组织外，几乎所有组织的脂肪酸都能氧化，其中以肝和肌肉组织最为活跃。脂肪酸以 β-氧化为主，即脂肪酸在一系列酶的催化下，先行活化，然后在 α-碳原子与 β-碳原子间断裂，每次均生成一个含二碳单位的乙酰 CoA 和较原来少两个碳单位的脂酰 CoA，如此不断重复进行。脂肪酸 β-氧化可分四个阶段进行，即脂肪酸活化、脂酰 CoA 进入线粒体、脂酰 CoA β-氧化产生乙酰 CoA、乙酰 CoA 彻底氧化。

1. **脂肪酸活化成脂酰 COA** 脂肪酸经脂酰 CoA 合成酶催化，生成脂酰 CoA 的过程称为脂肪酸活化。此反应在细胞液中进行，需辅酶 A（CoA-SH）和 Mg^{2+} 参与，由 ATP 供能。生成的脂酰 CoA 是一种高能化合物，水溶性强，提高了其代谢活性。

$$R\text{-}COOH + HS\text{~}CoA + ATP \xrightarrow[Mg^{2+}]{\text{脂酰CoA合成酶}} R\text{-}CO\text{~}SCoA + AMP + PPi$$

反应中由 ATP 供能后生成 AMP，AMP 需经 2 次磷酸化才能成为 ATP。故 1 分子脂肪酸活化变成脂酰 CoA，等于消耗了 2 分子 ATP。

2. **脂酰 CoA 借助肉碱进入线粒体** 脂肪酸氧化是在线粒体内进行的，而脂酰 CoA 不能自由通过线粒体内膜进入基质，需要通过线粒体内膜上的肉碱转运才能将脂酰 CoA 带入线粒体。线粒体内膜两侧的肉碱脂酰转移酶Ⅰ、Ⅱ（同工酶）催化完成脂酰 CoA 的转运和肉碱的释放（图 5-6）。肉碱脂酰转移酶Ⅰ是脂肪酸氧化分解的主要限速酶。

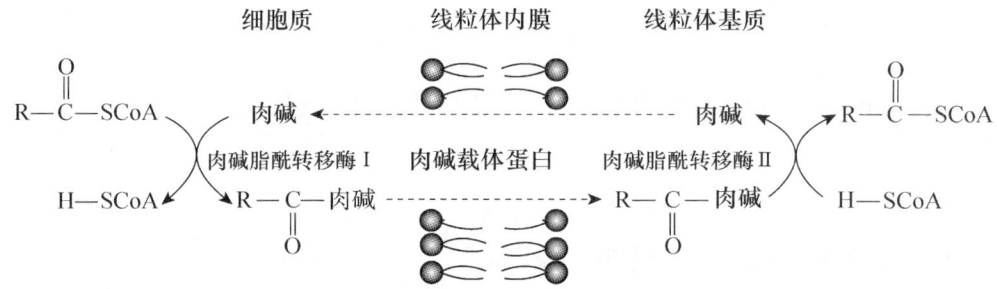

图 5-6 脂酰 CoA 进入线粒体

3. **脂酰 CoA β-氧化包括脱氢、加水、再脱氢和硫解四个步骤** 脂酰 CoA 氧化生成乙酰 CoA 包括四个基本反应：脱氢、加水、再脱氢和硫解。每进行一次 β-氧化，就生成 1 分子乙酰 CoA 和 1 分子比原来少 2 个碳原子的脂酰 CoA。少 2 个碳原子的脂酰 CoA 再经过脱氢、加水、再脱氢和硫解进行又一次 β-氧化，如此反复进行，直至脂酰 CoA 完全氧化为乙酰 CoA 或丙酰 CoA（图 5-7）。

4. **乙酰 CoA 进入三羧酸循环彻底氧化** 脂肪酸 β-氧化产生的乙酰 CoA 与其他途径产生的乙酰 CoA 一样，经三羧酸循环彻底氧化，生成 CO_2 和 H_2O 并释放大量能量。16C 棕榈酸和 18C 的硬脂酸等含有偶数碳的脂肪酸完全氧化为乙酰 CoA，奇数碳的脂肪酸最后生成一分子的丙酰 CoA。

5. **脂肪酸氧化的能量计算** 脂肪酸氧化的能量计算以棕榈酸为例（图 5-8）。1 分子棕榈酸（16C）经 7 次 β-氧化可生成 8 个乙酰 CoA、7 个 $NADH+H^+$、7 个 $FADH_2$。每个乙酰 CoA 进入三羧酸循环生成 3 个 $NADH+H^+$、1 个 $FADH_2$、1 个 GTP，并释放 2 分子 CO_2。总反应方程式是：

软脂酰 CoA+23 O_2+131Pi+131ADP ⟶ CoA-SH+16 CO_2+123H_2O+131ATP

净生成的 ATP 数：12×8+3×7+2×7−2 = 129（脂肪酸活化消耗 2 个高能磷酸键，相当于消耗 2 个 ATP）。

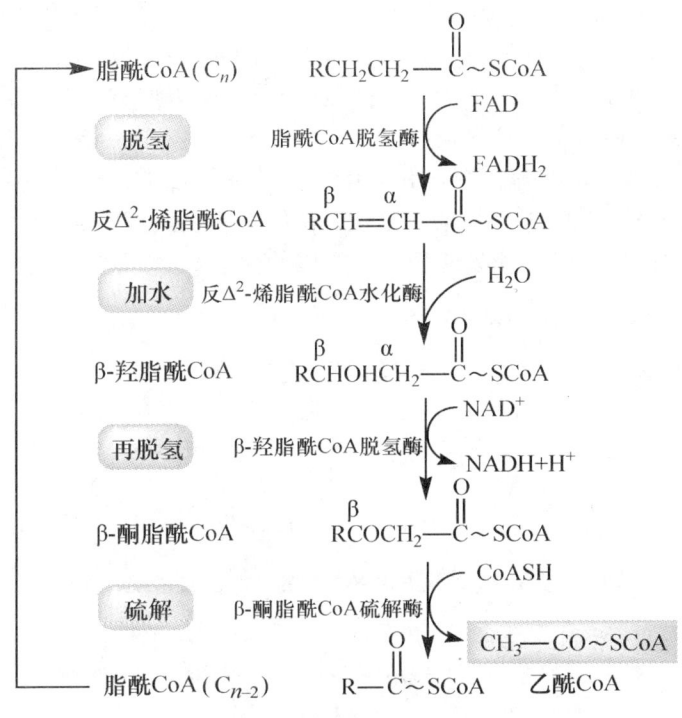

图 5-7　脂酰 CoA β-氧化

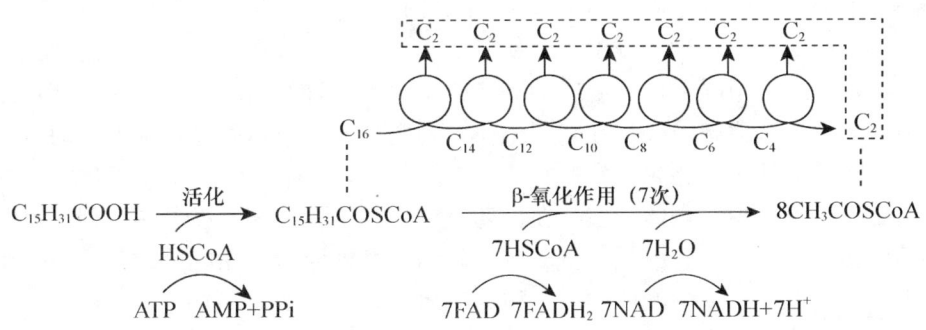

图 5-8　棕榈酸的 β-氧化

（三）酮体的生成与利用

> 酮体是肝中脂肪酸氧化时特有的中间代谢产物。

脂肪酸在心肌、骨骼肌等组织中能够彻底氧化成 CO_2 和 H_2O。在肝中，脂肪酸更重要的代谢去路是以乙酰 CoA 为原料合成酮体。酮体包括乙酰乙酸（约占 30%）、β-羟丁酸（约占 70%）和丙酮（含量极微）。

1. 酮体的生成　酮体合成的基本过程是：①2 分子乙酰 CoA 在硫解酶催化下缩合成乙

酰乙酰 CoA。②乙酰乙酰 CoA 在羟甲基戊二酸单酰 CoA 合酶（HMG CoA 合酶）的催化下再与1分子乙酰 CoA 缩合，生成羟甲基戊二酸单酰 CoA（HMG CoA）。此步反应是酮体生成的限速步骤，HMG CoA 合酶是酮体生成的限速酶。③羟甲基戊二酸单酰 CoA 在裂解酶催化下裂解，生成1分子乙酰乙酸和1分子乙酰 CoA。乙酰乙酸在 β-羟丁酸脱氢酶催化下还原成 β-羟丁酸（此过程为可逆反应），乙酰乙酸也可自动脱羧生成少量丙酮。

2. 酮体的利用　由于肝内缺乏氧化利用酮体的酶，所以肝内生成的酮体需经血液循环运输到肝外组织被氧化利用。其过程是：乙酰乙酸可在乙酰乙酸合成酶（又称硫激酶）或琥珀酰 CoA 合成酶（又称琥珀酸硫激酶）的催化下，转变为乙酰乙酰 CoA，继而硫解为2分子乙酰 CoA，后者进入三羧酸循环被彻底氧化。β-羟丁酸脱氢转变成乙酰乙酸，再经上述途径氧化。丙酮可随尿排出，或经呼吸道呼出。酮体的生成和利用过程见图 5-9。

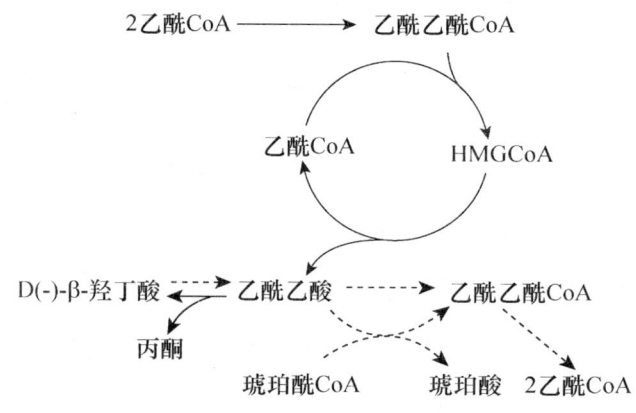

图 5-9　酮体的生成与利用

3. 酮体代谢的生理意义　酮体是脂肪酸在肝内正常代谢的中间产物，是肝输出能源的一种形式。与脂肪酸相比，酮体分子小，易溶于水，便于血液运输，容易通过血脑屏障和毛细血管壁。所以在正常情况下，肝生成的酮体能迅速被肝外组织利用，是脑、肌肉组织的重要能源。脑组织不能氧化脂肪酸却能利用酮体，因此当长期饥饿及糖供应不足时，酮体可代替葡萄糖成为脑组织的主要能源。

正常人血中仅含有少量酮体。但是在长期饥饿、严重糖尿病（糖利用障碍）高脂低糖饮食时，由于脂肪动员加强，肝内酮体生成过多，超过肝外组织利用酮体的能力，可引起血中酮体增多，称为酮血症；尿中酮体增多，称为酮尿症。由于酮体中的乙酰乙酸、β-羟丁酸都是有机酸，体内酮体过多会导致代谢性酸中毒。

（四）甘油的代谢

甘油在组织细胞内的氧化，必须先在甘油激酶的催化下，形成 α-磷酸甘油，后者脱氢后生成磷酸二羟丙酮。磷酸二羟丙酮是糖酵解的中间产物，可沿糖酵解途径继续氧化产能，也可沿着糖异生途径变成糖原或葡萄糖。肝、肾和肠黏膜等组织含有丰富的甘油激酶，但肌肉和脂肪组织细胞内甘油激酶的活性很低，所以不能很好地利用游离的甘油。

二、三酰甘油的合成代谢

三酰甘油的合成途径有两条：一是利用食物中的脂肪转化为人体的脂肪，由于一般食物中摄入的脂肪量不多，故这种来源的脂肪亦较少；另一种是将糖类物质转化为脂肪，这是体内脂肪的主要来源。

（一）三酰甘油的合成场所

肝、脂肪组织及小肠是合成脂肪的主要场所，以肝的合成能力最强。脂肪的合成是在内质网中进行的。

（二）三酰甘油的合成原料

1. α-甘油磷酸的来源有两条途径　一条由糖酵解途径产生的磷酸二羟丙酮还原生成，另一条来自甘油的磷酸化。磷酸二羟丙酮经脱氢酶催化还原生成甘油-3-磷酸是最主要的来源；脂肪分解产生的甘油主要用于糖异生，很少一部分经脂肪组织外的甘油激酶催化与ATP作用生成甘油-3-磷酸。

（1）

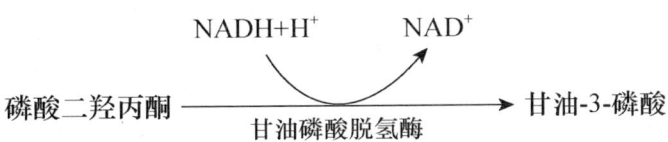

（2）

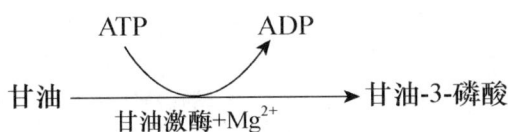

2. 脂肪酸的合成　肝、肾、脑、肺、乳腺及脂肪组织的细胞液中均能合成脂肪酸，以肝最为活跃。合成的原料是乙酰CoA，主要来自糖的氧化分解；合成中所需的供氢体NADPH+H^+由磷酸戊糖途径产生；此外，还需CO_2、Mg^{2+}、Mn^{2+}、ATP和生物素参加。其合成过程如下：

（1）丙二酸单酰CoA的合成：脂肪酸的合成过程中仅有1分子乙酰CoA直接参与反应，其他均需先羧化，即乙酰CoA在乙酰CoA羧化酶催化下，由碳酸氢盐提供CO_2，ATP供给能量，生成丙二酸单酰CoA，才能参与脂肪酸的合成。

$$CH_3CO\sim SCoA+HCO_3^-+ATP \xrightarrow[\text{生物素、}Mn^{2+}]{\text{乙酰CoA羧化酶}} \underset{\underset{COOH}{|}}{CH_2CO\sim SCoA}+ADP+Pi$$

乙酰CoA　　　　　　　　　　　　　丙二酸单酰CoA

乙酰CoA羧化酶是脂肪酸合成的限速酶，此酶活性受膳食成分和体内代谢物的调节和影响。高糖膳食可促进酶蛋白合成，因而可促进乙酰CoA的羧化反应。

（2）脂肪酸合成：由乙酰CoA及丙二酸单酰CoA合成长链脂肪酸，是一个重复加成的过程，每次延长2个碳原子。16碳棕榈酸的合成需经连续7次重复加成反应。这样7分子丙二酸单酰CoA与1分子乙酰CoA在脂肪酸合成酶系的催化下，由NADPH+H^+提供氢，合成棕榈酸。总反应式为：

$$CH_3CO\sim SCoA+7HOOCCH_2CO\sim SCoA+14NADPH+H^+ \xrightarrow{\text{脂肪酸合成酶系}}$$

$$CH_3(CH_2)_{14}COOH+6H_2O+7CO_2+8HSCoA+14NADP^+$$

体内合成的脂肪酸经硫激酶催化，ATP 提供能量，与 HS-CoA 反应生成脂酰 CoA 后，再参与三酰甘油的合成。

（三）三酰甘油的合成途径

肝细胞和脂肪细胞的内质网是合成三酰甘油的主要部位，其次是肺和骨髓。小肠黏膜细胞吸收脂类后可合成大量三酰甘油。三酰甘油是以 α-甘油磷酸和脂酰 CoA 为直接原料，在细胞的内质网中经脂酰基转移酶的催化逐步合成的。合成过程如下：合成磷脂酸，生成二酰甘油，生成三酰甘油（图 5-10）。

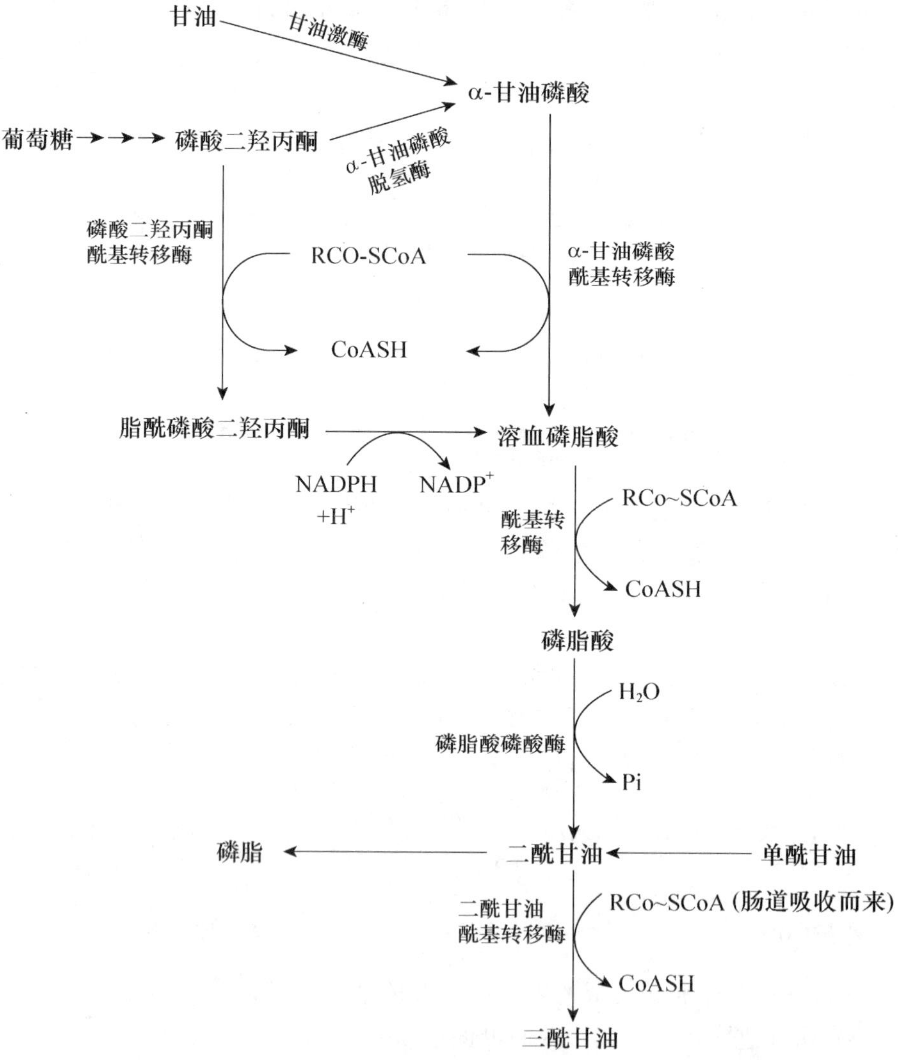

图 5-10　三酰甘油的合成

三酰甘油所含的三个脂肪酸可以是相同的或不同的，可为饱和脂肪酸或不饱和脂肪酸。三酰甘油的合成速度可以受激素的影响而改变，如胰岛素可促进糖转变为三酰甘油。由于胰岛素分泌不足或作用失效所致的糖尿病患者，不仅不能很好地利用葡萄糖，而且葡萄糖或某些氨基酸也不能用于合成脂肪酸，而表现为脂肪的氧化速度增加，酮体生成过多，其结果是患者体重下降。此外，胰高血糖素、肾上腺皮质激素等也影响三酰甘油的合成。

第四节 磷脂代谢

一、磷脂的含义与组成

磷脂是一类含有磷酸的脂类，机体中主要含有两大类磷脂，由甘油构成的磷脂称为甘油磷脂；由神经鞘氨醇构成的磷脂，称为鞘磷脂。

二、甘油磷脂的代谢

（一）甘油磷脂的合成代谢

1. 合成部位　全身各组织细胞的内质网中均有合成磷脂的酶系，故各组织均可合成磷脂，其中以肝最为活跃。

2. 合成的原料　合成磷脂需要二酰甘油及磷酸盐、胆碱、乙醇胺、丝氨酸、肌醇等原料。磷脂合成过程还需 ATP、CTP。

3. 合成的基本过程　甘油磷脂的合成产物主要包括磷脂酰胆碱（phosphatidylcholine）、磷脂酰乙醇胺（phosphatidylethanolamine）、磷脂酰丝氨酸（phosphatidylserine）、磷脂酰肌醇（phosphatidylinositol）、磷脂酰甘油（phosphatidylglycerol）和心磷脂（cardiolipin）、缩醛磷脂（plasmalogen）等，其中以磷脂酰胆碱和磷脂酰乙醇胺最多。下面以磷脂酰胆碱和磷脂酰乙醇胺的生成为例简述其合成过程：

（1）胆碱和乙醇胺的活化：胆碱和乙醇胺在参与合成代谢之前首先要进行活化生成胞苷二磷酸胆碱（CDP-胆碱）和胞苷二磷酸乙醇胺（CDP-乙醇胺），如图 5-11。

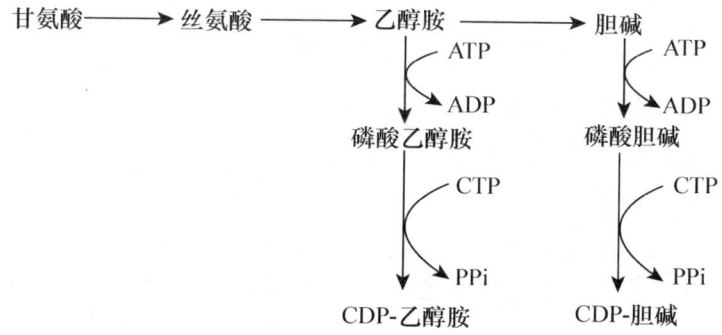

图 5-11　CDP-乙醇胺和 CDP-胆碱的生成

（2）磷脂酰胆碱和磷脂酰乙醇胺的生成：活化的 CDP-胆碱与 CDP-乙醇胺和二酰甘油经二酰甘油途径生成磷脂酰胆碱和磷脂酰乙醇胺。此外，磷脂酰乙醇胺甲基化可转变为磷脂酰胆碱。

（二）甘油磷脂的合成与脂肪肝的关系

> 甘油磷脂合成不足是导致脂肪肝的主要原因。

正常人的肝内所含脂类约占细胞重量的 3%～5%，其中三酰甘油占一半，如果三酰甘油在肝内存积超过 2.5%、脂类总量超过 10%，即称脂肪肝。形成脂肪肝的常见原因有：

①肝内脂肪来源过多，如高糖高热量饮食；②肝功能障碍，氧化脂肪酸的能力减弱，合成、释放脂蛋白的功能降低；③合成磷脂的原料不足，使得二酰甘油转变为磷脂的量减少，转而生成三酰甘油。又由于磷脂合成量减少，导致极低密度脂蛋白（VLDL）生成障碍，使肝细胞内脂肪运出困难。临床上常用磷脂及其合成原料（丝氨酸、甲硫氨酸、胆碱、肌醇及乙醇胺等）以及有关辅因子（叶酸、维生素 B_{12}、ATP 及 CTP 等）来防治脂肪肝。

（三）甘油磷脂的降解

人体内，甘油磷脂是在多种磷脂酶的作用下水解的。磷脂酶的种类有五种：磷脂酶 A_1、A_2、B、C、D，它们分别作用于甘油磷脂的各个酯键，详见下式：

磷脂酶 A_2 以酶原的形式存在于胰腺中，此酶使磷脂酰胆碱水解生成具有较强表面活性的溶血磷脂，能使红细胞膜等膜结构破坏，引起溶血和细胞坏死。急性胰腺炎的发病机制与胰腺磷脂酶 A_2 对胰腺细胞膜的损伤密切相关。某些蛇毒中含有磷脂酶 A_1，其水解产物亦为溶血磷脂，因此蛇毒进入体内时表现出大量溶血症状。甘油磷脂的水解产物甘油、脂肪、磷酸、胆碱及乙醇胺等可分别进行有关合成或分解代谢。

第五节　胆固醇代谢

胆固醇是最早由动物胆石中分离出的固醇类物质，健康成人体内含胆固醇约 140 g，广泛分布于全身各组织中，其中神经组织（特别是脑）、肾上腺皮质、卵巢中含量最高，肝、肾、肠等内脏及皮肤、脂肪组织亦含较多的胆固醇。骨骼中含胆固醇最少。人体内胆固醇来源有两个方面，一方面由食物摄入，称外源性胆固醇；一方面由体内合成，称内源性胆固醇。人体内胆固醇水平升高的主要原因是内源性的，所以注意热能摄入的平衡比注意胆固醇摄入量更为重要。

一、胆固醇的生物合成

（一）胆固醇的合成场所

成年人除脑组织及成熟红细胞外，几乎全身各组织均可合成胆固醇，人体每天合成胆固醇的总量约为 1 g 左右。肝是合成胆固醇的主要器官。

（二）胆固醇的合成原料

乙酰 CoA 是合成胆固醇的主要原料。合成过程中需要 ATP 提供能量，$NADPH+H^+$ 提供氢。乙酰 CoA、ATP、$NADPH+H^+$ 主要来自糖的氧化分解。

（三）胆固醇的合成过程

催化胆固醇合成的酶系分布在胞液及内质网上，合成过程分为三个阶段：乙酰基

（2碳）——→甲基二羟戊酸（5碳）——→鲨烯（30碳）——→胆固醇（27碳）。

1. 甲基二羟戊酸（MVA）的生成　2分子乙酰CoA经硫解酶催化缩合成乙酰乙酰CoA，由HMG CoA合成酶催化结合1分子乙酰CoA，生成β-羟基-β-甲基戊二酸单酰CoA（HMG CoA），HMG CoA还原酶（限速酶）催化其生成甲羟戊酸（MVA），消耗2分子NADPH。

2. 鲨烯的合成　由ATP提供能量，MVA经磷酸化、脱羧基、脱羟基等反应转变成焦磷酸化合物（5碳），再缩合生成30碳的鲨烯。

3. 胆固醇的合成　鲨烯在多种酶的催化下，经过羟化、环化、脱甲基、还原等一系列反应，最后生成胆固醇。

HMG CoA还原酶是胆固醇合成的限速酶，各种因素对胆固醇合成的影响和调节，主要是作用于HMG CoA还原酶。

（四）胆固醇合成的调节

1. 激素的调节　HMG CoA还原酶在胞液中经蛋白激酶催化发生磷酸化而丧失活性，在磷蛋白磷酸酶的作用下又可以脱去磷酸恢复酶活性。胰高血糖素等通过第二信使cAMP影响蛋白激酶，加速HMG CoA还原酶磷酸化失活，从而抑制此酶，可减少胆固醇合成。胰岛素能促进HMG CoA还原酶的脱磷酸作用，使酶活性增加，则有利于胆固醇合成。此外，胰岛素还能诱导HMG CoA还原酶的合成，从而增加胆固醇合成。甲状腺素亦可促进该酶的合成，使胆固醇合成增多，但同时又促进胆固醇转变为胆汁酸，增加胆固醇的转化，而且此作用强于前者，故当甲状腺功能亢进时，患者血清胆固醇含量反而下降。

2. 胆固醇浓度的调节　胆固醇可反馈抑制HMG CoA还原酶的活性，并减少该酶的合成，从而达到降低胆固醇合成的作用。细胞内胆固醇来自体内生物合成或胞外摄取。血中胆固醇主要由低密度脂蛋白（LDL）携带运输，借助细胞膜上的LDL受体介导内吞作用进入细胞。当胞内胆固醇过高，可抑制LDL受体的补充，从而减少由血中摄取胆固醇。

二、细胞内和血浆中胆固醇的存在形式

细胞内和血浆中的胆固醇被酯化成胆固醇酯，并以胆固醇酯的形式存在。

细胞内胆固醇在脂酰CoA-胆固醇脂酰转移酶（ACAT）的催化下，接受脂酰CoA的脂酰基生成胆固醇酯（CE）。

$$脂酰CoA+胆固醇 \xrightarrow{ACAT} 胆固醇酯+HS\sim CoA$$

血浆脂蛋白中的胆固醇在磷脂酰胆碱-胆固醇脂酰转移酶（LCAT）的催化下，接受磷脂酰胆碱分子上的脂酰基生成胆固醇酯。

$$磷脂酰胆碱+胆固醇 \xrightarrow{LCAT} 胆固醇酯+溶血磷脂酰胆碱$$

LCAT是肝细胞合成后分泌至血液中发挥作用的酶，当肝实质细胞受损时，血液中LCAT活性降低，从而引起血浆胆固醇酯含量下降。

三、胆固醇的转变

胆固醇在体内不能氧化生成CO_2和H_2O，所以不是体内的能源物质，但它可氧化、还原或降解，进而转变为具有重要生理功能的类固醇物质。

1. 转变为胆汁酸　胆固醇在肝中转变为胆汁酸，这是胆固醇在体内的主要代谢去路。正常人每天合成 1~1.5 g 胆固醇，其中约 2/5 在肝中转变为胆汁酸，随胆汁排入肠道。

2. 转变成类固醇激素　在肾上腺皮质和性腺，胆固醇可转变为肾上腺皮质激素和性激素。

3. 转变为维生素 D_3　胆固醇在肝、小肠黏膜及皮肤等处可转变为 7-脱氢胆固醇，7-脱氢胆固醇经紫外光照射后转变成维生素 D_3。

此外，胆固醇可通过粪便排泄。胆汁中的胆固醇排入肠腔后，少数被重新吸收，大部分被细胞还原成粪固醇，随粪便排出。

小结

　　脂类是人体重要的营养素，分为脂肪及类脂两大类。脂肪的主要功能是储能及供能。类脂包括胆固醇及其酯、磷脂、糖脂等，是生物膜的重要组分。

　　血脂以脂蛋白的形式运输。CM 主要转运外源性三酰甘油，VLDL 主要转运内源性三酰甘油，LDL 主要将肝合成的内源性胆固醇转运至肝外组织，而 HDL 是将胆固醇由肝外组织转运至肝。

　　三酰甘油水解产生甘油和脂肪酸。甘油转变为磷酸二羟丙酮后，经糖代谢途径代谢。脂肪酸的分解需经活化、进入线粒体、β-氧化（脱氢、加水、再脱氧及硫解）等步骤。脂肪酸在肝内β-氧化生成酮体，但肝不能利用酮体，需运至肝外组织氧化，是脑和肌肉组织的重要能源。

　　胆固醇以乙酰 CoA 为原料合成，在体内可转化为胆汁酸、类固醇激素、维生素 D_3 及胆固醇酯。

（湖南环境生物职业技术学院　赵忠桂）

第六章　蛋白质分解代谢

学习目标

1. 记住氨基酸的转氨基作用、转氨酶、联合脱氨基作用。
2. 叙述氨的来源、转运及去路，说明尿素合成的过程与生理意义。
3. 说出并理解氨基酸的脱羧基作用、一碳单位代谢、含硫氨基酸代谢及生理意义。
4. 举例说明氮平衡及相对应人群；营养必需氨基酸与蛋白质互补作用。
5. 了解蛋白质的消化吸收与腐败作用。

蛋白质是生物体内一类重要的生物大分子，是表达生物遗传信息、体现生命特征最重要的物质基础。它不仅是组织细胞的基本组成成分，而且各种生命活动均需要蛋白质参与。蛋白质分解代谢首先在酶的催化下水解为氨基酸，而后各氨基酸进一步代谢。因此氨基酸代谢是蛋白质分解代谢的核心内容。

在体内，蛋白质分解消耗后，需要由食物蛋白质来补充。因此，本章首先叙述食物蛋白质的营养作用及蛋白质的消化与吸收。

第一节　蛋白质的营养作用

食物蛋白质是人类必需的主要营养物质。蛋白质是人体各种组织细胞的基本组成成分，人体组织蛋白每时每刻都在不断地进行分解代谢，同时产生能量，供机体利用，所以组织蛋白不断消耗，必须从食物中摄取一定数量的蛋白质来补充，以维持人体组织的生长、更新、修补及各种生命现象正常进行。实验证明，动物长期缺乏蛋白质是无法生存的。由此可见，蛋白质是不能被糖和脂肪所代替的营养必需物质。

一、蛋白质的需要量

（一）氮平衡试验

前已述及，测定食物的含氮量可以估算出其所含蛋白质的大致含量，且蛋白质在体内分解代谢所产生的含氮物质主要由尿、粪排出。所以，测定摄入食物的含氮量（摄入氮）及尿与粪中的含氮量（排出氮）可反映体内蛋白质的代谢概况，称为氮平衡（nitrogen balance）实验。通过此实验方法可了解人体每日摄入食物中的氮量与排泄物中氮量的比例关系，即为氮平衡。人体氮平衡有三种情况：即氮的总平衡、氮的正平衡及氮的负平衡。

1. **氮的总平衡**　摄入氮＝排出氮，反映体内蛋白质的合成与分解保持动态平衡，即氮的"收支"平衡。见于营养正常的成人。

2. **氮的正平衡**　摄入氮＞排出氮，反映体内蛋白质的合成大于分解。常见于婴幼儿、青少年、孕妇及恢复期患者。

3. 氮的负平衡　摄入氮＜排出氮，反映体内蛋白质的合成小于分解。常见于蛋白质摄入不足、饥饿、严重烧伤、出血及消耗性疾病的人群。

> 氮平衡试验是测定蛋白质在体内代谢情况的一种方法。

（二）蛋白质的需要量

实验结果表明，成人在不进食蛋白质时，每日蛋白质的分解量约为 20 g。但由于食物蛋白质的组成与人体蛋白质的组成存在差异，不可能完全被利用，所以正常成人每日蛋白质的最低需要量为 30～50 g，才能维持氮的总平衡。我国营养学会推荐成人每日膳食中蛋白质的需要量为 80 g。

二、蛋白质的营养价值

食物蛋白质的营养价值是指食物蛋白质在体内的利用率。蛋白质营养价值的高低由其所含必需氨基酸的种类、数量和比例来决定。

组成人体蛋白质的 20 种氨基酸中有 8 种氨基酸是人体自身不能合成的。这些体内需要又不能自行合成，必须由食物蛋白质供给的氨基酸，称为营养必需氨基酸（nutritionally essential amino acid）。包括赖氨酸、色氨酸、苯丙氨酸、甲硫氨酸、苏氨酸、异亮氨酸、亮氨酸、缬氨酸。其余 12 种氨基酸体内可以合成，不一定要由食物蛋白质供给，称为营养非必需氨基酸（nutritionally non-essential amino acid）。凡含有营养必需氨基酸种类愈齐全、数量愈充足、比例愈接近人体需要的蛋白质，愈容易被人体消化、吸收和利用，其营养价值愈高。反之，则营养价值低。由于动物性蛋白质所含必需氨基酸的种类、数量和比例与人体接近，所以动物蛋白质的营养价值比植物蛋白质高。如奶类、蛋类的蛋白质含有较多的必需氨基酸，而且各氨基酸之间比例合理，能完全为人体利用。不同食物含有不同的营养必需氨基酸，两种或两种以上食物蛋白质混合食用，其中所含有的营养必需氨基酸可相互补充，达到较好的比例，从而提高蛋白质利用率，称为食物蛋白的互补作用。如谷类蛋白质中赖氨酸含量较低，而含色氨酸多，豆类蛋白质中含赖氨酸多而色氨酸少，两者混合食用则可提高营养价值。因而，饮食时提倡食物品种多样化，防止营养不良。某些疾病情况下，为保证机体对氨基酸的需要，可进行混合氨基酸输液。

三、蛋白质的消化、吸收与腐败

食物蛋白质的消化由胃开始，但主要在小肠进行。食物蛋白质进入胃后由胃蛋白酶作用水解生成多肽和少量氨基酸。进入小肠后，未经消化或消化不完全的蛋白质或多肽经多种蛋白酶及肽酶的共同作用，进一步分解成小肽和氨基酸。氨基酸的吸收主要在小肠通过主动转运过程进行。

在消化过程中，未被消化的蛋白质、多肽及未被吸收的氨基酸在肠菌作用下分解的过程，称为蛋白质的腐败作用（putrefaction）。腐败作用是细菌自身的代谢过程，以无氧分解为主。腐败作用的产物大多数对人体是有害的，例如胺类、氨、酚类、吲哚及硫化氢等；但也可以产生少量脂肪酸及维生素等可被机体利用的物质。

第二节 氨基酸的一般代谢

一、氨基酸代谢概况

食物蛋白质经消化吸收后，以氨基酸的形式进入血液循环及全身各组织（外源性），组织蛋白质又经常降解为氨基酸（内源性），这两种来源的氨基酸混合在一起，存在于细胞内液、血液和其他体液中，总称为氨基酸代谢库。体内氨基酸主要用于合成组织蛋白质和肽类，或转变为其他含氮化合物，还可转化为糖类、脂类等，少量用于氧化供能。

各种氨基酸具有共同的结构特点，因此，他们有着共同的代谢特点，如氨基酸在体内分解代谢的主要方式是通过脱氨基作用产生 α-酮酸和氨，也可以通过脱羧基作用生成胺和 CO_2。有个别氨基酸会由于其结构差异，可通过特殊代谢途径进行利用（图 6-1）。

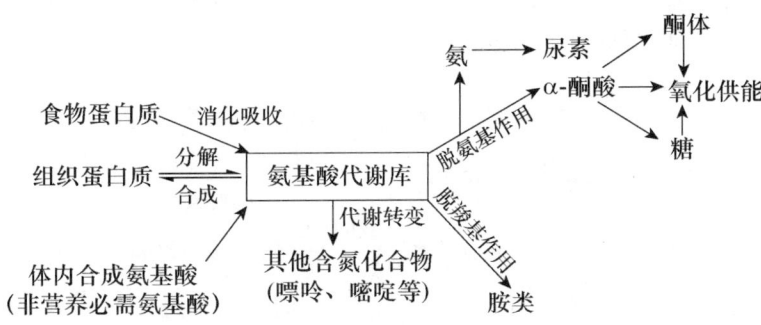

图 6-1 氨基酸代谢概况

二、氨基酸的脱氨基作用

氨基酸分解代谢的最主要反应是脱氨基作用，此反应在体内大多数组织细胞内均可进行。氨基酸的脱氨基作用方式有四种：氧化脱氨基作用、转氨基作用、联合脱氨基作用、嘌呤核苷酸循环，其中以联合脱氨基作用最为重要。

（一）氧化脱氨基作用与 L-谷氨酸脱氢酶

氨基酸在酶催化下进行伴有氧化的脱氨基反应，称为氧化脱氨基作用。

体内以 L-谷氨酸脱氢酶催化进行的氧化脱氨基作用最为重要。L-谷氨酸脱氢酶是以 NAD^+ 或 $NADP^+$ 为辅酶的脱氢酶，它催化 L-谷氨酸脱氨生成 α-酮戊二酸和 NH_3。

$$\text{L-谷氨酸} \underset{\text{L-谷氨酸脱氢酶}}{\overset{NAD^+ \quad NADH+H^+}{\rightleftharpoons}} \text{α-酮戊二酸} + NH_3$$

L-谷氨酸脱氢酶广泛存在于哺乳动物的肝、肾和脑等组织中，它催化的反应是可逆的。该酶属变构酶，其活性受 ATP、GTP 的抑制，受 ADP、GDP 激活。

（二）转氨基作用与转氨酶

在转氨酶催化下，氨基酸把氨基转移给 α-酮酸，结果使氨基酸转变成相应的 α-酮酸，而原来的 α-酮酸接受氨基转变成另一种氨基酸，此反应称为转氨基作用。催化转氨基作用的酶称为转氨酶，又称氨基转移酶。

$$R_1\text{—CH(NH}_2\text{)—COOH} + R_2\text{—CO—COOH} \xrightleftharpoons[]{\text{转氨酶}} R_2\text{—CH(NH}_2\text{)—COOH} + R_1\text{—CO—COOH}$$

除了甘、苏、赖、脯、羟脯氨酸外，体内多数氨基酸均可在相应的转氨酶作用下与α-酮酸（多为α-酮戊二酸）发生氨基转移，生成相应的新的α-氨基酸。

以上反应是可逆的，它既是氨基酸分解代谢的过程，也是体内合成非营养必需氨基酸的重要途径。

转氨酶的种类多，专一性强，其中以催化有谷氨酸参加的反应的转氨酶最为重要，如肝细胞中含量最高的谷丙转氨酶（ALT）以及心肌细胞中含量较高的谷草转氨酶（AST）。

谷丙转氨酶（ALT）催化的反应如下：

$$\text{丙氨酸} + \alpha\text{-酮戊二酸} \xrightleftharpoons[]{\text{ALT}} \text{丙酮酸} + \text{谷氨酸}$$

谷草转氨酶（AST）催化的反应如下：

$$\text{天冬氨酸} + \alpha\text{-酮戊二酸} \xrightleftharpoons[]{\text{AST}} \text{草酰乙酸} + \text{谷氨酸}$$

转氨酶是细胞内酶，正常情况下主要存在于细胞内，极少进入血液中，因此血清中含量很低。当组织细胞受损伤时（缺氧或炎症等情况），细胞膜通透性增加或细胞被破坏，转氨酶可大量释放入血，导致血清中相应的转氨酶含量或活性增高，故可作为临床诊断疾病、观察疗效以及判断预后的参考指标之一。如急性肝炎时血清中 ALT 活性增高，心肌梗死时血清中 AST 活性显著升高。

（三）转氨酶与 L-谷氨酸脱氢酶联合的脱氨基作用

转氨基作用和氧化脱氨基作用联合进行，从而使氨基酸脱去氨基的过程，称为联合脱氨基作用。联合脱氨基作用是体内主要的脱氨基方式，在肝、肾、脑等组织细胞中进行。

联合脱氨基作用的过程为：氨基酸首先与 α-酮戊二酸在转氨酶作用下，生成 α-酮酸和谷氨酸，然后谷氨酸再经 L-谷氨酸脱氢酶催化，进行氧化脱氨基作用，重新生成 α-酮戊二酸，后者再继续参加氨基酸转氨基作用（图 6-2）。

因大多数氨基酸的 α-氨基通过转氨基作用传递给 α-酮戊二酸形成谷氨酸，谷氨酸是体内唯一能以相当高的速率进行氧化脱氨基反应的氨基酸，脱下的氨经进一步代谢后排出体外。

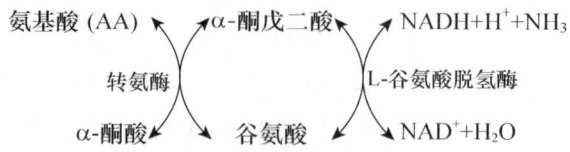

图 6-2 联合脱氨基作用

联合脱氨基作用的全过程是可逆的，此反应过程也是体内合成营养非必需氨基酸的主要途径。

(四) 嘌呤核苷酸循环——肌肉组织中氨基酸的脱氨基方式

肌肉中谷氨酸脱氢酶活性较低，难以进行上述联合脱氨作用，而是通过嘌呤核苷酸循环脱氨。

氨基酸通过连续的转氨基作用，将氨基转移给草酰乙酸，生成天冬氨酸；天冬氨酸与肌苷一磷酸（IMP）反应生成腺苷酸代琥珀酸，后者经过裂解，释放出延胡索酸并生成腺嘌呤核苷酸（AMP）。AMP在活性较强的腺苷酸脱氨酶催化下脱去氨基生成IMP，最终完成了氨基酸的脱氨基作用（图6-3）。

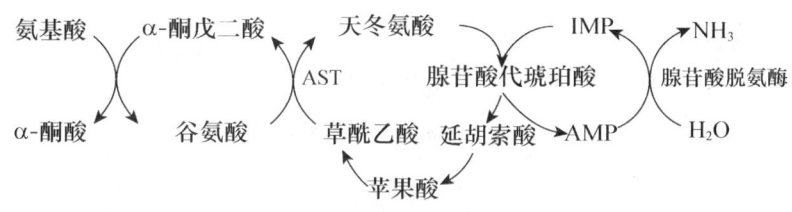

图6-3 嘌呤核苷酸循环

三、氨的代谢

氨是一种剧毒物质，脑组织对氨的作用尤为敏感。正常人血氨浓度极低，一般不超过1 mg/L（0.60 μmol/L）。正常情况下，血氨既有一定的来源又有一定的去路，并保持动态平衡。机体保持低血氨水平有一个重要因素，即血氨主要以无毒的丙氨酸或谷氨酰胺的形式转运。

（一）体内氨的来源

1. **氨基酸脱氨** 氨基酸脱氨基作用是血氨的主要来源。

2. **肠道吸收** 肠道中的氨主要来自两种途径：一是肠道内蛋白质、氨基酸的腐败作用产生氨；二是血中尿素渗入肠道后水解产生氨。肠道产氨的量较多，每天约4g，肠道内腐败作用增强时，氨的产生量增多。肠道氨吸收多少与肠内pH有关，肠道pH偏碱时，氨的吸收增加。临床上，对高血氨患者禁用碱性肥皂水灌肠。

3. **肾产生** 肾远曲小管上皮细胞内，谷氨酰胺在谷氨酰胺酶的催化下，水解成谷氨酸和NH_3。后者被分泌到肾小管管腔中，与H^+结合成NH_4^+，并以铵盐的形式由尿排出。酸性尿可促使NH_3转变为NH_4^+，有利于肾小管细胞的氨扩散入尿液，相反碱性尿则不利于氨的排出，氨可被吸收入血，引起血氨升高。

（二）体内氨的转运

体内产生的氨以丙氨酸和谷氨酰胺的形式转运。

1. **丙氨酸-葡萄糖循环** 肌肉中的氨基酸脱氨基生成的NH_3经转氨基作用，将氨基转移至丙酮酸生成丙氨酸，丙氨酸经血液运输到肝；在肝中，丙氨酸经联合脱氨基作用，释放出氨，用于合成尿素。脱氨后生成的丙酮酸异生为葡萄糖，葡萄糖再通过血液输送至肌肉，在肌肉中葡萄糖又可分解为丙酮酸，供再次接受氨基生成丙氨酸。如此循环，将氨从肌肉组织转运到肝，故将这一途径称为丙氨酸-葡萄糖循环（图6-4）。该循环既以无毒的丙氨酸形式转运氨，又为肝的糖异生提供了原料。

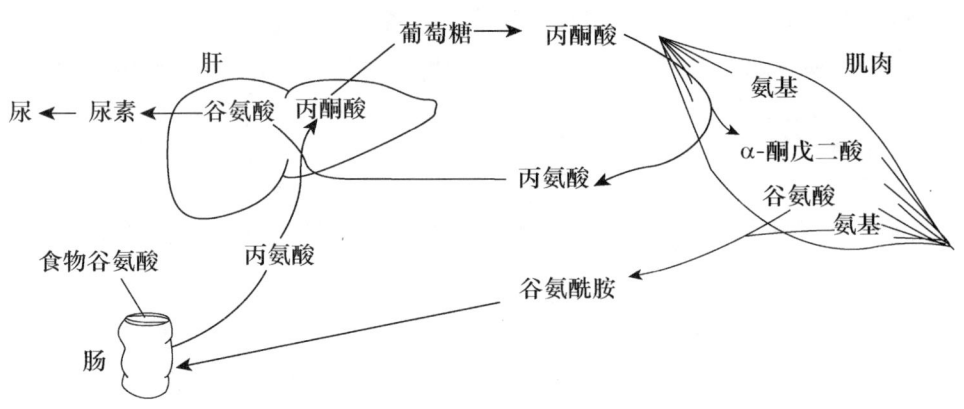

图 6-4 丙氨酸-葡萄糖循环

2. 谷氨酰胺的运氨作用　谷氨酰胺是脑、肌肉（占 1/3）等组织向肝或肾运输氨的主要形式。氨与谷氨酸在谷氨酰胺合成酶的作用下合成谷氨酰胺，经血液输送到肝或肾，再经谷氨酰胺酶催化水解为谷氨酸和氨，在肝可合成尿素，在肾则以铵盐形式随尿排出（图 6-5）。

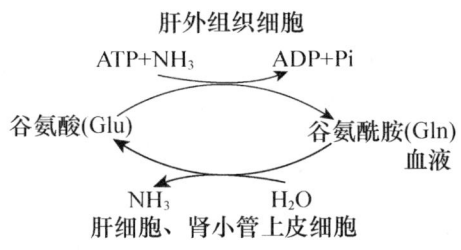

图 6-5 谷氨酰胺的运氨作用

谷氨酰胺的生成不仅解除氨的毒性，以无毒的形式运输氨，也是体内氨的储存和运输形式。脑组织对氨的毒性极为敏感，在脑中固定和转运氨的过程中谷氨酰胺起着主要作用，故临床上对肝性脑病氨中毒患者可服用或输入谷氨酸盐以降低血氨的浓度。

（三）体内氨的去路

体内氨的去路有三条：在肝中合成尿素，然后经肾排出，这是体内氨的主要去路；重新合成氨基酸；合成其他含氮化合物。

正常情况下，氨的最主要去路是在肝合成无毒的尿素，并经肾随尿排出。因此，氨基酸的氮分解代谢终产物是尿素，它占排泄氮的 80%～90%，这是机体对氨的主要解毒方式。

1. 肝是合成尿素的最主要器官　动物实验证明，如将动物的肝切除，血氨浓度升高，而血和尿中的尿素明显减少，故证明了正常情况下体内产生的氨主要在肝中合成尿素。肾和脑组织也可进行尿素的合成，但其合成量极少。

2. 尿素生成的鸟氨酸循环学说　尿素是由氨及 CO_2 在多种酶的催化下经鸟氨酸循环合成的。此过程是一个耗能过程，其简要步骤是：①鸟氨酸与 NH_3 和 CO_2 形成瓜氨酸；②瓜氨酸再结合 1 分子 NH_3 形成精氨酸；③精氨酸水解生成尿素，并重新形成鸟氨酸，鸟氨酸再重复上述反应（图 6-6）。因此每循环一次，2 分子 NH_3 和 1 分子 CO_2 生成 1 分子尿素。

（1）氨基甲酰磷酸的合成：氨与 CO_2 在肝细胞线粒体的氨基甲酰磷酸合成酶 I（CPS-I）催化下，合成氨基甲酰磷酸，其辅因子有 Mg^{2+}、ATP 及 N-乙酰谷氨酸。

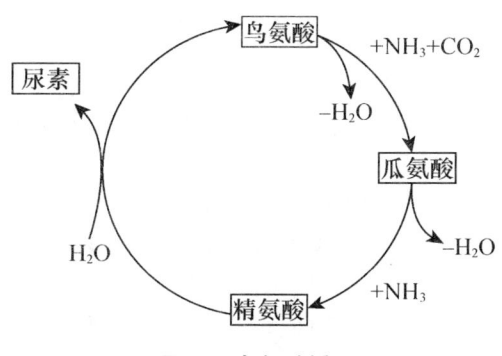

图6-6 鸟氨酸循环

$$NH_3+CO_2+H_2O+2ATP \xrightarrow{CPS-I} 氨基甲酰磷酸+2ADP+Pi$$

N-乙酰谷氨酸由乙酰辅酶 A 和谷氨酸合成,它是 CPS-I 的别构激活剂。

(2) 瓜氨酸的合成:在鸟氨酸氨甲酰基转移酶的催化下,氨基甲酰磷酸的氨甲酰基转移至鸟氨酸上生成瓜氨酸,此反应不可逆。其中所需的鸟氨酸是由胞液进入线粒体的,瓜氨酸合成后又由线粒体转运至胞液。

(3) 精氨酸的合成:在胞液内,瓜氨酸与天冬氨酸在精氨酸代琥珀酸合成酶的催化下,由 ATP 供能合成精氨酸代琥珀酸,后者在精氨酸代琥珀酸裂解酶的催化下,分解成为精氨酸和延胡索酸。

(4) 精氨酸水解生成尿素:精氨酸在胞液中精氨酸酶的作用下,水解生成尿素和鸟氨酸,鸟氨酸再进入线粒体参与瓜氨酸的合成,如此循环,尿素不断合成(图 6-7)。

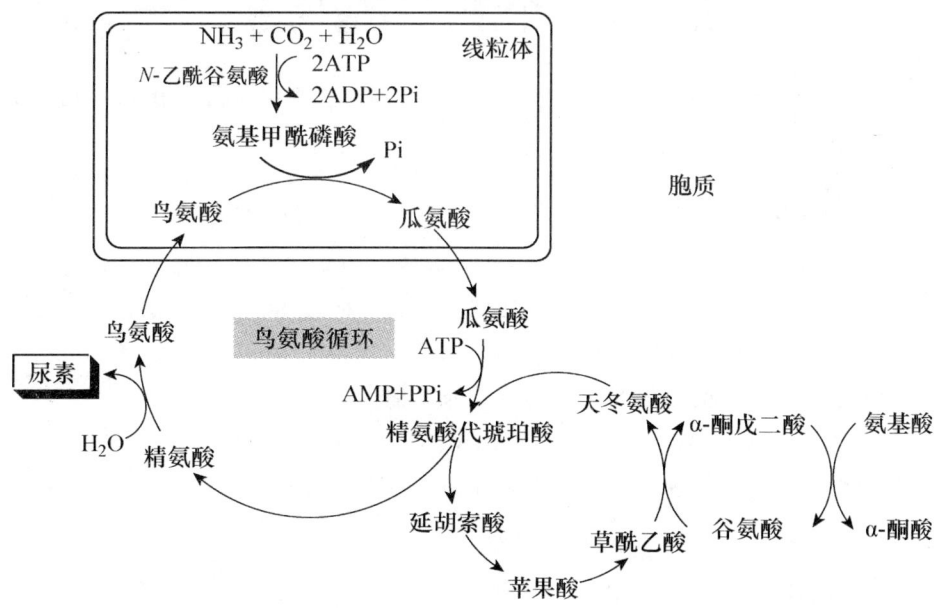

图 6-7 鸟氨酸循环的中间步骤

在尿素合成的酶系中,精氨酸代琥珀酸合成酶的活性最低,是尿素合成的限速酶。合成尿素的两个氮原子,一个来自氨基酸脱氨基生成的氨,另一个则由天冬氨酸提供,而天冬氨酸又可由多种氨基酸通过转氨基作用生成。因此,尿素分子中的两个氮原子都是直接或间接来源于多种氨基酸。另外尿素的生成是耗能过程，每合成 1 分子尿素需消耗 3 分子 ATP。

（四）高氨血症与氨中毒

正常情况下，血氨的来源、运输与去路保持动态平衡，血氨浓度处于较低水平。氨在肝中合成尿素是维持这种平衡的关键。当肝功能严重损伤时，尿素合成障碍，血氨浓度增高，称为高氨血症。氨进入脑组织，可与脑中的 α-酮戊二酸经还原氨基化而合成谷氨酸，氨还可进一步与脑中的谷氨酸结合生成谷氨酰胺。这两步反应需消耗 NADH+H^+ 和 ATP，并使脑细胞中的 α-酮戊二酸减少，导致三羧酸循环和氧化磷酸化作用减弱，从而使脑组织中 ATP 生成减少，引起大脑功能障碍，严重时可产生昏迷，这就是肝性脑病氨中毒学说。

四、α-酮酸的代谢

α-酮酸主要有三条代谢去路。

1. 经氨基化作用生成营养非必需氨基酸　α-酮酸可在转氨酶催化下接受从谷氨酸转出的氨基而生成各种相应的氨基酸。

2. 转变成糖或脂肪　在体内可以转变成糖的氨基酸称为生糖氨基酸，能转变为酮体者称为生酮氨基酸，二者兼有则称为生糖兼生酮氨基酸。生糖氨基酸脱氨所生成的 α-酮酸可以转变为丙酮酸或三羧酸循环的各种中间产物，这些物质可进一步异生为葡萄糖；生酮氨基酸对应的 α-酮酸，可以转变为乙酰 CoA 或乙酰乙酰 CoA，进一步转变为酮体或脂肪酸。

3. 氧化供能　不同的 α-酮酸在体内可通过三羧酸循环与氧化磷酸化彻底氧化，产生 CO_2 和 H_2O，并释放出能量供机体生理活动的需要。

第三节　个别氨基酸代谢

氨基酸除了共有的代谢途径外，个别氨基酸还有与其自身结构相关的特殊代谢途径，其代谢产物有些对机体具有重要的生理功能。

一、氨基酸的脱羧基作用

在氨基酸分解代谢中，有些氨基酸可通过脱羧基作用生成相应的胺类物质和 CO_2。催化氨基酸脱羧的酶为氨基酸脱羧酶，该酶的辅酶是含维生素 B_6 的磷酸吡哆醛。某些氨基酸脱羧生成的胺类物质在体内具有重要的生理功能。

（一）谷氨酸经谷氨酸脱羧酶催化生成 γ-氨基丁酸

谷氨酸脱羧酶在脑、肾组织中活性高，故脑组织中 γ-氨基丁酸（GABA）含量高。GABA 是中枢神经系统的抑制性神经递质，其作用是抑制突触传导，具有镇静、镇惊、镇吐等作用。

（二）组氨酸经组氨酸脱羧酶催化生成组胺

组胺在体内分布广泛，主要由肥大细胞产生。乳腺、肝、肺、肌肉及胃黏膜等肥大细胞在创伤性休克及过敏反应等情况下，均可释放组胺。组胺是一种强烈的血管舒张剂，并能增加毛细血管通透性。当组胺产生过多时，可造成血压降低、甚至休克；组胺还可使平滑肌收缩，引起支气管痉挛，导致哮喘；组胺还可刺激胃液、胃蛋白酶和胃酸的分泌，可用于研究胃的分泌活动。

$$\text{组氨酸} \xrightarrow{\text{组氨酸脱羧酶}} \text{组胺} + CO_2$$

（三）色氨酸经 5-羟色氨酸脱羧生成 5-羟色胺

色氨酸经色氨酸羟化酶催化生成 5-羟色氨酸，后者再经 5-羟色氨酸脱羧酶的催化生成 5-羟色胺（5-HT，或称血清素）。5-HT 在脑组织及神经细胞的突触小泡含量高，它是一种抑制性神经递质，与人的镇静、镇痛和睡眠有关。在外周组织，5-HT 具有强烈的收缩血管作用。

（四）精氨酸及鸟氨酸脱羧生成多胺

精氨酸水解生成的鸟氨酸经脱羧作用先生成腐胺（二胺），然后再与 S-腺苷甲硫氨酸脱羧基生成的丙胺基反应，转变成精脒（三胺）及精胺（四胺），三者总称为多胺。

精脒和精胺是调节细胞生长的重要物质，它们带有多个正电荷，能与负电性强的 DNA 或 RNA 结合，具有稳定 DNA 或 RNA 的结构、促进核酸和蛋白质的生物合成，进而调节细胞生长的重要作用。因此，多胺与细胞的增殖和生长有关，是细胞的生长因子。凡生长旺盛的组织，如胚胎、再生肝或癌瘤组织，鸟氨酸脱羧酶的活性及多胺的含量均升高。目前临床上已将血、尿中多胺的测定作为对肿瘤的辅助诊断及观察病情变化的检测指标之一。

二、一碳单位的代谢

（一）一碳单位的概念

某些氨基酸在分解代谢中产生的含有一个碳原子的基团，称一碳单位（one carbon unit），又称一碳基团。主要包括：甲基（—CH_3）、亚甲基（—CH_2—）、次甲基（=CH—）、亚氨甲基（—CH=NH）、甲酰基（—CHO）等。

（二）一碳单位的载体及其功能

一碳单位不能单独游离存在，而是以四氢叶酸（FH_4）为载体，在体内转运和参加代谢。

FH_4 作为一碳单位转移酶的辅酶，是由叶酸经二氢叶酸还原酶的作用，通过两次还原反应生成的。FH_4 分子中的 N^5 和 N^{10} 是其携带一碳单位的部位（图 6-8）。其与一碳单位结合的形式包括：N^5-甲基四氢叶酸（N^5-CH_3-FH_4），N^5，N^{10}-甲烯四氢叶酸（N^5，N^{10}-CH_2-FH_4）、N^5，N^{10}-甲炔四氢叶酸（N^5，N^{10}=CH-FH_4）、N^{10}-甲酰四氢叶酸（N^{10}-CHO-FH_4）及 N^5-亚氨甲基四氢叶酸（N^5-CH=NH-FH_4）。

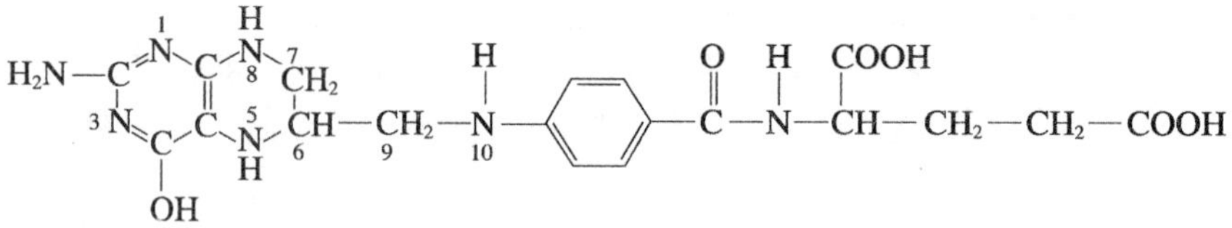

112 第六章 蛋白质分解代谢

图 6-8 四氢叶酸的结构式

（三）一碳单位的来源与转变

一碳单位主要来自甘氨酸、丝氨酸、组氨酸和色氨酸的代谢。它们彼此之间通过氧化还原反应能相互转变，但 N^5-甲基四氢叶酸的生成是不可逆的。

N^5-甲基四氢叶酸虽然不能直接由氨基酸分解而成，但可在 N^5，N^{10}-甲烯四氢叶酸还原酶的作用下，使 N^5，N^{10}-甲炔四氢叶酸不可逆地还原生成 N^5-甲基四氢叶酸。

（四）一碳单位的生理功能

> 一碳单位是某些特殊氨基酸分解代谢的产物。

一碳单位是合成嘌呤、嘧啶核苷酸的原料，在核酸的生物合成中有着重要的作用；它还参与多种重要化合物的合成，如肾上腺素、胆碱、肌酸等，故一碳单位与蛋白质、核酸代谢密切相关，进而与细胞的增殖、组织生长和机体发育等重要过程密切相关。

一碳单位代谢异常或 FH_4 缺乏，可导致疾病发生，如叶酸缺乏可引起巨幼细胞贫血等。

三、含硫氨基酸的代谢

含硫氨基酸包括甲硫氨酸（又称蛋氨酸）、半胱氨酸和胱氨酸。这三种氨基酸在代谢上相互联系，甲硫氨酸可转变为半胱氨酸和胱氨酸，半胱氨酸和胱氨酸又可互变，但后两者不能转变为甲硫氨酸。

（一）甲硫氨酸代谢与转甲基作用

甲硫氨酸分子结构中含有甲基和硫，在体内可参与多种转甲基作用。但反应前，甲硫氨酸先与 ATP 作用，活化成 S-腺苷甲硫氨酸（S-adenosylmethionine，SAM），SAM 是体内最重要的甲基供体，在甲基转移酶作用下可将甲基转移给甲基接受体生成多种甲基化合物，如肾上腺素、胆碱、肉碱、肌酸等均是含甲基的重要生理活性物质。

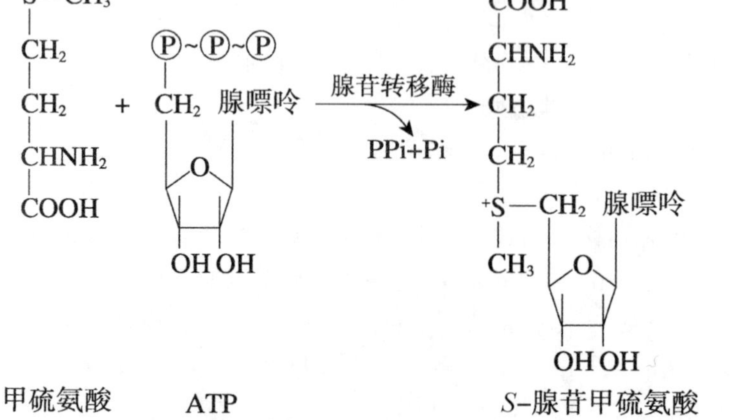

甲硫氨酸　　　　ATP　　　　　　　　　　S-腺苷甲硫氨酸

SAM 作为活泼甲基的直接供体,当 SAM 去甲基后生成 S-腺苷高半胱氨酸,后者再脱去腺苷,生成高半胱氨酸。从甲硫氨酸活化为 SAM,到转出甲基及再生成甲硫氨酸这一循环反应,称为甲硫氨酸循环(图 6-9)。

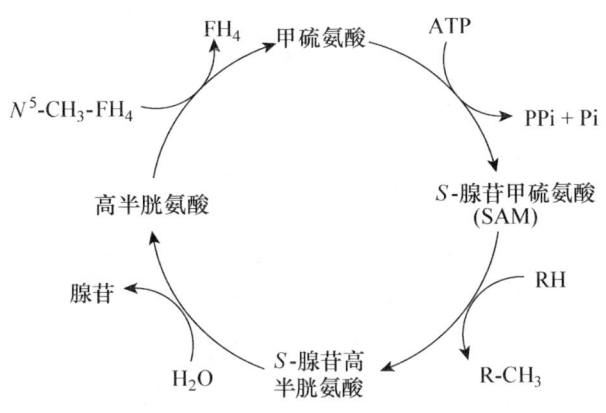

图 6-9 甲硫氨酸循环

甲硫氨酸循环的生理意义:①提供活泼甲基,减少甲硫氨酸的消耗,提高甲硫氨酸的利用率;②N^5-CH_3-FH_4 是体内甲基的间接供体,增加了 FH_4 的利用率。

维生素 B_{12} 是合成甲硫氨酸的 N^5-CH_3-FH_4 转甲基酶的辅酶。维生素 B_{12} 缺乏时,N^5-CH_3-FH_4 上的甲基不能转移给高半胱氨酸,既影响了甲硫氨酸的合成,又妨碍了 FH_4 的再利用,使细胞中的 FH_4 浓度降低,影响一碳单位的代谢,进而影响 DNA 的合成,影响细胞的分裂,从而导致巨幼细胞贫血。此外,维生素 B_{12} 缺乏还会造成血中高半胱氨酸浓度升高。现已证实,高同型半胱氨酸血症为动脉粥样硬化发病的独立危险因子。

(二)半胱氨酸具有多种代谢途径

半胱氨酸经代谢可为机体提供牛磺酸、活性硫酸根、谷胱甘肽以及稳定蛋白质结构的二硫键。

1. **半胱氨酸与胱氨酸互变** 半胱氨酸含有巯基(—SH),胱氨酸含有二硫键(—S—S—),两者可通过氧化还原反应而互变。

$$\begin{array}{c} CH_2SH \\ | \\ CHNH_2 \\ | \\ COOH \end{array} + \begin{array}{c} CH_2SH \\ | \\ CHNH_2 \\ | \\ COOH \end{array} \underset{+2H}{\overset{-2H}{\rightleftarrows}} \begin{array}{c} CH_2-S-S-CH_2 \\ | \qquad\qquad | \\ CHNH_2 \qquad CHNH_2 \\ | \qquad\qquad | \\ COOH \qquad COOH \end{array}$$

半胱氨酸　　　　　　　　　　　　　胱氨酸

半胱氨酸的—SH 是许多蛋白质或酶的活性基团,如琥珀酸脱氢酶、乳酸脱氢酶等均含有—SH,称为巯基酶。两个半胱氨酸残基间所形成的二硫键对于维持蛋白质空间构象起着重要作用。

2. **半胱氨酸可生成牛磺酸** 半胱氨酸的—SH 经连续氧化形成磺酸基(—SO_3H),再经脱羧酶的催化脱去羧基而生成牛磺酸。牛磺酸主要在肝内用于合成结合型胆汁酸。

3. **半胱氨酸生成活性硫酸根** 半胱氨酸经非氧化脱氨基作用可分解生成 H_2S、NH_3 和丙酮酸。H_2S 经氧化生成硫酸(根)。体内生成的硫酸(根)一部分以无机盐的形式随尿排

$$\underset{\text{半胱氨酸}}{\begin{array}{c}\text{COOH}\\|\\\text{CH}-\text{NH}_2\\|\\\text{CH}_2-\text{SH}\end{array}} \xrightarrow{3[O]} \underset{\text{磺酸丙氨酸}}{\begin{array}{c}\text{COOH}\\|\\\text{CH}-\text{NH}_2\\|\\\text{CH}_2-\text{SO}_3\text{H}\end{array}} \xrightarrow[\text{↘ CO}_2]{\text{磺酸丙氨酸脱羧酶}} \underset{\text{牛磺酸}}{\begin{array}{c}\text{CH}_2-\text{NH}_2\\|\\\text{CH}_2-\text{SO}_3\text{H}\end{array}}$$

出，一部分经 ATP 活化生成 3'-磷酸腺苷-5'-磷酰硫酸（PAPS），即活性硫酸根。PAPS 既是肝内进行生物转化的一种结合物质，也是使软骨等组织的多糖形成硫酸酯的重要物质。

$$SO_4^{2-} + ATP \xrightarrow[\text{硫酸化酶}]{\text{ATP}} \text{腺苷-5'-磷酸硫酸} \xrightarrow[\text{ATP} \searrow \text{ADP}]{\text{腺苷磷酸硫酸激酶}} \underset{\text{(PAPS)}}{\text{3'-磷酸腺苷-5'-磷酸硫酸}}$$

4. 半胱氨酸与谷氨酸及甘氨酸合成谷胱甘肽 谷胱甘肽是由谷氨酸、甘氨酸和半胱氨酸构成的三肽，其中半胱氨酸的—SH 是谷胱甘肽的功能基团，具有还原性，故将还原型谷胱甘肽简写为 G-SH。G-SH 具有抗氧化功能，可保护细胞膜和细胞内的某些含巯基的酶与蛋白质不被氧化，维护其正常生物活性。

四、芳香族氨基酸的代谢

芳香族氨基酸包括苯丙氨酸、酪氨酸和色氨酸。酪氨酸可由苯丙氨酸羟化生成。

（一）苯丙氨酸与酪氨酸的代谢

1. 苯丙氨酸与酪氨酸的代谢转变 在体内，苯丙氨酸经苯丙氨酸羟化酶的催化可转变为酪氨酸，此反应为不可逆的反应，故酪氨酸不能转变为苯丙氨酸。酪氨酸进一步代谢，分别生成甲状腺激素、儿茶酚胺类化合物、黑色素等重要物质。

苯丙氨酸除能转变为酪氨酸外，少量可经转氨基作用生成苯丙酮酸。当先天性苯丙氨酸羟化酶缺乏时，不能将苯丙氨酸羟化为酪氨酸，只能经转氨基作用转变生成大量的苯丙酮酸，后者进一步转变成苯乙酸等衍生物，并随尿液排出。此时，尿中出现大量的苯丙酮酸及其代谢产物，临床上称为苯丙酮酸尿症（phenyl ketonuria，PKU）。苯丙酮酸的堆积对中枢神经系统有毒性，故患儿智力低下。此种患儿若早期发现，并适当控制膳食中的苯丙氨酸含量，可缓解症状并控制病情发展。

2. 酪氨酸转变为儿茶酚胺和黑色素或彻底氧化分解

（1）转变为儿茶酚胺类物质和黑色素 酪氨酸经羟化、脱羧后形成的一系列邻苯二酚胺类化合物，包括多巴胺、去甲肾上腺素和肾上腺素，总称为儿茶酚胺。儿茶酚胺是维持神经系统正常功能和正常代谢不可缺少的重要物质，多巴胺是一种神经递质，帕金森病患者多巴胺减少。

酪氨酸的另一条代谢途径是在黑色素细胞中，经酪氨酸酶催化，羟化生成多巴，多巴经氧化生成多巴醌，后者再经脱羧、环化反应，聚合为黑色素。先天性酪氨酸酶缺陷者，由于体内黑色素合成障碍，表现为皮肤、毛发色浅或异常发白，称为白化病。

（2）酪氨酸转变为乙酰乙酸和延胡索酸彻底氧化分解 酪氨酸在酪氨酸转氨酶的催化下，转变为对羟苯丙酮酸，再经氧化酶的催化生成尿黑酸等中间产物，后者进一步转变成乙酰乙酸和延胡索酸，分别进入糖和脂代谢途径。因此，苯丙氨酸与酪氨酸是生糖兼生酮氨基酸。先天性尿黑酸氧化酶缺陷患者尿黑酸氧化障碍，可出现尿黑酸尿症。

（3）酪氨酸合成甲状腺激素 酪氨酸在甲状腺内逐步碘化，生成甲状腺激素，包括三碘甲腺原氨酸（T_3）和甲状腺素（T_4）。T_3、T_4对机体的代谢起着重要的调节作用。

（二）色氨酸代谢

色氨酸除脱羧生成5-羟色胺（5-HT）外，在体内的降解过程中，还能生成其他有生物活性的物质。如褪黑素、一碳单位（N^{10}-甲酰四氢叶酸）和少量的烟酸。色氨酸分解可产生丙酮酸和乙酰乙酰CoA，故色氨酸是生糖兼生酮氨基酸。

实用小知识

临床上在治疗各种原因如烧伤、摄食困难、严重腹泻或外科手术等引起的低蛋白血症时，常可经静脉补充氨基酸制剂。例如，14氨基酸注射液-800，含14种氨基酸，包括8种营养必需氨基酸及组、精、甘、丙、丝、脯等，其中芳香族氨基酸含量极低，适用于肝硬化等。

名词注解

1. 氮平衡：人体每日摄入食物中的氮量与排泄物中氮量的比例关系，即为氮平衡。

2. 营养必需氨基酸：体内需要，又不能自行合成，必须由食物蛋白质供给的氨基酸，称为营养必需氨基酸。

3. 蛋白质互补作用：两种或两种以上食物蛋白质混合食用，其中所含有的必需氨基酸取长补短，相互补充，达到较好的比例，从而提高蛋白质利用率的作用，称为蛋白质互补作用。

4. 联合脱氨基作用：转氨基作用和氧化脱氨基作用联合进行，从而使氨基酸脱去氨基并氧化为α-酮酸的过程，称为联合脱氨基作用。

5. 鸟氨酸循环：肝中合成尿素的代谢通路。由氨及二氧化碳与鸟氨酸缩合形成瓜氨酸、精氨酸，再由精氨酸分解释出尿素，又称尿素循环。

6. 高氨血症：当肝功能严重损伤时，尿素合成障碍，血氨浓度增高，称为高氨血症。

小结

蛋白质是由氨基酸组成的，其主要生理功能有：构成机体组织的重要组分；转变成多种生理活性物质，如核苷酸、神经递质、某些激素、NO等；氧化供能。机体需不断补充蛋白质，以维持正常生命活动。

机体对蛋白质的需要量，通过氮平衡试验测得。氮平衡有以下三种情况：①氮总平衡（摄入氮＝排出氮），见于正常成人；②氮正平衡（摄入氮＞排出氮），见于生长发育期儿童、孕妇及疾病康复期患者等；③氮负平衡（摄入氮＜排出氮），见于饥饿及消耗性疾病患者等。为了维持长期氮总平衡，约需蛋白质80g/d。

不同的蛋白质因所含的氨基酸种类和数量不同,其营养价值也不同。体内不能合成而必须由食物来供给的氨基酸,称为营养必需氨基酸。共有8种,包括苏、赖、苯丙、甲硫、缬、色、亮、异亮氨酸。蛋白质的营养价值主要取决于营养必需氨基酸的含量、种类及其比例。越接近人体蛋白质合成所需,其营养价值越高。两种或两种以上营养价值较低的蛋白质混合食用,相互补充营养必需氨基酸的缺乏或不足,以提高各自蛋白质的营养价值称蛋白质的互补作用。

食物蛋白质的消化主要在小肠进行。在各种蛋白水解酶的协同作用下完成,最终生成氨基酸被吸收。未被消化、吸收的食物蛋白质及其水解产物在肠道细菌酶的作用下,发生腐败作用。腐败产物大多对人体有害,主要随粪便排出体外,部分被吸收进入体内,可在肝经生物转化后随尿排出。

食物蛋白质消化、吸收的氨基酸(外源性氨基酸)与体内组织蛋白质降解生成的氨基酸以及体内合成的营养非必需氨基酸(内源性氨基酸)共同构成氨基酸代谢库,没有彼此之分,在体内参与代谢。

氨基酸经脱氨基作用生成 α-酮酸和 NH_3 是其主要的分解代谢途径。脱氨基方式主要有转氨基、氧化脱氨基、联合脱氨基作用和嘌呤核苷酸循环。其中以转氨基与谷氨酸氧化脱氨基的联合脱氨基作用方式最重要。在心肌、骨骼肌等组织中,氨基酸主要通过嘌呤核苷酸循环的联合脱氨基方式脱氨。上述脱氨基方式都是可逆的,故也是体内合成营养非必需氨基酸的主要途径。

氨基酸经脱氨基作用生成的 α-酮酸的代谢途径主要有三条:①氧化供能;②再合成氨基酸;③转变为其他物质如糖及脂类物质等。

氨基酸分解产生的氨对机体是有毒性的,它以谷氨酰胺和丙氨酸的无毒形式运输到肝、肾。氨主要在肝经鸟氨酸循环生成尿素排出体外;少量的氨在肾以铵盐形式随尿排出。肝功能严重损伤时,可产生高氨血症及氨中毒。

有些氨基酸经脱羧基作用可生成对机体有重要生理功能的胺类物质,如γ-氨基丁酸、组胺、5-羟色胺、牛磺酸、多胺等。

某些氨基酸在分解代谢过程中产生含有一个碳原子的基团,称为一碳单位。如—CH_3、—CH_2—等,主要来自甘、丝、组、色氨酸。它们不能单独存在,主要由四氢叶酸携带转运。一碳单位的主要生理功能是用于合成嘌呤、嘧啶、肾上腺素等重要物质,同时也是联系氨基酸和核酸代谢的一个枢纽。

含硫氨基酸包括甲硫氨酸和半胱氨酸。甲硫氨酸的活化型为 S-腺苷甲硫氨酸,通过甲硫氨酸循环,作为甲基的直接供体,参与体内许多甲基化反应。半胱氨酸可转变成牛磺酸、合成谷胱甘肽。含硫氨基酸转变的活性硫酸根(3′-磷酸腺苷-5′-磷酸硫酸,PAPS)作为结合物参与肝内生物转化作用等。

芳香族氨基酸包括苯丙氨酸、酪氨酸。苯丙氨酸羟化生成酪氨酸,进一步代谢可生成甲状腺激素、儿茶酚胺类及黑色素等。苯丙氨酸或酪氨酸代谢的酶缺陷症有多种,如苯丙氨酸羟化酶缺陷导致苯丙酮尿症,并可出现痴呆;酪氨酸酶缺陷则出现白化病等。

(湖南环境生物职业技术学院　罗海勇)

第七章 核苷酸代谢

> **学习目标**
> 1. 记住核苷酸从头合成、补救合成的概念及脱氧核苷酸的生成方式。
> 2. 说出嘌呤核苷酸/嘧啶核苷酸分解代谢的产物，阐述核苷酸代谢异常引起的痛风病及其治疗。
> 3. 说明嘌呤碱及嘧啶碱合成的元素来源。
> 4. 叙述嘌呤核苷酸补救合成的生理意义。
> 5. 知道核苷酸的抗代谢物，简要阐明其基本作用机制。
> 6. 了解核苷酸的生物学功能；嘌呤及嘧啶核苷酸的合成过程。

核苷酸是核酸的基本组成单位，核苷酸在体内分布广泛，并具有重要的生理功能，如提供能量、构成辅酶、参与代谢调节、充当载体和活化中间产物等。

食物中的核苷酸以核蛋白的形式存在，在胃酸及小肠胰液和肠液中的水解酶作用下可以逐步水解，生成的各种水解产物均可被吸收，其中磷酸和戊糖可以被机体再利用，嘌呤碱和嘧啶碱很少被机体利用，最终被降解为代谢终产物排出体外。

人体所需的核苷酸主要由机体细胞自身合成，核苷酸不属于营养必需物质。体内核苷酸的合成有两条途径：从头合成途径和补救合成途径。

第一节 核苷酸合成代谢

体内核苷酸的合成有两条途径：①利用磷酸核糖、氨基酸、一碳单位及 CO_2 等简单物质为原料合成核苷酸的过程，称为从头合成（de novo synthesis）途径，是体内核苷酸的主要合成途径。②利用体内游离碱基或核苷，经简单反应生成核苷酸的过程，称补救合成（salvage synthesis）（或重新利用）途径。在部分组织如脑、骨髓中只能通过此途径合成核苷酸。

一、嘌呤核苷酸的合成代谢

（一）嘌呤核苷酸的从头合成

合成嘌呤核苷酸的原料为：核糖-5-磷酸、氨基酸（甘氨酸、天冬氨酸和谷氨酰胺）、CO_2 和一碳单位（N^{10}-CHO-FH_4、N^5、N^{10}-CH_2-FH_4）（图 7-1）。

体内嘌呤核苷酸的从头合成是在磷酸核糖的基础上逐步合成嘌呤环的，这是嘌呤核苷酸从头合成的一个重要特点。肝是体内从头合成嘌呤核苷酸的主要器官，其次是小肠黏膜及胸腺。现已证明，并不是所有的细胞都具有从头合成嘌呤核苷酸的能力。嘌呤核苷酸的从头合成主要在胞液中进行，可分为两个阶段：首先合成肌苷一磷酸（inosine mono phosphate，IMP，也称次黄嘌呤核苷酸）；然后通过不同途径分别生成 AMP 和 GMP。下面分步介绍嘌呤核苷酸的合成过程。

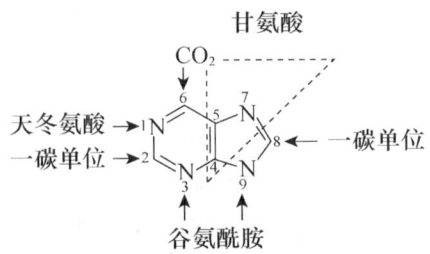

图 7-1 嘌呤环合成的原料来源

1. IMP 的合成：IMP 的合成包括 11 步反应（图 7-2）。

（1）核糖-5-磷酸的活化：嘌呤核苷酸合成的起始物为核糖-5-磷酸，是磷酸戊糖途径的代谢产物。嘌呤核苷酸从头合成的第一步是由磷酸核糖焦磷酸合成酶（PRPP 合成酶）催化，与 ATP 反应生成核糖-5-磷酸-1-焦磷酸（PRPP）。PRPP 同时也是核糖-5-磷酸参与嘧啶核苷酸及组氨酸、色氨酸合成的前体。因此，磷酸核糖焦磷酸合成酶是多种生物合成过程的重要酶，此酶为一变构酶，受多种代谢产物的变构调节。如焦磷酸（PPi）和 2,3-二磷酸甘油酸酯（2,3-DPG）为其变构激活剂；ADP 和 GDP 为其变构抑制剂。

（2）获得嘌呤的 N_9 原子：由磷酸核糖酰胺转移酶催化，谷氨酰胺提供酰胺基取代 PRPP 的焦磷酸基团，形成 5-磷酸核糖胺（PRA）。此步反应由焦磷酸的水解供能，是嘌呤合成的限速步骤。磷酸核糖酰胺转移酶为限速酶，受嘌呤核苷酸的反馈抑制。

（3）获得嘌呤的 C_4、C_5 和 N_7 原子：由 ATP 水解供能，由甘氨酰胺核苷酸合成酶催化甘氨酸与 PRA 缩合，生成甘氨酰胺核苷酸（GAR）。此步反应为可逆反应，是合成过程中唯一可同时获得多个原子的反应。

（4）获得嘌呤 C_8 原子：GAR 的自由 α-氨基甲酰化生成甲酰甘氨酰胺核苷酸（FGAR）。由 N^5，N^{10}-甲炔-FH_4 提供甲酰基。催化此反应的酶为 GAR 甲酰转移酶。

（5）获得嘌呤的 N_3 原子：第二个谷氨酰胺的酰胺基转移到正在生成的嘌呤环上，生成甲酰甘氨脒核苷酸（FGAM）。此反应为耗能反应，由 ATP 水解供能。

（6）嘌呤咪唑环的形成：FGAM 经过耗能的分子内重排，环化生成 5-氨基咪唑核苷酸（AIR）。

（7）获得嘌呤 C_6 原子：C_6 原子由 CO_2 提供，由 AIR 羧化酶催化生成羧基氨基咪唑核苷酸（CAIR）。

（8）获得 N_1 原子：由天冬氨酸与 AIR 缩合反应，生成 5-氨基咪唑-4-（N-琥珀酰胺）核苷酸（SACAIR）。此反应与步骤（3）相似，由 ATP 水解供能。

（9）去除延胡索酸：SACAIR 在 SACAIR 甲酰转移酶的催化下脱去延胡索酸，生成 5-氨基咪唑-4-甲酰胺核苷酸（AICAR）。（8）、（9）两步反应与尿素循环中精氨酸生成鸟氨酸的反应相似。

（10）获得 C_2：嘌呤环的最后一个 C 原子由 N^{10}-甲酰-FH_4 提供，由 AICAR 甲酰转移酶催化 AICAR 甲酰化生成 5-甲酰胺基咪唑-4-甲酰胺核苷酸（FAICAR）。

（11）环化生成 IMP：FAICAR 脱水环化生成 IMP。与反应（6）相反，此环化反应无需 ATP 供能。

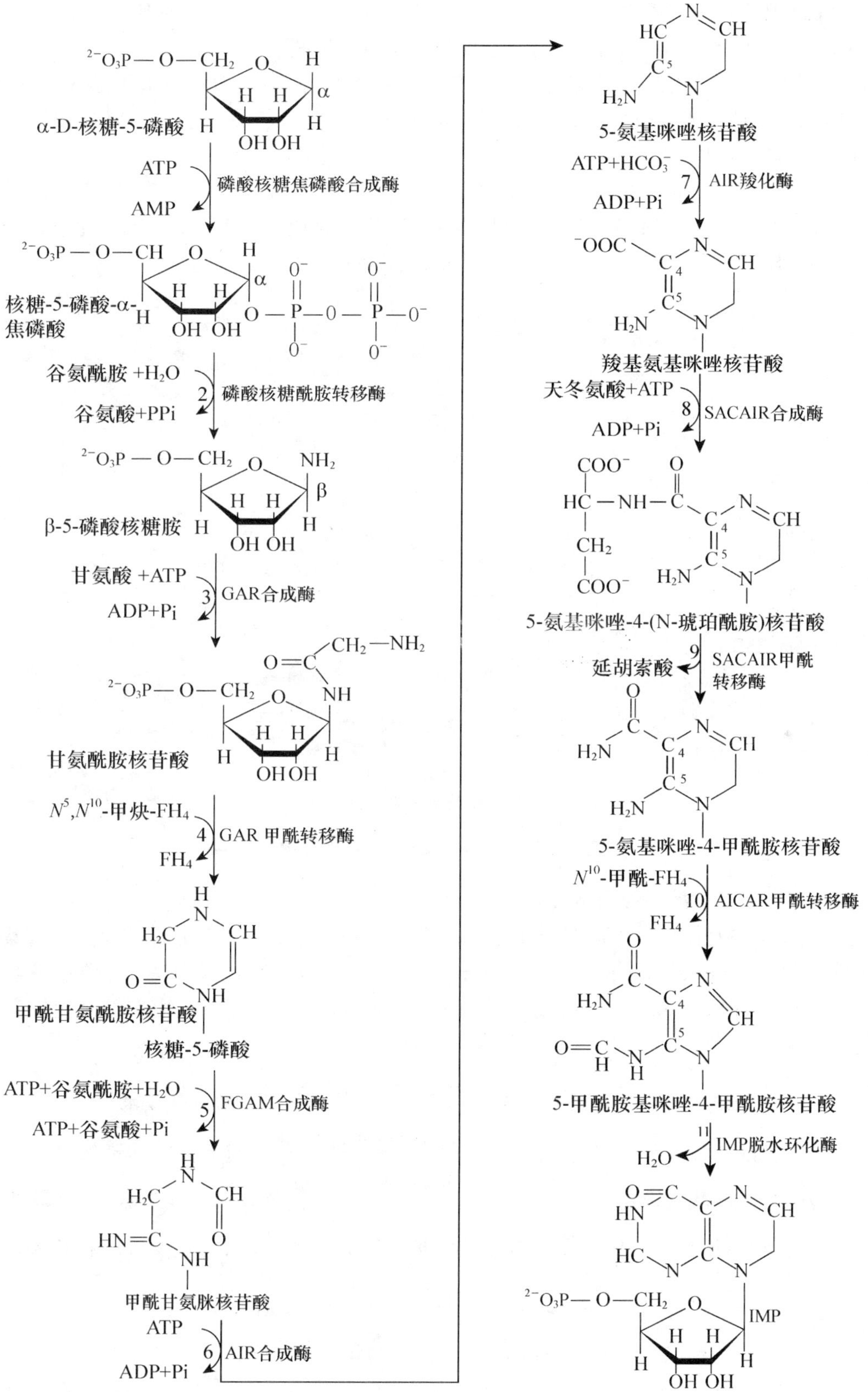
α-D-核糖-5-磷酸
ATP
AMP
磷酸核糖焦磷酸合成酶
核糖-5-磷酸-α-焦磷酸
谷氨酰胺 +H_2O
谷氨酸+PPi
2
磷酸核糖酰胺转移酶
β-5-磷酸核糖胺
甘氨酸 +ATP
ADP+Pi
3
GAR合成酶
甘氨酰胺核苷酸
N^5,N^{10}-甲炔-FH_4
FH_4
4
GAR 甲酰转移酶
甲酰甘氨酰胺核苷酸
核糖-5-磷酸
ATP+谷氨酰胺+H_2O
ATP+谷氨酸+Pi
5
FGAM合成酶
甲酰甘氨脒核苷酸
ATP
ADP+Pi
6
AIR合成酶
5-氨基咪唑核苷酸
ATP+HCO_3^-
ADP+Pi
7
AIR羧化酶
羧基氨基咪唑核苷酸
天冬氨酸+ATP
ADP+Pi
8
SACAIR合成酶
5-氨基咪唑-4-(N-琥珀酰胺)核苷酸
延胡索酸
9
SACAIR甲酰转移酶
5-氨基咪唑-4-甲酰胺核苷酸
N^{10}-甲酰-FH_4
FH_4
10
AICAR甲酰转移酶
5-甲酰胺基咪唑-4-甲酰胺核苷酸
H_2O
11
IMP脱水环化酶
IMP

图 7-2 **IMP 的合成**

2. 由 IMP 生成 AMP 和 GMP　上述反应生成的 IMP 并不堆积在细胞内，而是迅速转变为 AMP 和 GMP。AMP 与 IMP 的差别仅是 6 位酮基被氨基取代。

（1）AMP 的生成由两步反应完成：①天冬氨酸的氨基与 IMP 相连生成腺苷酸代琥珀酸，由腺苷酸代琥珀酸合成酶催化，GTP 水解供能。②在腺苷酸代琥珀酸裂合酶作用下脱去延胡索酸生成 AMP。

（2）GMP 的生成也由两步反应完成：①IMP 由 IMP 脱氢酶催化，以 NAD^+ 为受氢体，氧化生成黄苷一磷酸（XMP）。②谷氨酰胺提供酰胺基取代 XMP 中 C_2 上的氧生成 GMP，此反应由 GMP 合成酶催化，由 ATP 水解供能（图 7-3）。

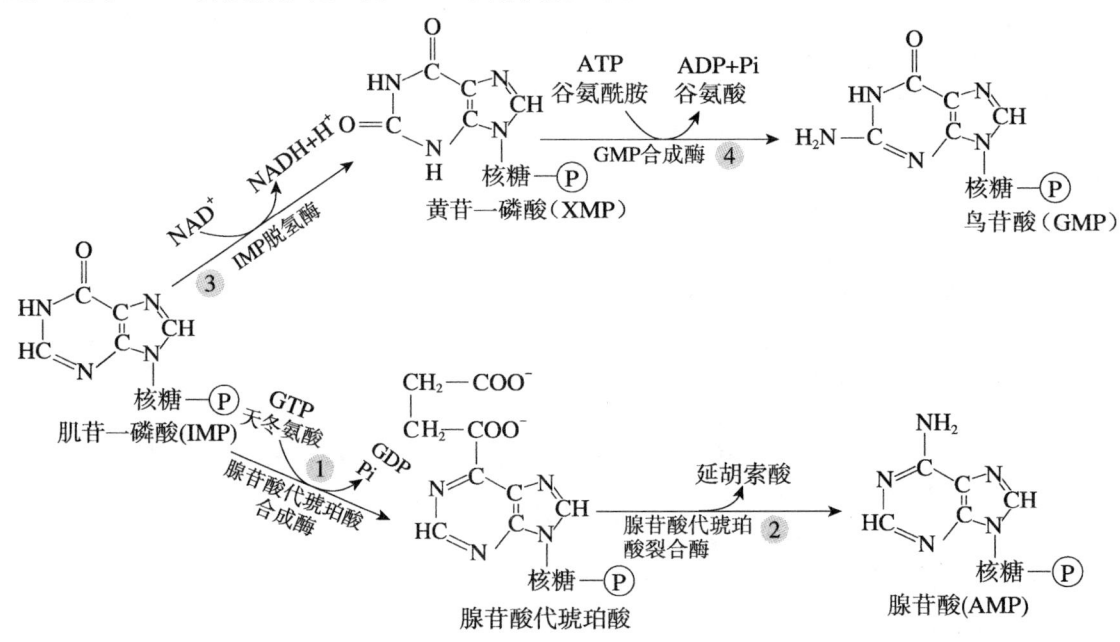

图 7-3　IMP 分别生成 AMP 和 GMP

（二）嘌呤核苷酸的补救合成途径

与从头合成途径不同，嘌呤核苷酸的补救合成过程较简单，消耗能量亦较少。腺嘌呤磷酸核糖转移酶（adenine phosphoribosyl transferase，APRT）和次黄嘌呤-鸟嘌呤磷酸核糖转移酶（hypoxanthine-guanine phosphoribosyl transferase，HGPRT）由 PRPP 提供磷酸核糖，它们分别催化 AMP 和 IMP、GMP 的补救合成。

$$\text{腺嘌呤} + \text{磷酸核糖焦磷酸} \xrightarrow{\text{腺嘌呤磷酸核糖转移酶}} \text{腺苷酸} + \text{焦磷酸}$$

$$\text{鸟嘌呤} + \text{磷酸核糖焦磷酸} \xrightarrow{\text{次黄嘌呤-鸟嘌呤磷酸核糖转移酶}} \text{鸟苷酸} + \text{焦磷酸}$$

$$\text{次黄嘌呤} + \text{磷酸核糖焦磷酸} \xrightarrow{\text{次黄嘌呤-鸟嘌呤磷酸核糖转移酶}} \text{次黄嘌呤核苷酸} + \text{焦磷酸}$$

人体内嘌呤核苷的重新利用是由腺苷激酶催化，使腺嘌呤核苷生成腺嘌呤核苷酸。

$$\text{腺苷} \xrightarrow[\text{ATP} \quad \text{ADP}]{\text{腺苷激酶}} \text{AMP}$$

嘌呤核苷酸补救合成是一种次要途径。其生理意义一方面在于可以节省能量及减少氨基酸的消耗,另一方面对某些缺乏从头合成途径的组织,如人的白细胞和血小板、脑、骨髓、脾等,具有重要的生理意义。例如 Lesh-Nyhan 综合征是由于 HGPRT 的严重遗传缺陷所致。此种疾病是一种性连锁遗传缺陷,常见于男性患儿,表现为尿酸增高及神经异常,如脑发育不全,智力低下,具有攻击和破坏性行为,常咬伤自己的嘴唇、手和足趾,故亦称自毁容貌症。

二、嘧啶核苷酸的合成代谢

(一) 嘧啶核苷酸的从头合成

与嘌呤核苷酸从头合成相比,嘧啶核苷酸的从头合成较简单,同位素示踪证明,构成嘧啶环的 N_1、C_4、C_5 及 C_6 均由天冬氨酸提供,C_2 来源于 CO_2,N_3 来源于谷氨酰胺(图 7-4)。

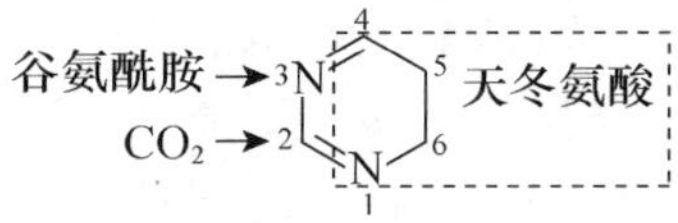

图 7-4 嘧啶环合成的原料来源

嘧啶核苷酸的合成是先合成嘧啶环,然后再与磷酸核糖相连而成。这是嘧啶核苷酸从头合成的特点。

1. 尿苷一磷酸(UMP)的合成,由 6 步反应完成(图 7-5)。

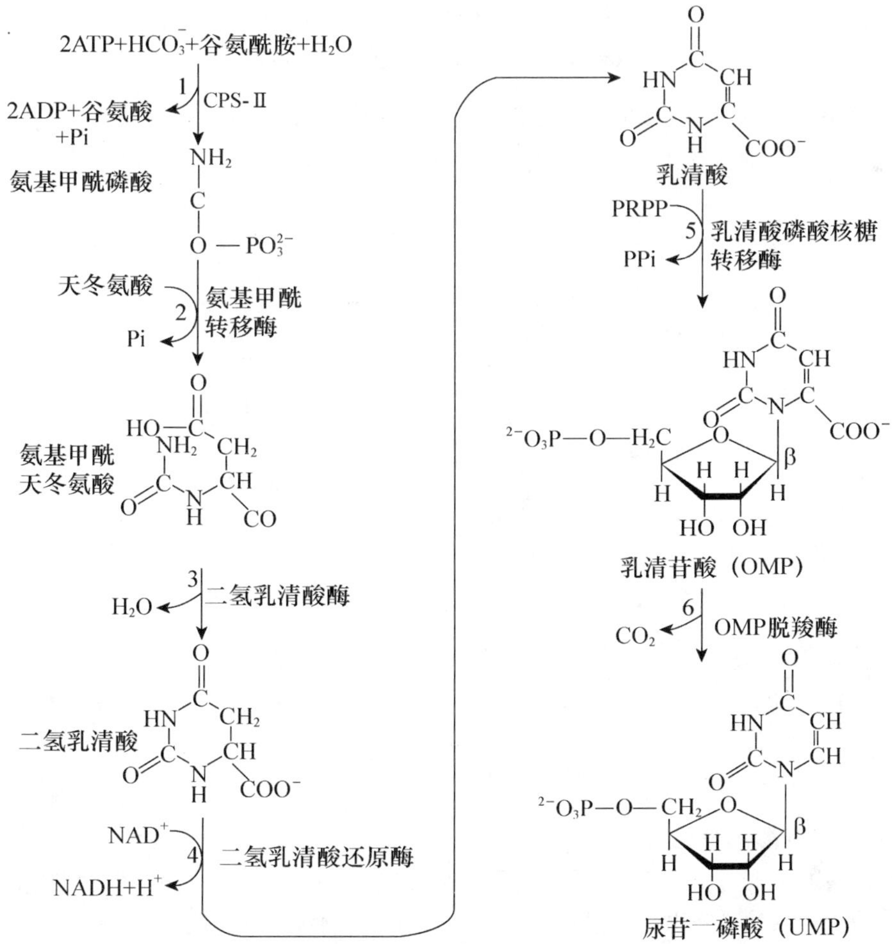

图 7-5 UMP 的生物合成

(1) 合成氨基甲酰磷酸（carbamoyl phosphate）：嘧啶合成的第一步是生成氨基甲酰磷酸，由氨基甲酰磷酸合成酶Ⅱ（carbamoyl phosphate synthetase Ⅱ，CPS-Ⅱ）催化 CO_2 与谷氨酰胺缩合生成。正如氨基酸代谢中所讨论的，氨基甲酰磷酸也是尿素合成的起始产物，但尿素合成中所需的氨基甲酰磷酸是在肝线粒体中由 CPS-Ⅰ 催化合成的，以 NH_3 为氮源，而嘧啶合成中的氨基甲酰磷酸在胞液中由 CPS-Ⅱ 催化生成，利用谷氨酰胺提供氮源。此步骤为限速步骤。

(2) 合成甲酰天冬氨酸：由天冬氨酸氨基甲酰转移酶催化天冬氨酸与氨基甲酰磷酸缩合，生成氨基甲酰天冬氨酸。此反应为细菌嘧啶合成的限速步骤。

(3) 闭环生成二氢乳清酸：由二氢乳清酸酶催化氨基甲酰天冬氨酸脱水、分子内重排，形成具有嘧啶环的二氢乳清酸。

(4) 二氢乳清酸的氧化：由二氢乳清酸还原酶催化，二氢乳清酸氧化生成乳清酸。

(5) 获得磷酸核糖：由乳清酸磷酸核糖转移酶催化乳清酸与 PRPP 反应，生成乳清苷酸（orotidine-5′-monophosphate，OMP），由 PRPP 水解供能。

(6) 脱羧生成 UMP：由 OMP 脱羧酶催化 OMP 脱羧生成 UMP。

乳清酸磷酸核糖转移酶和 OMP 脱羧酶双功能酶的缺陷，可导致乳清酸尿症，主要表现为尿中排出大量乳清酸、生长迟缓和重度贫血。

2. UTP 和 CTP 的合成　尿苷三磷酸（UTP）的合成与三磷酸嘌呤核苷的合成相似。

$$UMP+ATP \rightleftharpoons UDP+ADP$$

$$UDP+ATP \rightleftharpoons UTP+ADP$$

胞苷三磷酸（CTP）由 CTP 合成酶催化 UTP 加氨生成（图 7-6）。动物体内，氨基由谷氨酰胺提供，在细菌则直接由 NH_3 提供。此反应消耗 1 分子 ATP。

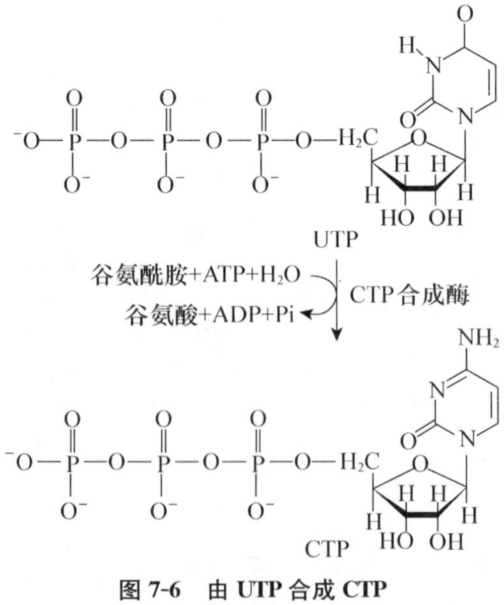

图 7-6　由 UTP 合成 CTP

（二）嘧啶核苷酸的补救合成

嘧啶核苷酸的补救途径，可通过嘧啶磷酸核糖转移酶催化，使各种嘧啶碱接受 PRPP 供给的磷酸核糖基直接生成嘧啶核苷酸；也可在核苷磷酸化酶的催化下，嘧啶碱先与核糖-1-磷酸反应生成嘧啶核苷，再在嘧啶核苷激酶催化下，被磷酸化生成核苷酸。

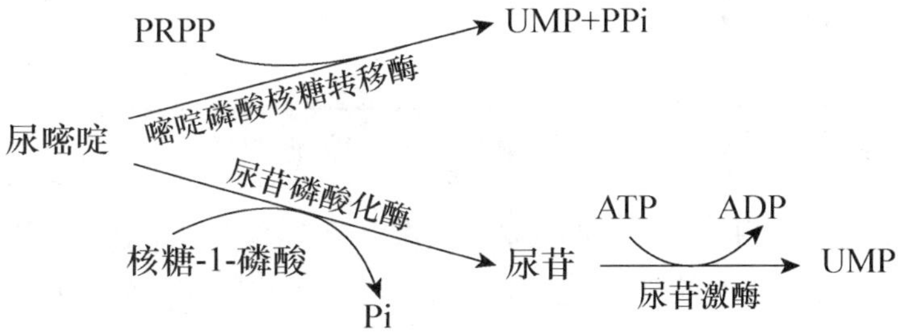

```
                PRPP          UMP+PPi
              嘧啶磷酸核糖转移酶
    尿嘧啶
              尿苷磷酸化酶        ATP   ADP
    核糖-1-磷酸          尿苷              UMP
                     Pi        尿苷激酶
```

（三）脱氧胸腺嘧啶核苷酸的生成

脱氧胸腺嘧啶核苷酸（dTMP）是由脱氧尿苷一磷酸（dUMP）甲基化生成。dUMP 甲基化生成 dTMP 由胸苷酸合酶催化，N^5，N^{10}-甲烯 FH_4 提供甲基（图 7-7）。

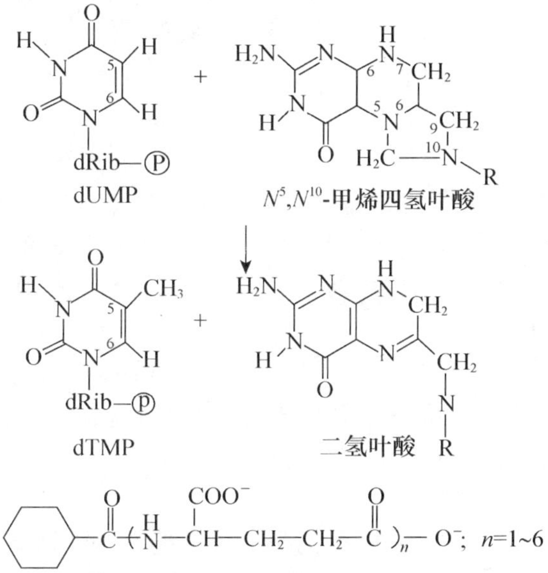

图 7-7　dTMP 的生成

三、脱氧核糖核苷酸的合成

脱氧核糖核苷酸是通过相应核糖核苷酸还原，以 H 取代其核糖分子中 C_2 上的羟基而生成。此还原作用是在核苷二磷酸（NDP）水平上进行的。(此处 N 代表 A、G、U、C 等碱基)。催化脱氧核糖核苷酸生成的酶是核糖核苷酸还原酶。硫氧化还原蛋白是此酶的一种生理还原剂，所含的巯基在核糖核苷酸还原酶作用下氧化为二硫键，后者再由 NADPH 供氢重新还原为还原型的硫氧化还原蛋白。因此，NADPH 是 NDP 还原为 dNDP 的最终还原剂（图 7-8）。

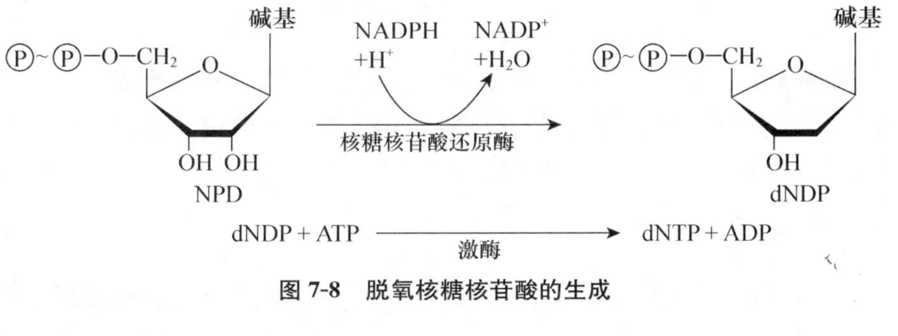

图 7-8　脱氧核糖核苷酸的生成

四、核苷酸的抗代谢物

> 核苷酸的抗代谢物是碱基、氨基酸和叶酸等的类似物。

核苷酸的抗代谢物主要以竞争性抑制或"以假乱真"等方式干扰或阻断核苷酸的合成代谢,从而进一步阻止核酸以及蛋白质的生物合成,具有一定的抗肿瘤作用。

(一)碱基类似物

6-巯基嘌呤(6-MP)是嘌呤类似物,其结构与次黄嘌呤相似,唯一不同的是分子中 C_6 上由巯基取代了羟基。6-MP 在体内经磷酸核糖化而生成 6-MP 核苷酸,并以这种形式抑制 IMP 转变为 AMP 及 GMP 的反应。6-MP 还能直接通过竞争性抑制,影响次黄嘌呤-鸟嘌呤磷酸核糖转移酶,阻止补救合成途径。此外,6-MP 核苷酸由于结构与 IMP 相似,还可以反馈抑制 PRPP 酰胺转移酶而干扰磷酸核糖胺的形成,从而阻断嘌呤核苷酸的从头合成。

其他嘌呤类似物还有 6-巯基鸟嘌呤、8-氮杂鸟嘌呤等。

嘧啶的类似物主要有 5-氟尿嘧啶(5-FU),其结构与胸腺嘧啶相似。5-FU 本身并无生物学活性,必须在体内转变成一磷酸脱氧核糖氟尿嘧啶核苷(FdUMP)及三磷酸氟尿嘧啶核苷(FUTP)后,才能发挥作用。FdUMP 与 dUMP 的结构相似,是胸苷酸合酶的抑制剂,使 dTMP 的合成被阻断。FUTP 可以 FUMP 的形式参入 RNA 分子,异常核苷酸的参入破坏了 RNA 的结构和功能。

(二)氨基酸类似物

氮杂丝氨酸和 6-重氮-5-氧正亮氨酸等结构与谷氨酰胺相似,可干扰谷氨酰胺在嘌呤核苷酸合成中的作用,从而抑制嘌呤核苷酸的合成。

(三)叶酸类似物

氨蝶呤及甲氨蝶呤(MTX)都是叶酸的类似物,能竞争性抑制二氢叶酸还原酶,使叶酸不能被还原成二氢叶酸及四氢叶酸,从而影响一碳单位的代谢,进而抑制了嘌呤核苷酸的合成。

(四)核苷类似物

如阿糖胞苷和安西他滨能抑制 CDP 还原成 dCDP,进而影响 DNA 的合成,是重要的抗癌药物。

上述药物缺乏对癌瘤细胞有特异性,故对增殖速度较旺盛的某些正常组织亦有杀伤性,因而有较大的毒副作用。

第二节 核苷酸分解代谢

体内核苷酸的分解代谢与食物中核苷酸的消化过程类似,可降解生成相应的碱基、戊糖或核糖-1-磷酸。核糖-1-磷酸在核糖磷酸变位酶催化下转变为核糖-5-磷酸,成为合成 PRPP 的原料。碱基可参加补救合成途径,亦可进一步分解。

一、嘌呤核苷酸的分解代谢

嘌呤核苷酸可以在核苷酸酶的催化下,脱去磷酸成为嘌呤核苷,嘌呤核苷在嘌呤核苷磷酸化酶（PNP）的催化下降解生成嘌呤。嘌呤又可经水解、脱氨及氧化作用生成尿酸（图 7-9）。

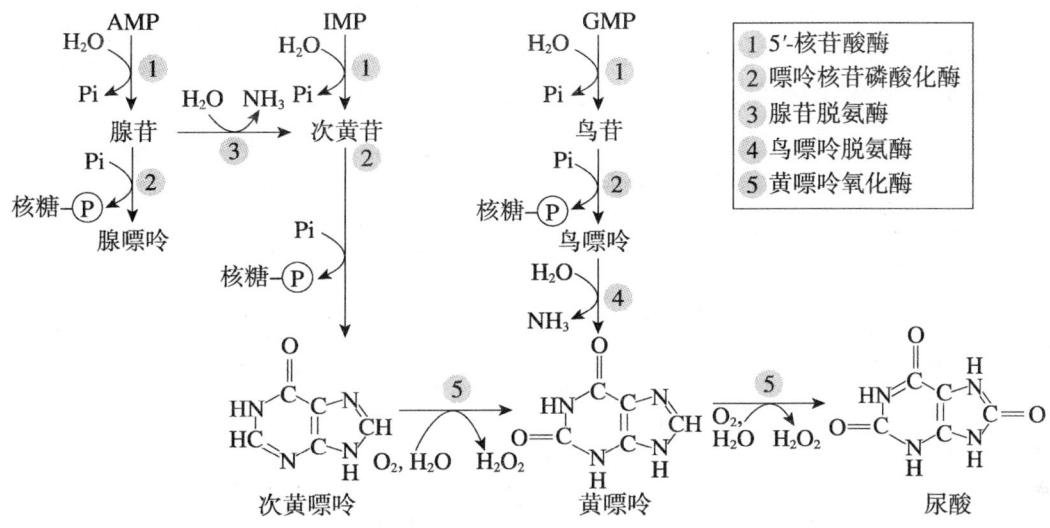

图 7-9 嘌呤核苷酸的分解代谢

体内嘌呤核苷酸的分解代谢主要在肝、小肠及肾中进行。正常生理情况下，嘌呤合成与分解处于相对平衡状态，所以尿酸的生成与排泄也较恒定。正常人血浆中尿酸含量约 0.12～0.36 mmol/L（2～6 mg/dl），男性平均为 0.27 mmol/L（4.5 mg/dl），女性平均为 0.21 mmol/L（3.5 mg/dl）左右。当体内核酸大量分解（恶性肿瘤等）或摄入高嘌呤食物时，血中尿酸水平升高，当超过 0.48 mmol/L（8 mg/dl）时，尿酸盐将过饱和而形成结晶，沉积于关节、软组织、软骨及肾等处，而导致关节炎、尿路结石及肾疾患，称为痛风症。痛风症多见于成年男性，其发病机制尚未阐明。

临床上常用别嘌呤醇治疗痛风症。别嘌呤醇与次黄嘌呤结构类似（图 7-10），只是分子中 N_7 与 C_8 互换了位置，故可抑制黄嘌呤氧化酶，从而抑制尿酸的生成。同时，别嘌呤在体内经代谢转变，与 PRPP 生成别嘌呤核苷酸，不仅消耗 PRPP，使其含量下降，而且还能反馈抑制 PRPP 酰胺转移酶，阻断嘌呤核苷酸的从头合成。

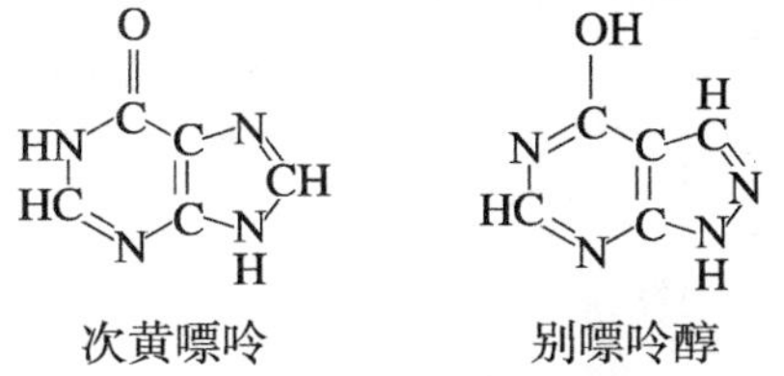

图 7-10 次黄嘌呤与别嘌呤醇结构比较

二、嘧啶核苷酸的分解代谢

嘧啶核苷酸的分解代谢途径与嘌呤核苷酸相似。首先通过核苷酸酶及核苷磷酸化酶的作用，分别除去磷酸和核糖，产生的嘧啶碱再进一步分解。

嘧啶核苷酸 $\xrightarrow[\text{核苷酸酶}]{H_3PO_4}$ 嘧啶核苷 $\xrightarrow[\text{核苷磷酸化酶}]{H_3PO_4 \quad R\text{-}1\text{-}\textcircled{P}}$ 嘧啶

嘧啶的分解代谢主要在肝中进行。分解代谢过程中有脱氨基、氧化、还原及脱羧基等反应。胞嘧啶脱氨基转变为尿嘧啶。尿嘧啶和胸腺嘧啶先在二氢嘧啶脱氢酶的催化下，由 $NADPH+H^+$ 供氢，分别还原为二氢尿嘧啶和二氢胸腺嘧啶。二氢嘧啶酶催化嘧啶环水解，分别生成 β-丙氨酸和 β-氨基异丁酸。β-丙氨酸和 β-氨基异丁酸可继续分解代谢。β-氨基异丁酸亦可随尿排出体外。摄入含 DNA 丰富的食物、经放射线治疗或化学治疗的患者以及白血病患者，尿中 β-氨基异丁酸排出量增多。与嘌呤碱分解产生尿酸不同，嘧啶碱的降解产物均易溶于水。嘧啶核苷酸的分解代谢见图 7-11。

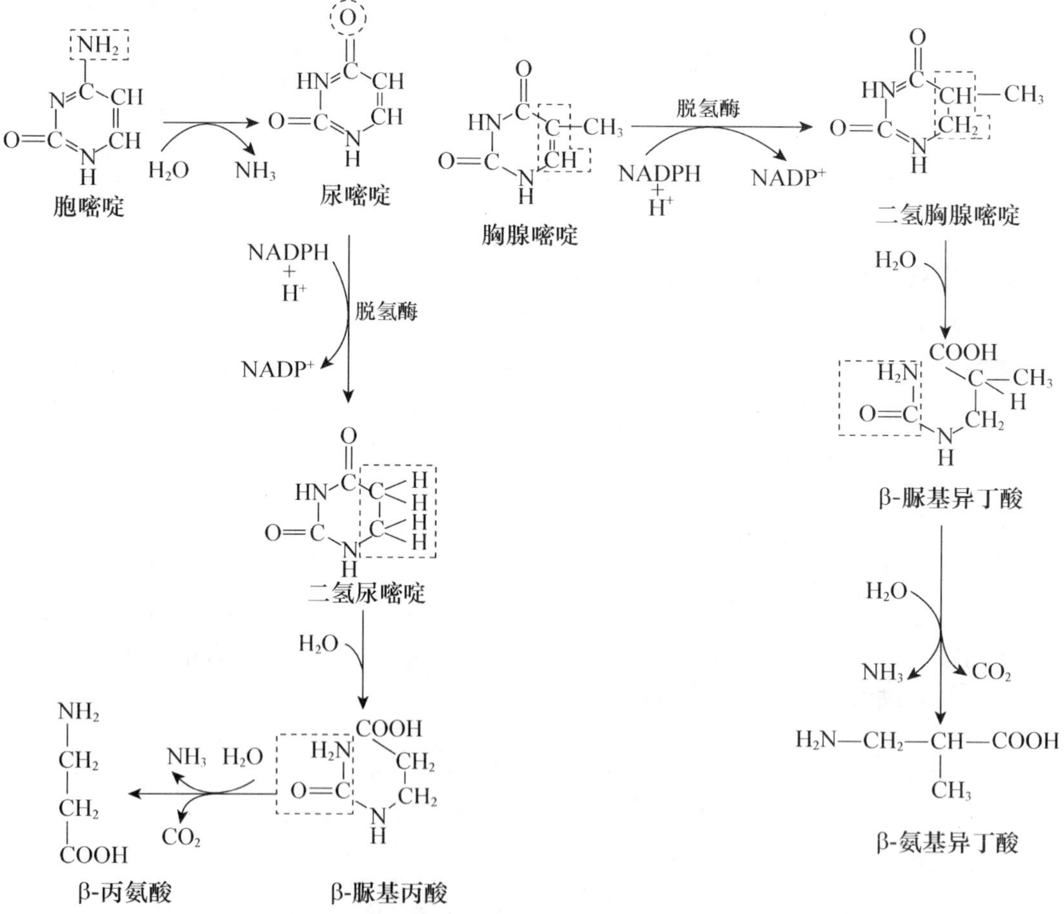

图 7-11 嘧啶核苷酸的分解代谢

小结

核苷酸具有多种重要的生理功能，其中最主要的是作为合成核酸分子的原料。此外，还参与能量代谢、代谢调节等过程。体内的核苷酸主要由机体细胞自身合成。食物来源的嘌呤和嘧啶极少被机体利用。

体内嘌呤核苷酸的合成有两条途径：从头合成和补救合成。从头合成的原料是磷酸核糖、氨基酸、一碳单位及 CO_2 等简单物质，在 PRPP 的基础上经过一系列酶促反应，逐步形成嘌呤环。首先生成 IMP，然后再分别转变成 AMP 和 GMP。从头合成过程受精确的反馈调节。补救合成实际上是现成的嘌呤或嘌呤核苷的重新利用，虽然合成含量极少，但也有重要的生理意义。

机体也可以从头合成嘧啶核苷酸，但不同的是先合成嘧啶环，再磷酸核糖化而生成核苷酸。嘧啶核苷酸的从头合成也受反馈调节。

体内的脱氧核糖核苷酸是由各自相应的核糖核苷酸在核苷二磷酸水平上还原而成的。核糖核苷酸还原酶催化此反应。四氢叶酸携带的一碳单位是合成脱氧胸苷酸过程中甲基的必要来源。

根据嘌呤和嘧啶核苷酸的合成过程，可以设计多种抗代谢物，包括嘌呤或嘧啶类似物、叶酸类似物、氨基酸类似物等。这些抗代谢物在抗肿瘤治疗中有重要作用。

嘌呤在人体内分解代谢的终产物是尿酸，黄嘌呤氧化酶是这个代谢过程中的重要酶。痛风症主要是由于嘌呤代谢异常、尿酸生成过多而引起的。嘧啶分解后产生的氨基酸可随尿排出或进一步代谢。

（山东万杰医学院　窦　烨）

第八章　DNA 的生物合成

> **学习目标**
> 1. 记住有关 DNA 复制的一些基本概念，解释半保留复制的含义。
> 2. 说出参与 DNA 复制的反应体系及各自发挥的作用。
> 3. 简述 DNA 复制的基本反应过程，并能从中总结出 DNA 复制的基本规律。
> 4. 知道导致 DNA 突变的因素、DNA 突变的类型及 DNA 损伤修复的主要方式。
> 5. 了解反转录的含义及意义，简要说明反转录病毒感染机体的生化机制。

DNA 是生物遗传的主要物质基础，同种属生物细胞 DNA 的含量是恒定的，它不受外界环境、营养、代谢以及生物体自身的变化而改变。大多数生物在细胞分裂期，DNA 分子通过复制将其携带的遗传信息传递给子代 DNA，并平均分布到子代细胞中，通过转录将遗传信息传递给 RNA，最后翻译成蛋白质，这是生物界存在的遗传规律，称为遗传学的中心法则。后来，发现少数病毒的遗传信息是以 RNA 为载体的，可通过反转录将遗传信息传递给 DNA，或进行 RNA 的自我复制，于是对遗传学的中心法则做了补充（图 8-1）。由此可见，DNA 的生物合成有 DNA 复制和反转录两种形式。此外，DNA 损伤修复也可以看做是 DNA 生物合成的一种特殊方式。

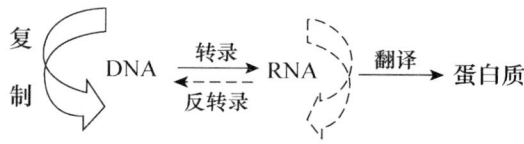

图 8-1　遗传学的中心法则

第一节　DNA 复制

DNA 复制（replication）是指在细胞增殖过程中，以亲代双链 DNA 分别作为模板，指导子代 DNA 的合成，将遗传信息从亲代传递给子代的过程。DNA 互补双螺旋结构对于维持遗传的稳定性和复制的准确性是极为重要的。

一、DNA 复制的基本方式——半保留复制

半保留复制（semi-conservative replication）是 DNA 复制最重要的特征。在复制过程中，首先 DNA 双螺旋的两条多聚脱氧核苷酸链之间的氢键断裂，双链解开成两股单链；然后每股单链 DNA 各自作为模板（template），即模板链，以 4 种脱氧核糖核苷三磷酸（dNTP）为原料，按照碱基互补配对规律（A 与 T 配对，G 与 C 配对），合成新的互补链；这样形成的两个子代 DNA 分子与亲代 DNA 分子的核苷酸顺序完全相同，且每个子代 DNA

分子的双链中均保留亲代 DNA 的一条链，这种复制方式称为半保留复制（图 8-2）。

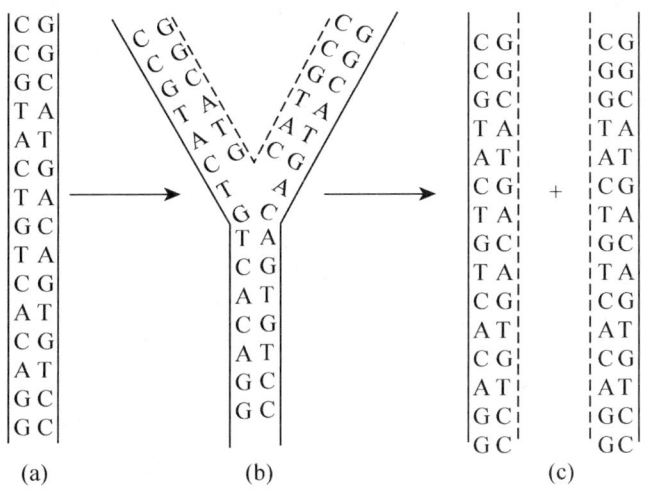

图 8-2　DNA 半保留复制

DNA 半保留复制充分保证了 DNA 代谢的稳定性与复制的高保真性，对了解 DNA 的功能和物种的延续性有重大意义。按半保留复制的方式，子代 DNA 保留了亲代 DNA 的全部遗传信息，并经过许多代的复制，DNA 分子上的遗传信息仍可准确地传给后代。

二、参与 DNA 复制的酶和蛋白因子

DNA 复制的过程极为复杂，是生物体内高分子的聚合过程。其基本反应是以四种脱氧核糖核苷三磷酸（dNTP，N 代表 A、T、G、C 四种碱基）为原料、由 DNA 聚合酶催化的酶促反应。

$$
\begin{array}{c}
n_1\text{dATP} \\
n_2\text{dGTP} \\
n_1\text{dTTP} \\
n_2\text{dCTP}
\end{array} + \text{DNA} \xrightarrow[\text{Mg}^{2+},\text{引物}]{\text{DNA 聚合酶}} \text{DNA} \longrightarrow \left\{\begin{array}{c}\text{dAMP} \\ \text{dGMP} \\ \text{dTMP} \\ \text{dCMP}\end{array}\right\} + 2(n_1+n_2)\text{PPi}
$$

$$2n_1 + 2n_2$$

模板　　　　　　　　　　　　　　　　　　　　　复制产物　　焦磷酸

（n_1、n_2 分别代表核苷酸的数目）

DNA 复制速度十分快，例如细菌体内每秒钟合成约 500 个核苷酸长链，哺乳类动物细胞中每秒钟合成约 50 个核苷酸长链，但 DNA 复制过程却十分准确。有资料估计，DNA 自发突变的概率约为 10^{-10}，即每复制 10^{10} 个核苷酸，只有一个碱基发生与原模板不配对的错误，由此保证了遗传的稳定性。DNA 复制具有高效率性和高保真性，是由于许多酶与蛋白因子参与了复制过程。

（一）DNA 聚合酶是 DNA 复制的主要酶

DNA 聚合酶（DNA polymerase）全称是 DNA 指导的 DNA 聚合酶（DNA directed

DNA polymerase，DDDP），简称 DNA pol。DNA 聚合酶的特性具有以单链 DNA 为模板的 $5'\rightarrow 3'$ 聚合酶活性，该活性决定 DNA 复制时，新生子链延长的方向只能是 $5'\rightarrow 3'$；此外，DNA 聚合酶均具有碱基优选功能，碱基优选是 DNA 复制中高效性与高保真性的重要条件之一。在原核细胞和真核细胞中，均发现了多种 DNA 聚合酶，它们的性质不完全相同。

1. **原核生物的 DNA 聚合酶有三种** 原核生物大肠埃希菌中已发现至少三种 DNA 聚合酶，DNA 聚合酶 Ⅰ（pol Ⅰ）、DNA 聚合酶 Ⅱ（pol Ⅱ）和 DNA 聚合酶 Ⅲ（pol Ⅲ）。三种酶的活性与功能见表 8-1。

表 8-1 原核生物的 DNA 聚合酶

	DNA pol Ⅰ	DNA pol Ⅱ	DNA pol Ⅲ
分子量	109	120	250
组成	单肽链	?	多亚基不对称二聚体
功能	引物切除、校对、填充空隙	DNA 损伤的应急状态修复	延长子链的主要酶、校对

DNA 聚合酶 Ⅰ（pol Ⅰ）为单一多肽链构成的多功能酶，从 N 端到 C 端依次体现为 $5'\rightarrow 3'$ 外切核酸酶、$3'\rightarrow 5'$ 外切核酸酶和 $5'\rightarrow 3'$ 聚合酶的活性。$5'\rightarrow 3'$ 聚合酶的活性起催化 $5'\rightarrow 3'$ 的聚合作用，但聚合 20 个核苷酸即离开模板，在 DNA 复制的终止阶段和 DNA 损伤修复中填充出现的空隙。$3'\rightarrow 5'$ 外切核酸酶活性可以切除错配的核苷酸，在 DNA 片段延伸过程中起即时校读作用；$5'\rightarrow 3'$ 外切核酸酶活性起水解 RNA 引物及修正错误碱基的作用；DNA 聚合酶 Ⅰ 的 $3'\rightarrow 5'$ 外切核酸酶和 $5'\rightarrow 3'$ 外切核酸酶的活性对维护 DNA 复制的完整性和准确性起重要的校对作用。

DNA 聚合酶 Ⅱ（pol Ⅱ）可利用损伤尚未修复的 DNA 链作为模板合成 DNA 新链。实验发现，pol Ⅱ 仅在 pol Ⅰ 和 pol Ⅲ 缺乏的情况下催化 DNA 聚合，真正功能尚不详，可能与 DNA 损伤的应急状态修复（SOS 修复）有关。

DNA 聚合酶 Ⅲ（pol Ⅲ）是一种多功能亚基组成的复合体，具有 $5'\rightarrow 3'$ 聚合酶活性和 $3'\rightarrow 5'$ 外切核酸酶活性，是原核生物 DNA 复制延长中真正起聚合作用的酶。

2. **真核生物的 DNA 聚合酶至少有 5 种** 目前认为，真核生物细胞中至少有 5 种 DNA 聚合酶，即 DNA 聚合酶 α、β、γ、δ 和 ε，列于表 8-2。

表 8-2 真核生物的 DNA 聚合酶

DNA pol	α	β	γ	δ	ε
分子量	16.5	4.0	14.0	12.5	25.5
$5'\rightarrow 3'$ 聚合酶活性	中	?	高	高	高
$3'\rightarrow 5'$ 外切核酸酶活性	—	—	+	+	+
主要功能	引物酶活性起始引发	低保真度的复制	线粒体 DNA 复制主要酶	延长子链的切除修复	填补引物空隙

真核细胞染色体 DNA 复制中起聚合作用的酶是 DNA 聚合酶 δ（pol δ）和 DNA 聚合酶 α（pol α）。pol δ 在 DNA 的复制延长中起主要的聚合作用，此外它还具有解螺旋酶的活性。pol α 能催化 RNA 链的合成，具有引物酶活性，主要作用是合成引物。DNA 聚合酶 β （polβ）复制的保真度低，可能在 DNA 损伤修复中起作用。DNA 聚合酶 ε（polε）在复制中主要起校读、修复和填补引物缺口的作用，与原核生物的 DNA 聚合酶 I 相类似。DNA 聚合酶 γ（polγ）存在于真核细胞的线粒体内，是线粒体 DNA 合成的聚合酶。

（二）引物酶是一种特殊的依赖 DNA 的 RNA 聚合酶，用于引物的合成

由于 DNA 聚合酶不能自行从头以 2 个游离的单脱氧核苷酸为起点合成 DNA 链，因此在复制过程中首先需要合成一小段多核苷酸链作为引物（primer）。实验证明，这段引物是 RNA 链片段，主要作用是为 DNA 链合成提供自由 3'-OH 末端。催化 RNA 引物合成的酶称为引物酶（primase），实际上是一种特殊的 RNA 聚合酶。此酶以复制起始部位的 DNA 链为模板，合成短片段的 RNA 引物。有人认为，引物酶的作用不仅是合成引物，还与 DNA 复制部位双链打开的 DNA 解链过程有关。

（三）解链酶、拓扑异构酶及单链结合蛋白参与 DNA 解旋、解链过程

双链 DNA 复制时，首先需解旋、解链成相对固定的单链状态，才具有指导新链合成的模板作用。松弛模板 DNA 超螺旋，分开双链需要由一些酶与蛋白因子的参与来完成。

1. DNA 拓扑异构酶（topoisomerase）是松弛 DNA 超螺旋的解旋酶　DNA 拓扑异构酶既能水解又能合成磷酸二酯键，可以通过切断、旋转、再连接的作用来理顺 DNA 链以配合复制的进程。DNA 拓扑异构酶分为 I 型和 II 型。I 型切割 DNA 单链，再将两断端以磷酸二酯键对接，不需 ATP；II 型切割 DNA 双链，再将断端对接，此过程需 ATP 提供能量。

2. 解链酶（helicase）可解开 DNA 双链　这类酶有多种，均能利用 ATP 使碱基对间的氢键断裂，打开 DNA 双链，形成单股 DNA 链。

3. 单链结合蛋白（single-strand DNA binding protein，SSB）维持 DNA 模板链的稳定　作为模板的 DNA 处于单链状态时，总会有形成双链的倾向，以使分子达到稳定的状态，免受胞内广泛存在的核酸酶降解。SSB 可以动态地结合在解开的单股 DNA 链上，维持模板链处于单链状态，同时还能保护单股 DNA 链不被核酸酶水解。SSB 在复制过程中是与模板不断地结合、脱离的。

（四）DNA 连接酶用于连接 DNA 片段

DNA 连接酶的作用是连接一片段 DNA 链上脱氧核苷酸的 3'-OH 末端与相邻另一片段 DNA 链上脱氧核苷酸的 5'-Pi 末端，使二者生成磷酸二酯键，从而把两个 DNA 片段连接起来（图 8-3）。DNA 连接酶只能催化互补双链 DNA 中的单链缺口进行连接，不能催化游离的单链 DNA 或 RNA 连接。连接酶不仅在 DNA 复制中起主要作用，在 DNA 的损伤修复中也起到缺口接合作用，同时也是基因工程不可缺少的工具酶之一。

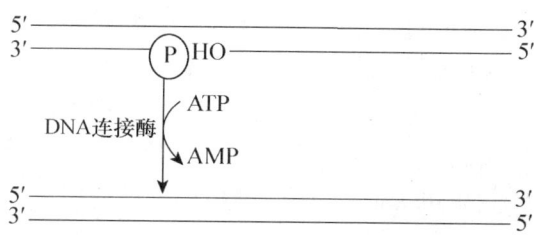

图 8-3　DNA 连接酶的作用

三、DNA 复制的过程

DNA 复制是一复杂的连续过程，由于对 DNA 复制的研究多取材于原核生物，故下文以原核生物为主介绍复制的过程。为便于了解，可将 DNA 复制的过程大体分为起始、延长、终止三个阶段。

（一）DNA 复制的起始

> DNA 复制的起始包括解链与螺旋构象变化及引物 RNA 的合成。

1. 解链与螺旋构象变化　DNA 复制是从具有一些特殊核苷酸序列的部位开始的，即复制起点（origin）。在原核细胞中只有一个复制起点，真核细胞则有多个复制起点。复制起始时，双链 DNA 从特定的复制起点开始解旋、解链成单链，这样才能各自作为模板指导子链的合成。此过程首先在拓扑异构酶和解链酶的作用下，松弛 DNA 超螺旋结构，解开一段双链，DNA 单链结合蛋白随即结合到解开的两条单链上以保护和稳定 DNA 单链状态，由此形成的"Y"字结构称为"复制叉"（图 8-4），复制叉前进的方向即双链 DNA 的解链方向，在同一复制叉上只有一个解链方向，随着复制叉的前进，解旋、解链不断进行。大多数情况下，DNA 复制是从复制起点向两个方向进行解链，形成两个延伸方向相反的复制叉，所以 DNA 复制又是双向复制。

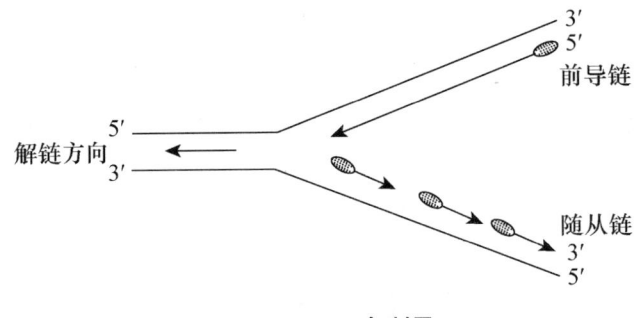

图 8-4　DNA 复制叉

2. 引物 RNA 的合成　模板 DNA 在复制起点处解开成单链后，引物酶以四种核糖核苷三磷酸为原料，以解开的一段 DNA 链为模板，按碱基互补配对规律，从 $5'→3'$ 方向合成与之互补的 RNA 片段，即 RNA 引物。引物的长短约为十多个至数十个核苷酸。RNA 引物提供了 $3'$-OH 末端，为 DNA 链的合成做好了准备。需要指出的是，由于合成 RNA 引物的方向均是 $5'→3'$，因此在引物合成的过程中，$3'→5'$ DNA 模板链可在其近 $3'$ 端合成 RNA 引物，进而在引物的 $3'$-OH 末端引导连续子链的合成；而另一条 $5'→3'$ DNA 模板链必须要当 DNA 双链打开足够的长度时，才能在其 $3'$ 端合成引物，然后在引物的 $3'$-OH 末端引导合成一段新链，随着复制叉的前进，需再等 DNA 双链打开一定长度后，再合成新的引物才能引导又一段新链的合成，所以这条模板链上需不间断合成多个引物。

（二）DNA 复制的延长

> DNA 复制延长具有半不连续性。

引物合成后，DNA 聚合酶Ⅲ结合到模板链上，并催化 dNTP 以 dNMP 的方式逐个与引物或延长子链的 3′-OH 末端通过磷酸二酯键相连，合成两条新的 DNA 子链。复制时，由于新合成子链的延长只能从 5′→3′ 方向进行，因此合成方向与复制叉前进方向相同的子链，可以在引物提供的 3′-OH 末端的基础上，沿着 5′→3′ 的方向连续延长，这股链称为前导链（leading strand）；另一条与复制叉前进方向相反的子链，在复制延长中需要不断生成引物提供 3′-OH 末端，才能在此基础上合成一段段"DNA 片段"，这股链称为随从链（lagging strand）；这就是 DNA 复制的半不连续性。随从链上生成的 DNA 片段，称为冈崎片段（Okazaki fragment），它是由日本科学家冈崎于 1968 年发现的，并因此而得名。

（三）DNA 复制的终止

> DNA 复制的终止包括 RNA 引物水解和 DNA 片段的连接。

1. **RNA 引物的水解**　DNA 片段合成至一定长度后，子链中的 RNA 引物即被 DNA 聚合酶 I 的 5′→3′ 外切核酸酶水解而切掉。前导链上的引物水解后即是一条完整的新链，随从链上的引物水解后，留下的是一段段具有一定间隙的冈崎片段。

2. **DNA 片段连接成完整的 DNA 分子**　引物水解后，冈崎片段间的间隙在 DNA 聚合酶 I 的催化下，由 DNA 片段继续延长而填补。当填补至足够长度时，留下相邻的 3′-OH 和 5′-Pi 的缺口。相邻两个 DNA 片段间的缺口在 DNA 连接酶的作用下连接起来，形成大分子 DNA 链，并和与其互补的模板 DNA 链一起生成子代双螺旋 DNA，即完整的 DNA 分子。真核生物中，每条新链的 5′-末端去除引物后，要形成端粒结构，以保证染色体的稳定性（详见下文）。上述 DNA 复制过程可由图 8-5 表示。

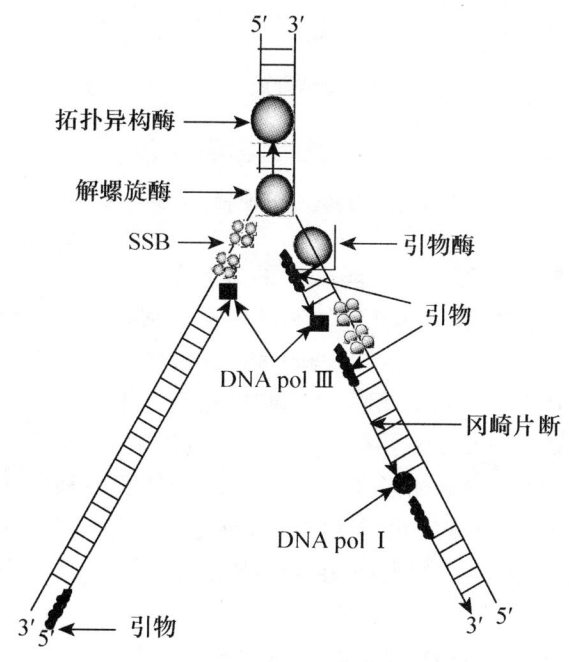

图 8-5　DNA 复制过程

真核细胞 DNA 复制与原核细胞基本相似，但更复杂。如真核生物有多个复制起点，每两个复制起点称为一个复制子，且冈崎片段短，连接酶作用时需 ATP 供能等。而且，真核细胞 DNA 的复制几乎是与染色质蛋白质（包括组蛋白和非组蛋白）合成同步进行的，DNA 复制完成后，即装配成核小体，组成染色质。

四、真核染色体 DNA 与细胞分裂周期的关系

DNA 复制与细胞有丝分裂关系密切。一个细胞周期（cell cycle）包括几个时相，即 G_1 期、S 期、G_2 期和 M 期。其中 G_1 期为 DNA 复制进行准备，S 期为 DNA 复制期（S 代表 DNA 合成），G_2 期为细胞分裂进行准备，M 期为实际的细胞分裂期。由此可见，所有染色体 DNA 必须在 S 期复制，而且只能复制一次。这种限制性受细胞内复制许可因子（licensing factor）调节。许可因子的主要功能是清理复制后复制辅助蛋白与反馈性抑制一次细胞周期内 DNA 复制的多次重新启动。一次细胞周期只产生一次许可因子，复制完毕，许可因子随即失活。一般正常哺乳类动物的细胞周期时间平均约为 24 h，其中 G_1 期较长，而 M 期最短（图 8-6）。不处于细胞分裂周期状态的细胞称为 G_0 期细胞，在适当条件的刺激下，它们可进入分裂周期。

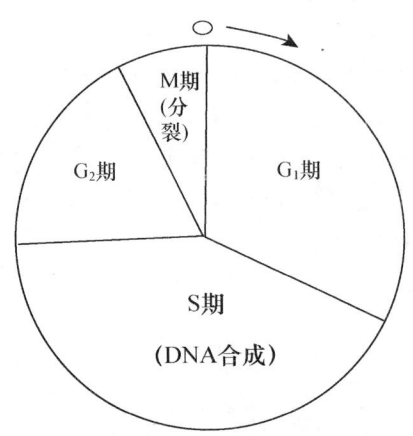

图 8-6　真核细胞的分裂周期

细胞核中 DNA 的复制是细胞进行有丝分裂的必要前提，抑制 DNA 复制则可抑制细胞分裂。由于恶性肿瘤的 DNA 复制和细胞分裂速度较正常细胞活跃，故可使用一些化学药物（例如核苷酸代谢拮抗物）抑制 DNA 复制，进而抑制细胞分裂，达到治疗肿瘤的目的。此外，细胞增殖与细胞内 DNA 复制密切相关；细胞增殖是在细胞生长因子的作用下加快细胞周期循环的结果，DNA 复制的发动主要受 DNA 复制过程中 DNA 聚合酶及其相关蛋白因子的积累调节，调节 G_1 期 DNA 聚合酶及相关蛋白转录表达的转录因子为 E_2F，后者与抑癌基因蛋白 Rb（Rb 抑癌基因突变体与儿童视网膜母细胞瘤有关）结合而不具有转录活性，细胞生长因子通过细胞内信号传递、细胞周期蛋白激酶通路磷酸化修饰 Rb 蛋白释放 E_2F 因子，实现对 DNA 复制的发动。

以上讨论的是细胞中线状 DNA 分子的复制过程。有些细菌、病毒，以及线粒体中的 DNA 分子呈环状结构，它们虽然也进行半保留复制，但复制过程与线状 DNA 分子不完全相同，许多是滚动式复制，详细过程不在这里介绍。

第二节 DNA 的损伤和修复

DNA 复制虽具有高保真性，但在生物进化过程中也难免出现差错而发生损伤，后果就是导致 DNA 突变（mutation）。引起 DNA 突变的因素有自发因素、某些物理因素（电离辐射、紫外线）、化学因素（化学诱变剂）以及生物因素（如某些病毒感染）等。

一、DNA 突变的类型和意义

（一）DNA 突变具有多种类型

根据 DNA 分子的变化，突变常可分为以下几种类型：①点突变（point mutation），DNA 分子中某一个碱基发生变化；②缺失（deletion），某一个碱基或一段核苷酸链从 DNA 大分子中丢失；③插入（insertion），一个原来不存在的碱基或一段原来不存在的核苷酸链插入到 DNA 分子中；④DNA 多核苷酸链的断裂或两条链之间形成交联。缺失或插入突变都可能引起"移码"突变（frame-shift mutation），即改变遗传密码的"阅读"方式，致使蛋白质合成错误，发生致命损伤。

（二）DNA 突变具有双重意义

DNA 突变可导致 DNA 分子损伤，从而可能导致生物体某些功能异常，引发疾病，甚至死亡。但 DNA 突变是有积极意义的，DNA 突变与遗传的保守性存在着对立而又统一的规律，它是进化、分化的分子基础，没有突变就没有进化的发生，也就不可能有现今五彩缤纷的生物世界；此外，利用人工诱变 DNA，也有利于改造物种的性状，例如人工诱变植物种子或细菌 DNA，改良品种，促进生产。

二、DNA 的损伤修复

在一定条件下，机体能使损伤的 DNA 得到修复。这种修复作用是生物体在长期进化过程中获得的一种保护功能。DNA 损伤（damage）可以由一系列酶完成修复（repairing），如：光修复酶、糖苷酶、DNA 聚合酶、DNA 连接酶等，这些酶可以识别并除去 DNA 分子上的损伤部位，恢复 DNA 的正常结构。DNA 损伤修复既是一种体内 DNA 生物合成的方式，又是维护 DNA 遗传信息高保真的手段。DNA 损伤修复有多种方式，以切除修复最为重要。

（一）切除修复

> 切除修复是人体细胞修复 DNA 损伤的重要方式。

切除修复（excision repairing）是细胞内最重要和有效的 DNA 损伤修复方式，其修复过程可分为 4 个基本步骤：①由特异的内切核酸酶识别损伤部位，并将该处损伤的 DNA 单链切断；②在酶的作用下，将损伤的片段切除；③在切口处由 DNA 聚合酶作用，以另一条正常 DNA 链为模板，进行修复合成；④用 DNA 连接酶将新合成的 DNA 链与原来的链连接成正常的 DNA（图 8-7）。

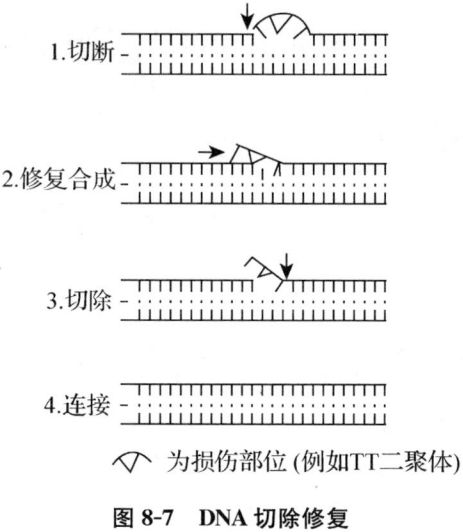

图 8-7 DNA 切除修复

（二）其他的修复方式

除了切除修复外，DNA 损伤修复还有光修复、重组修复、SOS 修复等方式。光修复主要是通过光修复酶的作用，对紫外线（UV）照射引起的嘧啶二聚体（常见 TT 二聚体）进行修复；重组修复是当 DNA 损伤面太大未及时修复即已开始继续复制时所启动的一种修复方式。重组修复的过程中，复制产生的子链虽然带有错误甚至缺口，但随着复制的不断进行，DNA 损伤的影响将会被稀释到最小的程度；SOS 修复是当 DNA 损伤广泛且难以继续复制时所启动的一种应急状态修复。此外，还有 DNA 倾向差错合成等修复方式。

有资料表明，细胞 DNA 损伤修复能力的异常可能与衰老过程和某些疾病的发生有关，例如，老年动物的 DNA 修复能力较差，这可能是发生衰老的分子机制之一。另外，细胞修复 DNA 能力的降低还与某些遗传性疾病和癌瘤的发生有一定关系，例如，着色性干皮病（xeroderma pigmentosum，XP）的患者对日光或紫外线特别敏感，易发生皮肤癌，其原因是这类患者皮肤细胞中 DNA 修复酶体系缺陷，所以对紫外线引起的皮肤细胞 DNA 损伤不能修复，从而导致细胞癌变。某些化学试剂如烷化剂，可造成 DNA 分子损伤（DNA 交联），当它破坏正常 DNA 时，可引起细胞突变及癌变，故有致癌性；相反，当它破坏癌瘤细胞 DNA 时，则可导致癌瘤细胞死亡，故又可当做抗癌药物使用。

第三节 反 转 录

一、反转录与反转录酶

> 反转录是以 RNA 为模板合成 DNA 的过程。

生物界的某些病毒是以 RNA 为遗传信息载体的，这些病毒入侵宿主细胞的过程中，可以在反转录酶的作用下，以 RNA 为模板，以四种 dNTP 为原料，合成 DNA（图 8-8）。此过程因与转录的信息流向相反，因而被称为反转录（reverse transcription），发生反转录的病毒称为反转录病毒。反转录酶（reverse transcriptase）是一种 RNA 指导的 DNA 聚合酶（RNA directed

DNA polymerase，RDDP）。反转录酶可以存在于各种致癌反转录 RNA 病毒中，其作用与这类病毒的致癌性有关。反转录酶具有三种酶的活性：①反转录病毒的 RNA 在反转录酶的作用下通过反转录形成与此 RNA 互补的 DNA 链，即互补 DNA（complementary DNA，cDNA），形成 RNA-DNA 杂交分子；②反转录酶随后水解杂交分子中的 RNA 部分；③然后以此单链 DNA 为模板合成另一条互补 DNA 链，即形成双链 DNA 分子，新生成的 DNA 分子中保持原有 RNA 的信息。

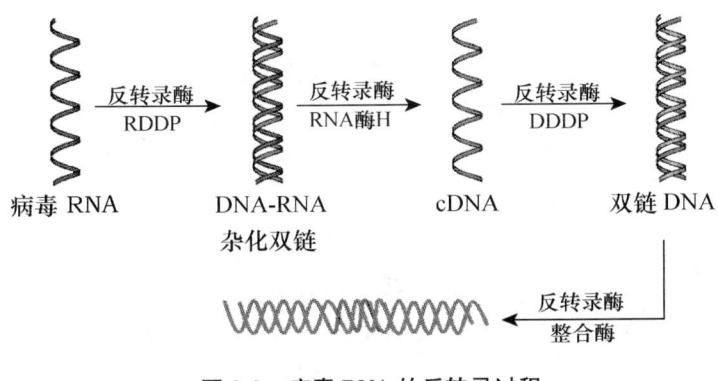

图 8-8　病毒 RNA 的反转录过程

二、端粒酶的含义与功能

> 端粒酶是一类特殊的反转录酶，具有保持染色体复制完整性的功能。

前已述及，真核生物染色体 DNA 复制终止后，要在 5′-末端形成端粒（telomere）结构，来保证染色体的稳定性和 DNA 复制的完整性。端粒是以 RNA 为模板，由端粒酶（telomerase）催化合成的一段特殊的 DNA 序列与蛋白质构成的真核生物线性染色体的两天然末端，呈膨大粒状，又称端区。所以，端粒酶是一类特殊的反转录酶。现在的研究表明，端粒酶的活性下降在细胞水平上与机体的老化有关。此外，基因突变、肿瘤形成时，端粒可表现为缺失、融合和序列缩短等现象。以上表明，端粒结构与机体的衰老、肿瘤密切相关。在肿瘤学发病机制寻找治疗靶点上，端粒和端粒酶的研究正形成一个新兴的领域。

实用小知识

反转录病毒和癌基因：反转录病毒 RNA 信息中包括有病毒颗粒蛋白基因、反转录酶基因、核心蛋白基因和被膜蛋白基因的基本结构，有时还含有病毒癌基因（virus oncogene，v-onc）等。目前从反转录病毒中发现了多种病毒癌基因，即可使细胞癌变的基因。近年来还发现，与病毒癌基因类似的基因也可存在于脊椎动物的正常基因组中，称为细胞癌基因（cell oncogene，c-onc）。这些癌基因的激活可导致细胞的癌变。人免疫缺陷病毒（HIV）也是一种反转录病毒，它感染人的 T 淋巴细胞，导致人体免疫缺陷，患者因丧失免疫力而死于广泛性感染。正常动物细胞中也存在着反转录酶，它们的生理意义尚不十分清楚。

名词注解

1. 拓扑（topo）：是几何学一名词的音译，意指物体或图像作弹性变形时构成它的各点或组分彼此间的相连关系并未改变的性质。

2. 外切核酸酶：是具有从分子链的末端顺次水解磷酸二酯键而生成单核苷酸作用的酶，是核酸水解酶的一种。

3. 着色性干皮病：一种由于 DNA 修复基因缺陷引起的遗传性皮肤病。表现为一种发生在暴露部位的色素变化、萎缩、角化及癌变，属常染色体隐性遗传病。

小结

根据双螺旋 DNA 的碱基互补配对规律，通过复制，子代 DNA 与亲代 DNA 分子的核苷酸顺序完全相同，由此将亲代 DNA 的遗传信息准确地传递到子代 DNA 分子中。

DNA 的复制方式是半保留复制，即每个子代 DNA 分子中的一条链来自亲代 DNA，而另一条链是新合成的。四种脱氧核苷酸（dNTP）是 DNA 复制的原料。参与复制的酶类及因子有：DNA 聚合酶（DDDP）、引物酶（RNA 聚合酶）、DNA 连接酶以及 DNA 拓扑异构酶、解链酶、DNA 单链结合蛋白等。DNA 复制的过程大致可分为以下几个阶段：解链与螺旋构象变化及引物 RNA 的合成，DNA 片段（冈崎片段）的生成，RNA 引物的水解，DNA 片段连接成完整的 DNA 子代链，最终新生成的子代链和与其互补的模板链构成子代 DNA 分子。DNA 复制体现半保留性、半不连续性、高保真性、双向性等特点。真核生物的 3'-OH 末端要在端粒酶的作用下形成端粒结构，端粒酶对 DNA 末端的稳定有重要的意义。DNA 的复制是细胞有丝分裂的必要前提，在细胞分裂周期的 S 期进行，染色体 DNA 复制酶体系的建立是 DNA 复制发动的前提；许可因子保证一次细胞周期染色体 DNA 只进行一次复制。

遗传的稳定性和变异性是对立统一的自然规律。某些物理、化学或生物学（病毒）因素可以导致 DNA 分子的损伤，发生突变。生物体能通过多种方式使损伤的 DNA 得到修复。切除修复是人体细胞修复 DNA 损伤的重要方式，实际上它是一系列酶促反应的过程。修复过程的障碍与癌瘤等疾病的发生有关。

除 DNA 复制外，某些病毒还可以以 RNA 为模板合成 DNA，这个过程称为反转录，催化此反应的酶是反转录酶。反转录病毒通常是一些致癌病毒。

（大庆医学高等专科学校　文　程）

第九章　RNA 的生物合成

> **学习目标**
> 1. 记住有关转录的一些基本概念；解释不对称转录的含义。
> 2. 说出参与转录的体系，阐明原核生物 RNA 聚合酶的作用。
> 3. 简述转录的反应过程，知道 RNA 转录后加工修饰的几种方式。
> 4. 了解 RNA 复制的含义。

生物体内 DNA 分子携带的基因信息最终要表达为各种蛋白质，参与机体的各种生命活动。这个过程需要 RNA 的参与才能实现，因此 RNA 在基因信息的传递与表达过程中起着重要的作用。RNA 的生物合成包括 RNA 转录（RNA transcription）与 RNA 复制（RNA replicase）。RNA 转录是大多数生物体 RNA 生物合成的方式；RNA 复制只是少数 RNA 病毒遗传信息传递的一种方式，如 SARS 病毒等。

第一节　RNA 转录

RNA 转录是以 DNA 为模板（template），以四种核糖核苷三磷酸为原料，在 RNA 聚合酶的催化下合成 RNA 的过程，也称基因转录（图 9-1）。转录是基因信息传递与表达的重要环节。经转录生成的 RNA 初级产物通常还需要经过一系列加工修饰过程，才能最终成为具有功能的成熟 RNA 分子。与 DNA 全程式复制不同，RNA 转录是对 DNA 部分片段进行选择性转录的结果，转录起点与终点的选择是特异性 RNA 转录调节的重点。

一、RNA 转录体系与特点

RNA 转录需要多种成分参与，包括 DNA 模板、四种核糖核苷三磷酸（NTP）、RNA 聚合酶、某些蛋白质因子及必要的无机离子等，总称为转录体系。

（一）RNA 转录是不对称转录

1. RNA 转录的模板是 DNA 双链中的一条链　RNA 合成需要 DNA 做模板，根据碱基互补配对规律，指导合成与其互补的 RNA 分子，从而将 DNA 的遗传信息传给 RNA（mRNA）。在转录过程中，体内 DNA 双链中只有一条链可以转录生成 RNA，此链称为模板链（template strand）。另一条链无转录功能，称为编码链（coding strand）。编码链 DNA 序列与转录本 RNA 链的序列基本相同，只是编码链上的 T 相应在转录本 RNA 上为 U，由于

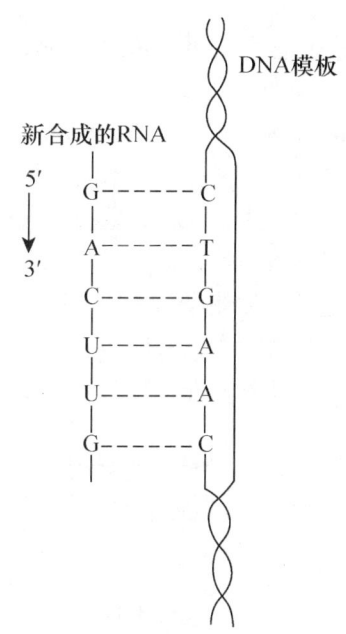

图 9-1　模板 DNA 指导的 RNA 合成

转录本 RNA 编码基因可以表达为蛋白质产物（见下章），故编码链又称有义链，与之互补的模板链又称反义链。由此可知，当一个基因 DNA 片段进行转录时，双链 DNA 分子中只有一条链作为模板，这种转录方式称为不对称转录（asymmetric transcription）（图9-2）。

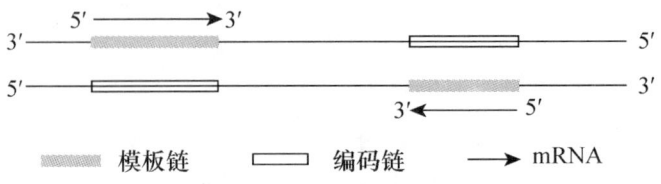

图 9-2　RNA 不对称转录

此外，在一个包含多个基因的双链 DNA 分子中，各个基因的模板并不固定在同一条链上，在某个基因节段以某一条链为模板进行转录，而在另一个基因节段可由另一条链为模板进行转录。

2. 可转录的 DNA 一个区段为一个转录单位　转录是不连续、分区段进行的，每一转录区段称为一个转录单位（transcription unit），由同一转录的结构基因（structural gene）与调节组件两部分组成。

结构基因是指能转录出 mRNA，然后指导蛋白质合成的基因，有些基因转录出的 RNA（tRNA、rRNA 等）不能最后表达为蛋白质，这些基因也称为结构基因。结构基因包括特定的起始位点 DNA 序列与终止位点 DNA 序列，分别由不同的蛋白质进行识别。特定起始位点 DNA 序列称为转录起始点，是 DNA 分子模板链上开始进行转录作用的位点，常标以+1；转录过程从起点开始向模板链的 5′末端方向进行，在 DNA 模板链上，从起始点开始顺转录方向的区域称为下游（down stream），用正数表示；从起始点反转录方向的区域称为上游（up-stream），用负数表示。终止位点 DNA 序列决定转录的终止信号或终止子（terminator），到此，转录即终止。可见，转录过程是在模板的一定范围内进行的。此外，在基因组的 DNA 链上，不是任何区段都可以转录，转录是在细胞的不同发育时期按生存条件和需要进行的。

同一转录的调节组件包括启动子（promotor）、调节基因（regulatory gene）、操纵基因（operator gene）等结构。启动子是转录起始点之前的一段核苷酸序列，是 RNA 聚合酶识别和结合的部位，又称启动基因。每一个基因在转录时均需有启动子，它们在转录调控中起着重要作用。原核生物和真核生物的启动子结构各有特点：原核生物的启动子是一个包括大约 55 个碱基对的区域，包括-10 区与-35 区两个保守序列（图9-3）；真核生物启动子分为核心启动子与启动子近侧序列元件两部分，前者包括 TATA 盒与起始子 Inr（initiator），主要负责转录起始，后者位于核心启动子上游约 100 bp 处或者稍远，包括 GC 盒、CAAT 盒和 OCT（八聚体）等短序列元件，它们可结合上游因子和可诱导因子，决定启动子的转录效率和特异性。

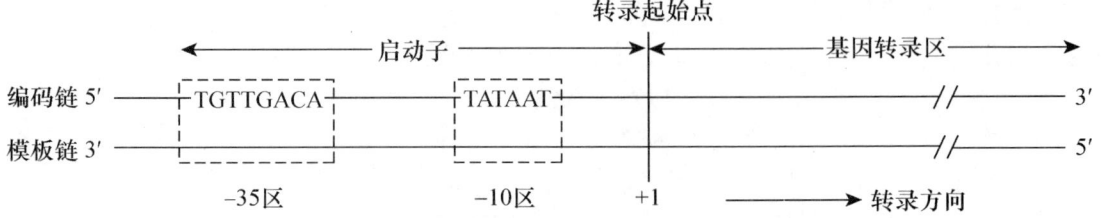

图 9-3　细菌的转录启动子

除启动子外，调节基因、操纵基因等结构对控制转录均有重要作用，例如增强转录作用的增强子（enhancer）和减弱转录作用的沉默子（silencer）等（见基因表达调控章）。

（二）RNA 聚合酶是转录的主要酶

1. **RNA 聚合酶具有多种功能**　RNA 聚合酶被称为 DNA 指导的 RNA 聚合酶（DNA directed RNA polymerase，DDRP），RNA 聚合酶催化 RNA 的合成反应如下：

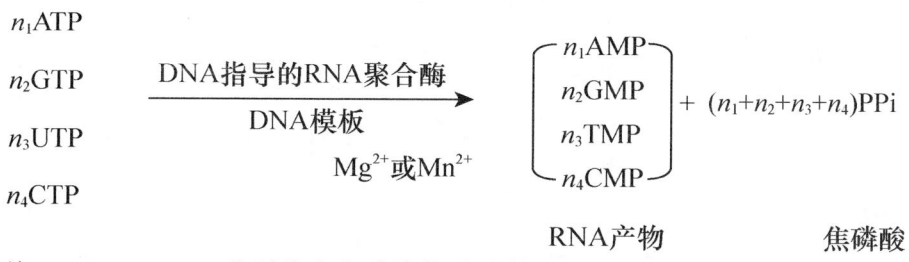

注：n_1、n_2、n_3、n_4分别代表各种核苷酸的数目

RNA 聚合酶在原核生物及真核生物中均普遍存在，具有多种功能，主要体现在：①使 4 种 NTP 沿 $5'→3'$ 方向通过磷酸二酯键依次聚合，因此转录生成的 RNA 链是从 $5'→3'$ 方向延长的，这是其最主要的功能；②具有解旋解链酶的活性，可以将模板 DNA 链解开一小段，通常约在 20 个碱基对以下，以利转录的进行；③能识别模板 DNA 分子中的转录起始部位和转录终止信号。由于 RNA 聚合酶最大的特点是忠实执行 RNA 聚合反应，因此启动与终止 RNA 聚合酶的活性能进行选择性转录。但是，由于 RNA 聚合酶缺乏 $3'→5'$ 外切核酸酶活性，没有校读功能，这使得 RNA 合成的错误率较 DNA 合成高得多。

2. **原核生物的 RNA 聚合酶是由 $α_2ββ'σ$ 五个亚基构成的全酶**　大肠埃希菌 RNA 聚合酶是一个结构复杂的酶复合体，全酶由 α、β、β' 和 σ 五个亚基组成。全酶去除 σ（sigma）亚基（又称 σ 因子）后，$α_2ββ'$ 称为 RNA 聚合酶核心酶。核心酶不具有起始合成 RNA 的能力，而只能使已经开始合成的 RNA 链延长。其中 β、β' 亚基组成催化活性中心，β' 亚基结合模板，β 亚基结合底物并催化底物形成磷酸二酯键，α 亚基参与核心酶的装配。σ 因子可以辨认 DNA 模板上转录的启动子，协助转录的起始，故又称为起始因子。大肠埃希菌有多种 σ 因子可分别识别、结合不同基因的启动子，转录表达不同的蛋白质。此外，阻遏蛋白等蛋白质在大肠埃希菌基因转录调节中也有重要的作用。原核细胞的 RNA 聚合酶可被抗结核菌药物利福平或利福霉素（rifamycin）特异性抑制。

3. **真核生物的 RNA 聚合酶有三种**　真核生物 RNA 聚合酶比原核生物要复杂，现已发现有三种类型，分别称为 RNA 聚合酶 I、II、III。它们专一转录不同的基因，催化合成的 RNA 种类不同，在细胞核内的定位也不相同。鹅膏蕈碱（amanitin）是真核生物 RNA 聚合酶的特异抑制剂，三种真核生物 RNA 聚合酶对鹅膏蕈碱的反应不同（表 9-1）。

表 9-1　真核细胞 RNA 聚合酶的种类

RNA 聚合酶种类	产生 RNA 种类	细胞内定位	对鹅膏蕈碱的反应
RNA 聚合酶 I	rRNA	核仁	耐受
RNA 聚合酶 II	mRNA	核质	极敏感
RNA 聚合酶 III	tRNA 和 5S RNA	核质	中度敏感

真核细胞中 RNA 聚合酶也由多种亚基组成。真核细胞的 RNA 聚合酶Ⅱ最大亚基 C 末端含有若干个七肽重复序列，称为 C 末端结构域（C-terminal domain，CTD）。CTD 中含有大量丝氨酸和苏氨酸，可被蛋白激酶磷酸化，磷酸化修饰是调节 RNA 聚合酶活性的重要方式。真核细胞中还存在其他蛋白质分子，如转录因子、细胞核受体等，它们共同参与了征募 RNA 聚合酶到基因启动或调控 DNA 序列上，激活 RNA 聚合酶活性，随后转录出相应的 RNA。

二、RNA 转录的过程

RNA 转录过程大体可分为三个阶段：起始、延长及终止。现以细菌转录为例，简介如下。

（一）链的起始

> 链的起始形成了转录起始复合物。

RNA 聚合酶的 σ 因子首先辨认模板 DNA 的启动子部位，并带动 RNA 聚合酶全酶与启动子结合，同时使 DNA 分子的局部构象改变，结构松弛，解开一段 DNA 双链（约十几个碱基对），暴露出 DNA 模板链，第一个 NTP（通常为 ATP 或 GTP，以 GTP 更为常见）加入，按碱基互补配对原则，以氢键结合于 DNA 模板上，第二个 NTP 按相同的方式继续加入，并与第一个 NTP 的 3′-OH 末端生成第一个磷酸二酯键，从而形成转录起始复合物（RNA-RNA 聚合酶-DNA-pppGpN-OH-3′）。转录起始复合物中游离的 3′-OH 末端为 RNA 链的延长做好了准备。与 DNA 聚合酶不同，RNA 聚合酶可以从头开始合成新的 RNA 链，因此转录起始不需要引物，当 RNA 聚合酶进入起始部位后，转录便开始。RNA 链开始合成后，σ 因子从复合物上脱落，并与新的核心酶结合成 RNA 聚合酶全酶，起始另一次转录过程；如果 σ 因子不脱落，转录就不能继续；脱落的 σ 因子可以反复使用。研究表明，Ⅱ型 DNA 拓扑异构酶也可能参与转录的起始过程。真核细胞的转录起始与细菌转录大体相似。

（二）链的延长

> 链的延长由 RNA 聚合酶核心酶催化。

转录起始复合物形成后，σ 因子脱离，RNA 聚合酶核心酶沿着 DNA 模板链向下游滑动，四种核糖核苷酸（NTP）依照碱基互补配对（U-A，A-T，G-C）原则，依次结合到 DNA 模板链上，RNA 聚合酶核心酶催化核苷酸间以磷酸二酯键聚合在一起，进而合成 RNA 链。新合成的 RNA 链暂时与模板 DNA 形成一小段 RNA-DNA 杂合双链，这样由酶-RNA-DNA 形成的复合物被形象地称为转录泡（transcription bubble）。核心酶沿模板 DNA 链向下游方向滑动，每滑动一个核苷酸的距离，则有一个 NTP 按与 DNA 模板链的碱基互补的关系进入模板，并与先前合成的 RNA 链的 3′-OH 末端形成一个磷酸二酯键，如此一个接一个地延长下去。随着核心酶的连续滑动，RNA 链不断延长。一旦核心酶经过以后，DNA 双链即恢复双螺旋结构，新生成的 RNA 单链就被挤出 DNA 双链之外，所以转录泡中只有新生成的 RNA 链 3′端的一小段依然结合在模板上，而 5′端要不断地脱离模板向空泡外伸展。由此可见，产物 RNA 是从 RNA-DNA 杂合双链逐步解离的，而且随着核心酶的移动，转录泡也贯穿延长阶段的始终。RNA 链的延长也是有方向性的，即从 5′端→3′端进行。

真核细胞的转录延长过程与原核细胞基本相似。

（三）链的终止

RNA 聚合酶沿模板链滑动到 DNA 模板的终止信号时，就不再继续前进，并从模板链上脱离下来，释放新 RNA 链，转录终止。

原核生物转录终止有两种机制：不依赖 ρ（rho）因子的转录终止和依赖 ρ 因子的转录终止。

1. 不依赖 ρ 因子的转录终止　DNA 模板链上的终止信号中有 GC 富集区组成的反向重复序列和一连串 T 结构，又称为终止子，其转录生成的 RNA 产物中有特殊的发夹结构，其后带有寡聚 U（4~6）。该结构可阻止 RNA 聚合酶的前进而停止聚合作用，终止转录。

2. 依赖 ρ 因子的转录终止　ρ 因子是依赖 ATP 的解旋酶，主要作用是协助 RNA 聚合酶识别某些特殊的终止信号以停止转录，故又称终止因子。ρ 因子首先识别终止序列并与单链 RNA 转录产物结合，结合后的 ρ 因子具有水解 ATP 的活性，并与核心酶相互作用，使两者的构象发生变化，RNA-DNA 杂合双链拆离，同时将转录的 RNA 产物从 DNA 模板和 RNA 聚合酶上释放出来，转录随即停止。有一种调节方式为抗终止作用，就是指利用抗终止因子与 RNA 聚合酶作用，阻止 ρ 因子的终止作用使 RNA 聚合酶顺利通过模板 DNA 的终止信号，继续转录下游基因。RNA 的转录过程可总结如图 9-4 所示。

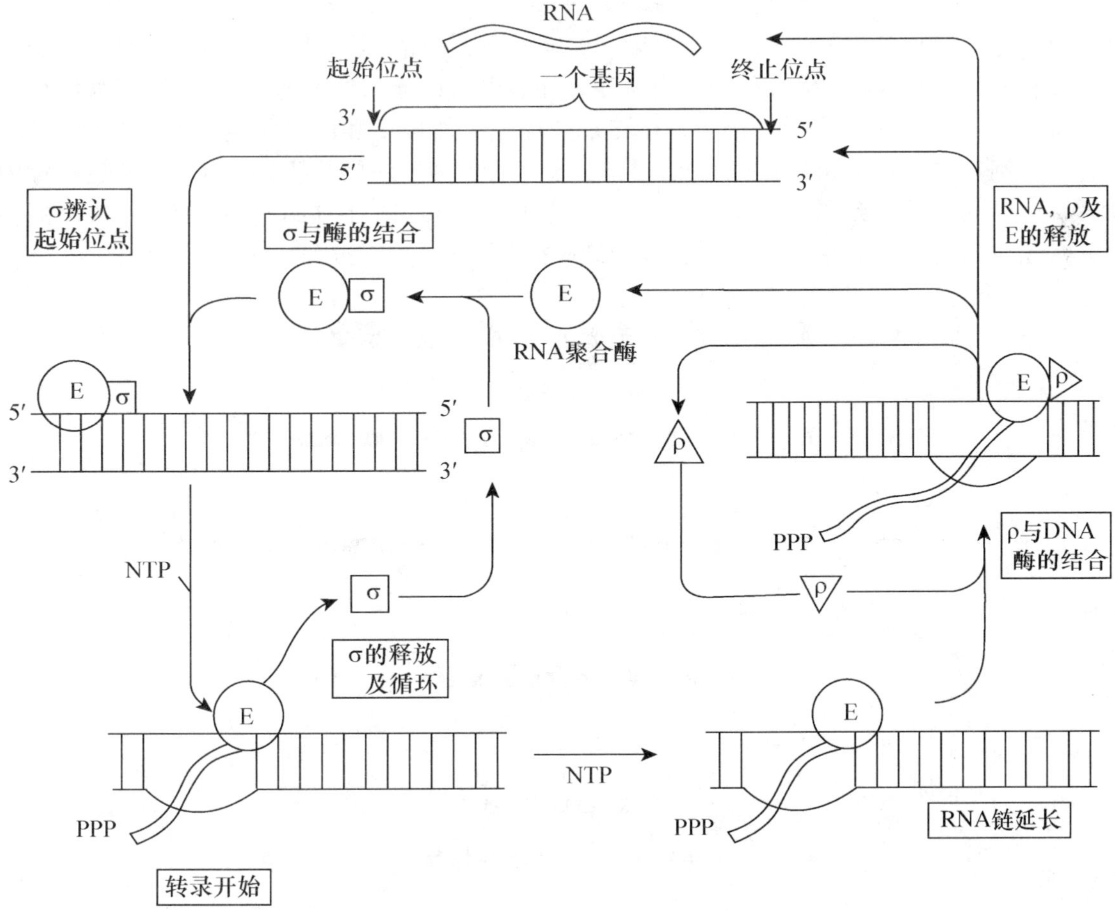

图 9-4　转录过程示意图

上文述及，某些抗生素如利福霉素能抑制细菌 RNA 聚合酶的活性，因而抑制细菌 RNA 的合成，这正是此类抗生素抑菌作用的机制。

第二节　RNA 转录后的加工过程

无论是真核生物还是原核生物，转录生成的 RNA 都是初级转录产物（primary transcripts），是 RNA 的前体，它们没有生物学活性，都要经过一系列酶的作用，进行加工修饰，才能成为具有生物学功能的 RNA，这个过程又称为 RNA 的成熟过程。细菌中 RNA 转录后的加工相对简单，通常是 RNA 转录尚未结束，翻译即已开始。本节主要介绍真核 RNA 转录后加工过程的特点。

一、信使 RNA（mRNA）的加工

mRNA 是遗传信息传递的中介物，具有重要的生物学意义。它可以通过转录作用获得 DNA 分子中储存的遗传信息，再通过翻译作用将遗传信息传到蛋白质分子中。真核细胞的 mRNA 由其前体——核内分子量较大而不均一的 RNA（称为不均一核 RNA，heterogeneous-nuclear RNA，hnRNA）加工而成。加工过程包括：

（一）剪接

真核细胞的基因通常是一种断裂基因（split gene），即由几个编码区与非编码区间隔组成。结构基因中具有表达活性的编码序列称为外显子（exon）；无表达活性、不能编码相应氨基酸的序列称为内含子（intron）。在转录过程中，外显子和内含子均被转录到 hnRNA 中。在细胞核中，切掉 hnRNA 的内含子部分，然后再将各外显子部分拼接起来的过程称为剪接（splicing）。剪接是在由 snRNA、核糖核蛋白与 hnRNA 前体组成的剪接体上发生的二次转酯反应，其中有多种酶参与作用。mRNA 前体的剪接加工过程如图 9-5 所示。

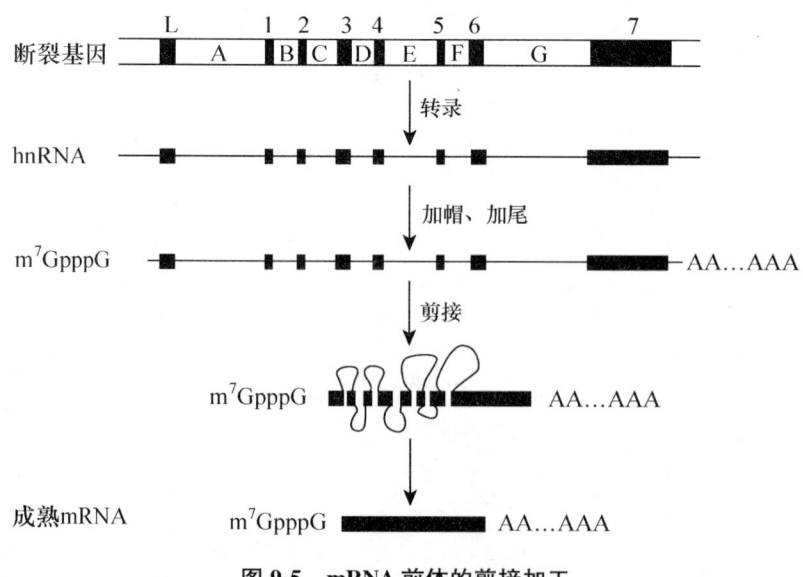

图 9-5　mRNA 前体的剪接加工

有时，一种相同的初级转录产物在不同组织中由于剪接作用的差异，可以产生不同的成

熟 mRNA，导致翻译生成的蛋白质产物不同。例如，甲状腺中的降钙素与脑中的降钙素基因相关肽就是来自相同的初级转录产物。这种由同一初级转录产物经剪接产生不同的成熟 mRNA 的剪接方式称为选择性剪接（alternative splicing）。

（二）加"帽"

真核细胞 mRNA 的 5′ 末端均有一个特殊的结构，即 7-甲基鸟嘌呤核苷三磷酸（m^7GTP），称为"帽"（见"核酸的结构与功能"）。这个结构在 hnRNA 初级转录产物中不存在，是在转录后加工过程中加入的。5′ 末端的加"帽"是在核内完成的，且先于剪接过程。

（三）加多聚腺苷酸的"尾"

mRNA 分子 3′ 末端的多聚腺苷酸（poly A）"尾"，也是在加工过程中加进的，同样先于剪接过程。

（四）碱基的修饰

mRNA 分子中含有少量的稀有碱基，例如甲基化碱基就是在转录后经过甲基化修饰形成的。

（五）RNA 编辑与 RNA 沉默

在转录水平，某些基因转录产生的 mRNA 上的一些序列经过编辑加工发生改变，如插入或删除某个核苷酸使得多核苷酸链上的某些位点发生改变，从而扩展了原基因编码 mRNA 的能力，导致由一个基因产生不止一种蛋白质，这个过程称为 RNA 编辑（editing）。例如，载脂蛋白 B（Apo B）有两种形式，一种 Apo B-100（分子量 513 000）由肝细胞合成；另一种 Apo B-48（分子量 250 000）由小肠黏膜细胞合成。这两种 Apo B 都是由 Apo B-100 基因转录产生的 mRNA 编码的。RNA 编辑作用说明，基因的编码序列经过转录后加工，是可多用途分化的，因此也称为分化加工（differential RNA processing）。

某些小分子 RNA 也可参与转录后加工，从而影响基因表达。如小干扰 RNA（small interfering RNA，siRNA），由 21～25 个核苷酸组成，是 RNA 诱导的沉默复合物（RISC）的主要成员，能激发与之互补的目标 mRNA 的沉默，阻断翻译过程，称为 RNA 沉默（RNA silencing）。

除此之外，还有 poly A 位点选择等转录后加工方式。RNA 编辑、poly A 位点选择和选择性剪接等转录后加工增加了同一基因表达不同蛋白质的多样性。

二、转运 RNA（tRNA）的加工

真核细胞 tRNA 前体分子 5′ 端由内切核酸酶（RNase P）切去部分核苷酸链；3′ 末端在核酸转移酶的作用下，除去个别碱基后，加入 CCA-OH 末端，形成氨基酸臂。有些前体分子中还包含几个成熟的 tRNA 分子，在加工过程中，通过核酸水解酶的作用而将它们分开。此外，在 tRNA 的加工过程中，也有碱基的修饰而形成稀有碱基。例如，某些碱基的甲基化，尿嘧啶转变成二氢尿嘧啶（DHU）等。

三、核糖体 RNA（rRNA）的加工

真核细胞在转录过程中首先生成的是 45S 大分子 rRNA 前体，然后通过核酸酶作用，断裂成 28S、5.8S 及 18S 等不同 rRNA。这些 rRNA 与多种蛋白质结合形成核糖体。rRNA 成熟过程中也包括碱基的修饰。

综上所述，三类 RNA 的具体加工过程虽有不同，但不外乎是链的剪切、剪接、末端添加核苷酸、碱基修饰等几种主要方式。

四、核酶——具有催化功能的 RNA

1982 年美国科学家 Thomas Cech 和他的同事发现四膜虫的 rRNA 的剪接过程不需要蛋白质的参与也可以完成，这种自我剪接方式是由 RNA 作为酶而实现的。为了与酶的传统概念区别，将这种具有催化功能的 RNA 命名为核酶（ribozyme）。

核酶的发现，一方面使人们对生物催化剂有了新的认识，阐明了 RNA 的另一种重要功能；另一方面对于医学具有较现实的意义。实验证明，利用人工设计的核酶可切断核酸分子，尤其可切断 DNA 分子。所以利用人工核酶破坏病原微生物，例如 HIV 病毒，破坏不利于人类的某些基因，例如过度表达的癌基因，以及破坏干扰正常免疫过程的某些基因，已成为基因治疗上的重要策略之一。

第三节　RNA 复制

有些病毒体是以 RNA 为遗传信息载体的，如噬菌体、SARS 病毒等，这些 RNA 病毒的染色体为单链 RNA，在病毒蛋白质的合成中具有模板功能。RNA 病毒进入宿主细胞后，通过自我复制的方式进行繁殖。

一、RNA 复制与 RNA 复制酶

> RNA 复制是在 RNA 复制酶的催化下完成的。

RNA 复制酶是一种依赖 RNA 的 RNA 聚合酶，它可以 RNA 为模板，催化四种 NTP 由 $5'\rightarrow 3'$ 方向依次聚合成与模板 RNA 互补的 RNA 链。有些 RNA 病毒感染宿主细胞后才产生 RNA 复制酶，有些 RNA 病毒自身含有 RNA 复制酶。RNA 复制酶需要由宿主细胞中的三种蛋白质因子协助发挥作用，它们是延长因子 T_U、T_S、S_1。这些因子可以帮助 RNA 复制酶定位并结合于病毒 RNA 的 $3'$ 末端，引发 RNA 复制。RNA 复制酶无内切核酸酶活性，因此缺乏校正功能，导致 RNA 复制时错误率较高，这与 DNA 反转录酶的特点相似。但 RNA 复制酶的特异性很高，只对病毒本身的 RNA 起作用，而不会作用于宿主细胞及其他与病毒无关的 RNA 分子。

二、RNA 复制的形式

有些 RNA 病毒（如噬菌体、灰质炎病毒）的碱基序列与病毒蛋白质的 mRNA 完全相同，可直接起模板作用，附着到宿主细胞核糖体上，翻译出病毒蛋白质，这种病毒称为正链 RNA 病毒。当其进入宿主细胞后，首先合成 RNA 复制酶，然后在复制酶的催化下进行 RNA 复制，最后与病毒蛋白质装配成病毒颗粒。有些 RNA 病毒（如狂犬病病毒、流感病毒）的碱基序列与病毒蛋白质的 mRNA 互补，称为负链 RNA 病毒。这种病毒的颗粒中含有 RNA 复制酶，当其侵入宿主细胞后，可在其本身的 RNA 复制酶的催化下合成正链 RNA，再以正链 RNA 为模板指导病毒蛋白质的合成以及继续复制病毒 RNA。

小结

　　细胞中以DNA为模板合成RNA的过程称为转录。RNA转录体系包括：模板DNA、四种核糖核苷酸（原料）、RNA聚合酶、某些蛋白质因子（如ρ因子）及无机离子等。在细胞内，DNA双链中只有一条链具有转录功能，因此转录是不对称的。RNA聚合酶（DDRP）是转录过程中主要的酶，它由σ因子与核心酶（αα ββ'）组成，σ因子的主要功能是识别转录起始部位，核心酶参与转录时RNA链的延长。转录过程大体可分为起始、RNA链的延长及终止三个阶段。与复制一样，转录的方向也是由$5'\rightarrow 3'$进行的。通过转录，DNA的遗传信息传递到RNA（mRNA）分子中。转录生成的是RNA前体，必须经过加工修饰才能成为具有生物功能的RNA，这个过程称为转录后加工。主要加工方式有：RNA链的剪切、剪接、碱基修饰等。不同RNA的具体加工过程不同。剪接是mRNA加工成熟的重要过程，在基因表达调节中起重要作用。此外，核酶为具有催化功能的RNA，核酶的发现与研究，具有多方面的重要意义，尤其人工核酶的设计和应用，已成为基因治疗上的一种重要策略。有些病毒体是以RNA为遗传信息载体的，这些RNA病毒进入宿主细胞后，通过自我复制的方式进行繁殖。

（大庆医学高等专科学校　文　程）

第十章　蛋白质的生物合成

> **学习目标**
>   1. 记住蛋白质生物合成的概况：原料、三种 RNA 在蛋白质生物合成中的作用、遗传密码的概念及其特点。
>   2. 熟悉蛋白质生物合成的基本过程：氨基酸的活化与转运，肽链合成的起始、延长及终止，核糖体循环。
>   3. 了解蛋白质翻译后加工方式及蛋白质合成与医学的关系（分子病；抗生素对蛋白质合成的影响）。

蛋白质的生物合成亦称翻译（translation），是指在生物体内，以 20 种氨基酸为原料，mRNA 为模板，在多种酶与蛋白质因子等的共同参与下，合成蛋白质的过程。其实质是将 mRNA 分子上由 A、G、C、U 四种碱基组成的遗传信息解读为蛋白质一级结构中的氨基酸序列，并进一步加工修饰形成其特定空间结构的过程。

第一节　蛋白质生物合成的体系

细胞内存在复杂的蛋白质生物合成体系。除了原料（氨基酸）及三种 RNA 外，有关的酶及蛋白质因子、供能物质（ATP、GTP）以及必要的无机离子等也是蛋白质合成所不可缺少的重要组成成分。

一、蛋白质生物合成的原料

> 蛋白质生物合成的主要原料是 20 种编码氨基酸。

蛋白质生物合成之前，每种氨基酸需先与其相应的载体 tRNA 结合形成活化的氨基酸，被转运到蛋白质合成场所——核糖体上，方可进行蛋白质的生物合成。

二、参与蛋白质生物合成的酶及蛋白因子

（一）氨酰-tRNA 合成酶

氨酰-tRNA 合成酶（aminoacyl tRNA synthetase）又称氨基酸活化酶。此酶利用 ATP 供能，催化特定氨基酸的羧基（—COOH）与相应 tRNA 氨基酸臂 3′ 末端的"CCA-OH"脱水缩合，生成各种氨酰-tRNA，使氨基酸活化。氨酰-tRNA 合成酶对氨基酸、tRNA 两种底物都能高度特异地识别，即每一种酶只催化一种特定的氨基酸与其相应的 tRNA 结合。

（二）转肽酶

转肽酶（transpeptidase）存在于核糖体的大亚基上，是组成核糖体的蛋白质成分之一。

其作用是催化核糖体"P"位上的氨酰基或肽酰基向"A"位转移，同时催化该氨酰基或肽酰基与"A"位上的氨酰-tRNA的氨基之间形成肽键，使肽链延长。

（三）转位酶

转位酶（translocase）实际上是延长因子EF-G所具有的一种活性。此酶可结合GTP并由其供能，催化核糖体沿mRNA 5′→3′方向移动相当于一个密码子的距离，使下一个密码子定位于"A"位。

（四）其他蛋白质因子

蛋白质合成过程中除需要酶类的作用外，还需要其他蛋白质因子的参与，包括多种起始因子（initiation factors，IF）、延长因子（elongation factors，EF）、终止因子或释放因子（release factors，RF），它们分别参与蛋白质生物合成的起始、延伸和终止等过程，有些还具有酶的活性。

此外，蛋白质的生物合成还需要多种无机离子（K^+、Mg^{2+}等）及ATP和GTP等供能物质。

三、mRNA、tRNA、rRNA在蛋白质生物合成中的作用

（一）mRNA是肽链合成的直接模板

mRNA分子中以含有的A、G、C、U四种核苷酸转录了DNA分子上的遗传信息。在mRNA分子上，沿着5′→3′方向，从AUG开始，每三个相邻的核苷酸组成一个三联体，代表蛋白质生物合成时的某一氨基酸，称为遗传密码（genetic codon）或密码子（codon）。

$$5'\cdots AUGCGUGAAGCUGAU\cdots 3'$$

1. 遗传密码的种类 构成RNA的4种核苷酸每3个任意排列组合可形成64个密码子（表10-1）。在大多数生物体中，其中61个密码子分别代表20种氨基酸；AUG除了代表甲硫氨酸外，当它位于mRNA的5′端起始部位时，又可作为肽链合成的启动信号，因此被称为起始密码；UAA、UAG和UGA三个密码子不代表任何氨基酸，只代表多肽链合成的终止信号，即多肽链合成的过程中，当在mRNA分子中出现这三个密码子中的任何一个时，多肽链合成即终止，故称其为终止密码子。

表 10-1 遗传密码表

第一个核苷酸 (5′端)	第二个核苷酸				第三个核苷酸 (3′端)
	U	C	A	G	
U	UUU 苯丙氨酸	UCU 丝氨酸	UAU 酪氨酸	UGU 半胱氨酸	U
	UUC 苯丙氨酸	UCC 丝氨酸	UAC 酪氨酸	UGC 半胱氨酸	C
	UUA 亮氨酸	UCA 丝氨酸	UAA 终止密码子	UGA 终止密码子	A
	UUG 亮氨酸	UCG 丝氨酸	UAG 终止密码子	UGG 色氨酸	G
C	CUU 亮氨酸	CCU 脯氨酸	CAU 组氨酸	CGU 精氨酸	U
	CUC 亮氨酸	CCC 脯氨酸	CAC 组氨酸	CGC 精氨酸	C
	CUA 亮氨酸	CCA 脯氨酸	CAA 谷氨酰胺	CGA 精氨酸	A
	CUG 亮氨酸	CCG 脯氨酸	CAG 谷氨酰胺	CGG 精氨酸	G
A	AUU 异亮氨酸	ACU 苏氨酸	AAU 天冬酰胺	AGU 丝氨酸	U
	AUC 异亮氨酸	ACC 苏氨酸	AAC 天冬酰胺	AGC 丝氨酸	C
	AUA 异亮氨酸	ACA 苏氨酸	AAA 赖氨酸	AGA 精氨酸	A
	AUG* 甲硫氨酸	ACG 苏氨酸	AAG 赖氨酸	AGG 精氨酸	G

续表

第一个核苷酸 (5'端)	第二个核苷酸				第三个核苷酸 (3'端)
	U	C	A	G	
G	GUU 缬氨酸	GCU 丙氨酸	GAU 天冬氨酸	GGU 甘氨酸	U
	GUC 缬氨酸	GCC 丙氨酸	GAC 天冬氨酸	GGC 甘氨酸	C
	GUA 缬氨酸	GCA 丙氨酸	GAA 谷氨酸	GGA 甘氨酸	A
	GUG 缬氨酸	GCG 丙氨酸	GAG 谷氨酸	GGG 甘氨酸	G

* 位于 mRNA 启动部位的 AUG 为氨基酸合成肽链的启动信号，同时也有氨基酸密码子的作用。以哺乳动物为代表的真核生物中此密码代表甲硫氨酸，以细菌为代表的原核生物中则代表甲酰甲硫氨酸。

2. 遗传密码具有方向性、连续性、简并性、摆动性及通用性的特点

（1）方向性：mRNA 分子中密码子的排列有一定的方向性，密码的阅读方向是 5'→3'。起始密码总是位于 mRNA 分子 5'端，终止密码位于 3'端，在起始密码与终止密码之间的核苷酸序列常编码一条多肽链，称为开放阅读框架。蛋白质生物合成过程中核糖体阅读 mRNA 的模板信息时，就是沿 mRNA 5'→3' 移动并读码的。

（2）连续性：密码子在 mRNA 链上是连续排列无间隔的。因此，在蛋白质生物合成时，密码的阅读是从 5'端的起始密码 AUG 开始，沿着 5'→3' 的方向，每 3 个核苷酸为一组，连续阅读下去，直至终止密码出现为止。如果突变等原因使 mRNA 上三联体密码中插入或缺失一个核苷酸，蛋白质翻译时就会使这一核苷酸以后 mRNA 密码子的"阅读"发生错误，导致由其编码的氨基酸序列发生变化，称为移码突变。

（3）简并性：同一个氨基酸具有两个或两个以上的密码子，称为密码的简并性。由表 10-1 可见，在 20 种编码氨基酸中，除色氨酸和甲硫氨酸仅有一个密码子外，其余多数氨基酸具有两个或两个以上密码子，丝氨酸最多可有 6 个密码子。还可看出，编码同一氨基酸的多个密码子，其前两个核苷酸通常是相同的，只有最后一个核苷酸存在差异。如果突变发生在密码子的第三位核苷酸时，由于密码子的简并性，其编码的多肽链中氨基酸的种类和序列不会改变，这种突变称为无意义点突变，这对维持物种的稳定性具有重要意义。

（4）摆动性：翻译过程中氨基酸的正确加入，需要靠 mRNA 上的密码子与 tRNA 上的反密码子相互以碱基互补配对原则来辨认。密码子与反密码子配对时，有时会出现不是严格遵循碱基互补配对原则的现象，这就是密码子的摆动性。这一现象常见于密码子的第三位碱基与反密码子的第一位碱基配对时，二者虽不严格互补，但也能相互辨认。例如，tRNA 分子上有较多的稀有碱基，其反密码子的第一位碱基常为次黄嘌呤（I），而 mRNA 上密码子的第三位为 U、C 或 A 均可与其配对，这是常见的摆动现象之一（表 10-2）。

表 10-2 密码子与反密码子配对的摆动现象

tRNA 反密码子第 1 位碱基	I	U	C
mRNA 密码子第 3 位碱基	A、C、U	A、G	C、G、U

（5）通用性：自 1965 年遗传密码的生物学意义被确立以来，人们发现从最简单的生物如病毒到人类，在蛋白质生物合成中都共用一套遗传密码子，这一特点称密码子的通用性。但近来发现，哺乳类动物线粒体蛋白质合成体系中密码子与表 10-1 所示的并不完全相同。例如，线粒体中 UGA 不代表终止信号而代表色氨酸，AUA 不代表异亮氨酸而代表甲硫氨酸，兼做起始密码，AGA、AGG 为终止密码等。遗传密码的通用性提示各种生物相互之间

可能是由同一祖先演化而来的。

（二）tRNA 是活化和转运氨基酸的工具

体内的氨基酸由各自特异的 tRNA "搬运"到核糖体，才能 "组装"成多肽链。每一种氨基酸可以和 2~6 种特异 tRNA 结合，每一种 tRNA 只能特异地转运某一种氨基酸。在氨酰-tRNA 合成酶的作用下，tRNA 的 3′末端 CCA-OH 可与其相应的氨基酸结合，生成氨酰-tRNA，这个过程称为氨基酸活化；每种 tRNA 通过其反密码子与 mRNA 分子中相应密码子通过碱基互补配对原则结合。因此在蛋白质生物合成时，tRNA 所携带的氨基酸能准确地在 mRNA 分子上"对号入座"，从而保证各种氨基酸能按照 mRNA 的密码子排列顺序合成多肽链。由此可见，氨基酸本身不能直接辨认其相应的密码子，而必须通过特异 tRNA 的介导才能识别。

（三）rRNA 与多种蛋白质共同组成核糖体，是蛋白质多肽链合成的场所

核糖体在蛋白质多肽链合成中起装配机的作用，参与蛋白质生物合成的各种成分必须在核糖体上将氨基酸按特定顺序合成多肽链。

核糖体由大、小两个亚基构成，主要成分是多种蛋白质和多种 rRNA。小亚基有与模板 mRNA 结合的能力；大亚基上有两个 tRNA 结合位点，一个是结合氨酰-tRNA 的部位称为 A 位（受位），另一个是结合肽酰-tRNA 的部位称为 P 位（给位）。组成大亚基的另外一些蛋白质具有转肽酶的活性，能催化肽键的形成。在蛋白质生物合成时，mRNA 上密码子的阅读方向是 5′→3′，肽链合成的方向是从氨基端到羧基端，即核糖体沿着 mRNA 5′→3′方向移动，使氨基酸按 mRNA 上的遗传密码依次聚合为多肽链。

第二节　蛋白质生物合成的过程

蛋白质的生物合成过程十分复杂，大体可分成氨基酸的活化与转运、肽链合成的起始、肽链的延长、肽链合成的终止四个阶段。

一、氨基酸的活化

氨基酸的活化是指氨基酸与其相应的 tRNA 在氨基酰-tRNA 合成酶的作用下，利用 ATP 供能，生成氨酰-tRNA 的过程。该反应在胞质中进行：

$$\text{氨基酸} + \text{tRNA} + \text{ATP} \xrightarrow[\text{Mg}^{2+}]{\text{氨酰-tRNA 合成酶}} \text{氨酰-tRNA} + \text{AMP} + \text{PPi}$$

tRNA 的 3′末端 CCA-OH 是氨基酸的结合位点，氨基酸必须活化成氨酰-tRNA 后才能参与蛋白质的生物合成。

二、蛋白质多肽链的合成

依照 mRNA 模板密码子的顺序，将活化的氨酰-tRNA 转运到核糖体上，缩合形成肽链。肽链的生成可分为起始、延长和终止三个阶段。

（一）起始阶段：形成翻译起始复合物

肽链合成的起始阶段，指 mRNA 和起始氨酰-tRNA 分别与核糖体结合而形成翻译起始复合物的过程。此阶段需三种起始因子（IF-1、IF-2、IF-3）、GTP 和 Mg^{2+} 参加。反应过程大致如下：

1. **核糖体大、小亚基分离**　在 IF-3 的作用下，核糖体大、小亚基分离。
2. **mRNA 在小亚基定位结合**　在 IF-3 与 IF-1 的共同作用下，促进小亚基与 mRNA 的起始部位结合。
3. **起始氨酰-tRNA 的结合**　在 IF-2 和 GTP 的参与下，甲硫氨酰-tRNA 借反密码子与 mRNA 的起始密码 AUG 结合，IF-1 有助于这种结合。
4. **核糖体大亚基结合，起始复合物形成**　当小亚基、mRNA 和甲硫氨酰-tRNA 结合完成后，GTP 分解供能，起始因子相继从小亚基脱落，大、小亚基结合，形成起始复合物。此时，甲硫氨酰-tRNA 结合于 P 位，mRNA 的第二个密码子处于 A 位（图 10-1）。

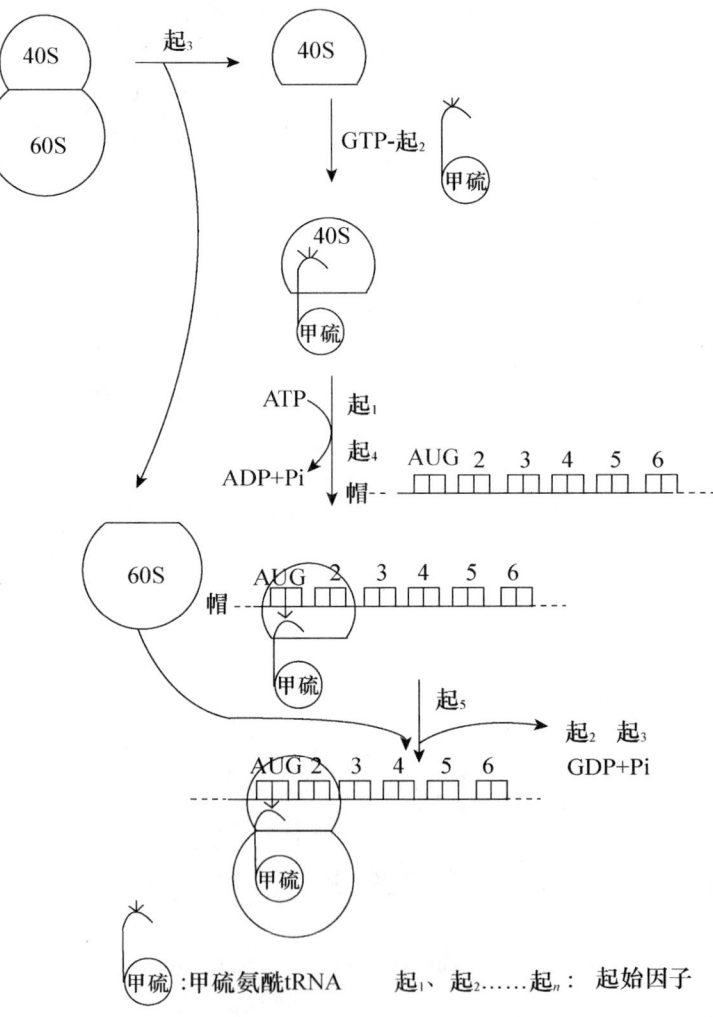

图 10-1　蛋白质合成中起始复合物的形成

（二）延长阶段：进位、成肽、移位连续发生的核糖体循环

肽链的延长是指翻译起始复合物生成后，核糖体沿着 mRNA 分子 $5'\rightarrow 3'$ 方向移动，将 mRNA 链上的遗传信息进行连续翻译，使肽链逐渐延长的过程。此阶段由进位（注册）、成肽和转位三个步骤循环进行，每完成一次循环，肽链延长一个氨基酸单位，直至肽链合成终止，又称核糖体循环（图 10-2）。

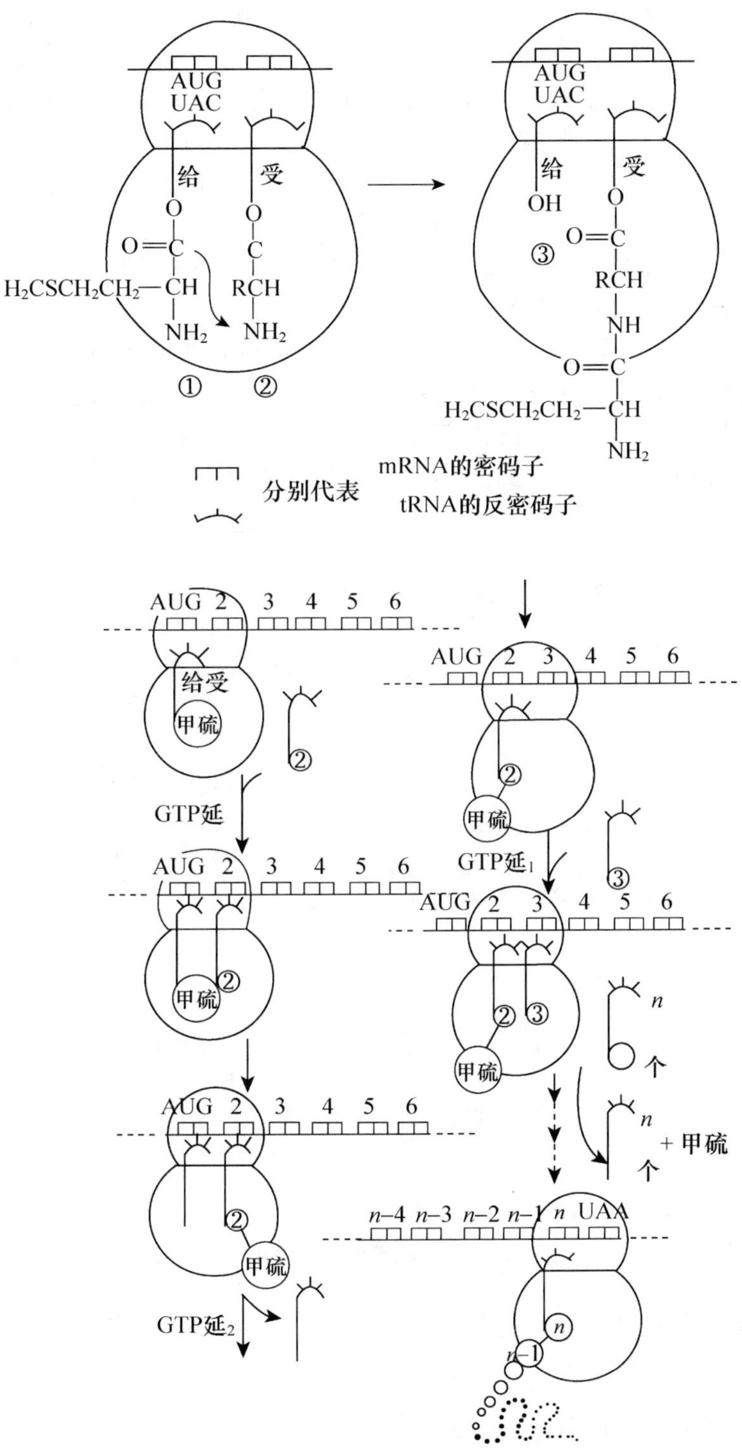

图 10-2 核糖体循环

1. 进位（也称注册） 根据 A 位（受位）对应的 mRNA 的密码子指引，相应的氨酰-tRNA 的反密码子与其通过碱基互补结合，进入核糖体的 A 位。此过程需要延长因子 EF-T 及 GTP 参与，消耗 1 个高能磷酸键。

2. 成肽　在转肽酶作用下，P 位（给位）上甲硫氨酰-tRNA 的甲硫氨酰基或肽酰-tRNA 上的肽酰基转移到 A 位，与 A 位上的氨酰-tRNA 上氨基酸的氨基形成肽键，生成肽酰-tRNA。此时 P 位上只剩下卸载后的 tRNA，随即脱落。此过程也需要 Mg^{2+} 和 K^+ 参与。

3. 转位（也称移位）　在转位酶作用下，核糖体沿 mRNA $5'\rightarrow 3'$ 方向移动一个密码子的距离，使肽酰-tRNA 占据 P 位，mRNA 的下一个密码子位于 A 位，以指引新的氨酰-tRNA 进入 A 位，进行下一轮循环。此过程需 EF、Mg^{2+} 和 GTP 参与，消耗 1 个高能磷酸键。

每循环一次，多肽链增加 1 个氨基酸残基，肽链由 N 端→C 端不断延长。

（三）终止阶段：**核糖体 A 位上出现终止密码子**

当终止密码（UAA、UAG、UGA 中任何一个）出现在核糖体的 A 位上时，任何氨酰-tRNA 都不能进位，肽链延长终止。释放因子（RF）能识别终止密码，进入 A 位。RF 与 GTP 结合，可诱导转肽酶变构而表现出水解酶的活性，水解 P 位上 tRNA 与肽链之间的酯键，从而使肽链从核糖体上脱落。此后 tRNA、RF 及核糖体相继从 mRNA 上脱落，核糖体大、小亚基分离，重新进入核糖体循环，多肽链的合成过程结束（图 10-3）。

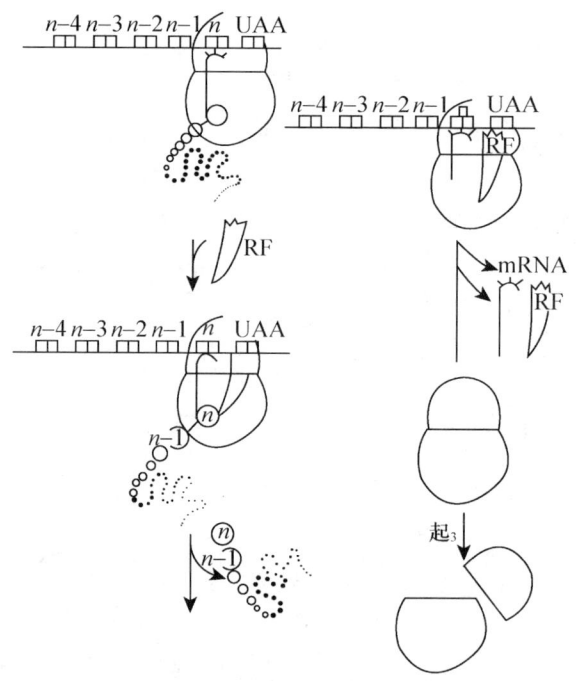

图 10-3　肽链合成的终止

从氨基酸活化到核糖体循环，均需消耗大量能量。每形成一个肽键至少消耗 4 个高能磷酸键。由此可见，蛋白质的合成过程是不可逆的耗能过程。

三、翻译后的加工修饰和输送

从核糖体释放的多肽链只是蛋白质的一级结构，没有形成相应的空间构象，因此也不具备相应的生物学功能，需经加工修饰后才能转变为有生物活性的蛋白质分子。蛋白质翻译后的加工修饰主要包括以下几种方式：

（一）新生肽链的折叠

新生肽链的折叠过程在肽链合成过程中及肽链合成之后均可进行。天然蛋白质在其他酶、蛋白质的辅助参与下，逐步折叠成为具有二级、三级结构的蛋白质。

（二）去除多肽链 N 端的甲硫氨酸

虽然肽链合成的起始均是甲硫氨酸（原核生物是甲酰甲硫氨酸），但在肽链延长过程中或肽链合成后，作为起始的甲硫氨酸或甲酰甲硫氨酸在氨基肽酶的作用下被水解脱掉。

（三）二硫键的形成

mRNA 编码的基因信息中并无编码胱氨酸的密码子，多肽链中胱氨酸是在多肽链合成后，由酶催化两分子半胱氨酸的巯基氧化形成二硫键而成。二硫键的正确形成对维持蛋白质的空间构象起着重要作用。

（四）多肽链的水解修饰

一些多肽链合成后，在特异蛋白水解酶的作用下，去除其中某些肽段或氨基酸残基，才有活性。如酶原的激活、激素前体的加工等。

（五）个别氨基酸残基的修饰

有些多肽链合成后，其中某些氨基酸残基需要进行侧链的共价修饰，才能发挥正常的生理功能。如丝氨酸、苏氨酸残基的磷酸化、赖氨酸及脯氨酸残基的羟化（在胶原蛋白合成中起重要作用）等。

（六）亚基聚合

具有两个或两个以上亚基的蛋白质，在各个肽链合成后，要通过非共价键将各个亚基聚合形成寡聚体（即四级结构），才具有生物学活性。如血红蛋白由四条多肽链聚合而成。

（七）辅基连接

对结合蛋白质来说，翻译生成的多肽链需要进一步与辅基结合。例如，血红蛋白、脂蛋白等都是在翻译完成后再与相应的辅基（血红素、脂类）结合形成具有生物学活性的结合蛋白质；糖蛋白的辅基——糖链，也是在多肽链合成后，通过糖苷转移酶的作用逐步加在多肽链上的。

第三节　蛋白质生物合成与医学

随着分子生物学的迅速发展，肿瘤和某些遗传性疾病的病因研究、诊断与治疗已深入到分子和基因水平。蛋白质生物合成与遗传、代谢、分化、免疫等生理过程，肿瘤、遗传病等病理过程，以及与药物作用等均有密切关系。因此，护理人员正确地掌握与应用这些理论知识，更好地从分子水平按护理程序针对患者情况进行护理评估、诊断、评价与健康教育是十分重要的。

一、基因突变可导致分子病

由于基因或 DNA 分子的缺陷，致使细胞内 RNA 及蛋白质合成出现异常、人体结构与功能随之发生变异的疾病，称为分子病（molecular disease）。根据遗传密码和开放性阅读框架的阅读规律，有些为蛋白质编码的 DNA 碱基序列发生突变时，不一定都会在蛋白质水平产生影响，也不一定都会形成分子病。此时，基因型发生改变，但细胞表型并没有发生改变，称之为沉默型突变（silent mutation）。但是，DNA 碱基序列中插入或删除一个碱基时，往往会造成阅读框架的移码突变，就会完全改变随后的氨基酸编码序列。

血红蛋白编码基因突变引起的疾病是研究最成熟的分子病之一。迄今已发现由于基因突变而引起的血红蛋白异常达八百多种，包括由于血红蛋白分子结构异常导致的异常血红蛋白病和血红蛋白肽链合成速率异常导致的血红蛋白病〔如珠蛋白生成障碍性贫血（地中海贫血)]。镰状细胞贫血是其中突出的一种类型,这类患者由于血红蛋白β链编码的结构基因中的核苷酸由原来的 CTT 转变为 CAT,导致血红蛋白β链 N 端第 6 个氨基酸残基由正常人的谷氨酸残基被缬氨酸残基取代。这种血红蛋白结构与功能都发生异常,表现为镰刀形红细胞,该红细胞脆性增加,容易破裂产生溶血。

二、某些抗生素通过干扰蛋白质的合成而发挥作用

多种抗生素均可作用于从 DNA 复制到蛋白质合成的遗传信息传递的各个环节,从而起到抑制细菌、病毒的繁殖以及抗癌的作用,因此又被称为蛋白质生物合成的阻断剂。例如丝裂霉素、放线菌素及博来霉素等可破坏 DNA 分子结构或者与 DNA 结合成复合物,影响 DNA 的模板功能,从而抑制复制和转录;利福霉素与利福平可与原核细胞 RNA 聚合酶核心酶的 β 亚基结合,使核心酶不能与起始因子 σ 结合,从而抑制 RNA 聚合酶的活性,阻断转录的起始;四环素族抗生素能与核糖体小亚基结合,使其变构,从而抑制氨酰-tRNA 的进位;链霉素则抑制细菌蛋白质合成的起始阶段,干扰蛋白质合成;氯霉素能与细菌核糖体的大亚基结合,抑制转肽酶活性等,均可干扰蛋白质的生物合成。

一些抗生素对蛋白质生物合成的干扰作用如表 10-3 所示,仅供参考。

表 10-3 抗生素对蛋白质生物合成的干扰作用

作用环节	主要抗生素	作用原理	用途
影响复制及转录	丝裂霉素(mitomycin)	与 DNA 两链间 G-C 对结合,妨碍双链拆开,抑制复制、转录	抗肿瘤
	博来霉素(bleomycin)	与 DNA 两链间 G-C 对结合,妨碍双链拆开,抑制复制、转录	抗肿瘤
	放线菌素(actinomycin)	插入 DNA 双链间,破坏 DNA 的模板活性	抗肿瘤
影响转录	利福霉素(rifamycin)	抑制原核细胞的 RNA 聚合酶活性	抗菌
影响翻译	四环素族(tetracycline family)	与原核细胞的核糖体小亚基结合并使之变构,抑制氨酰-tRNA 进位	抗菌
	链霉素(streptomycin)	抑制原核细胞起始阶段并引起密码错读	抗菌
	卡那霉素(kanamycin)	抑制原核细胞起始阶段并引起密码错读	抗菌
	氯霉素(chloramphenicol)	与原核细胞的核糖体大亚基结合,抑制转肽酶	抗菌
	红霉素(erythromycin)	与原核细胞的核糖体大亚基结合,抑制核糖体移位	抗菌
	乙酰苯胺(cycloheximide)	抑制真核细胞核糖体大亚基转肽酶活性	抗肿瘤
	嘌罗霉素(puromycin)	取代氨酰-tRNA 进位,使肽酰基转移在它的氨基上并脱落	抗肿瘤
	干扰素(interferon)	使起始因子 2 失活,并促使 mRNA降解	抗病毒 抗肿瘤

实用小知识

遗传密码的破译：1961年，克里克用遗传学方法证实了特定的核苷酸三联体构成了遗传密码，决定多肽链上的一个氨基酸。DNA上的四种核苷酸总共可组成64种不同的遗传密码。1966年美国科学家尼伦伯格和霍拉纳等研究破译了全部的遗传密码，成功绘制了遗传密码表。遗传密码的破译，是生物学史上一个重大的里程碑。尼伦伯格和霍拉纳因此荣获1968年诺贝尔生理学或医学奖。

名词注解

1. 开放性阅读框架　开放性阅读框架是基因序列的一部分，包含一段可以编码蛋白的碱基序列，不能被终止子打断。

2. 分子病　由于基因或DNA分子的缺陷，致使细胞内RNA及蛋白质的合成出现异常、人体结构与功能随之发生变异的疾病。

小结

蛋白质是生命的物质基础，是基因遗传信息表达的产物。其合成体系有：氨基酸（原料）、mRNA（模板）、tRNA（活化与转运氨基酸的工具）、核糖体（肽链装配机，含rRNA）、某些酶与蛋白质因子、供能物质（ATP、GTP）及一些无机离子（Mg^{2+}、K^+）等。

mRNA在蛋白质的生物合成中起重要作用，其分子中每3个相邻的核苷酸构成一个遗传密码，代表相应的氨基酸。因此，mRNA上开放性阅读框架的核苷酸序列决定着蛋白质的氨基酸序列，其中包含64个密码子，除了代表氨基酸的密码子外，还包括起始密码子和终止密码子。密码子具有方向性、连续性、简并性、摆动性和通用性等特性。在蛋白质生物合成过程中，mRNA作为多肽链合成的模板，tRNA特异地转运氨基酸，并通过反密码子与mRNA的密码子反向配对结合，使氨基酸准确地在mRNA密码子上"对号入座"，保证了遗传信息的传递。

蛋白质的生物合成过程包括氨基酸的活化与转运、肽链合成的起始、延长（又称核糖体循环）与终止阶段。蛋白质合成是一个耗能的不可逆过程。

许多蛋白质在多肽链合成后，需要经过一定的加工修饰，才能转变成具有一定生物学功能的蛋白质，这个过程称为翻译后的加工。常见的加工方式有：新生肽链的折叠、去除多肽链N端的甲硫氨酸、二硫键的形成、多肽链的水解修饰、个别氨基酸残基的修饰、亚基聚合及辅基连接等。

蛋白质的生物合成与医学有着密切联系。例如，分子病的形成，多种抗生素的抗菌、抗肿瘤作用均与蛋白质的合成过程有关。

（漳州卫生职业学院　曹林枝）

第十一章 基因表达的调控与基因工程

> **学习目标**
> 1. 记住基因表达的概念及乳糖操纵子模型,基因工程相关概念,基因组学基本概念。
> 2. 说出基因工程的简要过程,知道基因工程在医学中的应用。
> 3. 熟悉基因诊断与基因治疗的概念,了解基因诊断策略及基因治疗基本程序。
> 4. 知道PCR技术的概念,了解PCR的应用。
> 5. 了解真核基因表达调控的基本原理,印迹技术的基本原理,三种印迹技术的应用及转基因、核转移与基因剔除技术的含义与应用,功能基因组学与比较基因组学的应用。

基因表达调控是指细胞受环境信号刺激或适应环境营养供给变化,在基因表达水平上作出应答反应的分子机制。基因工程(gene engineering)又称为重组DNA技术,是在分子水平上,用人工方法获得某一目的基因的无性繁殖系——DNA克隆,或实现目的基因在一定表达体系大量表达的一套工程技术群。

第一节 基因表达的调控

一、基因表达调控的概述

基因表达(gene expression)是指基因的转录和翻译过程。具体来说,基因表达就是在各种调节机制的控制下,从基因激活开始,经历转录、翻译等过程产生具有特异生物学功能的蛋白质分子,并赋予细胞一定的功能或表型,或使生物体获得一定的遗传性状。然而,并非所有基因表达都产生蛋白质分子,很多基因只转录生成RNA分子而无翻译过程,如rRNA、tRNA等的编码基因即如此。这些基因转录生成RNA的过程也属于基因表达。

(一)基因表达调控是为适应内、外环境

生物界中的各种生命现象,小到DNA复制、RNA转录,大到生物生殖、发育、分化及肿瘤的发生等,均由不同蛋白质的不同功能来实现,为适应生存条件的变化,这种生命现象也不例外。在生命活动过程中,为蛋白质编码的基因哪些需要被表达,哪些需要被关闭,取决于生存需要变化对这些基因的表达调控。由于生物体赖以生存的外在环境不断变化,所有生物体中的活细胞都必须对内、外环境的变化作出适应性反应,包括调节相应基因表达,形成相应的蛋白质表达模式。原核生物(如细菌)为适应物理、化学等环境的变化,对基因表达进行调控,以调节其代谢,维持细胞生长与分裂,例如,大肠埃希菌中平时与细菌蛋白质生物合成有关的延长因子编码基因表达十分活跃,而参与DNA损伤修复有关的酶分子编码基因却极少表达,当有紫外线照射引起DNA损伤时,这些修复酶编码基因表达就变得异常活跃。真核生物（如真菌、植物、动物乃至人类）对基因表达调控既为适应环境变化，也为控制生物体的生长、发育及分化。通常情况下，真核细胞中只有2‰～5‰的基因处于转录活性状态。总之，不管是原核生物还是真核生物，都是通过基因表达调控以适应环境变化，以维持正常生长与繁殖。

（二）基因表达调控具有时间和空间特异性

无论是原核生物还是真核生物的基因表达都具有严格的规律性，即表现为时间与空间的特异性。生物物种愈高级，基因表达规律愈复杂，愈精细，这是生物进化的需要。基因表达的时间、空间特异性是由基因特异的启动子（序列）和（或）增强子与调节蛋白相互作用决定的。

1. 时间特异性　按功能需要，某一特定基因的表达严格按一定的时间顺序发生，称为基因表达的时间特异性（temporal specificity）。原核生物如病毒、细菌等入侵宿主后，随感染阶段的发展和生长环境变化，一些基因开启，一些基因关闭。多细胞生物从受精卵到发育成为成熟的个体，经历很多不同的发育阶段。在每个不同的发育阶段，不同的基因都会严格按自己特定的时间顺序开启或关闭，表现为与分化、发育阶段一致的时间性。因此，多细胞生物基因表达的时间特异性又称为阶段特异性（stage specificity）。例如，胎儿时期合成血红蛋白主要为 $\alpha_2\gamma_2$ 型，出生后 γ 链合成受抑制，β 链合成增加；而成人合成的血红蛋白主要是 $\alpha_2\beta_2$ 型。

2. 空间特异性　在多细胞生物个体某一发育阶段，同一基因产物在不同组织器官表达的多少也是不一样的。在个体生长发育全过程，一种基因产物在个体的不同组织或器官表达，即在个体的不同组织空间出现，称为基因表达的空间特异性（spatial specificity）。如编码胰岛素的基因只在胰岛的 B 细胞中表达，指导生成胰岛素；编码肌质蛋白的基因在肌原纤维中高水平表达，而在成纤维细胞和成肌细胞中几乎不表达。基因表达伴随时间或阶段顺序所表现出来的这种空间分布差异，实际上是由细胞或组织在器官的分布决定的，因此基因表达的空间特异性又称为细胞特异性（cell specificity）或组织特异性（tissue specificity）。基因表达的空间特异性保证了分化成熟的不同组织器官功能的需要。

（三）基因表达调控以转录起始环节最为重要

基因表达调控是在多级水平上进行的复杂事件，包括 DNA 水平、转录水平、转录后水平、翻译水平及翻译后水平的调控。理论上讲，改变遗传信息传递过程的任何环节均会导致基因表达的变化。

尽管基因表达调控可发生在遗传信息传递过程的任何环节，但发生在转录水平，尤其是转录起始水平的调节，对基因表达起着至关重要的作用，即转录起始是基因表达的基本控制点。

二、原核生物基因表达的调控

> 原核生物基因表达的调控是操纵子调控模式，以负性调节为主。

原则上讲，原核基因的表达也受多级调控，如转录起始、终止，翻译阶段的调控等，但其表达调控的关键机制主要发生在转录起始阶段。原核生物大多数基因的表达通过操纵子机制调控。

所谓操纵子（operon）是原核生物中绝大多数基因按功能相关性成簇地串联、密集于染色体上，共同组成的转录单位。操纵子由启动基因或启动子（promoter，P）、操纵基因（operator，O）等调节序列及下游的结构基因串联组成。启动子是 RNA 聚合酶结合并起始转录的特异 DNA 序列，操纵基因是阻遏蛋白结合的部位，启动基因和操纵基因合称调控区。在调控区上游还有表达产物为阻遏蛋白的抑制基因（inhibitor，I）。位于启动子与结构基因之间的是操纵基因，它是 RNA 聚合酶能否通过的"开关"。以下以大肠埃希菌的乳糖操纵子为例介绍原核生物的操纵子调控模式。

大肠埃希菌的乳糖操纵子含 Z、Y 及 A 三个结构基因，分别编码 β-半乳糖苷酶、通透酶和乙酰基转移酶。还有一个操纵序列 O、一个启动序列 P 及一个调节基因 I（图 11-1）。I 基因编码的阻遏蛋白与 O 序列结合，使操纵子受阻遏而处于关闭状态。在启动序列 P 上游还有一个分解代谢基因激活蛋白（CAP）结合位点。由 P 序列、O 序列和 CAP 结合位点共同构成乳糖操纵子的调控区，3 个酶的编码基因 Z、Y 和 A 由同一调控区调节，共同表达或关闭。

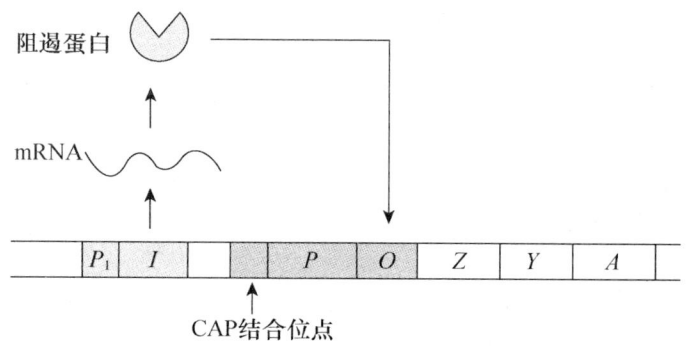

图 11-1　乳糖操纵子的结构

乳糖操纵子的调节机制，主要是阻遏蛋白的负性调节。当无乳糖存在时，乳糖操纵子处于阻遏状态。此时，I 基因在启动序列作用下表达产生的阻遏蛋白与 O 序列结合，阻碍 RNA 聚合酶与 P 序列结合，抑制转录启动，阻止结构基因转录，从而不能翻译合成与乳糖代谢有关的酶。当有乳糖存在时，操纵子即可被诱导。在这个操纵子体系中，诱导剂并非乳糖本身，而是乳糖经原先存在的通透酶催化、转运进入细胞，再经原有的 β-半乳糖苷酶催化转变为别乳糖。后者作为诱导剂与阻遏蛋白结合，使其构象发生改变而与 O 序列解离，启动转录，使 β-半乳糖苷酶分子的合成增加约 1000 倍（图 11-2）。

乳糖操纵子的调节机制除了阻遏蛋白的负性调节外，还有 CAP 的正性调节。分解代谢基因激活蛋白（CAP）是同二聚体，分子内有 DNA 结合区及 cAMP 结合位点。当没有葡萄糖时，细胞内 cAMP 浓度较高，cAMP 与 CAP 结合，使 CAP 与启动序列附近的 CAP 结合位点结合，刺激 RNA 转录活性，使之提高约 50 倍；当有葡萄糖存在时，cAMP 浓度降低，cAMP 与 CAP 结合受阻，乳糖操纵子的表达下降（图 11-3）。

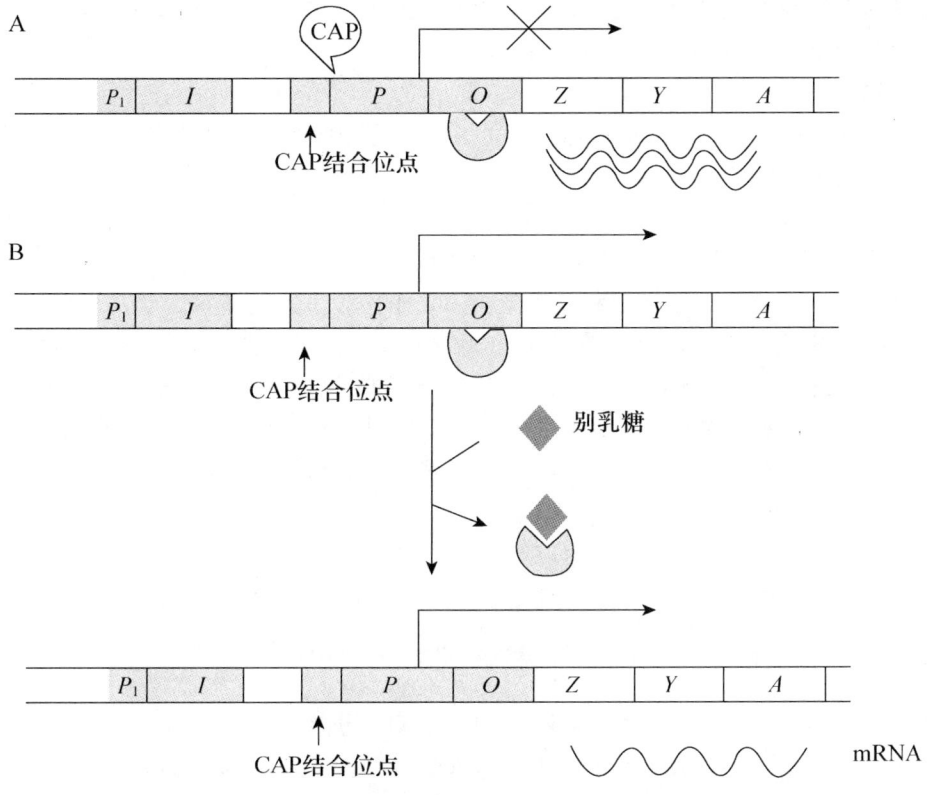

图 11-2 阻遏蛋白对乳糖操纵子的负性调节

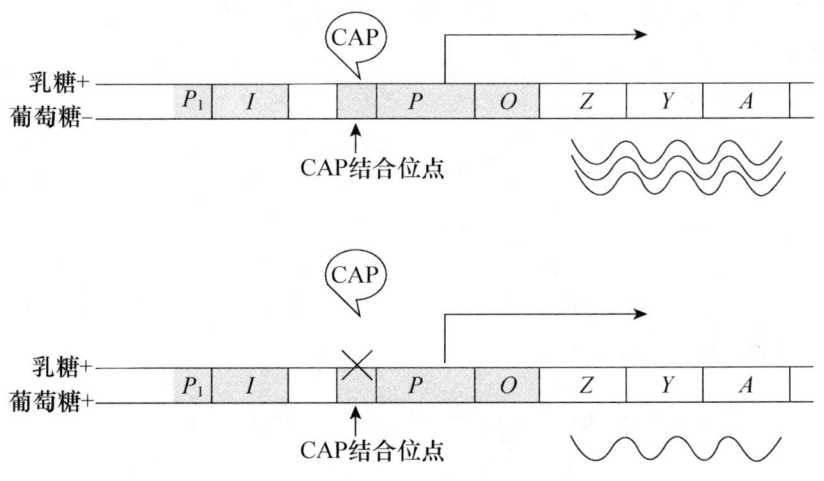

图 11-3 CAP 对乳糖操纵子的正性调节

三、真核生物基因表达的调控

真核生物基因表达的调控以正性调节为主。

真核细胞的结构及基因组结构远比原核细胞复杂，且其基因组常分散在各染色体上，功能相似的基因有时也相距很远,故其表达调控机制亦十分复杂。转录水平的调控也是真核生物基因表达调控的最重要环节。

(一) 顺式作用元件

顺式作用元件 (cis-acting element) 是 DNA 的特别序列,是转录调节因子特异性结合的区域,对基因转录的起始和活性调节起着十分重要的作用。根据顺式作用元件在 DNA 中的位置、转录激活中的作用及发挥作用的方式,可将其分为启动子 (promoter)、增强子 (enhancer) 和沉默子 (silencer)。

真核基因启动子通常位于转录起始点上游 (5'-侧翼区),是转录因子对转录起始发挥作用时所结合的一些控制组件。其中最具典型意义的是 TATA 盒 (TATA box)。TATA 盒 (TATAAAA) 通常位于转录起始点上游-30~-25 bp,控制转录的准确性和频率。此外,GC 盒 (GGGCGG) 和 CAAT 盒 (GCCAAT) 也是很多基因中常见的控制组件。真核基因中典型的启动子由 TATA 盒及上游的 CAAT 盒和 (或) GC 盒组成 (图 11-4)。

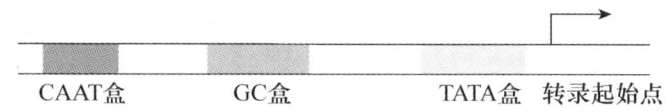

图 11-4 真核启动子的典型结构

增强子是远离转录起始点 (1~30 kb)、决定基因的特异性表达、增强启动子转录活性的特异 DNA 序列,其发挥作用的方式通常与方向、距离无关。从功能方面讲,没有增强子存在时,启动子通常不能表现活性;没有启动子时,增强子也无法发挥作用。

对某些基因来说,还含有负性调控元件——沉默子。当沉默子与特异蛋白因子结合时,对基因转录起阻遏作用。还有一些 DNA 序列既可作为正性调节元件又可作为负性调节元件发挥顺式调节作用,这取决于细胞内存在的 DNA 结合因子的性质。

(二) 反式作用因子

反式作用因子 (trans-acting factor) 是一类蛋白质,又称为转录因子、转录调节因子或转录调节蛋白。它们通过与顺式作用元件特异结合,或与 RNA 聚合酶相互作用而调节基因转录活性,有的起转录激活作用,也有的起转录抑制作用。

真核基因转录激活调节是复杂多样的。不同的 DNA 元件组合可产生多种类型的转录调节方式;多种转录因子又可结合相同或不同的 DNA 元件,对转录激活过程所产生的效果亦不同,有正性调节或负性调节之分。

第二节　基因工程与基因组学

基因工程 (gene engineering) 又称重组 DNA 技术,是指用酶学的方法将不同来源的 DNA 在体外切割、重组,继而转入到适当的宿主细胞中扩增,产生大量的目的基因片段,同时使目的基因得以表达。由于目的基因在宿主细胞的无性繁殖体系 (克隆) 得到了扩增,因此基因工程又称为基因克隆 (gene cloning) 技术。基因组 (genome) 是指一套染色体上全部基因 DNA 序列的总和。基因组学 (genomics) 是研究不同生物中基因组遗传信息 DNA 的全部物理序列、不同基因在该基因组上的排列方式、不同基因的生物功能以及不同生物间相同或相似基因遗传信息进化关系的一门学科。

一、基因工程

> 基因工程是对 DNA 分子进行设计和改造的分子工程。

（一）基因工程的相关概念

1. 克隆与克隆化　克隆（clone）是指来自同一母本的所有副本或拷贝的集合；获取同一拷贝的过程称为克隆化（cloning），也就是无性繁殖。通过无性繁殖过程获得的"克隆"可以是分子，也可以是细胞、动物或植物。

2. 基因工程　是用酶学的方法将不同来源的 DNA 在体外切割、重组，继而转入到适当的宿主细胞中扩增，产生大量的目的基因片段，同时使目的基因得以表达。由于目的基因在宿主细胞的无性繁殖体系（克隆）得到了扩增，因此基因工程又称为基因克隆（gene cloning）技术。

3. 基因载体　基因载体（gene vector）又称克隆载体，是为携带感兴趣的外源 DNA、实现外源 DNA 的无性繁殖或表达有意义的蛋白质所采用的一些 DNA 分子。常用的克隆载体有质粒、噬菌体和病毒 DNA 等，经过适当改造后，它们仍具有自我复制能力，或兼有表达外源基因的能力。

4. 工具酶　在基因工程技术中需要一些工具酶对基因进行操作，其中重要的工具酶有限制性内切核酸酶、DNA 连接酶及 DNA 聚合酶等。例如，对目的基因进行处理时，需利用序列特异的限制性内切核酸酶准确切割 DNA，使较大的 DNA 分子变为适当大小的 DNA 片段；构建重组 DNA 分子时，需 DNA 连接酶催化才能使 DNA 片段与克隆载体共价连接。

（二）基因工程的基本原理

一个完整的基因工程过程包括：目的基因的获取，基因载体的选择与构建，目的基因与载体的拼接，重组 DNA 分子导入受体细胞，重组体的筛选及目的基因的表达（图 11-5）。

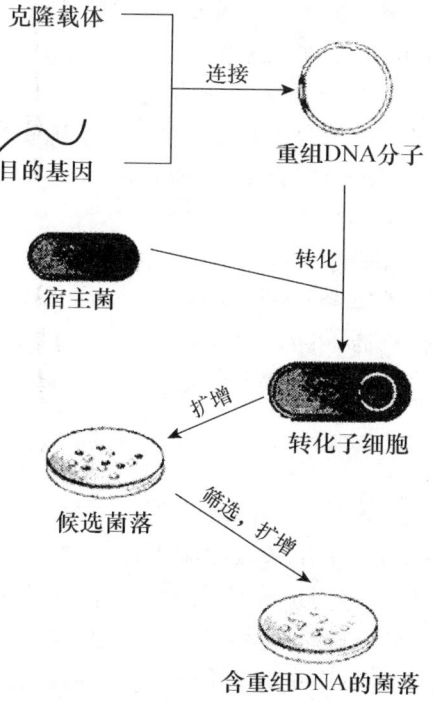

图 11-5　基因工程基本过程

1. 目的基因的获取 目的基因即我们感兴趣、希望得到的基因。目前获得目的基因的方法主要有：

(1) 化学合成法：如果已知某种基因的核苷酸序列，或根据某种基因表达产物的氨基酸序列推导出该多肽链编码基因的核苷酸序列，再利用 DNA 合成仪通过化学法即可合成目的基因。一般多用于小分子多肽编码基因的合成。

(2) 基因组文库：分离组织或细胞染色体 DNA，利用限制性内切核酸酶将其切割成许多片段，将其中我们感兴趣的基因片段与适当载体连接成重组 DNA 分子后转入受体菌扩增，这样即可得到基因组文库（genomic DNA library）。

(3) cDNA 文库：以 mRNA 为模板，利用反转录酶合成与 mRNA 互补的 cDNA，再复制成双链 cDNA 片段。将这些 cDNA 片段与适当载体连接后转入受体菌扩增，即得到 cDNA 文库。

(4) 聚合酶链反应（polymerase chain reaction，PCR）：在已知某个目的基因的 DNA 序列时，可结合序列信息设计相应引物，以该目的基因为模板，采用 PCR 技术获得大量目的基因（见常用分子生物学技术部分）。

2. 基因载体的选择与构建 离开了染色体的外源 DNA 片段是不能复制的。如果将外源 DNA 与克隆载体连接，就可作为载体的一部分在受体细胞中复制。基因工程技术中克隆载体的选择和构建是极富技术性的问题，目的不同，操作基因的性质不同，载体的选择和改建方法也不同。

3. 目的基因与载体的拼接 通过各种途径获取目的基因，选择和改建克隆载体后，就要进行 DNA 的体外重组，即将目的基因与载体连接在一起。常用的工具酶有限制性内切核酸酶与 DNA 连接酶等，连接方式与切割载体 DNA 和目的 DNA 时产生末端的性质有关。

4. 重组 DNA 分子导入受体细胞 重组 DNA 分子生成后，需要导入受体细胞，使其能随受体细胞的生长、繁殖而复制、扩增。根据重组 DNA 分子时所采用的载体性质不同，导入重组 DNA 分子的方式有转化、转染和感染等方式。

5. 重组体的筛选 重组 DNA 分子导入受体细胞后，经适当的培养板培养得到大量菌落，应设法筛选以鉴定出哪些菌落所含的重组 DNA 分子确实带有目的基因。筛选的方法有直接筛选法（如抗药标志选标志补救、分子杂交法等）和免疫学方法（如免疫化学法及酶联免疫检测分析等）。

6. 克隆基因的表达 让克隆的目的基因在宿主表达系统内高效表达，产生有功能的蛋白质是基因工程的最终目的。克隆的目的基因和 cDNA 在受体细胞表达生物活性蛋白是基于正确的基因转录、有效的蛋白质翻译和适当的转录后、翻译后加工过程。这些过程在不同的表达体系中是不一样的，这些差别不但与基因的来源、基因的性质有关，而且与载体及表达体系有关。

(三) 基因工程的应用

基因工程技术的应用范围非常广泛，涉及工业、农业、环境、能源和医药卫生等许多领域。以下简要介绍基因工程在医药卫生领域的应用。

1. 疾病基因的发现与克隆 基因工程技术的应用使分子遗传学家有可能根据基因定位而不是它的功能来克隆一个基因。随着人类基因组计划（human genome project，HGP）的完成，已有越来越多的疾病相关基因被发现并克隆。疾病相关基因的发现不仅可促进新的遗传病的发现，而且对遗传病的诊断和治疗都极有价值。

2. **发展生物制药** 基因工程药物的生产是在基因克隆、功能的研究基础上，构建适当的表达体系表达有生物活性的蛋白质、多肽，再经科学的动物实验、严格的临床试验和药物审查，发展为新药物。利用基因工程生产有药用价值的蛋白质、多肽产品已成为当今世界的一项重大产业。

3. **基因诊断** 见下文。

4. **基因治疗** 见下文。

5. **遗传病的预防** 疾病基因克隆不仅为医学家提供了重要工具，使他们能深入认识、理解各种遗传病的发病机制，为寻求可能的治疗途径、预测疗效提供有力手段；更为重要的是，利用这些成果进行产前诊断、遗传病易感性分析、携带者测试及症候前诊断等，对预防遗传病的发生有非常重要的意义。

二、基因诊断与基因治疗

随着分子生物学研究的不断深入，人们逐渐认识到人类绝大多数疾病都与基因密切相关。基因变异导致的疾病有两种主要类型：①内源基因变异：由于先天遗传背景的差异和后天内、外环境因素的影响，人类的基因结构及其表达的各个环节都可能发生异常，从而导致疾病发生。突变若发生在生殖细胞，可能引起各种遗传性疾病；若发生在体细胞，则可导致肿瘤、心血管疾病等。②外源基因入侵：各种病原体感染人体后，其特异的基因被带入人体并在体内增殖而引起各种疾病。因此，从基因水平探测、分析病因和疾病的发病机制，并采用针对性的手段矫正疾病紊乱状态是近年来基础医学和临床医学新的研究方向，由此而发展起来的基因诊断（gene diagnosis）和基因治疗（gene therapy）已成为现代医学的重要内容。

（一）基因诊断的概念与策略

基因诊断是利用现代分子生物学和分子遗传学的技术方法，直接检测致病基因结构及其表达水平是否正常，从而对疾病作出诊断的方法。基因诊断是以基因作为探查对象，具有特异性高、针对性强、灵敏度高、适用性强、诊断范围广等特点。

基因诊断的基本方法主要建立在核酸分子杂交、PCR 和 DNA 序列分析技术或几种技术联合的基础之上。常用的诊断技术包括：①核酸分子杂交技术：用以检测样本中是否存在与探针序列互补的同源核酸序列。在此基础上还建立了限制性内切核酸酶酶谱分析法、DNA 限制性片段长度多态性（restriction fragment length polymorphism，RFLP）分析、等位基因特异寡核苷酸探针（allele specific oligonucleotide，ASO）杂交法等诊断方法；②聚合酶链反应（PCR）结合凝胶电泳进行诊断；③基因测序：直接分离出患者的有关致病基因，测定其碱基序列，找出其变异所在，这是最为确切的基因诊断方法。

（二）基因治疗概念与基本程序

现代医学对遗传性疾病，心、脑血管疾病，肿瘤，某些神经系统疾病及感染性疾病仍缺乏有效的防治措施。基因治疗的兴起为这些疾病的医治开辟了新的途径。早期的基因治疗是指用正常的基因整合入细胞基因组以校正和置换致病基因的一种治疗方法。随着基因治疗技术的发展，其涵义逐渐得以扩展。目前从广义来讲，将某种遗传物质转移到患者细胞内，使其在体内发挥作用，以达到治疗疾病目的的方法，均称为基因治疗。目前基因治疗采用的方法基本上有：基因矫正（gene correction）、基因置换（gene replacement）、基因增补（gene augmentation）、基因失活（gene inactivation）等。

基因治疗的策略较多，不同方法在实践中各具优、缺点。目前，基因治疗由最初单基因遗传病的治疗发展到对肿瘤、心血管疾病和感染性疾病的治疗。其疾病治疗过程概括如下：①治疗性基因的选择；②基因载体的选择；③靶细胞的选择；④基因转移（gene transfer）；⑤外源基因表达的筛检；⑥回输体内等。

基因治疗作为一门新兴的治疗手段，其研究进展非常迅速，在很短时间内就从实验室过渡到临床。在我国，血管内皮生长因子（VEGF）、血友病Ⅸ因子、抑癌基因 $p53$ 等基因治疗的临床实施方案也已获我国有关部门的批准进入临床试验。由于基因治疗是一种不同于以往任何治疗手段的新方法，将其作为疾病的常规疗法还有待时日。在现阶段，基因治疗还有许多理论和技术性问题有待进一步深入研究，对于其潜在的风险也需要充分认识。

尽管人类基因治疗仍存在上述问题，但可以预期，基因治疗的最后成功将成为生物医学工程史上的一个新里程碑。

三、常用分子生物学技术

近几十年来，分子生物学领域的研究取得了前所未有的重大成果，这一切都离不开一系列新技术、新方法的不断涌现。了解分子生物学一些常用技术的原理与应用，对理解分子生物学的基本理论和研究现状、深入认识某些疾病的发病机制及新的诊断和治疗方法是非常有用的。下面简要介绍目前分子生物学常用的一些技术。

（一）PCR 技术

1. **PCR 是体外快速扩增 DNA 的常用技术**　PCR 全称为聚合酶链反应（polymerase chain reaction），是一种利用 DNA 聚合酶的作用，在体外特异地、快速地将微量目的基因片段扩增 100 万倍以上的技术。

PCR 基本工作原理：以待扩增的 DNA 分子为模板，以一对与模板两侧互补的寡核苷酸片段为引物，在 DNA 聚合酶的作用下合成新的 DNA 链，经过多次循环，可使目的基因大量扩增。

PCR 反应体系：模板 DNA、原料 dNTP（dATP、dGTP、dCTP 和 dTTP）、引物、耐热 DNA 聚合酶及含有 Mg^{2+} 的缓冲液。

PCR 的基本反应步骤：①变性：将反应体系加热至 95℃，使模板 DNA 变性解开成单链，同时使引物间的局部双链打开；②复性：将温度降至适宜温度，使引物与模板 DNA 退火结合；③延伸：将温度升至 72℃，在 DNA 聚合酶作用下，以 dNTP 为原料合成新的 DNA 链。上述三个步骤为一个循环，新合成的 DNA 分子可作为下一个循环的模板，经过 25～30 个循环，DNA 片段可扩增 100 万倍以上（图 11-6）。

2. **PCR 技术的应用**　用 PCR 技术扩增 DNA 具有敏感性高、特异性强、产量高及简单快速等优点，因而在分子生物学研究中应用广泛。包括目的基因的克隆、基因体外突变、DNA 和 RNA 的微量分析、DNA 的序列测定、基因突变分析等。随着 PCR 技术的发展，它与其他分子生物学技术相结合产生的反转录 PCR（RT-PCR）、反向 PCR（IPCR）、单引物 PCR 及不对称 PCR 等技术使 PCR 在科研及临床上的应用更为广泛。

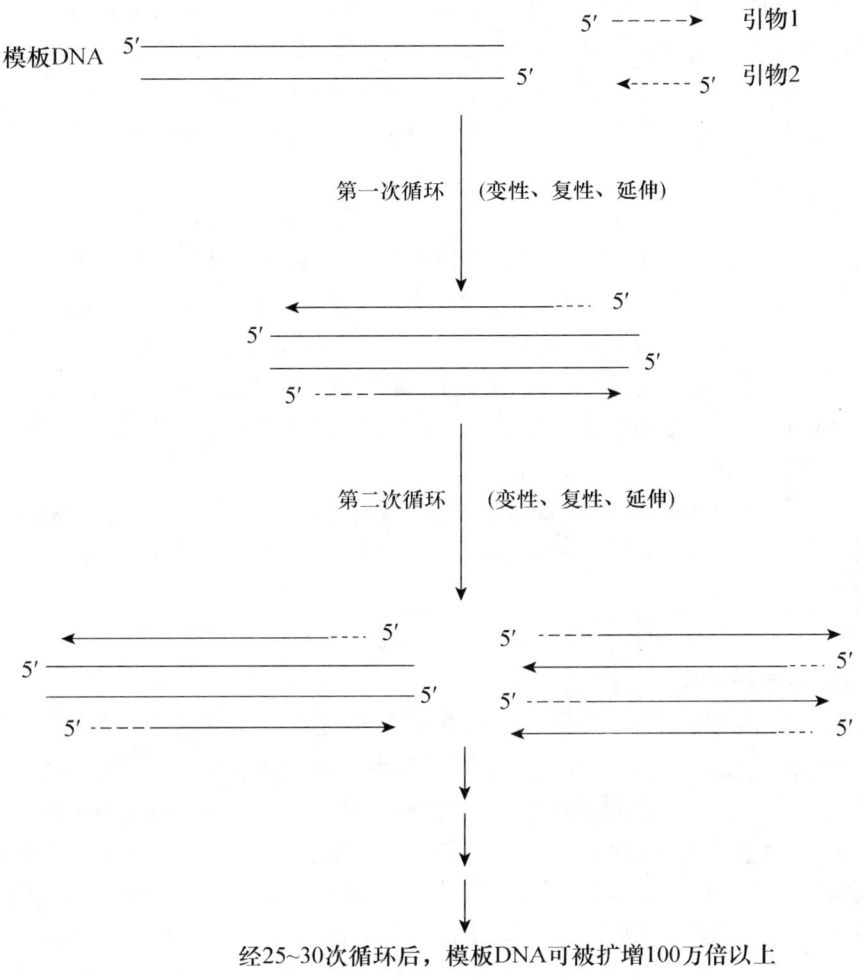

经25~30次循环后，模板DNA可被扩增100万倍以上

图 11-6　PCR 原理示意图

（二）印迹技术

1. 印迹技术以分子杂交为基础　核酸分子具有变性及复性的特点，根据这一特点形成了核酸分子杂交技术。1975 年，Edwen Southern 根据分子杂交的原理提出了分子印迹技术，其基本过程如下：将琼脂糖电泳分离的 DNA 片段转移到醋酸纤维素膜上，成为固相化分子；此 DNA 经变性成为单链后，与杂交液中的互补 DNA 链或 RNA 链（即探针，可用放射性核素或生物素标记）结合；通过放射自显影或其他检测技术可以显现出杂交分子的条带。这一技术可用于研究 DNA 分子中某一种基因的位置等。

2. 印迹技术的应用　分子印迹技术广泛应用于 DNA、RNA 与蛋白质的检测。根据检测对象的不同，印迹技术有 DNA 印迹（Southern Blotting）、RNA 印迹（Northern Blotting）和蛋白质印迹（Western Blotting）等。除了上述三种印迹技术外，还有一些其他的印迹技术可用于核酸和蛋白质分析。例如，斑点印迹、原位杂交、DNA 点阵（DNA array）及 DNA 芯片（DNA chip）技术等。

（三）转基因与基因剔除技术

1. 转基因技术　将人工分离和修饰过的基因导入生物体基因组中，由于导入基因的表达引起生物体性状的可遗传性修饰，这一技术称为转基因技术。随着转基因技术的发展，人们不仅可以在细胞水平进行基因转移，还可将目的基因整合入受精卵细胞或胚胎干细胞，然后导入动物子宫，使之发育成个体，这种个体能够把目的基因继续传给子代。被导入的基因称转基因，目的基因的受体称为转基因动物。目前已建立了转基因小鼠、转基因大鼠、转基因羊等多种动物模型。

2. 核转移技术　即动物整体克隆技术。是将动物体细胞的细胞核全部导入另一个体的去核卵细胞内，使之发育成个体。这样的个体所携带的遗传基因仅来自父方或母方，为无性繁殖。从遗传角度讲，这是一个个体的完全拷贝，故称为克隆。1997年克隆羊多莉的诞生成为当年分子生物学发展的最重大事件。

3. 基因剔除技术　基因剔除技术是有目的地去除生物体内某种基因的技术，又称基因靶向灭活。这种技术可以在细胞水平进行，从而建立新的细胞系，也可以在整体水平进行，建立基因剔除动物模型。

4. 基因转移与基因剔除技术对医学发展的推动作用　基因转移与基因剔除技术在研究某种基因产物的正常功能方面具有重要作用，同时对于医学的发展也具有重大的推动作用。

四、基因组学与医学

（一）基因组学基本概念

在前面的学习中我们知道，基因（gene）主要指存在于染色体 DNA 中的功能性片段；基因组（genome）是指一套染色体上全部基因 DNA 序列的总和。不同物种均含有各自相应生物种类的基因组，现在主要的代表性生物种系都已经建立了相应的基因信息数据库。

基因组学（genomics）是研究不同生物中基因组遗传信息 DNA 的全部物理性序列、不同基因在该基因组上的排列方式、不同基因的生物功能以及不同生物间相同或相似基因遗传信息进化关系的一门学科。1986 年，基因组学由美国科学家 Thomas Roderick 首次提出，但真正作为一门新兴学科却是以"人类基因组计划（human genome program，HGP）"的启动开始的。基因组学包含结构基因组学（structural genomics）、功能基因组学（functional genomics）和比较基因组学（comparative genomics）3 个不同的研究亚领域（表 11-1）。

表 11-1　基因组学概念

亚领域	内容
结构基因组学	测定整个基因组的遗传图、物理图及 DNA 序列
功能基因组学	注释、分析整个基因组所包含的基因、非基因序列及其功能
比较基因组学	比较不同物种间整个基因组结构与功能，增强对各基因组功能及发育相关性的认识

（二）人类基因组计划已进入功能基因组学阶段

随着人类基因组计划的实施，人类基因组的遗传图、物理图、转录图及序列图亦已基本完成。人类基因组计划的实施，使我们从基因水平上更清楚地认识疾病发生、发展的分子机制，便于更好地预防、诊断和治疗疾病；同时使人类真正、全面地认识自己，是有史以来人类在自然科学领域中最重大的行动之一，它将彻底改变人类遗传学研究的面貌，对人类自身的研究将产生深远的影响。

目前，人类基因组计划已进入功能基因组学阶段。功能基因组学研究的主要任务是从基因表达的角度寻找、鉴定与注释基因功能。包括：

1. 寻找、鉴定 DNA 序列中的基因　人类基因组 DNA 序列中，较少部分编码基因的序列及其功能已经为人们所认识，但对于更多的基因及其功能，人们还不清楚或不完全清楚，因此在进行人类基因组计划的同时应当寻找新的基因或对已经认识的基因进一步进行功能学上的研究。

2. 研究基因生物学功能及其在体内的表达调节特点是基因注释功能的主要任务　将目的基因剔除或过表达，再观察其对生物体表型或功能的影响，这是功能实验研究中最常采用的策略。但是有关这些编码基因的表达调控以及特定情况下编码基因所表达的蛋白质彼此间相互作用的关系仍是当今基因组学研究的热点。

3. 基因或 DNA 序列同源搜索可研究同源基因功能上或 DNA 序列的演化关系　因为同源基因在进化过程中来自共同的祖先，因此通过核苷酸或氨基酸序列的同源性比较，就可以推测基因组内相似功能的基因。

（三）基因组比较研究是推测人类疾病发病机制的重要手段

由于伦理和法律的原因，有些实验不能直接以人体作为研究对象，比较基因组学为通过研究非人类个体中基因的功能来推测人类该基因的功能提供了有价值的替代方式。比较基因组学的理论基础是"所有当代基因组都是从一个共同的祖先基因组进化而来的"，因此，研究一个物种基因的功能可以为另一物种中同一基因的同源物功能研究提供有意义的预测信息。比较不同物种基因组内基因和非基因序列的整体组织排列还可揭示物种间基因组基因和非基因序列进化的渊源关系。

实用小知识

克隆羊多莉：1997 年 2 月 27 日的英国《自然》（*Nature*）杂志报道了一项震惊世界的研究成果：1996 年 7 月 5 日，英国爱丁堡罗斯林（*Roslin*）研究所的伊恩·维尔穆特（*Wilmut*）领导的一个科研小组利用克隆技术培育出一只小母羊。这是世界上第一只用已经分化成熟的体细胞（乳腺细胞）克隆出的羊。克隆羊多莉的诞生，引发了世界范围内关于动物克隆技术的热烈争论。它被美国《科学》（*Science*）杂志评为 1997 年世界十大科技进步的第一项，也是当年最引人注目的国际新闻之一。科学家们普遍认为，多莉的诞生标志着生物技术新时代的来临。自多莉出现后，克隆，这个以前只在科学研究领域出现的术语变得广为人知。

名词注解

1. 启动子：真核基因启动子是 RNA 聚合酶结合位点周围的一组转录控制组件，至少包括一个转录起始点以及一个以上的功能组件。

2. 增强子：指远离转录起始点，决定基因的时间、空间特异性，增强启动子转录活性的 DNA 序列。

3. 沉默子：某些基因的负性调节元件，当其结合特异蛋白因子时，对基因转录起阻遏作用。

4. 转化（transformation）：通过自动获取或人为地供给外源DNA，使细胞或培养的受体细胞获得新的遗传表型，这就是转化作用。

5. 转染（transfection）：将具生物功能的核酸转移或运送到细胞内并使核酸在细胞内维持其生物功能。

小结

基因表达就是基因转录和翻译的过程。基因表达是严格按一定时间顺序和空间顺序发生的事件，基因表达的时间性和空间性分别称阶段特异性和组织特异性。基因表达的这种规律性是由一定的调节机制控制的。原核生物基因表达调控是为适应物理、化学等环境变化，维持细胞生长和分裂的需要；真核生物基因表达调控是为适应环境，分化的需要。基因表达调控是在多级水平上进行的。mRNA转录起始调节是基因表达调控的基本控制点，大多数原核生物基因按功能相关性成簇地串联、密集于染色体上，共同组成一个转录调节单位——操纵子。在乳糖操纵体系，阻遏蛋白是负性调节因素，CAP是正性调节因素，真核生物基因表达调控与原核生物不同，以正性调节为主。真核生物基因调节序列由启动子、增强子等顺式作用元件组成，RNA聚合酶活性依赖基本转录因子的存在。

基因工程也称重组DNA技术，是对携带遗传信息的分子进行设计和改造的分子工程。一个完整的基因工程基本过程包括：目的基因的获取，基因载体的选择与构建，目的基因与载体的拼接，重组DNA分子导入受体细胞，筛选并无性繁殖含重组分子的受体细胞及目的基因的表达。目前基因工程技术在医学卫生领域已被广泛用于疾病基因的发现与克隆、生物制药、基因诊断与治疗以及遗传病的预防等。

PCR是一种在体外快速扩增特定DNA片段的方法。PCR的基本工作原理是以待扩增DNA分子为模板，以一对与模板两侧互补的寡核苷酸片段为引物，在DNA聚合酶作用下合成新的DNA链，经过多次循环，可使目的基因大量扩增。目前PCR技术主要应用于目的基因的克隆、基因的体外突变、DNA的微量分析等方面。

分子印迹技术广泛应用于DNA、RNA、蛋白质的检测。DNA印迹技术又称为Southern Blotting，主要用于基因组DNA的分析；RNA印迹技术又称为Northern Blotting，其原理与DNA印迹基本相似，主要用于检测某组织或细胞中已知的特异mRNA的表达水平以及比较不同组织和细胞的同一基因的表达情况；蛋白质印迹技术，也称为Western Blotting，可用于样品中特异性蛋白质检测、细胞中特异蛋白质的半定量分析以及蛋白质分子的互相作用研究等。

转基因技术是将目的基因整合入受精卵细胞或胚胎干细胞，然后导入动物子宫，使之发育成个体，这种个体能把目的基因继续传给子代。被导入的目的基因称为转基因，目的基因的受体称为转基因动物。目前已建立了转基因小鼠、转基因羊、转基因大鼠等多种动物模型。核转移技术是将动物体细胞核全部导入另一个体的去核卵细胞内，使之发育成个体。这样的个体所携带的遗传基因仅来自父方或母方，因而为无性繁殖，又称克隆。有目的地去除生物体内某种基因的技术称为基因剔除，或基因靶向灭活。

基因诊断是利用现代分子生物学技术直接评估致病 DNA 结构变化或遗传病因侦察手段，常用技术有 PCR 扩增、酶切分析和核酸杂交等。基因治疗是指用正常的基因校正和置换致病基因，其过程包括靶基因与转运载体的选择、重组 DNA 分子的构建、重组 DNA 分子导入细胞与细胞回输等环节。

基因组学是研究不同生物中基因组遗传信息 DNA 的全部物理性序列、不同基因在该基因组上的排列方式、不同基因的生物功能以及不同生物间相同或相似基因遗传信息进化关系的一门学科，包括结构基因组学、功能基因组学和比较基因组学 3 个不同的研究亚领域。确定整个基因组 DNA 序列是人类基因组计划工作的基石。从基因表达角度寻找、鉴定与注释基因功能是人类功能基因组学研究的主要任务。基因组比较研究是探索生物进化、推断人类基因疾病机制的重要手段。

（漳州卫生职业学院　曹林枝）

第十二章 水、电解质与酸碱平衡

> **学习目标**
>
> 1. 记住水和无机盐在体内的分布、含量、电解质组成的特点；钾离子代谢的特点；抗利尿激素和醛固酮对水代谢的调节机制。
> 2. 说出酸碱平衡的概念，血液、肺、肾对酸碱平衡调节的主要作用；pH、$PaCO_2$、AB 与 SB、阴离子间隙的概念及临床意义。
> 3. 列举钙、磷的生理功能，能够陈述血钙、血磷及其调节机制。
> 4. 学会运用钠、氯、钾的代谢特点，解释相关临床补液的原则。
> 5. 了解体内酸碱性物质的来源；酸碱平衡紊乱的基本类型、代偿机制；各种酸碱平衡紊乱的发生过程及相应生化指标的变化。

水和无机盐是人体的重要组成成分，对维持人体正常结构和功能具有重要作用。疾病和外界环境的变化可引起水和无机盐代谢失常，对机体产生各种不利影响，甚至危及生命。因此掌握水与无机盐代谢对疾病的预防、诊断、治疗有重要意义。

人体的体液环境不仅需要体液含量和渗透压的稳定、适宜的温度，还必须保持恒定的酸碱度才能维持正常的代谢和生理功能。正常人体血浆的酸碱度在很窄的范围内变动，用动脉血表示 pH 为 7.35～7.45，平均值为 7.40。在生命活动过程中，机体不断产生酸性和碱性物质，并经常摄入酸性和碱性食物，但是正常生物体内的 pH 总是相对稳定的，这是依靠体内各种缓冲系统以及肾、肺的调节功能来实现的。机体对体液 pH 进行调节并使其维持在恒定范围内的过程称为酸碱平衡。

第一节 正常人体的体液

一、体液的组成及含量

体液（body fluid）是指体内的水及溶于水中的无机盐和有机物的总称。体液是细胞代谢的主要场所。保持体液的容量、分布和组成的动态平衡，是维持正常生命活动的必要条件。

体液分为细胞内液和细胞外液，细胞外液包括血浆和细胞间液等。成年人体液占体重的 60%，其中细胞内液占体重的 40%，细胞外液占体重的 20%。在细胞外液中血浆约占体重的 5%，细胞间液占体重的 15%。

血浆是沟通人体内、外环境和各部分内环境之间的重要转运体系，对生命活动的维持极为重要。消化液、淋巴液、脑脊液及渗出液等可以被认为是细胞外液的特殊部分，这些特殊液体的大量丢失可影响体液的容量、渗透压和酸碱平衡。

体液总量受年龄、性别和胖瘦等因素的影响而有很大的变动。年龄越小，体液占体重的百分比越大（表 12-1）。成年男性体液量多于同体重女性。肥胖者比同体重的均衡型者的体液总量低。

表 12-1 不同年龄正常人的体液分布（占体重%）

年龄	体液总量	细胞内液	细胞外液		
			总量	细胞间液	血浆
新生儿（<28 天）	80	35	45	40	5
婴儿（28 天~2 岁）	70	40	30	25	5
儿童（2~14 岁）	65	40	25	20	5
青、中年人（15~59 岁）	55~65	40~45	15~20	10~15	5
老年人（59 岁以上）	55	30	25	18	7

由于婴幼儿体内含水量较多，每日对水的需要量高，每千克体重计算比成人高 2~4 倍，同时，婴幼儿每千克体重的体表面积比成年人大，水通过皮肤蒸发快，而调节水和电解质平衡的能力又差，因此，婴幼儿易发生水和电解质平衡紊乱。

二、体液中电解质的含量与分布

体液中的电解质在细胞内、外的含量及分布特点不同。

体液中的溶质如无机盐、蛋白质和有机酸等常以离子状态存在，故称为电解质。

（一）电解质含量

电解质在细胞内、外液中的浓度和分布见表 12-2。

表 12-2 各种体液中电解质的含量（mmol/L）

		血浆		细胞间液		细胞内液（肌肉）	
		离子	电荷	离子	电荷	离子	电荷
阳离子	Na^+	145	(145)	139	(139)	10	(10)
	K^+	4.5	(4.5)	4	(4)	158	(158)
	Mg^{2+}	0.8	(1.6)	0.5	(1)	15.5	(31)
	Ca^{2+}	2.5	(5)	2	(4)	3	(6)
	合计	152.8	(156)	145.5	(148)	186.5	(205)
阴离子	Cl^-	103	(103)	112	(112)	1	(1)
	HCO_3^-	27	(27)	25	(25)	10	(10)
	HPO_4^{2-}	1	(2)	1	(2)	12	(24)
	SO_4^{2-}	0.5	(1)	05	(1)	9.5	(19)
	蛋白质	2.25	(18)	025		8.1	(65)
	有机酸	5	(5)	6	(6)	16	(16)
	有机磷酸	—		—		23.3	(70)
	合计	138.75	(156)	144.75	(158)	79.9	(205)

（二）电解质的分布特点

1. **体液各部分的负离子与正离子平衡**　从表 12-2 可以看出，血浆、细胞间液及细胞内液中正、负离子的电荷摩尔浓度是相等的。通过细胞内、外液之间的离子交换，体液各部分正离子和负离子的电荷量相等。

2. **细胞内、外液的离子分布有差异**　细胞外液中的正离子以 Na^+ 为主，其含量占正离子总量的 90% 以上，负离子以 Cl^- 和 HCO_3^- 为主；细胞内液的正离子以 K^+ 为主，负离子以磷酸根和蛋白质阴离子为主。

3. **细胞内、外液的渗透压相等**　电解质浓度若以 mmol/L 计算，细胞内液离子总浓度高于细胞外液，但细胞内、外液的渗透压基本相等。其原因是由于细胞内液蛋白质含量高，其他电解质又以二价离子多，这些离子产生的渗透压小。

4. **血浆与细胞间液之间电解质含量相近，但蛋白质含量不同**　细胞间液蛋白质含量明显低于血浆，这决定血浆的胶体渗透压高于细胞间液，对于维持血容量和血浆与细胞间液之间水的交换有重要作用。

电解质含量和分布的特点与体液的酸碱平衡、电荷平衡、渗透压平衡以及物质交换等密切相关。

三、各部分体液的交换

人体除每天与外界环境交换水分外，体内血浆、细胞间液和细胞内液之间也不断地相互交换。

（一）血浆与细胞间液之间的交换

1. **血浆和细胞间液通过毛细血管壁进行交换**　毛细血管壁是一种类似半透膜的结构，血浆和细胞间液中的水分和小分子溶质，如葡萄糖、氨基酸、尿素及无机盐等可以自由透过，大分子蛋白质不易透过毛细血管壁，导致细胞间液中的蛋白质浓度低于血浆蛋白质，故血浆的胶体渗透压高于细胞间液的胶体渗透压。

2. **引起血浆与细胞间液之间体液交换的因素**　血管内为毛细血管血压和血浆胶体渗透压；血管外为细胞间液流体静压和细胞间液胶体渗透压。在毛细血管的动脉端，血管内、外流体静压差（毛细血管血压－细胞间液静水压）大于胶体渗透压差（血浆胶体渗透压－细胞间液胶体渗透压，称之为有效胶体渗透压），故水和可透性物质自血浆流向细胞间液，使营养物质由血浆运送到细胞间液，再进入细胞被利用。在毛细血管的静脉端，由于毛细血管血压降低，血管内、外流体静压差小于血浆有效胶体渗透压，故水和可透性物质自细胞间液回流入血浆，使细胞内物质代谢的中间产物和终产物运回血浆。此外，还有一部分体液由于淋巴管内的负压而经淋巴系统进入血液。

正常情况下，体液从毛细血管壁的滤出量和重吸收量基本相等。血浆与细胞间液的交换很迅速，每分钟可交换 2L 多，并维持动态平衡。当血浆蛋白质浓度降低时，血浆的胶体渗透压下降，细胞间液回流到毛细血管内的量减少，体液在组织间隙潴留而发生水肿。

（二）细胞间液与细胞内液之间的交换

1. **细胞间液与细胞内液之间通过细胞膜进行交换**　细胞膜是一种功能极为复杂的半透膜，对物质的透过有高度的选择性。细胞膜允许水分子自由透过，葡萄糖、氨基酸、尿素、肌酐、尿酸、CO_2、O_2、Cl^- 和 HCO_3^- 等也可以通过；但是蛋白质、K^+、Ca^{2+}、Mg^{2+} 等则不易通过。细胞内液与细胞间液的化学组成差异很大，这主要是主动转运的结果。

2. 引起细胞间液与细胞内液交换的因素主要是细胞内、外液渗透压的大小 当细胞内、外液的渗透压不平衡时，水自渗透压较低的一方向渗透压较高的一方流动，直到二者的渗透压相等为止。决定细胞内液渗透压的主要因素是钾盐，决定细胞外液渗透压的主要因素是钠盐。当细胞外液渗透压升高时，水自细胞内转移到细胞外，引起细胞皱缩；当细胞外液渗透压降低时，水自细胞外液转移至细胞内，引起细胞肿胀。

细胞内、外 K^+、Na^+ 分布的显著差异是由于细胞膜上 Na^+、K^+-ATP 酶的作用。该酶能主动把细胞内的 Na^+ 泵出细胞外，同时将细胞外的 K^+ 泵进细胞内，这一过程需要消耗 ATP。

细胞内液与细胞间液之间的相互交换可保证细胞不断地从细胞间液中摄取营养物质，排出细胞本身的代谢产物。

第二节 水的平衡

一、水的生理功能

水是机体含量最多并具有重要生理功能的无机物。

（一）促进和参与物质代谢

水是良好的溶剂，体内许多营养物质和代谢产物均溶于水，可通过血液循环被输送至全身各个部位。水还直接参与代谢反应，如水解、加水、脱氢等。

（二）调节体温

水的比热大，能吸收或放出较多的热而本身温度变化不大；水的蒸发热大，只需蒸发少量水就能散发较多的热；水的流动性大，能随血液循环迅速分布至全身，使机体各处体温一致。由于水具有这些特性，所以水是良好的体温调节剂。

（三）润滑作用

水具有润滑作用。如唾液有利于吞咽；泪液可防止眼球干燥，有利于眼球的运动；关节液可减少运动时关节面之间的摩擦，有利于关节活动。

（四）维持组织的形态和功能

体内存在的结合水参与构成细胞的特殊形态，以保证一些组织具有独特的生理功能。如心肌含水约79%，血液含水约83%，两者相差无几，但心肌主要含结合水，可使心脏具有坚实的形态，保证心脏有力地推动血液循环。

二、水的平衡

水的平衡是水的摄入与排出保持动态平衡的过程。

（一）体内水的来源有三条途径

1. 饮水 饮水量随气候、活动和生活习惯而不同。
2. 食物水 指食物中含的水分。
3. 代谢水 糖、脂肪和蛋白质等营养物质在体内氧化时所产生的水称代谢水。

（二）水的排出主要有四条途径

1. **肺排出** 即呼吸时以蒸气形式丢失的水，约 350 ml。
2. **皮肤排出** 一种是非显性出汗，即水的蒸发，约 500 ml；另一种是显性出汗，其汗液是一种低渗溶液，含 NaCl 和少量 K^+。
3. **肠道排出** 主要是随粪便排出，约 150 ml。
4. **肾排出** 肾是人体排水的主要器官，正常成人每天排尿约 1500 ml。除排出体内过多的水外，还用于排泄代谢终产物。为使这些代谢终产物保持溶解状态，每克溶质至少需 15 ml 水，每日约排出 35 g 代谢产物，因此，每天的最低尿量为 500 ml。若每日尿量低于 500 ml，称为少尿；低于 100 ml，称为无尿。临床上，急性肾衰竭的患者常出现少尿和无尿。

正常成人每日水的出入量见表 12-3。

表 12-3 正常成人每日水的出入量

水的摄入量（ml）		水的排出量（ml）	
饮水	1200	肾排出	1500
食物水	1000	皮肤蒸发	500
代谢水	300	粪便排出	150
		呼吸蒸发	350
总量	2500	总量	2500

当成人不能进水时，每天仍不断地由肺、皮肤蒸发及肾、粪便排出水约 1500 ml，这是人体每天必然丢失的水量。

三、水的平衡紊乱

水平衡的紊乱可表现为脱水和水肿。

（一）水和钠从体内丢失会导致脱水

根据水钠丢失比例的不同，可将脱水分为三种类型。

1. **高渗性脱水又称缺水性脱水** 指体液中水的丢失多于盐的丢失，致使细胞外液渗透压高于正常。主要原因是进水不足或排水过多。
2. **低渗性脱水又称缺盐性脱水** 指体液中盐的丢失多于水的丢失，致使细胞外液渗透压低于正常。主要原因是在剧烈呕吐、腹泻、大面积烧伤或大量出汗等情况下，只补水而未及时补盐。
3. **等渗性脱水又称混合性脱水** 指体液中水和盐成比例地丢失，细胞外液渗透压基本正常。主要见于剧烈呕吐或腹泻。

（二）组织液水过多潴留导致水肿

主要原因有：①心力衰竭时，毛细血管压力增大，组织液回流障碍引发水肿；②肾病综合征患者由于大量蛋白尿导致低蛋白血症；③肝功能障碍，清蛋白合成减少，血浆胶体渗透压降低，导致水肿。

第三节 电解质平衡

一、电解质的生理功能

(一) 维持体液的容量、渗透压平衡

Na^+、Cl^- 是维持细胞外液容量和渗透压的主要因素,K^+、HPO_4^{2-} 在维持细胞内液的容量和渗透压方面起重要作用。

(二) 维持体液的酸碱平衡

体液中的电解质可组成许多缓冲体系,如碳酸氢盐缓冲体系、磷酸氢盐缓冲体系等,参与体内酸碱平衡的调节。另外,通过细胞膜,K^+ 可与细胞外液的 H^+、Na^+ 进行交换,以维持和调节体液的酸碱平衡。

(三) 维持组织的正常应激性

人体组织的正常应激性需要体液中各种离子维持一定的比例。如 Na^+、K^+ 可提高神经肌肉的应激性,Ca^{2+}、Mg^{2+} 等的作用则相反,如小儿缺钙时,神经肌肉应激性升高,常出现手足搐搦。神经肌肉组织的应激性与各种离子浓度的关系,可用下式表示:

$$神经肌肉应激性 \propto \frac{[Na^+] + [K^+]}{[Ca^{2+}] + [Mg^{2+}] + [H^+]}$$

离子对心肌和对骨骼肌的影响不同,K^+ 对心肌有抑制作用,而 Na^+、Ca^{2+} 有拮抗 K^+ 的作用。

(四) 维持细胞正常的新陈代谢

许多酶、激素中都含有钾、锌、铁、铜等元素,它们在代谢中发挥重要作用。如碳酸酐酶中含锌,甲状腺素中含碘等,钾参与糖原及蛋白质的合成。

二、钠、氯、钾的代谢

(一) 钠、氯的代谢

1. 钠和氯的含量与分布 正常成人体内钠的含量为 45~50 mmol/kg 体重左右,其中约 45% 存在于细胞外液,45% 存在于骨骼,其余在细胞内液;血浆钠浓度为 135~145 mmol/L。氯主要分布于细胞外液,是细胞外液的主要阴离子;血浆氯浓度为 98~106 mmol/L。

2. 钠和氯的吸收与排泄 人体每日摄入的钠和氯主要来自食盐即 NaCl,约 7~15 g,摄入的 Na^+ 和 Cl^- 几乎全部在消化道内被吸收。通常成人每日 NaCl 的需要量为 5~9 g。Na^+、Cl^- 主要由肾随尿排出,少量由汗液及粪便排出。肾调节血钠浓度的能力很强,氯随钠一起重吸收。当血钠浓度降低时,肾小管重吸收增强,机体完全停止摄入钠时,肾排钠趋向于零,可用"多进多排、少进少排、不进不排"来概括肾对钠排泄的高效控制能力。

(二) 钾代谢

1. 钾的含量与分布 正常成人钾含量约为 45 mmol/kg 体重,K^+ 主要存在于细胞内。红细胞内钾浓度约为 105 mmol/L,血浆(清)钾浓度为 3.5~5.4 mmol/L。因此,测定血浆钾时,一定要防止溶血。

钾透过细胞膜的速度比水慢得多,用同位素钾作静脉注射,大约需 15 h 才能使细胞内、

外的钾达到平衡，心脏病患者则需 45 h 左右才能达到平衡。因此，在进行补钾时，为防止高血钾的发生，应遵循补钾的浓度不过高、量不过多、速度不过快、时间不过早（注意观察尿量）、首选口服等原则。

物质代谢对钾在细胞内、外的分布有一定影响。实验证明，糖原合成时，钾进入细胞内；糖原分解时，钾又释放到细胞外，所以临床上可同时注射葡萄糖和胰岛素以纠正高血钾。蛋白质代谢也需要钾，蛋白质合成时，钾进入细胞内，分解时又转出到细胞外。因此，当组织生长或创伤修复时，蛋白质合成增强，可使血钾降低。

2. 钾的吸收与排泄　正常成人每天需钾 2~3 g，主要来自食物，日常膳食就能满足机体需要，食物中的钾约 90% 在消化道被吸收。严重腹泻时，在粪便中丢失的钾可达正常时的 10~20 倍。

钾主要经肾排出，肾对钾的排泄能力很强，但肾对钾的控制能力远不如对钠，在停止摄入钾或大量丢失钾时，仍有一定量的钾从尿排出，因此，长期不能进食者应注意适当补钾。肾对钾的排泄特点是"多进多排、少进少排、不进也排"。此外，小部分钾可经粪便和汗液排出。

三、水和电解质平衡的调节

（一）神经系统的调节

神经系统通过对体液渗透压变化的感受，可直接影响水的摄入。当机体失水过多或进食过多食盐时，细胞外液渗透压升高，刺激下丘脑视前区的渗透压感受器，产生兴奋并传至大脑皮层引起口渴的感觉。同时，细胞外液渗透压升高，使细胞内水转移到细胞外，细胞脱水，也引起口渴。饮水后，细胞外液渗透压下降，水自细胞外向细胞内转移，重新恢复平衡。

（二）抗利尿激素

抗利尿激素（antidiuretic hormone，ADH）是调节水平衡最重要的因素，其主要作用是促进肾小管对水的重吸收。当血浆渗透压升高、血容量减少或血压下降时，ADH 分泌释放增加，作用于肾小管，加速对水的重吸收，使尿量减少，有利于机体保留水分，使血浆渗透压、血容量及血压趋于正常。反之，ADH 分泌减少，尿量增多。

（三）醛固酮

醛固酮（aldosterone）是调节钾、钠代谢的主要因素，它是肾上腺皮质球状带分泌的一种类固醇激素，其作用是促进肾远曲小管和集合管上皮细胞分泌 K^+，重吸收 Na^+，随 Na^+ 的吸收，Cl^- 和 H_2O 也被重吸收。总的作用是排 K^+、保 Na^+ 和 H_2O。醛固酮的分泌主要受血容量、血浆 Na^+ 浓度、血浆 K^+ 浓度的影响，通过肾素-血管紧张素系统来实现其调节作用。

第四节　钙、磷代谢

一、钙、磷的含量与分布

钙和磷是体内含量最多的无机盐。正常成人体内钙总量约 700~1400 g，磷的总量约 400~800 g。绝大部分钙、磷存在于骨组织与牙中，其余部分以溶解状态分布于体液和其他组织（表 12-4）。

表 12-4　人体内钙磷的分布

部位	钙	磷
骨及牙	1200 g（99.3%）	600 g（85.7%）
细胞外液	1 g（0.1%）	0.2 g（0.03%）
细胞内液	7 g（0.6%）	100 g（14%）

二、钙、磷的生理功能

1. 参与形成骨骼和牙　人体内 99% 以上的钙和 86% 左右的磷以羟磷灰石 $[Ca_{10}(OH)_2(PO_4)_6]$ 的形式构成骨盐，参与骨骼、牙的形成。骨骼是机体的支架，又是体内钙、磷的储存库。

2. 钙离子（Ca^{2+}）的生理功能　①可作为激素的第二信使，在细胞信号传递中起重要作用；②能够降低毛细血管及细胞膜的通透性；③有降低神经肌肉兴奋性的作用；④增强心肌的收缩；⑤Ca^{2+} 是凝血因子之一，参与血液凝固过程；⑥Ca^{2+} 是很多酶的激活剂和抑制剂。

3. 磷的生理作用　磷除与钙结合成羟磷灰石作为骨的成分外，主要以磷酸根的形式在体内发挥生理作用：①是细胞膜、核酸及某些辅酶的组成成分；②直接参与体内物质代谢反应及代谢调节，如参与葡萄糖的磷酸化、酶的共价修饰等；③参与体内能量的生成、储存和利用；④构成磷酸盐缓冲对，参与体内酸碱平衡的调节。

三、钙、磷的吸收与排泄

（一）钙的吸收与排泄

正常成人钙的需要量约每天 0.5~1.0 g，生长发育期儿童、妊娠期和哺乳期妇女需要量增加。

钙主要在小肠吸收，其中十二指肠和空肠吸收能力最强。影响钙吸收的因素主要有三方面：①维生素 D_3：它的活性形式是 1,25-二羟维生素 D_3 $[1,25-(OH)_2-D_3]$，是影响钙吸收的主要因素，它可促进小肠对钙的吸收。②食物成分及肠道 pH：钙盐在酸性环境中容易溶解，故凡能使消化道 pH 降低的食物如乳酸、某些氨基酸等均可促进钙的吸收；胃酸缺乏可导致钙的吸收率降低；食物中的草酸、植酸及磷酸等能与钙结合成难溶性的盐，而影响钙的吸收。③年龄的影响：钙的吸收与年龄成反比，婴儿对食物钙的吸收率可达 50% 以上，儿童为 40%，成人为 20% 左右，40 岁以后，钙的吸收率直线下降，平均每 10 年减少 5%~10%。

正常成人摄入的钙 80% 由粪便排出，20% 由肾排出。每日通过肾小球滤过的钙约 10 g，其中大约 99% 以上被肾小管重吸收，随尿排出的钙仅约 1.5%（约 150 mg）。肾小管的重吸收受甲状旁腺激素的严格控制。

（二）磷的吸收与排泄

正常成人每日需磷量约 1.0~1.5 g。食物中普遍含磷，以无机磷酸盐和有机磷酸酯形式存在，主要以无机磷酸盐形式吸收。磷易于吸收，吸收率为 70%，低磷时可达 90%。因此，临床上缺磷极为罕见。磷吸收的主要部位是空肠，凡能影响钙吸收的因素也能影响磷的吸收。

磷的排泄途径也是经肠道和肾,但与钙相反,粪排磷占总排出量的 20%~40%,而肾则占总排出量的 60%~80%。

四、血钙与血磷

> 血钙与血磷保持一定的数量关系:[Ca] × [P] = 35~40。

(一) 血钙主要指血浆钙

红细胞内钙含量甚微,绝大部分的钙存在于血浆中,故血钙通常指血浆钙。测定时一般用血清,正常成人血清钙的平均含量为 2.45 mmol/L。血钙约有 50% 以游离 Ca^{2+} 形式存在,45% 与血浆蛋白(主要是清蛋白)结合,其余 5% 与柠檬酸、磷酸盐等阴离子结合。与蛋白质结合的钙不能自由通过毛细血管壁,称非扩散钙;Ca^{2+} 及与阴离子结合的钙能通过毛细血管壁,称可扩散钙。血浆中只有 Ca^{2+} 直接起生理作用。Ca^{2+} 与结合钙之间处于动态平衡,并受血浆 pH 等多种因素的影响。

当血浆 pH 下降时,$[Ca^{2+}]$ 升高;反之,血浆 pH 升高时,$[Ca^{2+}]$ 降低。

(二) 血磷指血浆无机磷酸盐中的磷

正常成人血磷含量为 1.2 mmol/L 左右,婴幼儿较高,约为 1.3~2.3 mmol/L。血磷主要以 HPO_4^{2-} 及 $H_2PO_4^-$ 形式存在。

(三) 血钙与血磷的关系

血中钙、磷浓度相当恒定,它们之间存在一定的关系。以 mg/dl 表示时,[Ca] × [P] = 35~40。当乘积大于 40 时,钙磷以骨盐形式沉积于骨组织中;若小于 35,则发生骨盐溶解而导致佝偻病及软骨病。

五、钙、磷代谢的调节

> 参与钙磷代谢调节的激素有 1,25-$(OH)_2$-维生素 D_3、甲状旁腺素、降钙素。

(一) 1,25-二羟维生素 D_3 能升高血钙、血磷,促进溶骨和成骨

1. **1,25-$(OH)_2$-D_3 的生成**   维生素 D_3 在肝微粒体中经羟化转变成 25-OH-D_3,然后至肾皮质经 1-羟化酶系的催化进一步转变成 1,25-$(OH)_2$-D_3,它是维生素 D_3 在体内的活性形式。1,25-$(OH)_2$-D_3 由肾合成后进入血液,经血液循环运送到靶细胞,发挥生理作用。

2. **1,25-$(OH)_2$-D_3 的生理作用**   ①1,25-$(OH)_2$-D_3 的主要生理作用是促进小肠对钙、磷的吸收。1,25-$(OH)_2$-D_3 进入小肠黏膜细胞核,促进钙结合蛋白基因表达,从而增加 Ca^{2+} 的吸收转运;此外,1,25-$(OH)_2$-D_3 还增加小肠黏膜细胞膜磷脂合成及不饱和脂肪酸的含量,进而增加 Ca^{2+} 的通透性,有利于 Ca^{2+} 吸收。②1,25-$(OH)_2$-D_3 作用于骨组织,有溶骨和成骨的双重作用。1,25-$(OH)_2$-D_3 能刺激破骨细胞活性而加速破骨细胞生成,产生溶骨作用,又能通过增强小肠对钙、磷的吸收而促进骨钙化作用,并刺激成骨细胞分泌胶原等促进成骨作用。总的结果是促进骨的代谢,有利于骨骼的生长和钙化,同时也维持了血钙浓度的恒定。③1,25-$(OH)_2$-D_3 作用于肾组织,促进肾小管对钙、磷的重吸收。

（二）甲状旁腺素能升高血钙、降低血磷、促进溶骨

1. **甲状旁腺素（parathormone，PTH）** PTH 是由甲状旁腺主细胞合成分泌的由 84 个氨基酸残基组成的单链多肽。其分泌主要受血钙浓度的调节。当血钙浓度降低时，PTH 分泌增加，反之，分泌降低。血钙浓度与 PTH 分泌负相关。

2. **PTH 的生理功能** ①PTH 作用于骨组织，使间质细胞转化成破骨细胞，并增加破骨细胞活性；抑制破骨细胞转变为骨细胞，使破骨细胞增多而发生溶骨作用；促进溶酶体释放各种水解酶，增加骨基质水解，促进骨盐溶解。②PTH 作用于肾，促进肾对钙的重吸收，抑制肾对磷的重吸收。

（三）降钙素能降低血钙、血磷

1. **降钙素（calcitonin，CT）的分泌调节** CT 是甲状旁腺滤泡旁细胞分泌的一种单链 32 肽激素。CT 的分泌受血钙浓度的调节，当血钙浓度升高时，CT 分泌增多，两者呈正相关。

2. **CT 的生理作用** ① CT 作用于骨组织，抑制破骨细胞的生成，又加速破骨细胞转化为成骨细胞，因而抑制骨盐溶解，使血钙、血磷浓度下降。② CT 作用于肾，抑制钙、磷的重吸收，促进尿钙、尿磷排泄。③ CT 还抑制 $1,25\text{-}(OH)_2\text{-}D_3$ 的生成，从而间接抑制肠道对钙、磷的吸收。

总之，体内钙、磷代谢在 $1,25\text{-}(OH)_2\text{-}D_3$、PTH 和 CT 三者严密调控下，维持血钙、血磷的动态平衡。其中任何一种激素分泌异常或一个器官（骨、肾、小肠）功能失衡，均可使血钙、血磷浓度升高或降低，影响骨质结构。表 12-5 显示钙、磷调节概况。

表 12-5 激素对钙、磷代谢的调节

钙、磷代谢	PTH	$1,25\text{-}(OH)_2\text{-}D_3$	CT
肾钙重吸收	↑	↑	↓
肾磷重吸收	↓	↑	↓
溶骨作用	↑	↑	↓
成骨作用	↓	↓	↑
小肠钙吸收	↑	↑	↓
小肠磷吸收	↑	↑	—
血钙	↑	↑	↓
血磷	↓	↑	↓

六、钙、磷与骨的代谢

1. **骨的组成** 骨组织主要由骨细胞、骨基质和无机盐组成。骨细胞可合成和分泌骨基质，骨基质与无机盐以特殊方式附着在一起，使骨组织坚硬而富有韧性，构成了人体的支架组织。

（1）骨细胞：骨细胞有成骨细胞、破骨细胞和骨细胞三种，他们都起源于未分化的间质细胞。

（2）骨盐：骨中的无机盐称骨盐，占骨干重的 65%～70%，主要成分为磷酸钙，也有少量碳酸钙、柠檬酸、磷酸镁和碳酸钠等。骨盐主要以羟磷灰石 $[Ca_{10}(OH)_2(PO_4)_6]$ 形式存在。羟磷灰石是微细的结晶，晶格之间可吸附体液中的 Ca^{2+}、Mg^{2+}、Cl^-、HCO_3^- 等离子。

(3) 骨基质：骨基质是骨的有机成分，其中95%为胶原，还有少量的蛋白质和蛋白多糖等。胶原和蛋白多糖使骨有良好的韧性。

2. 成骨作用与钙化　骨的生长、修复和重建过程，称为成骨作用。新的骨组织生成，先由成骨细胞合成、分泌骨基质（胶原、蛋白多糖），然后骨盐沉积，骨盐沉积也称骨钙化，最终形成坚实的骨组织。碱性磷酸酶有利于成骨作用，因此血浆碱性磷酸酶活性的变化被视为成骨作用的指标。生长发育的婴幼儿和某些佝偻病、骨软化症、甲状旁腺功能亢进等患者，血中碱性磷酸酶活性常升高。

3. 溶骨作用与脱钙　坚硬的骨组织也处在不断更新之中，在新骨组织不断生成的同时，原有旧骨持续溶解，达到动态平衡。溶骨作用是指在破骨细胞的作用下，骨基质水解、骨盐溶解的过程，骨盐的溶解称为脱钙。破骨细胞可释出溶酶体中的一些水解酶类，使骨组织的有机质被溶解。同时破骨细胞活动时，可释放出柠檬酸和乳酸，促进局部骨盐的溶解，于是骨组织被溶解吸收。

正常成人每年约1%~4%的骨组织需要更新，以改变骨骼的形态和结构，适应功能的需要。生长发育的婴幼儿、青少年成骨作用大于溶骨作用；而老年人溶骨作用显著增强，常因骨质减少导致骨质疏松症。

第五节　酸碱平衡

一、体内酸碱物质的来源

> 体内酸碱物质主要来源于体内物质的分解代谢及外界食物等。

广义地说，凡能供给 H^+ 的化学物质为酸性物质，如 HCl、H_2SO_4、NH_4^+ 和 H_2CO_3 等；凡能接受 H^+ 的化学物质为碱性物质，如 OH^-、NH_3、HCO_3^- 等。体液中酸碱性物质主要由细胞内物质代谢产生，其次来自食物、饮料和药物等的酸性和碱性物质。

（一）酸性物质主要来源于糖、脂类和蛋白质分解代谢

体内酸性物质可分为挥发性酸和固定酸。

1. 挥发性酸　体内糖、脂类和蛋白质在其分解代谢过程中，彻底氧化均产生 CO_2 和 H_2O。CO_2 可与 H_2O 化合生成 H_2CO_3。正常人每分钟约产生 200 ml（10 mmol）CO_2，每日相当于产生 10~20 mol 的碳酸，是体内产生量最多的酸性物质。由于 H_2CO_3 在肺可重新分解为 CO_2 而呼出，故称之为挥发性酸。

$$CO_2 + H_2O \xrightleftharpoons{\text{碳酸酐酶}} H_2CO_3 \rightleftharpoons H^+ + HCO_3^-$$

CO_2 和 H_2O 结合为 H_2CO_3 的可逆反应虽可自发地进行，但主要是在碳酸酐酶的作用下进行的。碳酸酐酶主要存在于肾小管上皮细胞、肺泡上皮细胞、红细胞及胃黏膜上皮细胞等。

2. 固定酸又称非挥发性酸　物质代谢中产生的酸性物质，如蛋白质分解代谢产生的磷酸、硫酸和尿酸；糖酵解生成的甘油酸、丙酮酸和乳酸；糖氧化过程产生的三羧酸；脂肪代谢产生的乙酰乙酸和 β-羟丁酸等；这些酸性物质不能从肺里排出，必须由肾排出体外，故称之为固定酸或非挥发性酸。另外，体内还有少量酸性物质来自食物、饮料及某些酸性药物

等，如调味用的醋酸、饮料中的柠檬酸、酸性药物阿司匹林、氯化铵等。一般情况下，正常人每天产生固定酸的总量相当于 50～100 mmol 的 H^+。固定酸能继续代谢生成 CO_2，但缺氧、长期饥饿、代谢失调等可引起其过多而致酸中毒。

（二）碱性物质主要来源于蔬菜和水果

蔬菜和水果因含有较多的有机酸盐，如柠檬酸、苹果酸的钠盐或钾盐，其酸根部分在体内可进一步氧化分解为 CO_2 和 H_2O，被排出体外，而 Na^+（或 K^+）则与 HCO_3^- 结合生成碱性的碳酸氢盐，增加血中碱性物质的含量，因此蔬菜、水果被称为成碱食物。此外，某些碱性药物及饮料中也含有碱性物质。另外体内物质代谢也产生少量的碱，如氨基酸脱氨基作用产生的氨等。

正常情况下，体内酸性物质的来源远多于碱性物质，因此，酸碱平衡的调节以排酸保碱为主。

二、酸碱平衡的调节

酸碱平衡的调节通过三方面来实现：体液自身的缓冲作用、肺的呼吸作用、肾的重吸收与排泄作用。这三方面在神经-激素系统统一调控下协同作用来实现酸碱平衡的调节。

（一）血液缓冲体系的调节

> 血液缓冲体系通过对进入血液的酸和碱的缓冲来调节酸碱平衡。

在体液的自身调节作用中，体液的各部分如血液、细胞间液及细胞内液是相互联系、不可分割的，其中以血液的缓冲体系（buffer system）最为重要。无论是体内代谢产生的还是体外摄入的酸性或碱性物质，都要经血液稀释并被血液的缓冲体系缓冲，以维持血液 pH 的相对恒定。

1. 血液的缓冲体系包括血浆缓冲体系和红细胞缓冲体系

（1）血浆中的缓冲体系有：

$$\frac{NaHCO_3}{H_2CO_3} \quad \frac{Na_2HPO_4}{NaH_2PO_4} \quad \frac{Na\text{-}Pr}{H\text{-}Pr} \quad (Pr：蛋白质)$$

（2）红细胞中的缓冲体系有：

$$\frac{KHb}{HHb} \quad \frac{KHbO_2}{HHbO_2} \quad \frac{KHCO_3}{H_2CO_3} \quad \frac{K_2HPO_4}{KH_2PO_4}$$

（3）血液中各缓冲体系的缓冲能力如下表（表 12-6）。

表 12-6 血液缓冲体系的组成

缓冲体系	占全血缓冲体系总浓度的百分比（%）
HbO_2/Hb	35
有机磷酸盐	3
无机磷酸盐	2
血浆蛋白质	7
血浆碳酸氢盐	35
红细胞碳酸氢盐	16

碳酸氢盐缓冲体系是血浆中最主要的缓冲体系，而红细胞中以血红蛋白及氧合血红蛋白缓冲体系最为重要。碳酸氢盐缓冲体系不仅含量多、缓冲能力最强，而且容易调节，它的弱酸——H_2CO_3能和体液中溶解的CO_2取得平衡而受呼吸的调节，任何原因引起的碳酸过量都能通过呼吸被迅速排除；它的弱酸盐——$NaHCO_3$可以通过肾对其进行调节，过量的HCO_3^-能由尿排出。

2. 血液缓冲体系的缓冲机制　缓冲溶液的pH由缓冲体系中弱酸和弱酸盐两种成分的浓度比值决定。正常条件下，正常动脉血浆中的$NaHCO_3$的浓度平均为24 mmol/L，H_2CO_3的浓度平均为1.2mmol/L，二者比值为24/1.2＝20/1，血浆pH可以通过亨德森-哈塞巴（Henderson-Hassalbach）方程式来计算：

$$pH = pK_a + \lg\frac{[NaHCO_3]}{[H_2CO_3]}$$

式中pK_a是碳酸的解离常数的负对数，在37℃时为6.1，代入上式中可计算出动脉血浆的pH：

$$pH = 6.1 + \lg\frac{20}{1} = 6.1 + 1.3 = 7.4$$

从上式可以看出pH与$[NaHCO_3]/[H_2CO_3]$比值的相关性，只要$[NaHCO_3]/[H_2CO_3]$保持在20∶1，血浆的pH就可以维持在7.4不变。血浆pH值调节的实质性问题是围绕着调节碳酸氢钠与碳酸浓度的比值进行的。$[NaHCO_3]$反映代谢性H^+的过量或不足，受肾的调节，称为代谢性因素；$[H_2CO_3]$反映呼吸性H^+的过量或不足，受呼吸的调节，称为呼吸性因素。

进入血浆的固定酸和碱主要由碳酸氢盐缓冲体系进行缓冲；挥发性酸主要由血红蛋白缓冲体系和氧合血红蛋白缓冲体系缓冲。

（1）对固定酸的缓冲作用：代谢过程中产生的磷酸、硫酸、乳酸、酮体等固定酸（H-A）进入血浆后，血浆中三对缓冲体系的抗酸成分（$NaHCO_3$，Na-Pr，Na_2HPO_4）均可进行缓冲，但主要靠$NaHCO_3$缓冲，使酸性较强的固定酸转变为酸性较弱的H_2CO_3。H_2CO_3则进一步分解成H_2O和CO_2，CO_2可经肺呼出体外。从而使血浆pH不致有较大的波动。

$$H\text{-}A + NaHCO_3 \longrightarrow Na\text{-}A + H_2CO_3$$
（固定酸）　　　　（固定酸钠）

$$H_2CO_3 \longrightarrow H_2O + CO_2 \uparrow$$

血浆中其他缓冲系统对固定酸也有一定的缓冲作用，但它们在血浆中含量较少，而其生成物也不像H_2CO_3那样容易迅速被肺调节。因此，$NaHCO_3$对体内产生的固定酸缓冲能力最大，是血浆中最多的碱性物质，在一定程度上，可以代表血浆对固定酸的缓冲能力，习惯上将血浆中的$NaHCO_3$称为碱储。碱储的多少可以用血浆二氧化碳结合力（CO_2-CP）的大小表示。

（2）对碱性物质的缓冲：当碱性物质进入血液时，血浆中三对缓冲体系的抗碱成分（H_2CO_3，NaH_2PO_4，H-Pr）均可进行缓冲，但主要靠H_2CO_3缓冲，其结果是使碱性变弱。

$$Na_2CO_3 + H_2CO_3 \longrightarrow 2NaHCO_3$$

$$Na_2CO_3 + NaH_2PO_4 \longrightarrow NaHCO_3 + Na_2HPO_4$$

$$Na_2CO_3 + H\text{-}Pr \longrightarrow NaHCO_3 + Na\text{-}Pr$$

因体内的 CO_2 来源非常丰富，消耗的 H_2CO_3 可迅速得以补充。因此 H_2CO_3 是对碱性物质进行缓冲的主要成分，缓冲后生成的过多 $NaHCO_3$ 可由肾排出体外，从而保持了血液 pH 的恒定。

(3) 对挥发性酸的缓冲：体内组织细胞在代谢过程中产生的 CO_2 不断地扩散至血浆和红细胞，主要由红细胞中的血红蛋白缓冲体系缓冲，此缓冲作用与血红蛋白的运氧过程相偶联。

当血液流经组织时：因组织代谢不断生成的 CO_2 扩散入血，大量的 CO_2 弥散入红细胞，在碳酸酐酶（carbonic anhydrase，CA）催化下与水结合成 H_2CO_3，H_2CO_3 解离成 HCO_3^- 和 H^+。与此同时，红细胞内的 HbO_2 解离释放出 O_2 转变为血红蛋白（Hb）。Hb 的酸性比 HbO_2 弱，因此可以对 H_2CO_3 进行缓冲。其反应过程如下：

$$H_2O + CO_2 \longrightarrow H_2CO_3 \longrightarrow H^+ + HCO_3^-$$

$$KHbO_2 \longrightarrow KHb + O_2$$

$$KHbO_2 + H^+ + HCO_3^- \longrightarrow HHb + KHCO_3$$

经过以上反应，防止了红细胞内 H^+ 浓度的升高，此时红细胞内 HCO_3^- 因浓度增高而向血浆转移，红细胞内阳离子（主要是 K^+）较难通过红细胞膜，不能随 HCO_3^- 逸出，因此血浆中等量的 Cl^- 进入红细胞以维持正负电荷的平衡，称为氯离子转移。

当血液流经肺时，CO_2 不断被呼出，H_2CO_3 浓度也不断下降。与此同时，血红蛋白通过氧合作用生成氧合血红蛋白。氧合血红蛋白的酸性较强，可用于和 HCO_3^- 化合生成 H_2CO_3。其反应过程如下：

$$HHb + O_2 \longrightarrow HHbO_2$$

$$HHbO_2 + KHCO_3 \longrightarrow KHbO_2 + H_2CO_3$$

$$H_2CO_3 \longrightarrow H_2O + CO_2$$

经过以上反应，随着 CO_2 的不断呼出，红细胞中的 HCO_3^- 很快减少，血浆中的 HCO_3^- 便向红细胞扩散，同时红细胞内 Cl^- 则向血浆转移（氯离子转移）。

当血液分别流经组织和肺时，血红蛋白缓冲体系对碳酸的缓冲作用见图 12-1。

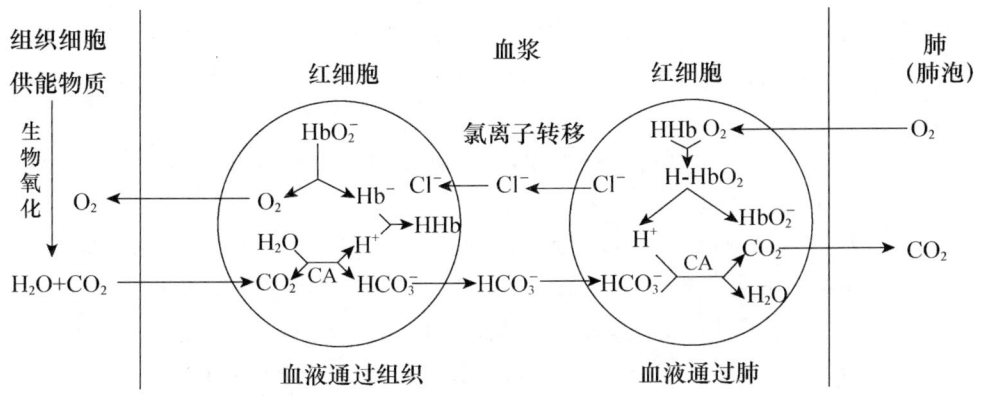

图 12-1 血红蛋白缓冲体系对碳酸的缓冲作用

（二）肺的调节

> 肺通过呼吸排出 CO_2 维持 H_2CO_3 浓度以调节酸碱平衡。

肺对酸碱平衡的调节作用主要是通过呼出 CO_2 量的增减来调节血浆中 H_2CO_3 的含量，以调节体内酸碱平衡。肺呼出 CO_2 的作用受呼吸中枢的调节，而呼吸中枢的兴奋性又受血液二氧化碳分压（PCO_2）和 pH 的影响。当体内产酸增多时（H^+ 浓度升高），血液中 PCO_2 升高，刺激延髓呼吸中枢，呼吸中枢兴奋，呼吸加深、加快，排出更多的 CO_2。反之，当 PCO_2 降低或 H^+ 浓度降低时，呼吸中枢受抑制，呼吸变浅、变慢，使 CO_2 排出量减少。

可见，肺对酸碱平衡的调节是通过调节呼吸排出 CO_2 的多少来调节血液中 H_2CO_3 的浓度，从而维持血浆中 $NaHCO_3/H_2CO_3$ 浓度的正常比值，使血液 pH 保持在 7.35～7.45。所以，在临床上密切观察患者呼吸深度和呼吸频率具有重要意义。

（三）肾的调节

> 肾通过泌氢、泌氨和泌钾，维持 $NaHCO_3$ 浓度，调节酸碱平衡。

肾对酸碱平衡的调节作用，实质上是通过排出过多的酸或碱来调节血浆中 $NaHCO_3$ 的含量，以维持血液正常的 pH。当血浆 $NaHCO_3$ 含量降低时，肾即加强排出固定酸和 $NaHCO_3$ 重吸收，以恢复血浆中 $NaHCO_3$ 的正常含量。反之，血浆 $NaHCO_3$ 含量过高时，肾则增加碱的排出量，使血浆中 $NaHCO_3$ 降至正常含量。肾的这种调节作用，是通过肾小管细胞的泌 H^+、泌 NH_3 及泌 K^+ 作用实现的。

1. 肾小管的泌 H^+（H^+-Na^+ 交换）

（1）$NaHCO_3$ 的重吸收：正常人肾小球每日滤出的滤过液约 180L，其中 $NaHCO_3$ 约为 4500 mmol/L，有 80%～90% 被近曲小管重吸收，少部分在髓袢和远曲小管重吸收。经终尿排出 $NaHCO_3$ 仅为 2 mmol/L，可见 99% 的 $NaHCO_3$ 被重吸收。这种重吸收作用对维持机体的酸碱平衡起着极为重要的作用。

肾小管上皮细胞中含有碳酸酐酶（CA），可催化 CO_2 和 H_2O 迅速生成 H_2CO_3，后者解离成 HCO_3^- 和 H^+，H^+ 被泌入肾小管管腔，与管腔中 $NaHCO_3$ 的 Na^+ 进行交换。Na^+ 回收与细胞内的 HCO_3^- 形成 $NaHCO_3$ 而被重吸收进入血液。此过程通常称为 H^+-Na^+ 交换。由肾小管细胞泌入管腔中的 H^+ 则与管腔液中的 HCO_3^- 结合生成 H_2CO_3，H_2CO_3 再分解为 CO_2 和 H_2O。部分 CO_2 可以扩散进入肾小管细胞而被再利用。通过上述过程，可将肾小球滤过的 $NaHCO_3$ 绝大部分重吸收（图 12-2）。

应该指出，肾小管对 $NaHCO_3$ 的重吸收，是随着机体对 $NaHCO_3$ 的需求而变动的。血浆 $NaHCO_3$ 的正常值为 22～28 mmol/L，当血浆 $NaHCO_3$ 浓度高于正常值时（如碱中毒），肾小管对 $NaHCO_3$ 的重吸收减少，$NaHCO_3$ 由尿排出，使血浆 $NaHCO_3$ 含量恢复正常。

（2）尿液的酸化：在正常血液 pH 条件下，Na_2HPO_4/NaH_2PO_4 缓冲体系的浓度比值为 4/1。在肾近曲小管管腔中，这一缓冲对仍保持原来的比值，但终尿中这一比值明显变小，尿中 NaH_2PO_4 排出增加，尿液 pH 降低，这一过程称为尿液的酸化。

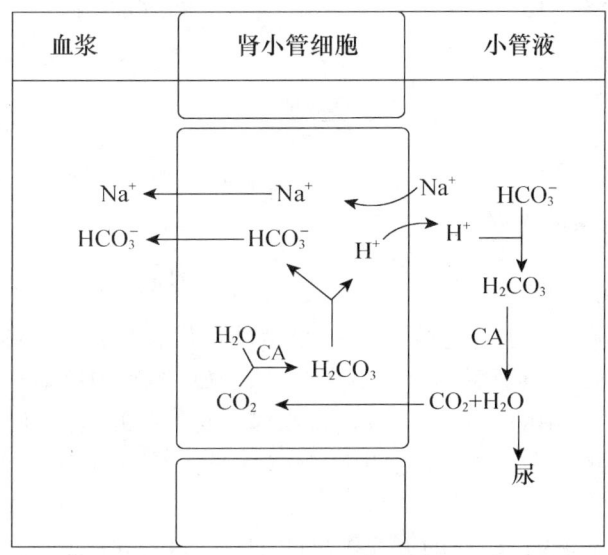

图 12-2　$NaHCO_3$ 的重吸收

当原尿流经肾远曲小管时,肾小管上皮细胞中的 CO_2 和 H_2O 在碳酸酐酶催化下生成 H_2CO_3,H_2CO_3 解离成 HCO_3^- 和 H^+,H^+ 不断被分泌入管腔中,与 Na_2HPO_4 中的 Na^+ 交换,生成 NaH_2PO_4 随尿排出,使尿液的 pH 降低,尿液被酸化。被重吸收的 Na^+ 则与细胞内的 HCO_3^- 结合成 $NaHCO_3$,此过程也是 H^+-Na^+ 交换。生成的 $NaHCO_3$ 补足体内在缓冲酸时消耗的 $NaHCO_3$(图 12-3)。

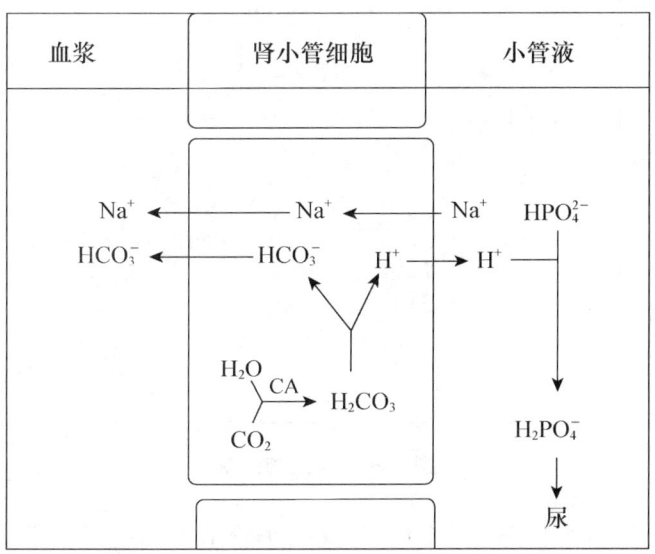

图 12-3　尿液的酸化

2. 肾小管的泌 NH_3(NH_4^+-Na^+ 交换)　肾小管上皮细胞有泌氨作用。NH_3 可来自氨基酸的脱氨基作用(40%),但主要来自血液运来的谷氨酰胺(60%),在肾小管细胞内谷氨酰胺酶的催化下分解为谷氨酸和 NH_3。反应如下:

$$\begin{matrix}\text{CO}-\text{NH}_2\\|\\\text{CH}_2\\|\\\text{CH}_2\\|\\\text{CH}-\text{NH}_2\\|\\\text{COOH}\end{matrix} \quad \xrightarrow[\text{谷氨酰胺酶}]{+\text{H}_2\text{O}} \quad \begin{matrix}\text{COOH}\\|\\\text{CH}_2\\|\\\text{CH}_2\\|\\\text{CH}-\text{NH}_2\\|\\\text{COOH}\end{matrix} \quad + \text{NH}_3$$

谷氨酰胺   谷氨酸

NH_3 生成后被分泌入肾小管管腔。NH_3 是碱性，具有结合 H^+ 的作用，与管腔液中的 H^+ 结合生成 NH_4^+。NH_4^+ 与强酸盐（如 $NaCl$、Na_2SO_4 等）的负离子结合生成酸性的铵盐随尿排出。同时，小管液中的 Na^+ 重吸收进入细胞，与 HCO_3^- 进入血液结合生成 $NaHCO_3$，以补充体液在缓冲酸的过程中所消耗的 $NaHCO_3$ 量，维持血浆中 $NaHCO_3$ 的正常浓度（图 12-4）。

正常情况下，人体每天以泌氨的方式排出的 H^+ 为 30～50 mmol。但在严重代谢性酸中毒时，每天则可高达 250 mmol。肾小管细胞的泌 NH_3 作用有力地促进了小管细胞的泌 H^+ 作用，随着 NH_3 的分泌，小管液 H^+ 浓度降低，这更有利于肾小管细胞继续分泌 H^+。而 NH_3 的分泌量随尿液的 pH 而变化，酸性愈强，NH_3 的分泌愈多，如尿液呈碱性，NH_3 的分泌减少甚至停止。这种调节酸碱平衡作用对于迅速排除体内多余的酸具有重要意义。

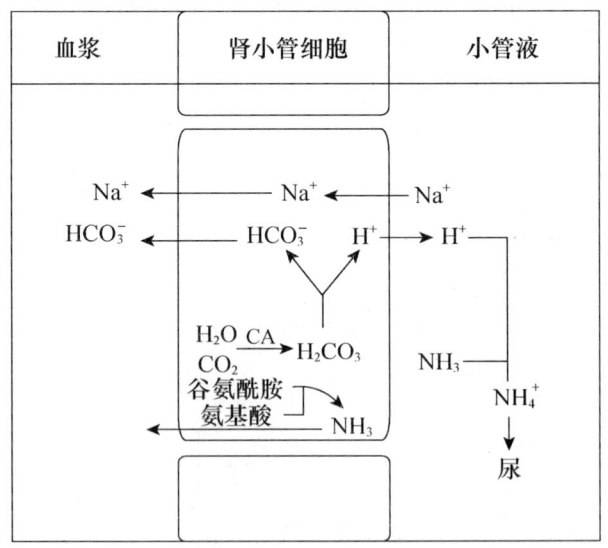

图 12-4 铵盐的生成

3. 肾小管的泌 K^+（K^+-Na^+ 交换） 肾远曲小管上皮细胞还有主动排钾、泌钾而换回钠的作用，即进行 K^+-Na^+ 交换，Na^+ 吸收入血，K^+ 随尿排出体外。K^+-Na^+ 交换与 H^+-Na^+ 交换有竞争性抑制作用。血钾浓度增高时，K^+-Na^+ 交换增强而 H^+-Na^+ 交换减弱。因此，高血钾常伴有酸中毒；反之，低血钾常伴有碱中毒。酸中毒时，H^+ 浓度高，H^+-Na^+ 交换增强，K^+-Na^+ 交换减弱。因此，酸中毒常伴有高血钾，而碱中毒则因 K^+-Na^+ 交换增强而伴随低血钾。

综上所述，机体酸碱平衡的调节首先依靠的是血液的缓冲作用，血液的缓冲体系将强酸、强碱转变成弱酸、弱碱，虽然作用迅速，但不能持久，也不能从根本上排出酸碱。肺部通过改变呼吸的频率和深度，控制 CO_2 排量，实现对挥发性酸的调节，作用效能最大，30min 达到高峰，但不能对固定酸起作用，也不能调节 $NaHCO_3$ 浓度。肾通过肾小管细胞的泌 H^+、泌 NH_3 及泌 K^+ 作用实现酸碱平衡的调节，虽然作用迟缓，但作用强而持久。

三、酸碱平衡的主要生化诊断指标

临床上全面、正确地了解酸碱平衡的状况，对疾病的预防和治疗，特别是对患有严重的呼吸、心功能不全的患者病情的分析、诊断、治疗和抢救有一定的价值。为此，需要对血液中各种有关酸碱平衡的生化指标进行测定。临床常见的酸碱平衡的诊断指标包括：血浆 pH 值、动脉血二氧化碳分压（$PaCO_2$）、二氧化碳结合力（CO_2CP）、实际碳酸氢盐（AB）和标准碳酸氢盐（SB）、碱过剩（BE）或碱欠缺（BD）、阴离子间隙（AG）。

（一）血浆 pH

> 血浆 pH 表示血浆中 H^+ 浓度，是反映血浆酸碱度的指标。

正常人血浆 pH 的参考值为 7.35～7.45，平均为 7.40。其临床意义体现在：①pH＝7.35～7.45：见于正常或代偿性酸、碱中毒。通常，代偿性酸中毒时，血液 pH 接近正常值下限（7.35～7.39）；代偿性碱中毒时接近正常值上限（7.41～7.45）。②pH＜7.35：见于失代偿性酸中毒。③pH＞7.45：见于失代偿性碱中毒。

需要指出的是，血液 pH 只能帮助诊断酸、碱中毒，不能区分是代谢性还是呼吸性酸、碱中毒。另外，pH 在正常范围内，不一定都表示酸碱平衡正常，也可以是代偿性酸中毒或代偿性碱中毒。

（二）动脉血二氧化碳分压（$PaCO_2$）

> 动脉血二氧化碳分压（$PaCO_2$）是反映呼吸性酸碱平衡紊乱的重要指标。

$PaCO_2$ 是指物理溶解于动脉血浆中的 CO_2 所产生的压力。正常 $PaCO_2$ 为 4.5～5.9 kPa，平均为 5.3 kPa（35～45 mmHg，平均 40 mmHg）。它是反映呼吸性酸碱平衡紊乱的指标。其临床意义体现在：①若 $PaCO_2$ 大于 6 kPa，提示肺通气不良，体内有 CO_2 蓄积，为呼吸性酸中毒。②若 $PaCO_2$ 小于 4.7 kPa，表示通气过度，CO_2 排出过多，为呼吸性碱中毒。③代谢性酸或碱中毒时，$PaCO_2$ 改变不明显。因此，该指标适用于鉴别患者是呼吸性还是代谢性酸碱平衡紊乱。

（三）血浆二氧化碳结合力（CO_2CP）

> 血浆二氧化碳结合力（CO_2CP）在一定程度上反映了血浆中 HCO_3^- 的含量。

CO_2CP 是指温度为 25℃、$PaCO_2$ 为 5.3 kPa 条件下，每 1L 血浆以 HCO_3^- 形式存在的 CO_2 量（mmol）。正常参考范围为 23～31 mmol/L（50～70 ml/dl）。其临床意义体现在：①代谢性酸中毒时，CO_2CP 降低；代谢性碱中毒时，CO_2CP 升高。②呼吸性酸中毒时，由于肾的代偿，CO_2CP 升高；呼吸性碱中毒时，经肾的代偿，CO_2CP 降低。

临床上，不能仅依碱贮量的高低判断酸或碱中毒，还需根据临床症状综合判断患者属于何种酸碱平衡失调。CO_2CP 的测定方法比较简单，因此该项检查被临床普遍采用。

（四）实际碳酸氢盐（AB）和标准碳酸氢盐（SB）

实际碳酸氢盐（actual carbonate, AB）是指用与空气隔绝的全血样品于37℃时测得的血浆中 HCO_3^- 的真实含量。标准碳酸氢盐（standard bicarbonate, SB）是指全血在Hb的氧饱和度为100%、温度为37℃、$PaCO_2$ 为 5.3kPa 的标准条件下，测得的血浆中的 HCO_3^- 含量。

AB 正常波动范围为（24±2）mmol/L，它反映血液中 HCO_3^- 的含量，也受 H_2CO_3 浓度的影响。当体内 H_2CO_3 含量升高时，H_2CO_3 解离成 H^+ 和 HCO_3^-，AB 将随之升高；当体内 H_2CO_3 含量降低时，AB 将随之降低。SB 不受血液中 H_2CO_3 浓度的影响。正常情况下，AB=SB，为（24±2）mmol/L。其临床意义体现在：①代谢性酸中毒时，AB=SB，均低于正常，如有肺的代偿，通气量增加，$PaCO_2$<5.3kPa，则 AB<SB。代谢性碱中毒时，AB=SB，均升高，如有肺的代偿，通气量下降，$PaCO_2$>5.3kPa 以上，则 AB>SB。②当呼吸性酸中毒时，$PaCO_2$>5.3kPa，AB 升高，SB 正常，若有肾的代偿，SB 将升高，但 AB>SB。当呼吸性碱中毒时，$PaCO_2$<5.3kPa，则 AB 降低，SB 正常，若有肾的代偿，SB 将降低，但 AB<SB。

（五）碱过剩（BE）或碱欠缺（BD）

碱过剩（base excess，BE）或碱欠缺（base deficient，BD）是指在 Hb 的饱和度为100%、$PaCO_2$ 为 5.3kPa 和37℃标准条件下处理全血，分离血浆后用酸或碱滴定至 pH 7.40 时，所消耗的酸或碱的量。

健康人血液 pH 为 7.4 左右，只需少量甚至不需用酸或碱调整。若用酸滴定，结果为"+"，即为碱过剩；若用碱滴定，结果为"−"，即为碱欠缺。

BE 或 BD 的正常参考值为 −3.0～+3.0mmol/L。其临床意义体现在：①BE>+3.0mmol/L，表示代谢性碱中毒。②BD<−3.0mmol/L，表示代谢性酸中毒。

（六）阴离子间隙（AG）

阴离子间隙（AG）指未测定阴离子与未测定阳离子的差值。

血浆中主要的阳离子 Na^+、K^+ 称为可测定阳离子，其余为未测定阳离子；主要阴离子为 Cl^-、HCO_3^-，称为可测定阴离子，其余为未测定阴离子。AG 可用下列分式算得：

$$AG = ([Na^+] + [K^+]) - ([Cl^-] + [HCO_3^-])$$

AG 的正常参考值为 8～16mmol/L，平均 12mmol/L。其临床意义体现在：①升高见于代谢性酸中毒。②降低见于低蛋白血症等。

四、酸碱平衡紊乱的基本类型

（一）单纯性酸碱平衡紊乱

1. 代谢性酸中毒是由于体内固定酸产生过多或排出障碍、$NaHCO_3$ 丢失过多或高血钾等原因引起血浆中 $NaHCO_3$ 含量原发性下降所致。

（1）特点：血浆 $NaHCO_3$ 浓度降低，血浆 H_2CO_3 浓度继发性降低。

（2）原因和机制：①非挥发性酸产生或食入过多：如乳酸酸中毒。葡萄糖分解为丙酮酸后，在无氧条件下，丙酮酸生成乳酸，乳酸是糖酵解的终产物。引起乳酸中毒的原因主要是休克、心力衰竭、呼吸衰竭等引起的严重缺氧使乳酸生成增多、肝功能障碍。再如酮症酸中毒，血中出现较多的酮体包括乙酰乙酸、β-羟丁酸。酮体是脂肪酸在肝氧化分解时产生的中间产物，在糖尿病、饥饿和酒精中毒时，脂肪分解增强产生酮体过多。②体内 $NaHCO_3$ 丢失过多：如腹泻、肠瘘、胆瘘或肠引流等，丢失大量的碱性肠液、胰液或胆汁。③高血钾、大面积烧伤引起大量血浆渗出等。④酸性代谢产物排出障碍，如肾衰竭时，由于肾小管分泌 H^+ 和 NH_3 的能力下降，引起酸性代谢产物在体内积聚。

（3）代偿机制：体内增加的固定酸首先由血液中 $NaHCO_3$ 缓冲生成 H_2CO_3，$NaHCO_3$ 浓度降低而 H_2CO_3 增多。血液 pH 随代偿情况而定。血液中 H^+ 浓度增加刺激呼吸中枢使呼吸加深、加快，CO_2 排出增多，血浆 H_2CO_3 浓度减少。另一方面，肾小管细胞分泌 H^+、NH_4^+ 增加，排出固定酸，重吸收较多的 $NaHCO_3$。通过这些代偿过程，虽然血浆中 $NaHCO_3$ 和 H_2CO_3 的实际浓度都减少，但只要二者比值接近 20∶1，血浆 pH 仍保持在正常范围内，即为代偿性酸中毒。如果 [$NaHCO_3$]/[H_2CO_3] 的比值变小，使血浆 pH 下降到 7.35 以下，则成为失代偿性酸中毒。

（4）治疗原则：治疗原发病以消除引起代谢性酸中毒的病因；恢复循环血容量，增加组织灌流量，以解除体内缺氧状态，减少乳酸的生成；改善肾功能，使之有利于固定酸的排泄和 $NaHCO_3$ 的重吸收；给予碱性药物（如碳酸氢钠或乳酸钠）以补充体内碱储备不足。

2. 代谢性碱中毒 由于固定酸丢失过多、血钾降低、血氯降低、碱性药物摄入过多等原因引起血浆中 $NaHCO_3$ 含量原发性增多所致。

（1）特点：血浆 $NaHCO_3$ 浓度升高，血浆 H_2CO_3 浓度继发性升高。

（2）原因和机制：①碱性药物摄入过多，超过肾排泄能力。②固定酸丢失过多。③血钾降低。当肾小管细胞内 K^+ 浓度降低时，K^+-Na^+ 交换减弱而 H^+-Na^+ 交换加强，使 $NaHCO_3$ 进入血液增加，可造成细胞外碱中毒。④血氯降低。如胃液丢失和补充 NaCl 不足时，可引起体内氯缺少。此外，原发性醛固酮增多症或注射盐皮质激素过多等，都可以引起代谢性碱中毒。

（3）代偿机制：由于血浆 $NaHCO_3$ 浓度的增加，以至血浆 pH 的升高，进而抑制呼吸中枢，使呼吸变浅、变慢，保留较多的 CO_2，血浆 H_2CO_3 含量增多；同时，肾小管细胞的 H^+ 和 NH_4^+ 的分泌减少，增加 $NaHCO_3$ 的排出。并且血浆中其他缓冲系统也与 $NaHCO_3$ 起反应生成 H_2CO_3。通过这些代偿过程，如能使 [$NaHCO_3$]/[H_2CO_3] 的比值接近 20∶1，血浆 pH 值仍保持在正常范围内，这种碱中毒则称为代偿性代谢性碱中毒。如果 [$NaHCO_3$]/[H_2CO_3] 的比值不能维持在正常范围内，pH 升高到 7.45 以上，则称为失代偿性代谢性碱中毒。

（4）治疗原则：除针对原发病进行治疗外，对轻症患者补充适量盐水可得到纠正。对重症患者可给予一定酸性药物，常用 0.9% 的氯化钠溶液静脉注射。

3. 呼吸性酸中毒 是由于呼吸功能障碍导致体内 CO_2 潴留，血浆中 H_2CO_3 含量原发性增多所致。

（1）特点：$PaCO_2$、H_2CO_3 浓度升高，血浆 $NaHCO_3$ 浓度代偿性升高。

（2）原因与机制：①呼吸道和肺部疾病，如哮喘、肺气肿、气胸等。②呼吸中枢受抑制，如使用麻醉药、吗啡、镇静催眠药等过量。③心脏疾病、脑血管硬化。

（3）代偿机制：呼吸功能发生障碍时，CO_2 排出不畅，血浆 $PaCO_2$ 升高，肾小管内碳酸酐酶活性增强，加速了 H_2CO_3 的生成，肾小管分泌 H^+ 和 NH_3 增加，H^+-Na^+、NH_4^+-Na^+ 交换增强，$NaHCO_3$ 的重吸收增加，导致血浆 $NaHCO_3$ 含量相应地升高。另外，血浆中 Na_2HPO_4 和 Na-Pr 可缓冲 H_2CO_3 产生 $NaHCO_3$，红细胞中 KHb 在缓冲 H_2CO_3 酸度方面也起一定的作用。通过这些代偿过程，如能使 [$NaHCO_3$]/[H_2CO_3] 的比值接近

20∶1，血浆 pH 值仍保持在正常范围内，则称为代偿性呼吸性酸中毒。如果 H_2CO_3 浓度的增加超过了代偿能力，则［$NaHCO_3$］／［H_2CO_3］的比值变小，血浆 pH 下降到 7.35 以下，则称为失代偿性呼吸性酸中毒。

（4）治疗原则：主要在于针对病因改善通气和换气功能，促使体内潴留的 CO_2 及时排出。紧急情况下，如血液 pH 低于 7.20，或出现严重并发症（如高血钾和心室纤颤），危及生命且又缺乏改善通气的治疗条件时，可输入碱性液体应急，以迅速升高血液 pH。

4. 呼吸性碱中毒 由于肺换气过快、过度，CO_2 排出过多，血浆中 H_2CO_3 含量原发性减少所致。

（1）特点：血浆 $PaCO_2$、H_2CO_3 浓度降低，血浆 H_2CO_3 浓度继发性降低。

（2）原因与机制：由于各种原因引起肺呼吸过快，CO_2 排出过多，使血浆中 H_2CO_3 浓度减少。如呼吸中枢兴奋（药物中毒、脑部疾患）、癔症、高热、甲状腺功能亢进等，亦可发生碱中毒。

（3）代偿机制：由于 CO_2 排出过多，血浆 $PaCO_2$ 降低，甚至 pH 升高，使肾小管细胞分泌 H^+ 和 NH_4^+ 下降，$NaHCO_3$ 的重吸收减少，导致血浆 $NaHCO_3$ 含量相应地降低。经代偿后，如能使［$NaHCO_3$］／［H_2CO_3］的比值接近 20∶1，血浆 pH 仍保持在正常范围内，称为代偿性呼吸性碱中毒。如果 H_2CO_3 浓度的降低超过了代偿能力，则［$NaHCO_3$］／［H_2CO_3］的比值变大，血浆 pH 升高到 7.45 以上，则称为失代偿性呼吸碱中毒。

（4）治疗原则：主要在于预防，应及时消除引起呼吸过度的原因。对癔病患者应给予耐心细致的思想疏导，并嘱其逆气或用纸袋盖住其口鼻，使之重新吸入呼出的气体，以提高 $PaCO_2$。必要时可给予镇静剂和钙剂。

单纯性酸碱平衡失调时的主要生化指标变化特征见表 12-7。

表 12-7　单纯性酸碱平衡失调时主要生化指标变化特征

酸碱平衡失调类型	pH	［HCO_3^-］	$PaCO_2$
代谢性酸中毒	↓	↓↓	↓
代谢性碱中毒	↑	↑↑	↑
呼吸性酸中毒	↓	↑	↑↑
呼吸性碱中毒	↑	↓	↓↓

单纯性酸碱平衡紊乱的共同特征：pH 与酸中毒或碱中毒一致，$PaCO_2$ 和［HCO_3^-］同向变化，原发改变更明显。

（二）混合性酸碱平衡紊乱

混合性酸碱平衡紊乱是指同一患者有两种或两种以上的单纯性酸碱平衡紊乱同时存在。如两种皆为碱中毒或酸中毒则称为酸碱一致性混合性酸碱平衡紊乱或相加性混合性酸碱平衡紊乱，这时 pH 明显偏离正常。若既有碱中毒又有酸中毒则称为酸碱不一致性混合性酸碱平衡紊乱或相消性混合性酸碱平衡紊乱，这时血 pH 是由占主导地位的单纯性酸碱平衡紊乱来决定，可以升高、降低或正常。

具体的混合性酸碱平衡紊乱有：呼吸性酸中毒合并代谢性酸中毒，呼吸性碱中毒合并代谢性碱中毒，呼吸性酸中毒合并代谢性碱中毒，呼吸性碱中毒合并代谢性酸中毒。以上是两种单纯性酸碱平衡紊乱共存。此外还有三种单纯性酸碱平衡紊乱共存的情况，称为三重性混合性酸碱平衡紊乱，包括呼吸性酸中毒、代谢性酸中毒合并代谢性碱中毒或是呼吸性碱中毒、代谢性酸中毒合并代谢性碱中毒等。

实用小知识

1. **高钾血症的临床表现及诊断依据** ①四肢乏力，神志淡漠和感觉异常；②皮肤苍白、发冷，心跳缓慢或心律不齐，血压低；③严重者出现软瘫，呼吸肌麻痹，心搏骤停。

2. **抗利尿激素分泌失调综合征** 抗利尿激素分泌失调综合征（SIADH）是由于内源性抗利尿激素（即精氨酸加压素，AVP）持续性分泌，使水排泄发生障碍，当水摄入过多时，可引起低钠血症与有关临床表现。本综合征可由多种原因引起。轻症患者可无症状。当血清钠浓度低于 120 mmol/L 时，可出现软弱无力、嗜睡，甚至精神错乱、惊厥与昏迷，如不及时处理，可导致死亡。

3. **维持体内酸碱平衡不做"酸人"** 营养专家说，健康人体内环境的酸碱度（pH 值）在 7.35 到 7.45 之间，即体液应该呈弱碱性才能保持正常的生理功能和物质代谢。可是根据调查，只有 10% 的人 pH 值在此范围内，属于碱性体质；而多达 70% 的人是酸性体质，体液 pH 值经常徘徊在 7.35 左右或稍低，身体处于亚健康状态。

成酸性食品与成碱性食品并不是指它的口味是酸还是甜。例如许多水果都有酸味，引起酸味的多是柠檬酸、苹果酸等有机酸，这些有酸味的食品属碱性食品。人们想调节自身的酸碱平衡，除了多做运动、调节心理外，还要特别注意补充成碱性食物，少吃成酸性食物，维持体内酸碱平衡不做"酸人"。

4. **慢性肾衰竭时为何易发生代谢性酸中毒** 慢性肾衰竭时，肾对酸碱平衡的调节机制障碍，容易发生酸碱平衡失调，特别是代谢性酸中毒。慢性肾衰竭时酸中毒的发生机制有以下三个方面：①产生 NH_4^+ 的能力减弱；②固定酸排泄障碍；③大量 HCO_3^- 丧失。轻度代谢性酸中毒常无明显临床症状，中度、重度酸中毒时往往有深大而较快的呼吸，气息中可带有尿味，患者自觉软弱无力、嗜睡、头痛、食欲缺乏、恶心、呕吐、口渴、尿少，严重时精神恍惚、神志模糊、知觉迟钝，有时躁动不安，有时呈木僵状态，最终昏迷。体征有皮肤黏膜干燥，面色苍白而水肿。

小结

体液是指体内的水及溶于水中的无机盐和有机物构成的液体。体液分为细胞内液和细胞外液，细胞外液包括血浆和细胞间液。体液是细胞生活的内环境，也是细胞进行代谢的主要场所。

水是人体重要的组成成分，对生命极为重要。正常情况下，成人每天摄取水量和排出水量基本相等，约为 2500 ml，称为水的平衡。机体即使不摄入水，每天至少要排出水 1500 ml，因此，人体对水的每日最低生理需要量为 1500 ml。Na^+ 和 Cl^- 是细胞外液的主要离子，K^+ 是细胞内液的主要离子，它们对维持体液渗透压、酸碱平衡、神经和肌肉的兴奋性及物质代谢具有重要意义，水和钠、钾、氯代谢的平衡主要通过抗利尿激素和醛固酮的调节以及肾、肺和皮肤等器官的作用来实现。

钙和磷是体内含量最多的无机盐，其在血浆中的含量相对稳定，主要依赖于钙、磷的吸收与排泄、钙化与脱钙之间的相对平衡。钙的主要生理作用是参与形成骨骼和牙，Ca^{2+}可作为细胞内第二信使等。磷的主要生理功能是参与构成高能磷酸化合物、核酸和磷脂等，无机磷酸盐还参与体内缓冲体系的组成。体内钙、磷代谢主要受1,25-二羟维生素D_3、降钙素和甲状旁腺素调节。

体液中酸碱性物质主要是由细胞内物质代谢产生的，部分来自食物、饮料和药物等的酸性和碱性物质。体内酸性物质主要来源于糖、脂类和蛋白质分解代谢，此外，少量的还来自食物、饮料及某些酸性药物等。根据酸性物质的性质，体内酸性物质可分为挥发性酸和固定酸。碱性物质主要通过摄取蔬菜和水果获得。

体液pH的相对恒定是体内一系列调节机制共同调节的结果，其中起主要作用的是血液的缓冲作用、肺对CO_2排出的调节和肾对碳酸氢盐排出的调节。酸碱平衡的主要生化诊断指标有：血液pH、动脉血二氧化碳分压（$PaCO_2$）、血浆二氧化碳结合力（CO_2CP）、实际碳酸氢盐［HCO_3^-］（AB）和标准碳酸氢盐［HCO_3^-］（SB）、碱过剩（BE）或碱欠缺（BD）、阴离子间隙（AG）等，通过这些生化指标的测定，可帮助判断酸碱平衡紊乱的类型，以助于临床诊断和治疗。体内酸性物质或碱性物质的绝对量或相对量过多、过少，人体一时不能调整或缺乏调节能力，肺/肾功能障碍，体内电解质平衡紊乱等原因都可引起酸碱平衡失调。当体内酸性或碱性物质过多，超过了机体的调节能力，血液pH异常，称酸碱平衡紊乱。根据pH异常情况可将酸碱平衡失调分为两类：体内酸绝对或相对过多，pH降低，称为酸中毒；体内酸排出绝对或相对过多，pH升高，称为碱中毒。

（信阳职业技术学院　王利平）

第十三章　肝的生物化学

> **学习目标**
> 1. 总结肝在糖、脂、蛋白质、维生素和激素代谢中的作用；了解肝功能受损时，物质代谢紊乱的表现。
> 2. 记住生物转化的概念、反应类型及参与结合反应的生物活性物质；知道影响生物转化的因素、特点及意义；了解生物转化的反应机制。
> 3. 说出胆汁酸的来源、种类、排泄、肠肝循环；说明其生理功能。
> 4. 叙述胆红素的生成、转运、结合、转变和排泄的过程；解释三种黄疸的病因并分别说明其血、尿、便改变。

肝是人体体积最大的实质性腺体，具有重要而复杂的代谢功能。肝在糖、脂类、蛋白质、维生素、激素等物质代谢中起重要作用，而且还具有分泌、排泄和生物转化功能，故肝有"物质代谢中枢"之称。这与肝的组织结构特点密切相关：①肝有肝动脉与门静脉双重血液供应；②肝有肝静脉和胆道系统两条输出通道；③肝有丰富的血窦，血流速度缓慢，有利于代谢反应的进行；④肝有丰富的细胞器，如线粒体、内质网、高尔基复合体、溶酶体、过氧化物酶体和数百种酶类。

第一节　肝在物质代谢中的作用

一、肝是维持血糖浓度恒定的重要器官

肝对糖代谢的主要作用在于维持血糖浓度的恒定。肝细胞主要通过糖原的合成、分解、糖异生作用来维持血糖浓度的相对恒定，确保全身各组织，尤其是大脑和红细胞的能量供应。

饱餐后，血糖浓度增高，肝细胞可迅速摄取葡萄糖，并合成肝糖原储存起来。肝糖原约占肝重的5%~6%；当血糖浓度下降时，如饥饿或禁食状态下，肝糖原迅速分解为葡萄糖而补充血糖，保证全身（特别是脑组织）糖的供应。

体内糖原的储存是有限的，总量约400g，如仅靠糖原供能，饥饿8~12h左右，体内糖原几乎被耗尽，此时糖异生就成为维持血糖浓度相对恒定的主要途径。肝是进行糖异生最主要的器官，肝细胞可利用脂肪分解产生的甘油、蛋白质分解产生的某些氨基酸以及糖代谢中产生的丙酮酸、乳酸等非糖物质转变成糖原或葡萄糖并释放入血，补充血糖。

当肝功能严重受损时，肝糖原合成、分解及糖异生能力下降，血糖浓度难以维持稳定。饥饿时，易发生低血糖；进食后，易发生一过性高血糖等症状。

二、肝是脂类代谢的中心场所

肝在脂类的消化、吸收、分解、合成与运输过程中均起重要作用。

（一）肝分泌胆汁帮助脂类消化和吸收

肝能分泌胆汁，其中的胆汁酸盐具有强的乳化作用，可促进脂类和脂溶性维生素的消化吸收。因此肝损害和胆道阻塞时，患者常出现脂类的消化、吸收不良，易产生厌油感、脂肪泻及脂溶性维生素缺乏症。

（二）肝是脂肪酸合成、分解、改造和酮体生成的主要场所

肝细胞富含脂肪酸合成、脂肪酸 β-氧化和合成酮体的酶。肝可将糖转变为脂肪酸，用以合成三酰甘油；肝是脂肪酸 β-氧化最主要的场所，也是酮体生成的唯一器官。酮体的水溶性较脂肪酸大，便于血液输送，供肝外组织氧化利用，使心、脑、肾和骨骼肌在血糖浓度过低时可直接利用酮体供能，具有重要的生理意义。另外肝能改变外源性脂肪酸碳链的长短及饱和度，转变成棕榈酸和油酸形式，适应机体的需要。

（三）肝是血浆脂蛋白代谢的中心

血浆脂蛋白是脂类在血液中的运输形式。饱食后，肝细胞可将消化、吸收来的和自身合成的三酰甘油、磷脂和胆固醇以 VLDL 的形式分泌入血，供其他组织摄取和利用；肝细胞能合成 HDL，将肝外组织的胆固醇运回肝内进行处理；肝同时也是 LDL 降解的主要场所。多数载脂蛋白（如 Apo A-Ⅰ、Apo B-100、Apo C-Ⅰ、Apo C-Ⅱ等）在肝细胞内合成，他们在脂蛋白的代谢和运输中起重要作用。此外，肝细胞的磷脂合成特别是磷脂酰胆碱的合成非常活跃，当肝功能受损或其他原因导致蛋白质、磷脂合成障碍时，将引起脂蛋白合成障碍，导致肝内脂肪不能运出，形成脂肪肝。这一病变可影响肝细胞的正常代谢功能，严重时会导致肝硬化。

（四）肝是胆固醇代谢的主要器官

人体内的胆固醇约 1/3 靠饮食供应，2/3 由体内合成。肝是合成胆固醇的主要场所，约占体内合成总量的 3/4。血浆胆固醇的酯化也需要肝细胞合成并分泌的磷脂酰胆碱-胆固醇脂酰转移酶（LCAT）催化。肝功能严重受损时，胆固醇酯/游离胆固醇的比值降低。

肝是胆固醇转化的主要场所，每日约有占代谢总量 1/2 以上的胆固醇在肝转变成胆汁酸，是体内胆固醇代谢的主要去路，还有部分胆固醇直接随胆汁排出。

三、肝在蛋白质的合成和分解中发挥重要作用

（一）肝是合成、分泌和清除血浆蛋白质的重要场所

肝细胞除合成本身所需的各种蛋白质外，还合成多种血浆蛋白。血浆蛋白中，除 γ-球蛋白外，清蛋白、纤维蛋白原、转铁蛋白、血浆铜蓝蛋白、载脂蛋白（Apo A、Apo B、Apo C、Apo E）及大多数凝血因子等均在肝中合成。清蛋白是许多物质（如游离脂肪酸、胆红素等）在血液中运输的载体，是维持血浆胶体渗透压的主要因素；肝功能严重损害时，清蛋白合成不足，出现清蛋白与球蛋白比值（A/G）下降甚至倒置，引起水肿和腹水。纤维蛋白原、凝血因子合成不足可引起凝血时间延长及出血倾向等。

胚胎肝可以合成一种与血浆清蛋白相近的甲胎蛋白（AFP），胎儿出生后其合成受到抑制，正常人血浆中含量极微。肝癌细胞内的甲胎蛋白基因失去阻遏，血浆中甲胎蛋白浓度明显升高，可以作为原发性肝癌的辅助诊断指标。

肝细胞在血浆蛋白分解代谢中也起重要作用。血浆蛋白除清蛋白外几乎都是糖蛋白，肝细胞膜上有识别糖基的特异性受体，糖蛋白与其结合后经胞饮作用进入肝细胞，被溶酶体水解酶清除。

（二）肝是体内氨基酸分解和转变的重要器官

肝中有关氨基酸代谢的酶类含量十分丰富。因此，氨基酸的转氨基、转甲基、脱硫、脱羧及脱氨基等反应均能在肝中进行。体内除支链氨基酸（亮、异亮、缬）在肌肉中进行分解代谢外，其余氨基酸特别是芳香族氨基酸（酪、苯丙、色）主要在肝分解。当肝细胞受损时，细胞膜通透性增加或细胞坏死，细胞内的某些酶（如谷丙转氨酶）逸出，使血中该酶活性增高，可用于肝病的辅助诊断。严重肝病时，血浆中支链氨基酸与芳香族氨基酸比值下降。

肝是合成尿素的主要器官。肝通过鸟氨酸循环将有毒的氨合成相对无毒的尿素随尿排出。严重肝病时，可因尿素合成能力下降导致血氨升高，过高的血氨可引起神经症状，这就是肝性脑病的"氨中毒学说"。

肝也是胺类物质的重要解毒器官。肠道细菌对芳香族氨基酸的脱羧基作用可产生苯乙胺和酪胺等，在正常人体内经肝中胺氧化酶作用被氧化分解而清除。严重肝病时，肠道产生的苯乙胺和酪胺通过血脑屏障进入神经组织，进行β-羟化形成苯乙醇胺或β-多巴胺，它们的结构类似儿茶酚胺类神经递质，并能抑制后者的合成且干扰其功能，属"假神经递质"，在脑内可引起神经症状，这也是肝性脑病的"假神经介质学说"。

四、肝参与维生素的吸收、贮存、转化

肝合成并分泌的胆汁酸盐，有利于脂溶性维生素 A、D、K、E 的吸收。肝细胞受损或胆道梗阻时，胆汁酸盐合成不足或排泄受阻，均可导致脂溶性维生素的吸收障碍，继而发生相应的临床症状。如维生素 K 参与肝细胞中凝血酶原及凝血因子Ⅶ、Ⅸ、Ⅹ的合成，故维生素 K 吸收障碍将发生出血倾向。

肝能贮存多种维生素，如维生素 A、E、K 和 B_{12} 等。肝也是体内含维生素较多（A、K、B_1、B_2、B_6、B_{12}、PP 等）的器官。肝贮存的维生素 A 约占体内总量的 95%，肝合成并分泌维生素 A 结合蛋白参与维生素 A 在血液中的运输，肝还能将 β-胡萝卜素转化为维生素 A。肝还能将维生素 D_3 转化为 25-羟维生素-D_3，为其在肾的进一步活化奠定了基础，在钙、磷代谢中发挥重要作用。适量进食动物肝对维生素 A 缺乏引起的夜盲症、维生素 K 缺乏导致的出血倾向和维生素 B_{12} 缺乏造成的巨幼细胞贫血等有预防作用。

肝细胞还能将多种维生素转化为辅酶的活性形式，如维生素 PP 转化为辅酶 I（NAD^+）和辅酶 Ⅱ（$NADP^+$）、维生素 B_1 转化为焦磷酸硫胺素（TPP）、维生素 B_2 转化为 FAD、泛酸转化为辅酶 A（CoASH）等。这些物质均作为体内一些重要酶的辅酶，在物质代谢中起着极为重要的作用。

五、肝是激素灭活的场所

多种激素在发挥其调节作用后，主要在肝内转化、降解或失去活性，这一过程称为激素的灭活。灭活过程对于激素作用时间的长短及强度具有调控作用。肝病严重时，由于激素的灭活作用减弱，致血中激素水平升高。如雌激素水平升高，可出现男性乳房女性化、蜘蛛痣（雌激素对小血管的扩张作用）、"肝掌"；肾上腺皮质激素、醛固酮水平升

高，可引起高血压、水肿；抗利尿激素等水平升高，可使重症肝病患者出现水肿和腹水等表现。

第二节 肝的生物转化作用

在人体的新陈代谢过程中，体内会不断产生一些生物活性物质及代谢终末产物，并经常有外界异物（药物、毒物等）进入体内，这些外来及内生的物质大部分在肝内进行代谢转化。

一、生物转化的概念、意义及特点

（一）生物转化的概念

> 肝的生物转化是指机体对非营养物质进行化学转变，增加其水溶性或极性，促进其排泄的过程。

非营养物质根据来源不同，可分为内源性和外源性两类，内源性非营养物质主要是体内物质代谢的产物，如氨、胺、胆色素、激素、神经递质等；外源性非营养物质是由外界进入机体的异物，如药物、毒物、色素、食品添加剂及其他化学物质。肝是生物转化的主要器官，肝内富含生物转化的酶。肾、肠、肺、皮肤及胎盘等也有少量生物转化能力。催化生物转化的酶类见表13-1。

（二）生物转化的意义

> 生物转化的意义主要在于减少有害物质对机体的影响，保护机体。

生物转化的意义主要体现在三方面：一是对体内多数药物、毒物解毒；二是对体内的活性物质进行灭活；三是有利于机体对代谢废物和进入体内的异物的排泄。

（三）生物转化的特点

> 生物转化具有连续性、多样性、解毒和致毒的特点。

1. 代谢的连续性　大多数非营养物质在体内的代谢常需要经几步反应，才能将其排泄，这样就构成了各自的代谢途径。

2. 代谢的多样性　一种非营养物质在体内往往有多条代谢途径，这样就产生了多种代谢产物。

3. 解毒与致毒的双重性　大多数非营养物质经生物转化后，活性或毒性减弱或消失，但也有少数物质经生物转化后活性或毒性反而增强。如香烟中的3,4-苯并芘无致癌作用，进入人体后，经肝微粒体中的加单氧酶作用后，转变为7,8-二氢二醇-9,10-环氧化物反而具有强致癌作用。

表 13-1　参与肝生物转化的酶类

酶类	细胞内定位	反应底物	结合基团的供体
第一相反应			
氧化酶类			
加单氧酶系	微粒体	RH、NADPH、O_2、FAD	
单胺氧化酶	线粒体	胺类、O_2、H_2O	
脱氢酶系	胞液或微粒体	醇或醛、NAD^+	
还原酶类	微粒体	硝基苯等、NADPH 或 NADH	
水解酶类	胞液或微粒体	酯类、酰胺类或糖苷类化合物	
第二相反应			
葡糖醛酸转移酶	微粒体	含羟基、巯基、氨基、羧基的化合物	尿苷二磷酸葡糖醛酸（UDPGA）
硫酸转移酶	胞液	苯酚、醇、芳香胺类	3'-磷酸腺苷 5'-磷酰硫酸（PAPS）
乙酰基转移酶	胞液	芳香胺、胺、氨基酸	乙酰 CoA
谷胱甘肽 S-转移酶	胞液与微粒体	环氧化物、卤化物、胰岛素等	谷胱甘肽（GSH）
酰基转移酶	线粒体	酰基 CoA（如苯甲酰 CoA）	甘氨酸
甲基转移酶	胞液与微粒体	含羟基、氨基、巯基的化合物	S-腺苷甲硫氨酸（SAM）

二、肝的生物转化反应

> 肝的生物转化反应可归纳为两相反应。

（一）第一相反应包括氧化、还原和水解反应

1. 氧化反应在生物转化反应中最为常见　由加单氧酶系、单胺氧化酶和脱氢酶系催化。

（1）加单氧酶系是生物转化中最重要的酶　其存在于肝细胞微粒体中，由细胞色素 P450（Cyt P450）、NADPH-细胞色素 P450 还原酶（其辅酶为 FAD）和细胞色素 b_5 还原酶组成。能直接激活氧分子，使分子氧中一个氧原子参入底物生成羟基化合物或环氧化合物，而另一个氧原子被 NADPH 还原为水。由此可见，一个氧分子发挥了两种功能，因此该酶又被称为混合功能氧化酶。由于其氧化产物主要是羟化物，亦称羟化酶。其催化的反应通式如下：

$$NADPH + H^+ + O_2 + RH \xrightarrow{加单氧酶} NADP^+ + H_2O + ROH$$

此酶特异性低，可催化烷烃、芳香烃、N-烷基和氨基氮等多种非营养物质进行羟化反应，使其溶解度增大而易于随尿排出。加单氧酶系参与药物、毒物、食品添加剂、维生素 D_3、肾上腺皮质激素、性激素和胆汁酸盐等的羟化反应。应该指出的是，加单氧酶系作用后还可能生成有毒或致癌物，如黄曲霉素 B_1 可经该酶催化生成黄曲霉素 2,3-环氧化物，成为肝癌的严重危险因子。

（2）单胺氧化酶氧化胺类生成醛 单胺氧化酶（monoamine oxidase，MAO）是一种含 FAD 的黄素蛋白，存在于线粒体外膜，催化胺类氧化生成醛。从肠道吸收的腐败产物如组胺、酪胺、色胺、尸胺、腐胺和体内许多生理活性物质如 5-羟色胺、儿茶酚胺均可经此酶氧化为醛和氨。其通式如下：

$$RCH_2NH_2 + O_2 + H_2O \xrightarrow{单胺氧化酶} RCHO + NH_3 + H_2O_2$$

（3）醇脱氢酶和醛脱氢酶分别氧化醇和醛生成醛或酸 醇脱氢酶（alcohol dehydrogenase，ADH）及醛脱氢酶（aldehyde dehydrogenase，ALDH）存在于胞液和微粒体中，均以 NAD^+ 为辅酶，分别催化醇和醛氧化生成相应的醛或酸。其反应式如下：

$$RCH_2OH_2 \xrightarrow[NAD^+ \quad NADH+H^+]{醇脱氢酶} RCHO \xrightarrow[NAD^+ + H_2O \quad NADH+H^+]{醛脱氢酶} RCOOH$$

2. 还原反应 硝基还原酶和偶氮还原酶是主要的还原酶。

肝细胞微粒体中含有硝基还原酶和偶氮还原酶类，分别催化硝基化合物与偶氮化合物从 NADPH 接受氢，还原成相应的胺类。例如：

硝基苯 $\xrightarrow{硝基还原酶}$ 亚硝基苯 $\longrightarrow$ 苯胲 $\longrightarrow$ 苯胺

偶氮苯 $\xrightarrow{偶氮还原酶}$ →NH—NH— → 2 苯胺

3. 水解反应 酯酶、酰胺酶及糖苷酶是主要的水解酶。

水解酶存在于肝细胞的胞液和微粒体中，如酯酶、酰胺酶及糖苷酶等，可以将酯类、酰胺类和糖苷类化合物水解，以减少或消除其生物活性。这些水解产物通常还需进一步进行第二相结合反应才能排出体外。

乙酰水杨酸 $\xrightarrow{水解}$ 水杨酸 $\xrightarrow{氧化}$ 羟基水杨酸 $\xrightarrow{结合反应}$ 葡糖醛酸苷等结合产物

非营养物质一般经过上述氧化、还原或水解的第一相反应后，还需要进一步进行第二相的结合反应才能完成生物转化作用。

（二）第二相反应——结合反应是体内最重要的生物转化方式

凡含有羟基、巯基、氨基、羧基等功能基团的激素、药物或毒物均可与极性很强的基团如葡糖醛酸、硫酸、谷胱甘肽和乙酰辅酶 A 等发生结合反应，增加其水溶性，使其易于排出体外。其中以葡糖醛酸、硫酸和酰基的结合反应最为普遍。

1. 葡糖醛酸结合是最重要的结合反应 人体内有数千种代谢物、药物或毒物可以与葡糖醛酸结合。葡糖醛酸的活化形式是在葡糖醛酸途径中所产生的尿苷二磷酸葡糖醛酸（UDPGA），在肝细胞微粒体中 UDP-葡糖醛酸转移酶的催化下，将葡糖醛酸基转移到含羟基、巯基、氨基、羧基的化合物上，生成相应的葡糖醛酸苷。

2. **硫酸结合也是常见的结合反应**　醇、酚或芳香族胺类化合物都可以和硫酸结合增加其水溶性。活性硫酸的供体是 3′-磷酸腺苷-5′-磷酰硫酸（PAPS）。催化其结合反应的酶是硫酸转移酶，生成相应的硫酸酯。雌酮就是通过形成其硫酸酯而被灭活的，严重肝病患者的生物转化功能下降，血中雌激素过多，是出现"蜘蛛痣"或"肝掌"的重要原因。

3. **乙酰基结合是胺类化合物重要的结合反应**　各种芳香族和脂肪族胺类或氨基酸的氨基可与乙酰基结合，生成相应的乙酰化衍生物。乙酰 CoA 提供活化的乙酰基。肝细胞富含乙酰基转移酶，催化乙酰基的结合反应。

$$CH_3CO \sim SCoA + RNH_2 \xrightarrow{\text{乙酰基转移酶}} CH_3CONHR + CoA\text{-}SH$$

抗结核病药物异烟肼及大部分磺胺类药物通过这种形式灭活，应该指出的是，磺胺类药物经乙酰化后，其溶解度反而降低，在酸性尿中易于析出，故在服用磺胺类药物时应服用适量的碳酸氢钠，以提高其溶解度，利于随尿排出。

$$H_2N\text{-}\bigcirc\text{-}SO_2NH_2 + CH_3CO\sim SCoA \longrightarrow CH_3CO\text{-}NH\text{-}\bigcirc\text{-}SO_2NH_2 + CoA\text{-}SH$$

氨苯磺胺　　乙酰辅酶A　　　　　　　乙酰氨苯磺胺　　　　辅酶A

4. **谷胱甘肽结合反应对肝细胞起保护作用**　由肝细胞胞液中的谷胱甘肽 S-转移酶催化，谷胱甘肽（GSH）可与有毒的环氧化合物或卤代化合物结合，消除其毒性，生成的谷胱甘肽结合产物随胆汁排出体外。主要参与致癌物、肿瘤化疗药物及内源性活性物质的生物转化作用。

环氧萘 + GSH —谷胱甘肽S-转移酶→ S-二氢萘醇谷胱甘肽

5. **甘氨酸可与含羧基的化合物结合**　有些药物、毒物等的羧基与辅酶 A 结合形成酰基辅酶 A 后，可与甘氨酸的氨基结合，生成相应的结合产物。该结合反应由肝细胞线粒体的酰基转移酶催化。例如苯甲酰辅酶 A 与甘氨酸结合后生成马尿酸：

$$\underset{\text{苯甲酰辅酶A}}{\text{C}_6\text{H}_5\text{—CO~SCoA}} + \underset{\text{甘氨酸}}{\text{H}_2\text{N—CH}_2\text{COOH}} \xrightarrow{\text{酰基转移酶}} \underset{\text{马尿酸}}{\text{C}_6\text{H}_5\text{—CONHCH}_2\text{COOH}} + \text{CoA-SH}$$

胆酸和脱氧胆酸与甘氨酸结合生成结合胆汁酸亦属于此类反应。

6. **甲基化是生物活性物质和药物转化的重要反应**　在肝细胞的胞液和微粒体中存在多种甲基转移酶，可催化含有羟基、巯基和氨基的化合物进行甲基化反应。活性甲基由 S-腺苷甲硫氨酸（SAM）提供，生成相应的甲基化产物。儿茶酚胺、5-羟色胺和组胺等可通过甲基化而失去生物活性。

$$\underset{\text{儿茶酚胺}}{\text{HO—C}_6\text{H}_3(\text{OH})\text{—R}} \xrightarrow[\text{SAM}]{\text{甲基转移酶}} \underset{O\text{-甲基儿茶酚胺}}{\text{H}_3\text{CO—C}_6\text{H}_3(\text{OH})\text{—R}}$$

三、影响肝生物转化的因素

1. **肝疾病对生物转化的影响**　肝病变时，各种生物转化酶的活性降低，肝处理药物、毒物及外来异物等非营养物质的能力下降。如肝微粒体混合功能氧化酶及 UDP-葡糖醛酸转移酶在生物转化特别是在药物代谢过程中有着举足轻重的地位，肝实质性病变时，这些酶的活性显著下降，加上血流量的减少，患者对许多药物或毒物的摄取、转化作用发生障碍，可积蓄中毒，因此肝病患者用药要特别慎重。

2. **年龄、性别对生物转化的影响**　新生儿肝中生物转化的酶系发育不完善，对药物及毒物的耐受性差，如肝微粒体 UDP-葡糖醛酸转移酶要出生后才逐渐生成，8 岁可达成人水平；而在机体内，90% 的氯霉素是依靠与葡糖醛酸结合而解毒，故新生儿易发生氯霉素中毒。老年人随着年龄增长、器官退化，肝的重量和肝细胞数量逐渐减少，生物转化能力也随之下降，对氨基比林、保泰松等药物的代谢能力较差，久用后会使药效过强或副作用增大，故在临床用药时，对婴幼儿及老年人的剂量必须严加控制。此外，女性的生物转化能力一般比男性强。如氨基比林在男性体内半衰期约为 13.4h，而在女性则只有 10.3h；女性的醇脱氢酶活性高于男性，对乙醇的代谢率高。

3. **毒物或药物的诱导作用**　毒物或药物对生物转化的诱导作用可加速其自身代谢，同时也使其他物质的同类生物转化作用大大增强。如长期服用苯巴比妥的患者，肝的加单氧酶系对氨基比林等药物的生物转化能力也增强，产生耐药性。因此，用药时需考虑药物配伍对药物生物转化的影响，合理用药。另一方面，可以利用药物的诱导作用加速毒物的生物转化速度，如临床用苯巴比妥治疗新生儿高胆红素血症，促进葡糖醛酸转移酶的合成，使脂溶性的游离胆红素转变为水溶性的胆红素葡糖醛酸酯（结合胆红素），以防止发生核黄症（胆红素性脑病）。

第三节 胆汁酸的代谢

一、胆汁的组成

> 胆汁酸是胆汁的主要成分。

胆汁由肝细胞分泌,通过胆道系统排入十二指肠。正常成人每天分泌胆汁约300~700 ml。肝细胞初分泌的胆汁称肝胆汁,呈金黄色、微苦、稍偏碱性,比重约1.010。肝胆汁进入胆囊后,因其中的水分和其他一些成分被胆囊吸收而浓缩,并参入胆囊壁分泌的黏液,使其颜色转变为暗褐色或棕绿色,比重增至约1.040,称为胆囊胆汁。胆汁的主要固体成分是胆汁酸,约占固体物质总量的50%~70%,以其钠盐或钾盐形式存在,称为胆汁酸盐。另外胆汁中还含有胆色素、胆固醇、磷脂、无机盐、黏蛋白、脂肪酶、磷脂酶、淀粉酶和磷酸酶等。进入人体的药物、毒物、染料及重金属盐等经生物转化后也可随胆汁排出体外。正常人胆汁的化学组成见表13-2。

表13-2 正常人胆汁的化学组成

化学组成	肝胆汁(%胆汁)	胆囊胆汁(%胆汁)
水	96~97	80~86
总固体	3~4	14~20
胆汁酸盐	0.2~2	0.5~10
胆色素	0.05~0.17	0.2~1.5
胆固醇	0.05~0.17	0.2~0.9
磷脂	0.05~0.08	0.2~0.5
无机盐	0.2~0.9	0.5~1.1
黏蛋白	0.1~0.9	1~4
比重	0.009~1.013	0.026~1.060
pH	7.1~8.5	5.5~7.7

二、胆汁酸的分类

> 胆汁酸按来源可分为初级胆汁酸和次级胆汁酸。

(一)初级胆汁酸由肝细胞以胆固醇为原料合成

正常成人每日合成1~1.5 g胆固醇,其中约2/5(0.4~0.6 g)在肝细胞内转变为初级胆汁酸。初级胆汁酸分为游离型和结合型。

1. **游离型初级胆汁酸包括胆酸和鹅脱氧胆酸** 在肝细胞微粒体和胞液中,胆固醇在7α-羟化酶催化下生成7α-羟胆固醇。后者经羟化、加氢和侧链氧化断裂等反应,生成胆酸(3α,7α,12α-三羟胆固烷酸)和鹅脱氧胆酸(3α,7α-二羟胆固烷酸)(图13-1)。7α-羟化酶是胆汁酸生成的限速酶,受胆汁酸的负反馈调节,胆固醇则通过增加其基因的表达而增加其活性。甲状腺素也可使该酶的 mRNA 合成增加，促进胆固醇转化为胆汁酸，这可能是甲状腺素降低血胆固醇水平的重要原因。胆汁酸对胆固醇合成的限速酶 HMG CoA 还原酶有抑制作用，以减少其原料来源。

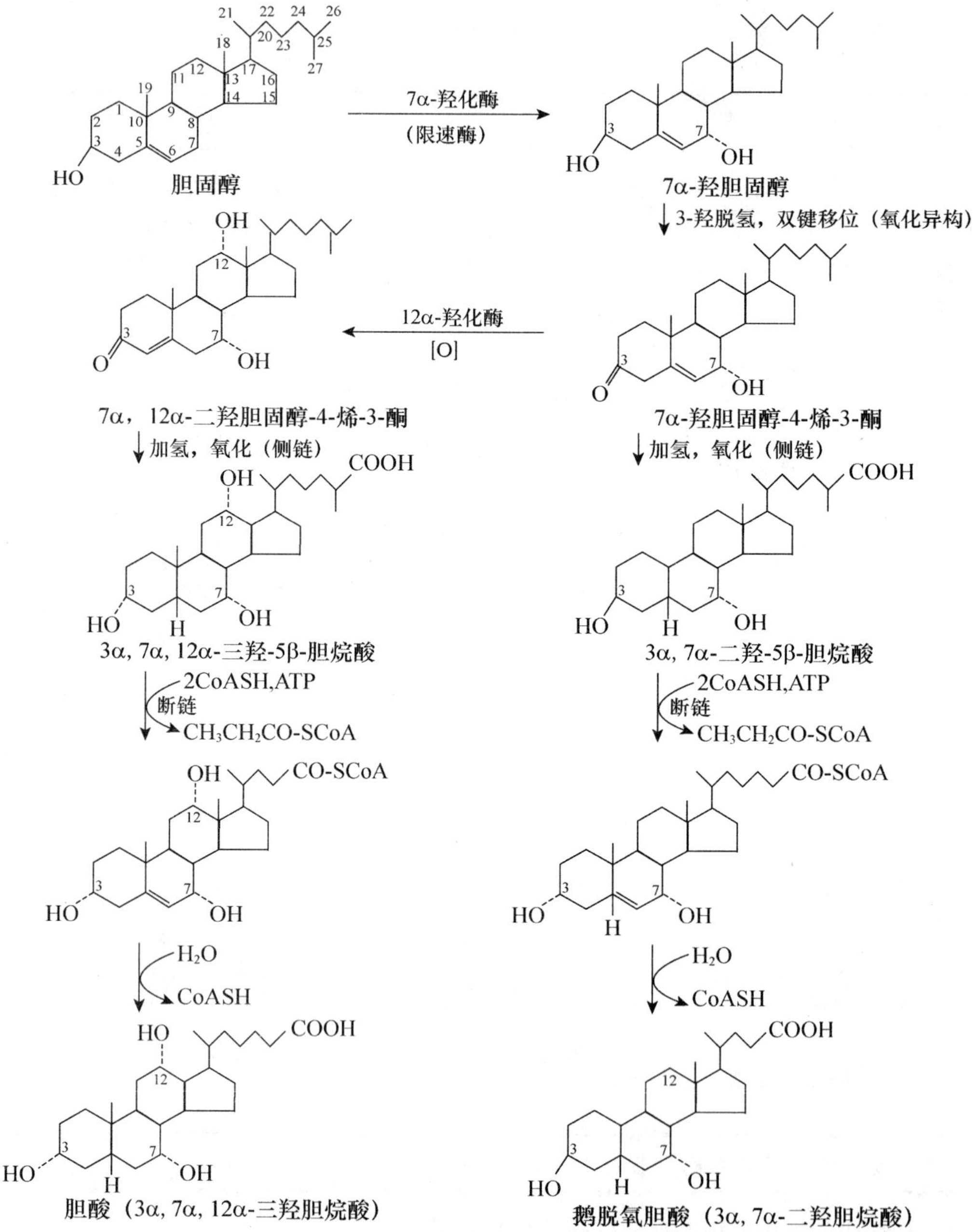

图 13-1　游离型初级胆汁酸的生成

2. 结合型初级胆汁酸是游离型初级胆汁酸与甘氨酸和牛磺酸结合的产物　胆酸和鹅脱氧胆酸侧链上的羧基与 CoA 相连，生成胆酰 CoA，再分别与甘氨酸或牛磺酸通过酰胺键连接形成结合型初级胆汁酸，即甘氨胆酸、牛磺胆酸、甘氨鹅脱氧胆酸和牛磺鹅脱氧胆酸（图 13-2）。正常成人胆汁中的胆汁酸一般以结合型为主，并且与甘氨酸结合者和与牛磺酸结合者含量之比约为 3∶1。

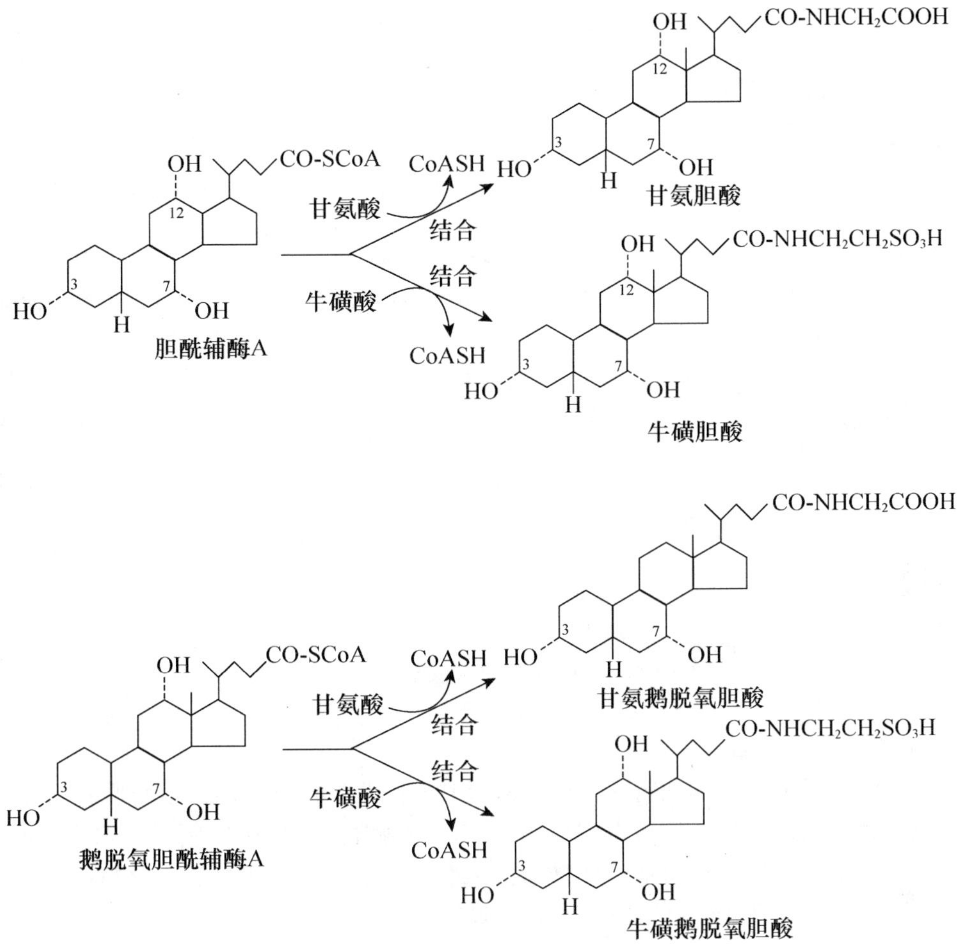

图 13-2 结合型初级胆汁酸的生成

（二）次级胆汁酸在肠道中由初级胆汁酸转变而成

初级胆汁酸分泌入肠道后，结合胆汁酸在肠道细菌的作用下水解为游离胆汁酸，后者脱去 7α-羟基，形成游离型次级胆汁酸。胆酸转变成脱氧胆酸，鹅脱氧胆酸转变成石胆酸。脱氧胆酸还可与甘氨酸或牛磺酸结合，进而生成结合型次级胆汁酸。

初级胆汁酸与次级胆汁酸在胆汁中均以胆汁酸盐（钠盐或钾盐）的形式存在，简称胆盐。几种胆汁酸的结构式见图 13-3。

三、胆汁酸的功能

> 胆汁酸的主要功能是促进脂类的消化、吸收和排泄胆固醇。

（一）促进脂类的消化与吸收

胆汁酸是胆汁中一大类 24 碳胆固烷酸的总称，其分子内部既含有亲水性的羟基和羧基，又含有疏水的烃核和甲基。两类基团分别排布在环戊烷多氢菲核的两侧，构成亲水和疏水两个侧面，能降低油/水两相的表面张力，胆汁酸的这种结构特性使其成为较强的乳化剂，使疏水的脂类在水中乳化成只有 3~10 μm 的细小微团，既有利于消化酶的作用，又有利于脂类的吸收。

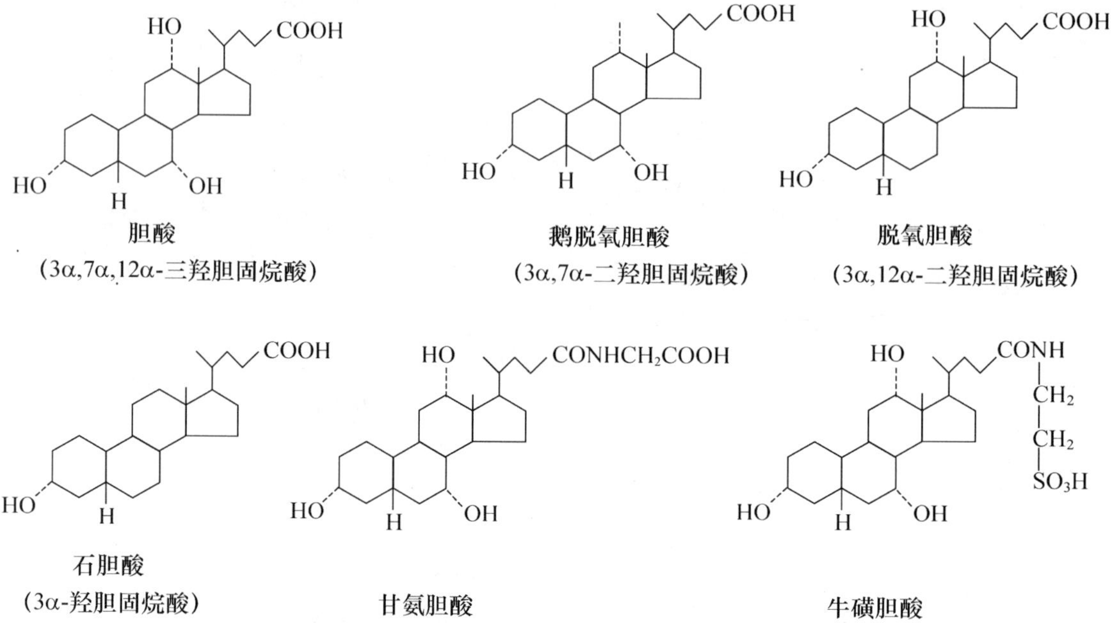

胆酸
(3α,7α,12α-三羟胆固烷酸)

鹅脱氧胆酸
(3α,7α-二羟胆固烷酸)

脱氧胆酸
(3α,12α-二羟胆固烷酸)

石胆酸
(3α-羟胆固烷酸)

甘氨胆酸

牛磺胆酸

图 13-3 几种胆汁酸的结构式

（二）抑制胆固醇结石的形成

约 99% 的胆固醇随胆汁从肠道排出体外，但由于其难溶于水，必须与胆汁酸盐和磷脂酰胆碱形成可溶性的微团，才不致沉淀析出。胆汁中胆汁酸或磷脂比例下降、消化道丢失胆汁酸或胆固醇含量过多等，均可造成胆汁酸或磷脂酰胆碱与胆固醇的比例降低，当比值小于 10∶1 时，胆固醇就会因过饱和而析出，形成胆结石。

四、胆汁酸的肠肝循环

> 胆汁酸的肠肝循环使有限的胆汁酸发挥最大的作用。

肝分泌的胆汁酸进入肠道后，约 95% 以上被重吸收，经门静脉入肝，并同新合成的胆汁酸一起再次排入肠道，胆汁酸在肝和肠之间的这种循环过程称为胆汁酸的肠肝循环（图 13-4）。初级胆汁酸在小肠下部即回肠中肠道细菌的作用下，脱去甘氨酸和牛磺酸，再去除 7α 羟基生成次级胆汁酸，被主动重吸收。少量游离型胆汁酸在小肠远端和大肠被动重吸收。在肝中，重吸收的游离型胆汁酸又可转变成结合型胆汁酸。肠道中的石胆酸由于溶解度小，一般不被重吸收，或少量吸收后在肝细胞形成其硫酸酯而直接随粪便排出。

肝内胆汁酸代谢池约有 3～5 g 胆汁酸，而每日脂类乳化约需 10～32 g 胆汁酸，通过每日 6～10 次的肠肝循环，使有限的胆汁酸发挥最大的作用，可以保证脂类的消化吸收。正常人每日仅有 0.4～0.6 g 胆汁酸随粪便排出，与新合成的胆汁酸量相平衡。此外胆汁酸的重吸收也有利于胆汁分泌，并使胆汁中的胆固醇的比例恒定，不易形成胆固醇胆结石。

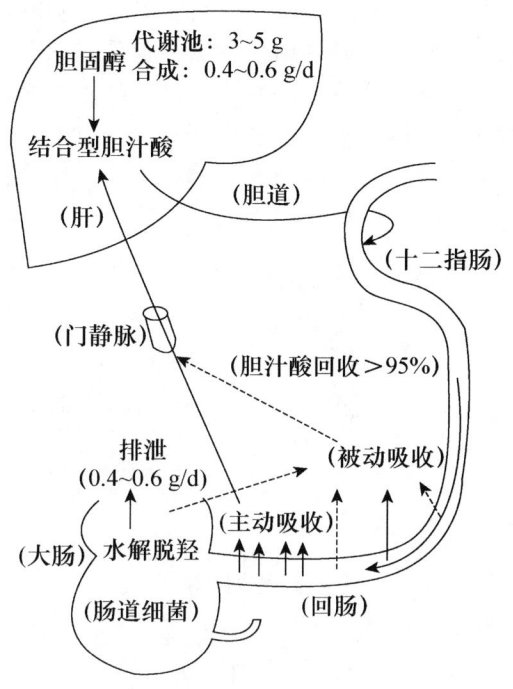

图 13-4 胆汁酸的肠肝循环

第四节 胆色素代谢与黄疸

胆色素（bile pigments）是铁卟啉化合物在体内分解代谢产物的总称，包括胆红素、胆绿素、胆素原和胆素等，以胆红素为主。这些化合物除胆素原为无色外，其余均有颜色，因此统称为胆色素。胆红素是胆汁的主要色素，呈橙黄色，具有毒性，可引起大脑不可逆性损害。正常情况下胆红素主要随胆汁排泄，其代谢异常，可导致高胆红素血症，引起黄疸。

一、胆红素的来源和生成

（一）胆红素的来源

> 胆红素主要来源于红细胞中血红蛋白的分解。

胆红素的来源于主要有下列三种途径：①衰老红细胞中血红蛋白的分解，正常成人每天约生成 250~350 mg 胆红素，其中约 70%~80% 来源于衰老红细胞中血红蛋白的分解，因此在溶血和血管外出血时胆红素的形成增多；②小部分来自非血红蛋白的血红素分解，如肌红蛋白、细胞色素、过氧化物酶和过氧化氢酶等；③极小部分来自造血过程中无效造血所产生的胆红素。

（二）胆红素的生成

> 胆红素在肝、脾和骨髓的单核吞噬细胞系统生成。

红细胞平均寿命约 120 天，每天约有 6~8g 来自衰老红细胞的血红蛋白分解。衰老红细胞由于细胞膜的变化，可被肝、脾和骨髓的单核吞噬细胞系统识别并吞噬。血红蛋白分解为珠蛋白和血红素，珠蛋白按一般蛋白质途径进行分解代谢；血红素在微粒体血红素加氧酶的催化下，消耗分子氧和 NADPH，血红素原卟啉Ⅸ环上的 α-次甲基桥（═CH—）被氧化断裂，释放出等摩尔的 CO、Fe^{3+}，并生成胆绿素。胞液中含有活性很高的胆绿素还原酶，可使胆绿素被 $NADPH+H^+$ 还原成胆红素（图 13-5）。

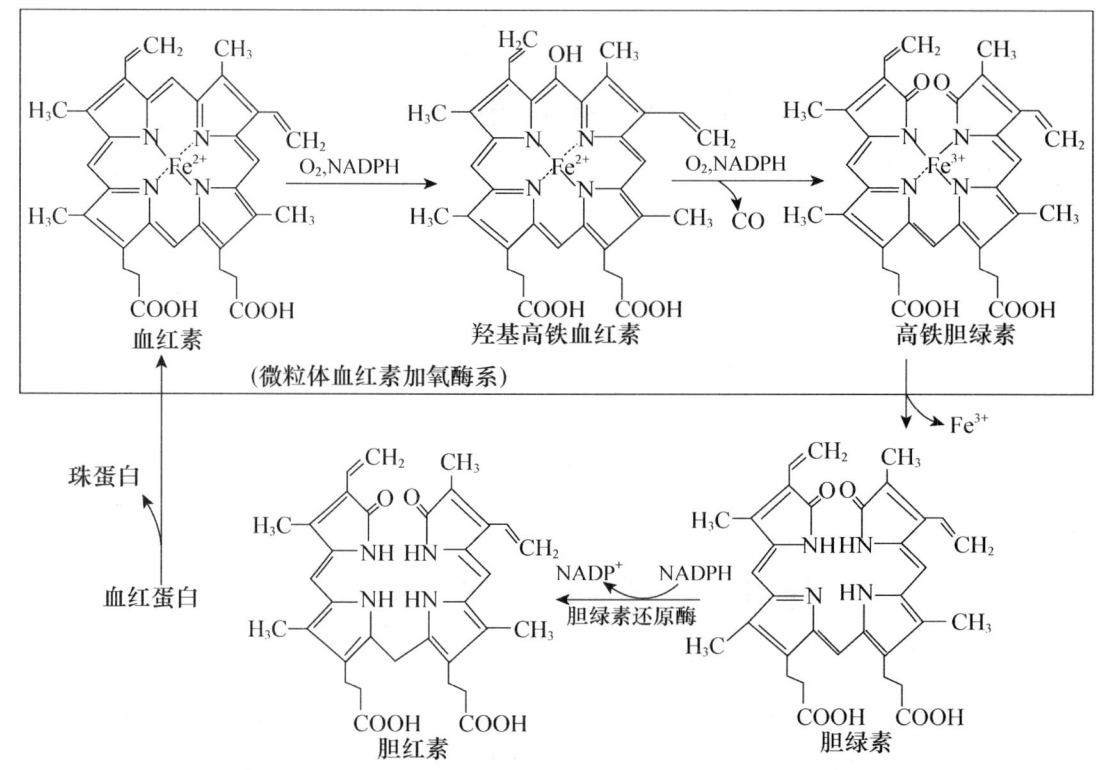

图 13-5 胆红素的生成

二、胆红素在血中的运输

胆红素在血中主要与清蛋白结合运输。

在单核吞噬细胞系统中生成的胆红素是亲脂的，极易透过各种生物膜。这种胆红素尚未进入肝进行生物转化的结合反应，故称为游离胆红素（未结合胆红素）；在血中，游离胆红素主要与血浆清蛋白结合，以胆红素-清蛋白复合体的形式存在和运输；也有少量胆红素与 $α_1$ 球蛋白结合。胆红素与清蛋白结合后分子量变大，不能经肾小球滤过而随尿排出，故尿中无此胆红素。临床检测时游离胆红素不能直接与重氮试剂反应，只有加入乙醇或尿素等才能生成紫红色化合物，因此又称为间接（反应）胆红素。此外，游离胆红素可透过血脑屏障与神经核团结合，干扰脑细胞的正常代谢及功能，临床上称为核黄疸。

胆红素-清蛋白（或 $α_1$ 球蛋白）这种运输形式，既增加了胆红素的溶解度，使其有利于运输，又可防止其进入组织细胞产生毒性。正常成人血清胆红素含量仅为 3.4~17.1 μmol/L（0.2~1 mg/dl），而每 100 ml 血浆中的清蛋白能结合 20~25 mg 游离胆红素，足以保证与胆红素结合的量。某些有机阴离子如磺胺药、抗生素、某些利尿剂和胆管造影剂等可竞争性地与清蛋白结合，使胆红素游离出来，新生儿和高胆红素血症的患者要慎用此类药物，以免引起胆红素脑病。

三、胆红素在肝内的转变

> 胆红素在肝内转变为结合胆红素，并随胆汁排泄。

（一）游离胆红素进入肝细胞与 Y、Z 蛋白结合

胆红素-清蛋白复合体在通过肝血窦与肝细胞膜接触时，游离胆红素与清蛋白分离，并迅速被肝细胞摄取。游离胆红素进入细胞后与两种载体蛋白 Y 或 Z 结合，形成胆红素-Y 蛋白或胆红素-Z 蛋白而被转运。Y 蛋白比 Z 蛋白对胆红素的亲和力强，且在肝细胞质中含量丰富，因此以 Y 蛋白结合为主，称配体蛋白。甲状腺素和磺溴酞钠等能竞争性地与 Y 蛋白结合，影响肝细胞对胆红素的摄取。婴儿出生后 7 周，Y 蛋白才达到成人水平，苯巴比妥可诱导 Y 蛋白的合成，加强胆红素的转运，可用于新生儿黄疸的治疗。

（二）胆红素在肝细胞内质网结合葡糖醛酸生成结合胆红素

胆红素被 Y、Z 蛋白转运至滑面内质网后，大部分胆红素在 UDP-葡糖醛酸转移酶催化下，与尿苷二磷酸葡糖醛酸（UDPGA）结合，生成单、双葡糖醛酸胆红素，称结合胆红素。还有小部分胆红素可与 PAPS、甲基、乙酰基等结合，生成相应的结合胆红素。结合胆红素水溶性增加，易于随胆汁排出，又限制胆红素通过生物膜，起到解毒作用。结合胆红素即肝胆红素，可以直接与重氮试剂反应，因此又称为直接胆红素。

结合胆红素和游离胆红素在理化性质方面存在很大差异，两种胆红素的区别见表 13-3。

表 13-3　两种胆红素性质比较

性质	游离胆红素	结合胆红素
常见其他名称	间接胆红素	直接胆红素
	血胆红素	肝胆红素
与葡糖醛酸结合	未结合	结合
与重氮试剂反应	慢或间接反应	迅速、直接反应
溶解性	脂溶性	水溶性
经肾可随尿排出	不能	能
进入脑组织产生毒性作用	大	无

（三）肝对胆红素的排泄

结合胆红素全部由肝细胞排入到毛细胆管中，随胆汁从胆道排泄。毛细胆管中的结合胆红素浓度远高于细胞内浓度，故肝细胞排出胆红素是一个逆浓度梯度的耗能过程，可能是胆红素代谢全过程的限速步骤。患肝胆疾病时，如胆道阻塞，毛细胆管因压力过高而破裂，结合胆红素可能逆流入血，在血或尿中含量明显升高。胆汁酸盐可增加胆红素在水中的溶解度，如果胆汁酸盐与胆红素比例失调，可引起胆红素结石。

四、胆红素在肠道内的转变

> 胆红素在肠道内肠菌的作用下转变为胆素原和胆素。

（一）胆素原和胆素在肠道内由肠菌作用生成

结合胆红素随胆汁排泄至肠管后，在回肠末端至结肠部位，在肠道细菌的作用下，大部分被水解脱去葡糖醛酸，并被逐步还原为无色的中胆红素原、粪胆素原和 D-尿胆素原，三者统称为胆素原。在肠道下段胆素原被空气氧化成黄色的胆素随粪便排出，成为粪便的主要颜色。正常成人每日从粪便排出胆素原约 40～280 mg。胆道完全梗阻时，胆红素进入肠道受阻，不能生成胆素原和胆素，导致粪便呈灰白色。

（二）少量胆素原被重吸收进入胆素原肠肝循环

肠道中的胆素原约有 10%～20% 被肠黏膜细胞重吸收，并经门静脉入肝，其中大部分又随胆汁排入肠道，此过程称为胆素原的肠肝循环（图 13-6）。重吸收的小部分胆素原可进入体循环经肾随尿排出，即尿胆素原，与空气接触后被氧化成黄色的尿胆素，成为尿液的颜色。每日经肾排出的尿胆素原约为 0.5～4.0 mg，碱性尿有利于尿胆素的排泄。各种原因引起的胆素原来源增加或排出受阻都会使血和尿中胆素原含量改变。当胆道完全阻塞时，胆红素不能排入肠道，因此肠中无胆素原生成，尿中也检测不到胆素原。

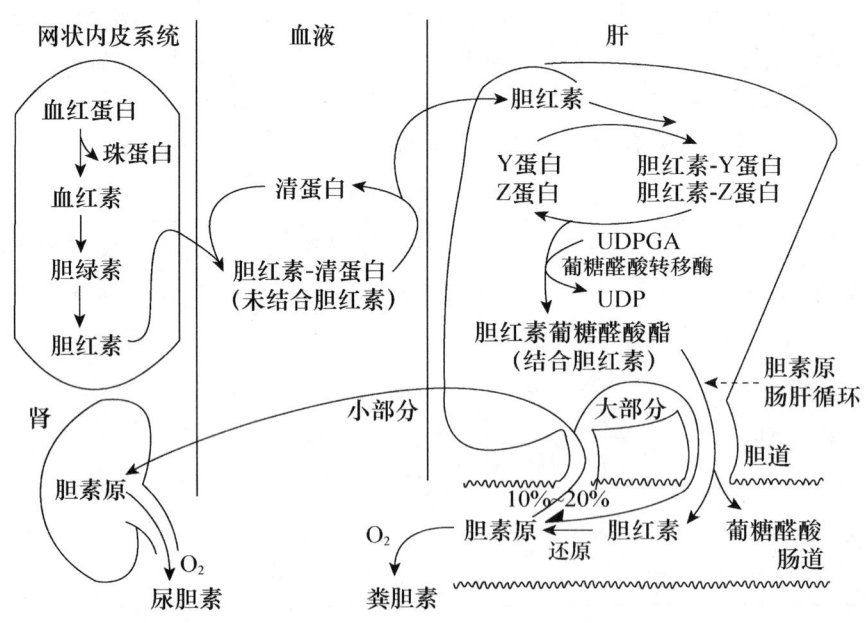

图 13-6 胆色素代谢与胆素原的肠肝循环

五、胆红素代谢异常与黄疸

> 胆红素代谢异常可引起高胆红素血症和黄疸。

正常人血清总胆红素含量不超过 17.1 μmol/L（<1 mg/dl），其中游离胆红素占 4/5，与清蛋白结合运输，其余为结合胆红素。游离胆红素很容易通过生物膜，对细胞产生毒性作

用。神经细胞富含脂类，对胆红素的毒性作用尤其敏感，可造成其不可逆性损伤。肝具有强大的处理胆红素的能力，单核吞噬细胞系统每天生成的胆红素量约 200～300 mg，而肝细胞每天可清除 3000 mg 以上的胆红素，远远大于其生成量。因此，正常人血浆胆红素的含量甚微。当各种病因导致体内胆红素生成过多，或肝摄取、结合、排泄障碍时，可引起血浆胆红素浓度升高，临床上称为高胆红素血症。胆红素为金黄色，大量的胆红素扩散进入组织，造成皮肤、黏膜和巩膜的黄染，称为黄疸。黄疸的程度与血清胆红素的浓度有关。当血清胆红素浓度在 17.1～34.2 μmol/L（1～2 mg/dl）之间时，肉眼不易观察到黄染现象，称为隐性黄疸；胆红素浓度大于 34.2 μmol/L（2 mg/dl）时，巩膜和皮肤黄染明显，肉眼可见，称为显性黄疸。

根据黄疸发病机制的不同，将黄疸分为三种类型。

（一）溶血性黄疸又称肝前性黄疸

由于红细胞破坏过多，在单核吞噬细胞系统内生成过多的胆红素，超过肝细胞的处理能力，造成血浆游离胆红素浓度显著升高。镰状细胞贫血、球形红细胞增多症、恶性疟疾、输血和用药不当等均可引起溶血性黄疸。发生溶血性黄疸时，血中结合胆红素的含量变化不大，重氮试剂反应呈间接阳性，即游离胆红素升高；尿胆红素呈阴性，但由于经肝处理的胆红素增多，因此从肠道吸收经肾排泄的尿胆素原增多。

（二）阻塞性黄疸又称肝后性黄疸

由于胆道系统梗阻，胆小管和毛细胆管内压力升高而破裂，造成结合胆红素逆流入血，使血清胆红素升高。常见于胆管的炎症、结石、肿瘤、寄生虫病或先天性胆管闭锁等疾病。临床上可检测到血中结合胆红素浓度升高，重氮试剂反应呈直接阳性，游离胆红素无明显改变；由于结合胆红素可经肾排泄，因此尿中可检测到尿胆红素，而经胆管排泄的胆红素减少，所以尿胆素原是降低的。

（三）肝细胞性黄疸又称肝源性黄疸

由于肝细胞本身的病变，使其摄取、转化和排泄胆红素的能力降低，导致肝细胞性黄疸。常见于肝实质性病变，如肝炎、肝肿瘤、药物或毒物中毒性肝病等。一方面，肝细胞摄取胆红素障碍，不能将游离胆红素全部转变为结合胆红素，造成血中游离胆红素浓度增高；另一方面，由于肝细胞肿胀、毛细胆管阻塞或毛细胆管与肝血窦直接相通等，使部分结合胆红素反流入血，所以血中结合胆红素浓度也增高，重氮试剂反应呈双向阳性。经肠肝循环到达肝的胆素原可通过受损的肝细胞进入体循环，并从尿中排泄，使尿胆素原增高。

三种黄疸的血、尿、粪变化见表 13-4。

表 13-4　三种黄疸的血、尿、粪变化

检测指标	正常	溶血性黄疸	阻塞性黄疸	肝细胞性黄疸
血液				
总胆红素	<1 mg/dl	增加	增加	增加
结合胆红素	0～8 mg/dl	不变或微增	显著增加	增加
游离胆红素	<1 mg/dl	显著增加	不变或微增	增加
尿液				
尿胆红素	—	—	有	有
尿胆素原	少量	增加	减少或无	不定

实用小知识

肝功能试验的分类

1. 根据代谢功能将肝功能试验分为：①胆红素代谢试验：如总胆红素（TBIL）测定、直接胆红素（DBIL）测定、间接胆红素（IBIL）测定；②蛋白质代谢试验：如总蛋白（TP）测定、清蛋白（Alb）测定、A/G 比值；③胆汁酸代谢试验：如总胆汁酸（TBA）测定、各种胆汁酸测定；④血清酶学试验：如谷丙转氨酶（ALT）测定、谷草转氨酶（AST）测定、γ-谷氨酰基转移酶（GGT 或 γ-GT）测定、碱性磷酸酶（ALP）测定等；⑤染料排泄试验：如靛氰绿（ICG）排泄试验等。这种分类法有较强的系统性，但脱离了疾病的病理生理过程，有一定的局限性。

2. 根据病理过程结合肝功能的分类：这种分类法有利于临床工作者选择试验项目，解释试验结果，是较为合理的分类方法，它将肝功能试验分为以下几个方面：

（1）了解肝实质细胞膜通透性病变的试验：肝有"物质代谢中枢"之称，细胞内有丰富的酶系统，且有些酶为肝所特有。当膜的结构和功能改变时，可导致肝细胞内的酶类大量逸入血液（如 ALT、AST、果糖-1-磷酸醛缩酶、亮氨酸氨基肽酶、鸟氨酸氨基甲酰转移酶），使血液中这些酶活性升高。

（2）指示肝细胞坏死的酶类：线粒体谷草转氨酶（m-AST）是存在于线粒体中的一种同工酶，它可随着线粒体的崩解而逸入血液，m-AST 的检测可反应肝细胞线粒体的损害情况，对判断急性肝炎病变的严重程度和预后有一定的价值。

（3）反映肝细胞蛋白质合成障碍的试验：肝除合成肝细胞自身所需的蛋白质外，还能合成和分泌大量血浆蛋白，如前清蛋白、清蛋白、胆碱酯酶、凝血酶原和纤维蛋白原等，若血清中这些物质的浓度低，则提示肝细胞内质网蛋白质合成功能障碍。

（4）指示肝内或肝外胆管阻塞的试验：肝具有排泄功能，很多物质可随胆汁排入肠道而排泄，如 ALP、GGT、亮氨酸氨基肽酶、血浆铜蓝蛋白和某些胆汁酸。当胆管阻塞时，血清中这些物质升高。

（5）反映肝结缔组织增生的试验：肝结缔组织增生，血清单胺氧化酶（MAO）、β-脯氨酸羟化酶（β-PH）活性增强，血清Ⅲ型前胶原蛋白肽（PⅢP）浓度增高。

（6）某些病因诊断的特殊试验：如原发性肝癌的甲胎蛋白（AFP）检测；用聚合酶链反应（PCR）检测各型肝炎病毒的基因组；检测总胆红素、结合胆红素、尿胆红素和尿胆素原鉴别黄疸类型等。

小结

　　肝是人体物质代谢的中枢。肝通过肝糖原的合成和分解、糖异生作用可维持血糖浓度的相对恒定；肝合成并分泌胆汁酸盐帮助脂类的消化和吸收，肝是脂肪酸合成、分解、改造和酮体生成的主要场所，也是脂蛋白代谢的中心和胆固醇代谢的重要器官。肝是体内蛋白质代谢的枢纽，是合成、分泌并清除血浆蛋白质的主要场所，还是氨基酸分解和转变的重要器官。肝参与维生素的吸收、贮存、运输和代谢以及激素的灭活。

　　非营养性物质在肝内进行的代谢变化使其极性（水溶性）增加，易于随胆汁或尿液排出，此过程称为生物转化作用。生物转化的反应类型包括第一相的氧化、还原、水解和第二相的结合反应。生物转化具有解毒与致毒双重性的特点。生物转化中最重要的酶是加单氧酶系，结合反应中最常见的结合基团有葡糖醛酸、硫酸、乙酰基、甲基、甘氨酸和谷胱甘肽等。

　　胆汁酸盐是胆汁的重要成分，其主要作用是促进脂类的消化和吸收、抑制胆固醇结石的形成。胆汁酸是在肝细胞内由胆固醇转变而来，7α-羟化酶是胆汁酸合成的限速酶，肝细胞合成的胆汁酸称为初级胆汁酸，包括胆酸和鹅脱氧胆酸。它们分别与甘氨酸或牛磺酸结合生成四种结合型初级胆汁酸。初级胆汁酸在肠道细菌酶的作用下，进行7位脱羟基反应，分别生成脱氧胆酸和石胆酸，称次级胆汁酸。除石胆酸外，95%的胆汁酸可进行肠肝循环，以提高其利用率。

　　胆色素是铁卟啉化合物在体内的主要分解代谢产物，包括胆红素、胆绿素、胆素原和胆素。衰老红细胞中血红蛋白的分解是胆红素的主要来源。血红素在单核吞噬细胞系统血红素加氧酶的催化下生成胆绿素，并进一步还原成胆红素。胆红素在血中与清蛋白结合运输，称游离胆红素、血胆红素或间接胆红素。胆红素被肝细胞摄取后与Y或Z蛋白结合运至内质网，与葡糖醛酸结合成水溶性强的结合胆红素，又称肝胆红素、直接胆红素。后者随胆汁排入肠道，在肠菌酶作用下被还原为胆素原。10%~20%的胆素原可进行肠肝循环，大部分又被排入肠道，小部分进入体循环的胆素原可经肾由尿排出。在体外，胆素原被氧化成黄色的胆素，成为粪和尿的颜色。血浆胆红素浓度升高可引起黄疸。按病因不同，可将黄疸分为溶血性黄疸、阻塞性黄疸和肝细胞性黄疸。各类黄疸均有其生化特点。肝功能检查主要包括血浆蛋白检测、血清酶类检测和血清胆红素检测。

（黔东南民族职业技术学院　吴展奎）

参考文献

1. 周爱儒,何旭辉. 医学生物化学. 3版. 北京:北京大学医学出版社,2008.
2. 贾弘禔. 生物化学. 3版. 北京:北京大学医学出版社,2009.
3. 童坦君,李刚. 生物化学. 2版. 北京:北京大学医学出版社,2009.
4. 潘文干. 生物化学. 5版. 北京:人民卫生出版社,2008.
5. 查锡良. 生物化学. 7版. 北京:人民卫生出版社,2008.
6. 王易振,李清秀. 生物化学. 北京:人民卫生出版社,2009.
7. 车龙浩. 生物化学. 2版. 北京:人民卫生出版社,2009.
8. 黄平. 生物化学. 北京:人民卫生出版社,2008.
9. 程伟. 生物化学. 修订版. 北京:中国科学技术出版社,2006.
10. 周爱儒. 生物化学. 6版. 北京:人民卫生出版社,2005.
11. 孙树秦. 生物化学. 北京:人民卫生出版社,2005.
12. 查锡良. 生物化学. 上海:复旦大学出版社,2002.
13. 王镜岩. 生物化学. 3版. 北京:高等教育出版社,2002.
14. Murray PK, Granner DK, Maye PA, et al. Harper's Biochemistry. 27th ed. New York:McGraw-Hill Company, 2006.
15. Brownie AC, Kemohan JC. Medical Biochemistry. 2nd ed. 北京:北京大学医学出版社,2005.